高等院校旅游管理专业系列教材

# 旅游地质学

## 杨世瑜 李 波 主 编

U0362444

南开大学出版社

天 津

**图书在版编目(CIP)数据**

旅游地质学 / 杨世瑜,李波编著. —天津:南开
大学出版社,2021.2(2022.3 重印)
高等院校旅游管理专业系列教材
ISBN 978-7-310-06010-8

Ⅰ.①旅… Ⅱ.①杨… ②李… Ⅲ.①旅游资源—地
质学—高等学校—教材 Ⅳ.①F590.3

中国版本图书馆 CIP 数据核字(2021)第 000698 号

旅游地质学
LÜYOU DIZHIXUE

***

### 南开大学出版社出版发行
**出版人:陈 敬**

地址:天津市南开区卫津路 94 号 邮政编码:300071
营销部电话:(022)23508339 营销部传真:(022)23508542
https://nkup.nankai.edu.cn

***

天津午阳印刷股份有限公司印刷 全国各地新华书店经销
2021 年 2 月第 1 版 2022 年 3 月第 2 次印刷
230×170 毫米 16 开本 27.5 印张 431 千字
定价:88.00 元

***

如遇图书印装质量问题,请与本社营销部联系调换,电话:(022)23508339

# 前　言

　　20 世纪后期，旅游活动在全球兴起。伴随社会经济的发展、人类生活质量的提高，有着"绿色经济""绿色产业""朝阳产业"之称的旅游业也随之兴起，旅游成为世界性的热潮，旅游地的建设也适时扩展。同时，自然遗产地质遗迹保护及地质公园的建设在全球快速开展，地质资源作为重要的旅游资源，受到广泛的重视，并形成良好的旅游效应；旅游地质研究也随之兴起。

　　地质遗迹是人类拥有的地球遗产，地质遗迹通常又是诸多自然遗产或双遗产，也可能是部分文化遗产的基础或重要组成内容；地质遗迹在世界遗产中占极大比重。地质遗迹是世界地质公园的基本内容/条件；也是许多国家公园、风景名胜区的重要组成部分；地质遗迹常常是高品级旅游资源的根基或重要组成部分。

　　地域高品级的地质遗迹、地质景观，是地域独特性乃至唯一性的特色旅游地质资源、特色旅游景观、地域性的地标性旅游品牌，地质资源的旅游价值和旅游效应成为旅游发展的优势资源。珍贵、稀有、不可再生的地质自然遗产成为旅游地的优选地。地质资源旅游资源化促成地质资源旅游价值的实现。

　　旅游发展涉及社会经济与相关学科领域的诸多问题，地质遗迹、地质资源在旅游资源中的地位、地质遗迹在确立旅游地品牌中起到了毋庸置疑的作用、地质科学在旅游地生态地质环境和旅游环境保护中的作用，显示了旅游发展与地质学科的紧密关系。

　　世界性自然遗产保护、世界地质公园计划实施、地质公园网络体系构建的社会环境，以及旅游活动、旅游业的深层次发展的社会经济环境，为旅游地质的研究、旅游地质学的构建创造了前所未有的良好条件。随着国家地质公园、世界地质公园的建立，世界遗产的申报、认定和建设，风景名胜区、旅游景区、旅游地的品牌塑造，地质遗迹与旅游地质的研究随之拓展，旅游地质及旅游地质学的相关学术研究、学科构建随之深入发展。

旅游地质理论与方法研究、旅游地质学学科构建成为地质遗迹、地质资源开发与保护，地质资源旅游资源化产业化的需要。

旅游地质学学科是自然科学（地质科学）与人文科学相融合、自然科学研究方法与人文科学研究方法相融合的交叉学科。

旅游地质学的主题与核心是地质资源旅游资源化；旅游地质学的主线是以地质科学为基础，从旅游的视角鉴别旅游地质资源及地质资源旅游价值，从旅游地质资源开发与保护、可持续利用探索地质资源旅游资源化的途径，促进产生旅游地质资源的最佳旅游效应和社会效应。

旅游地质学学科以地质科学为基础，融合社会学、旅游学，从旅游资源和遗产文化（社会学）角度研究旅游地质学的基本问题：

·运用地质学的原理和方法，研究旅游地质与旅游资源环境之间的地质学机制问题；

·以地质资源旅游资源化的概念，拓展地质科学理论的社会化；扩展地质学的运用领域和运用途径；

·以旅游学的视角研究旅游地质资源、发掘地质资源的旅游功能，将地质资源转化为旅游资源，获取旅游经济效益，服务旅游事业；

·融合自然科学与人文科学的研究方法，拓展旅游地质学的研究视野和研究方法，提高旅游地质问题的研究层次、深度及适用性。

《旅游地质学》融合旅游科学与地质科学、人文社会科学与自然科学的研究方法，从旅游的视角研究地质资源旅游资源化的问题，研究旅游地质的理论与方法。全书包括理论与方法十章：旅游地质学基本框架探索、旅游地质基础理论、旅游地质资源、旅游地质景观、特色旅游地质景观示例、地质资源旅游价值论、地质资源旅游资源化、旅游地质资源旅游社会化、旅游地质文化、旅游地质研究方法。

《旅游地质学》的编写，力图适应不同专业、不同层次读者对旅游地质知识的需求，介绍了旅游地质的地质学基础、旅游地质与其他学科的关联；分析了旅游地质资源与其他旅游资源的关联；辅以特色旅游地质景观示例，描述了旅游地质资源类型特征；论述了地质资源的旅游价值、地质资源的旅游资源化—产业化—社会化的意义；介绍了旅游地质文化与旅游地质研究方法。

　　感谢昆明理工大学旅游地质学术团队对旅游地质研究的开拓性探索。本书适合作为旅游类、地质类相关专业的研究生课程教材，也可作为本科生教学参考书。

　　鉴于旅游地质学科具有探索性、开拓性，涉及地质学科、旅游学科诸多理论与方法的融合，而《旅游地质学》受编者的水平所限，难免存在不足，甚至错误。敬请同行与读者指正、赐教。

作者

2014 年 12 月于昆明理工大学

# 目　　录

# 1. 旅游地质学基本框架

## 1.1 旅游地质学拓展概略

### 1.1.1 旅游地质学科开拓发展的社会环境

1. 地质科学的发展开拓了旅游地质学的领域

20 世纪中期，随着空间遥感技术、地球物理探测技术、深海探测技术以及国际地质科技合作的兴起和发展，地质科学开始了基于现代科技向地质科技渗透、由传统地质向现代地质跨越发展的历程。地质科学中不断呈现新的创新性地质科技成果和地质理论，推动地质科学的跨越式发展。例如：

- 板块构造及板块构造成矿理论；
- 地质力学与构造体系；
- 成矿系列与成矿模式；
- 花岗岩等级体制与单元；
- 断裂分段性；
- 遥感地质。

20 世纪后期，人类共同关注和面临的世界性资源环境问题，也引起地质科技领域的新的拓展。例如：

- 环境地质；
- 灾害地质；
- 水资源与水环境；
- 矿业经济；

·地质遗迹与自然遗产；

·数字地球。

20 世纪末期，伴随着社会经济的发展、人类生活质量的提高，旅游成为世界性热潮。为适应社会经济发展的需求，地质科学也向旅游业和旅游科学渗透，拓展与旅游相关的研究领域和研究方向。例如：

·自然旅游资源与地质旅游资源调查评价；

·旅游地学；

·旅游资源环境；

·地质遗产与地质公园。

2. 地质资源概念的扩展

自然资源的开发利用随着科技水平提高、资源的利用范围扩大而不断扩展，成为社会发展的一股新的活力。随着社会经济的发展、人类生活水平的提高，旅游活动逐渐从少数人的活动扩展成为众多人优先选择的闲暇活动。人们对地质资源开发利用的认识，也从早期只当作矿产资源应用，扩展到作为观赏对象、旅游资源利用。

人类自然资源利用理念的发展中，地质资源中作为重要工业原料的矿产资源，在工业化初期，创造了显著的社会经济效益。地质资源的矿产资源概念被社会认同。地质资源从单一的矿产资源的概念，扩展到矿产资源和旅游地质资源；将地质资源开发的利用形式由单一的开采含矿地质体作为矿产资源加工利用，扩展到不破坏地质体而以其观赏价值、美学价值等旅游价值为开发利用形式；同时还将前者的矿产资源开采地和加工生产过程作为旅游产品来开发。地质资源的概念也扩展到旅游地质资源的概念，地质资源旅游资源化的概念也随之萌发。

20 世纪末期，旅游成为世界性热潮，旅游业随之兴起，旅游地的建设也随之扩展；自然遗产的珍贵性不断被人们重视；而且珍贵、稀有、不可再生的自然遗产成为旅游地的优选地。地质遗迹、地质景观常常是珍贵、稀有自然旅游资源的组成部分，或构成了地质遗迹、地质景观旅游资源、旅游地。人们加深了对地质资源作为旅游资源的认识。珍稀自然资源列入世界遗产、珍稀地质遗迹作为自然遗产列入世界遗产、珍稀地质遗迹开辟为世界地质公园、国家地质公园，提高了珍稀自然景观、地质景观构成的旅游地的品牌价值，加强了其旅游效应。地质资源的旅游价值成为旅游发展的优势资源。地质资源的旅游功能越来越被旅游界、被社会所认识，地质资源社会化、地质资源旅游资源化和产业化促进了地质资源概念的新的扩展。

工业化不断推动社会经济发展的同时，科学技术发展相对工业化发展的滞后性、人类过度地对自然资源开发造成的环境问题日益严重、不断凸显，甚至不断给人类带来重大灾害，乃至使人类面临全球性的环境问题。地质资源因其观赏性、原始生态地质环境的稀有性、珍贵性、不可再生性，不仅成为人类共同的自然遗产，而且可被转化为珍贵稀有的旅游资源，推动全球性"朝阳产业"的发展，成为社会经济发展的新活力、保护和优化人类生存环境，客观上体现着地质资源旅游资源化成为保护生态地质环境、保护自然遗产、地质遗产的地质资源社会化的趋势。

地质资源从矿产原料矿产资源开发拓展到以观赏性景观开发利用的旅游地质资源，地质学科也从传统的以找矿为主的"矿产型"学科理念，拓展到更广泛地服务于社会，促进自然遗产、地质遗迹保护和人地关系协调发展，优化人类生存环境的"社会型"学科理念。地质资源向社会资源拓展，地质科学理念向社会化的理念拓展，旅游地质问题、旅游地质学的概念拓展了地质科学的研究领域，扩展了地质学的应用领域、地质资源的开发利用途径。

相应地，旅游学与地质学交叉渗透成为新的研究领域，地质资源旅游资源化、产业化构成旅游学与地质学的交叉学科——旅游地质学的理论与方法的核心。

3. 旅游发展对地质学科的需求

旅游发展涉及社会经济与相关学科领域的诸多问题。例如，旅游地/风景区的建设需进行资源环境调查评价、建设项目地质灾害危险性评价、环境影响评价等建设项目需要进行的一切相关论证评价程序，实施建设项目有关的资源环境相关规定。随着大规模的旅游项目的实施，旅游地发展所涉及的资源环境效应问题日趋显露。普遍性代表性问题如：

·山地旅游设施干扰地质环境、诱发滑坡崩塌泥石流地质灾害，旅游交通/线路沿线造成诱发环境地质问题隐患；

·脆弱性旅游资源的超负荷开发导致旅游地质资源、地质遗产的破坏，乃至濒危；水资源水环境衰减、污染；

·不可再生的生态地质环境、地质景观破坏；与自然环境不协调的人造景观导致景观完美性被破坏；

·珍稀独特的生态地质景观价值缺乏足够认识和相应的深层次发掘，旅游开发层次远远低于景观品级，导致无法实现优质特色旅游资源的品牌效应塑造。

旅游产业的纵深发展不仅需要多学科的支撑，更需要多学科的融合，构成能指导旅游科学发展完善创新性的新的现代旅游理念。

经过旅游业发展的实践和经验总结，旅游发展从探索阶段逐渐向旅游产业的构建规范发展、旅游产业与地域社会经济互动融合纵深发展。探索旅游产业发展的政策策略、理念，以期获取旅游发展理论指导旅游产业的稳健发展、提高旅游业对国民经济发展的支撑作用，成为旅游科学面临的重要课题。

地质遗迹地质资源在旅游资源中的地位，地质遗迹在确立旅游地品牌中毋庸置疑的作用，地质科学在旅游地生态地质环境、旅游环境保护中的作用，均表明旅游发展对地质学科的迫切需求。

4. 地质遗迹保护对旅游地质学科的发展需求

地质遗迹地质遗产就是旅游资源。蕴含旅游地质资源的地质体和地质景观、旅游地、地质遗迹地质遗产保护的必要性，已成为人类的共识，已成为旅游地建设的重要内容。

地质作用形成地质形迹，地质形迹在地球的遗存就是地质遗迹，"地质遗迹"概念属于地球科学范畴/内容。然而，地质遗迹被界定为自然遗产，"地质遗产"及其价值的界定，则包含了人的意念功能/活动。而地质遗产的保护和展示、地质遗产转化为"地质公园"（社会资源）、地质遗产转化为旅游资源，则需要相关联的学科研究，这也就是旅游地质学发展的直接需求之一。

地质遗迹的研究是旅游地质研究领域的重要组成部分，地质遗产保护和展示的地质公园建设是地质资源旅游资源化的重要内容。地质遗迹的研究、地质公园的建设将促进旅游地质学科的发展和完善；旅游地质学学科的发展将推动地质遗迹的保护、地质公园的建设，从而推动地质资源旅游资源化和产业化，促进旅游地建设、旅游经济发展、产生地质资源旅游资源化的旅游效应。

### 1.1.2　旅游地质学的发展历程

中国旅游地质学的产生和发展大致可分为四个阶段。

1. 旅游地质学思想萌芽阶段（1978 年以前）

旅游是人类社会活动现象。在我国，历代帝王的巡狩、官场沉浮的宦游、诗人学者的漫游、僧人道士的云游以及民众的出游，都是古老的旅游形式。

我国旅游地质学思想产生（萌芽）较早。古人用朴素的地学知识撰写了大量的诗词、散文、游记、专著，如《诗经》《山海经》《史记》《水经注》《大唐西域记》等。而宋、元、明、清代的山水文学更是发展到一个极高的境界，陆游的《入蜀记》、沈括的《梦溪笔谈》、马欢的《瀛涯胜览》、徐霞客的《徐霞客游记》、魏源的《海国图志》等等，都是具有较高旅游地质学价值的著作。尤其是徐霞客，历经 34 年的艰苦游历考察，足迹遍及大半个中国，记录了考察所见的地质、地貌、水文、生物、名胜、风物等；他对喀斯特地貌的特征、类型和成因的研究比欧洲学者早 200 年，也是世界上第一个对丹霞地貌进行研究的学者；他开创了以旅游考察地质地理并进行科学研究的一代新风；他的《徐霞客游记》不仅在中国，同时在世界旅游地学史上也具有极其重要的地位。

近现代也有一些地理学家对自然风景区的成因进行了研究，如张其昀（1934 年）的《浙江风景区之比较观》，任美锷（1940 年）的《自然风景与地质构造》。

2. 旅游地质学思想孕育阶段（1978—1985 年）

20 世纪 80 年代初，旅游业已经发展成为我国具有一定规模的新兴产业。旅游业的发展，需要相关学科作基础。地学工作者认识到地质景观资源和矿产资源同是地质资源的组成部分，旅游资源的地学机制，是构成旅游资源价值的基础，旅游地质资源被列入地质调查和研究的内容。1978 年以来，在旅游业迅速发展对相关学科的需求和地质科学向环境、社会经济等宽广研究领域扩展的形势下，旅游地质学孕育而生。

20 世纪 70 年代末期开始，我国系统地开展了旅游地学的研究。1978年，陈传康在华东师范大学做了题为《地理学的新理论和实践方向》的报告，认为地理学主要综合研究方向之一是旅游地理学。1979 年，中国科学院地理研究所组建旅游地理学科组，北京大学开展与旅游地理有关的科研和教学活动。随后，北京大学、武汉大学、杭州大学、西北大学、南开大学、华东师范大学、北京师范大学、北京旅游学院等开设了旅游地理课程，标志着中国旅游地学进入开创阶段。

与此同时，旅游地学方面的教材论著也不断面世。如殷维翰主编的《南京山水地质》（1979），北京旅游学院编印的《旅游资源的开发与鉴赏》（1981）和《中国旅游地理讲义》（1981），中国科学院地理研究所编印的《旅游地理文集》（1982），周进步的《中国旅游地理》（1985）。这些论著的问世，促进了旅游地学的发展，但这一时期旅游地质学只包含在旅游地学中。

3. 旅游地质学初创阶段（1985—1999 年）

20 世纪 80 年代中期，随着旅游业在我国迅速兴起，旅游地学进入快速发展时期，旅游地质研究也开始逐渐兴起。1985 年 4 月，在陈安泽、陈传康、李维信等人的倡议下，我国第一个旨在为旅游业服务的地学界学术团体——中国旅游地学研究会成立，紧接着承担国家建委项目，编制了《全国旅游资源分布图》及说明书，开创了地学界有计划地开展旅游地学研究的蓬勃局面。到 1991 年，相继成立了 5 个旅游地学学术团体——中国旅游地学研究会、中国地理学会旅游地理专业委员会、区域旅游开发研究会、丹霞地貌旅游开发研究会和中国地质学会洞穴研究会。许多省市和学术团体成立旅游地学研究会，如人文地理专业委员会中的旅游地理学组、中国地质学会岩溶专业委员会中的岩溶旅游地质专业组，成为中国旅游地学持续发展的中坚力量。

1985 年，陈安泽等提出"旅游地学"概念，"旅游地理学"列入李旭旦主编的《人文地理学概论》，旅游地理学开始成为地理学的一门分支学科。1985 年，《旅游论丛》创刊号上，陈传康的《旅游地质研究的内容和意义》中提出旅游地质是地质学和旅游学之间的边缘性综合学科的说法。

中国旅游地学研究会陈安泽、卢云亭、陈兆棉主编的中国旅游地学丛书《旅游地学的理论与实践——旅游地学论文集》（共七集），数百篇、数百万字旅游地学论文见证了 1988 年至 2000 年间中国旅游地学蓬勃发展的兴旺局面。同时，大量旅游地学方面的论文发表于《旅游丛刊》《旅游学刊》《旅游研究》以及地理学方面的期刊。旅游地学方面的论著如雨后春笋般出版，如戴松年的《中国旅游地理》（1986）、卢云亭的《现代旅游地理学》（1988）、孙文昌的《应用旅游地理学》（1989）、陈安泽的《旅游地学概论》（1991）、保继纲的《旅游地理学》（1993）、王种印的《中国旅游地理概念》（1994）、冯天驷的《中国地质旅游资源》（1998）、宋林华和丁怀元主编的《喀斯特与洞穴风景旅游资源研究》论文集和《喀斯特景观与洞穴旅游》。

1987 年起，我国建立了一批地质自然保护区，1995 年颁发了《地质遗迹保护管理规定》。旅游地质的研究大量地涵盖于旅游地学的研究成果外，旅游地质研究和成果也开始单独呈现。1992 年，地质矿产部环境地质研究所编制出版 1∶600 万《中国旅游地质资源图》及说明书，标志中国已开始了独立的旅游地质资源的研究。

旅游地学、旅游地质的研究不断向旅游学、旅游产业渗透扩展，并成为其重要的组成部分。1992 年的《中国旅游资源普查规范》内容涵盖了旅游地质、旅游地学、旅游地质资源。

4. 旅游地质学全面发展阶段（1999 年至今）

1999 年联合国教科文组织推出了世界地质公园计划。我国国土资源部于 2000 年 8 月 25 日成立国家地质遗迹保护（地质公园）领导小组和国家地质遗迹（地质公园）评审委员会，参照世界地质公园的标准，制定了国家地质公园评选办法等系列文件，于 9 月印发了国土资厅发〔2000〕77 号文《关于申报国家地质公园的通知》。

这标志着在我国旅游地质研究进入了一个有组织、有计划的、系统的全国性的发展时期，并且开始了旅游地质向旅游业扩展、渗透、广泛影响的阶段。旅游地质的研究在自然遗产、地质遗产的认定方面和世界及国内自然遗产申报中起到了极其重要的支撑作用。同时，在遗产申报、旅游地品牌建设中，旅游地质也不断得到创新性、规范性的发展完善。

2003年国家旅游局颁布了国家标准《旅游规划通则》（GB/T18971—2003）及《旅游资源分类、调查与评价》（GB/T18972—2003），规范了旅游规划发展，旅游地质研究成果随同旅游地学一起融入了旅游学研究及旅游产业的发展支撑中。

在旅游地质学的发展过程中，由于地质学和地理学在地球科学中的亲缘性，对旅游研究对象的同一性、相近性，旅游地质学的发展仍然保持了旅游地质学和旅游地理学在多方面的交叉、渗透，促进旅游地质学科纵深发展。

在旅游地质进入新的深层次的全面系统发展阶段，标志旅游地质研究进展的研究成果、学术论著、教材不断涌现。最为典型和代表性的旅游地质的研究成果体现在四个方面：

·世界地质公园及国家地质公园的申报论证；

·旅游地质资源（含地质遗迹）的专项/专题调查研究成果；

·高等院校旅游地质（含地质遗迹）研究方向的博士学位论文；

·旅游地质学教材。

旅游地质研究生的培养教育是旅游地质研究领域向纵深发展的重要标志。例如，2000年，昆明理工大学开始在博士研究生培养中设置旅游地质研究方向；2006年，昆明理工大学在"地质资源与地质工程"一级学科博士点下，自主设立了二级学科博士点"旅游地质与地质遗迹"，并基于旅游地质学的科研与教学工作成果，编著了《旅游地质学》《旅游景观学》教材，出版了《旅游地质系列丛书》及其他旅游地质方面学术论著。对旅游地质学的拓展完善进行了有益的积极探索。

### 1.1.3 旅游地质理论与方法探索

1. 旅游地质学学科研究的重要性

有关旅游地质/旅游地质学的相关研究，以及旅游地质与地质之间的关系、旅游学科与地质学科之间的依存性研究表明：

·旅游地质学的学科已有了较为系统的拓展，已积累了相对丰富的理论和实践资料，为旅游地质学的建立和发展提供了坚实基础。有建立、发展和完善旅游学与地质学的交叉学科旅游地质学学科的必要性；

·旅游地质学的研究，既是地质学科扩展地质资源概念、扩展分支学科边缘学科、地质资源社会化的需求；又是旅游学科分支需要旅游资源的相关基础学科支撑的学科分支的需求。旅游发展的社会实践表明，旅游学与地质学交叉学科旅游地质学的发展既是顺应旅游发展的产物，也是顺应旅游发展的社会经济发展需求而发展的学科。应系统地研究和完善顺应社会进步的旅游地质学；

·旅游发展涉及社会科学和自然科学的诸多方面，涉及自然资源与人文社会资源的综合性资源；旅游资源涉及的旅游地质资源涵盖内生地质作用与外生地质作用的所有地质资源和地质景观（包括狭义的地质地貌资源/景观）。因此，旅游地质资源与旅游地质学的概念应是涵盖基于广义的地质学及地质资源、地质资源中的旅游地质资源与旅游地质学的概念。

·地质遗迹作为自然遗产的重要组成部分，地质遗产的保护与地质公园的兴建成为全球性行动；地质资源作为旅游资源的重要组成部分，进一步促使旅游成为世界性的热潮。地质资源的旅游资源化、地质遗产的保护和地质公园的建设，需要适时地总结归纳相关的理论和方法，这既是旅游地质学的发展、完善的时机，也是旅游地质学学科构建，并在地质遗产保护、地质公园建设、以地质遗产为主要旅游资源支撑的旅游地和旅游产业建设、旅游发展中，遵循"实践—理论—再实践—再理论"规律的旅游地质学学科发展的良好时机。

2. 旅游地质学研究现状

当前，旅游地质学处于开拓、发展、建设时期。旅游地质学的研究已经构成三个明显的研究方向。

（1）地质旅游资源及旅游地质资源研究

主体属于地质资源与旅游资源的资源学研究范畴、应用基础研究；着重于旅游地质景观的描述、分类、地质内涵的研究。代表性的论著如冯天驷编著的《中国地质旅游资源》（1998），陆景冈等著的《旅游地质学》（2004）。

（2）地质遗迹与地质公园研究

主体属于自然遗产、地质遗产与社会经济学研究范畴、应用研究；着重于地质遗迹的科学价值、遗产价值以及社会经济价值的研究。代表性的如世界地质公园、中国地质公园的申报文本，又如石林世界地质公园、中国南方喀斯特自然遗产、三江并流世界自然遗产的研究。

（3）旅游地质学理论与方法研究

主体属于基于地质科学与旅游科学融合的交叉学科的研究范畴、基础理论与学术研究。着重旅游地质学学科的内涵与构成以及旅游地质的理论与方法的研究。代表性的如杨世瑜、吴志亮编著的《旅游地质学》（2006年）。

3. 旅游地质学理论与方法研究

在世界性自然遗产保护、世界地质公园计划实施、地质公园网络体系构建的社会环境以及旅游活动、旅游业的深层次发展的社会经济环境，为旅游地质的研究、旅游地质学的构建创造了前所未有的良好条件。例如，从 2000 年昆明理工大学开始培养旅游地质研究方向的博士研究生，开始了有计划的、系统的、持续的旅游地质的教学与科研，拓展了旅游地质研究领域，系统探索了旅游地质理论与方法。从昆明理工大学旅游地质学的研究历程中，可以窥见中国旅游地质学学科研究状况之一斑。

（1）旅游地质研究领域的拓展

·基于云南丰富的旅游地质资源和旅游产业稳健发展的旅游地质研究环境条件，从旅游视角出发，研究旅游地质理论与方法；

·充分利用地质资源与地质工程学科教学科研的丰富资源；地质教学科研的基础扎实、坚实，学术氛围活跃而有创新性，同时又具有服务于社会的需求的专业发展理念，适应社会经济需求拓展研究领域的学术创新探索精神，以教学与科研、理论与实践的融合积极拓展旅游地质、旅游地质学的研究。着重旅游地质学的旅游地质学与旅游地质理论方法以及地质遗迹与地质公园两个研究方向；

·在地质遗迹与地质公园研究方向，对地质遗迹的评价、地质公园的建设，地质遗迹地质资源转化为社会资源、旅游资源方面进行了深层次的研究；

·在旅游地质、旅游地质学、旅游地质理论与方法方面，以交叉学科的思路对自然科学/地质科学与人文社会科学、地质学与旅游学的融会研究；从旅游地质学的学科、旅游地质理论与方法、地质资源旅游资源化产业化方面，进行了融合性的系统的学术性的探索。

（2）旅游地质理论与方法系统探索

旅游地质的理论与方法是旅游地质学的基本问题，也是旅游地质学基本理论以及旅游地质学指导旅游地质实践的基础问题。在旅游地质学的地质旅游资源及旅游地质资源研究、地质遗迹与地质公园研究、旅游地质理论与方法研究三个研究方向中，旅游地质的理论与方法也是其根本性的问题，例如：

·从三江并流旅游地质资源环境研究开拓旅游地质研究方向；

·融合旅游地质科研与教学实践，系统地、有计划地进行旅游地质层次结构教学与研究；

·在探索旅游地质基本理论的同时，进行专题性、创新性的旅游地质专题研究；

·基于旅游地质的理论与实践，撰写《旅游地质学》《旅游景观学》等教材进行旅游地质理念与应用的系统探索，并指导旅游地质教学与科研实践；

·出版以博士学位论文为主体的旅游地质学术论著《旅游地质系列丛书》，推介、交流旅游地质研究成果。

（3）旅游地质理论与方法探索要点

旅游地质理论与方法探索涉及的领域、涉及的问题异常广泛和多样，因此，旅游地质理论与方法探索要点的确定，是能否取得旅游地质理论与方法探索良好进展的关键。

　　○旅游地质学科特色与内涵

　　·自然与人文、地质与旅游的理论与方法交叉融合

　　·地质研究理论与方法的/向旅游研究的移植

　　○旅游地质研究的核心问题

　　·地质资源旅游资源化、产业化、社会化

　　○旅游地质学学术框架

　　·基于地质理论的旅游地质理论

　　·基于地质方法的旅游地质方法

　　·基于旅游视觉的旅游地质资源

　　○创新性探索性的旅游地质术语

　　·地质资源旅游资源化，地质资源旅游产业化、社会化

　　·旅游地质景观单元、系列、结构、类型、区划

　　·旅游地质资源类型、旅游地质资源环境

　　·旅游地质理论与方法体系

　　·旅游地质景观"生命周期"、旅游地质资源环境人地关系模式/协调发展模式

　　·旅游地质文化

# 1.2　旅游地质/旅游地质学基本理论

### 1.2.1　旅游地质学相关概念简述

　　旅游地质学的研究对象和研究内容的界定，涉及"地质"的界定和与旅游相关的地质要素的识别。

　　1. 地学

　　地学科学（地球科学）的两大重要组成部分为地质学和地理学。"地质学着重研究地下；地理学侧重研究地球表层。"（宋青春，2005）

2. 地质学

"地质学主要研究地球的组成、构造运动、发展历史和演化规律，并为人类的生存与发展提供必要的地质依据、主要的资源与环境条件的评价。"（宋青春，2005）

地质学"主要研究地球的物质组分、内部结构、外部特征，各层圈间的相互作用和演变历史"，"研究地质历史中地质作用的产物，并根据理论和方法寻找各种矿产资源、解决在生产和建设中遇到的地质问题"。（吕惠进，2003）

地质学"是研究地球组成物质、构造、各种地质作用，以及其发展史的科学"。（陈述彭，1990）

3. 地质地貌学

"地貌学研究地表的形态特征、物质组成、成因、分布及其发展规律"，"主要研究挽近时期地质作用的产物"，"突出地貌成因类型的分析、地貌发育历史的重建和古地理环境的恢复"。（吕惠进，2003）

"地质地貌学是研究地球的物质组分、内部结构、内外力地质作用及其产物和地球演化历史的科学"。（吕惠进，2003）

4. 旅游地学

"旅游地学是一门研究人、景关系的科学"，"是旅游地质学和旅游地理学两门边缘科学的综称"。（陈安泽，1991）

"旅游地学是地球科学的一个新兴的分支学科，是研究人类旅行游览、休闲康乐活动与地球科学物质组成、结构及能量迁移、变化之间关系的一门科学。换言之，即时研究旅游和地学环境之间关系的规律。"（陈安泽，1991）

旅游地学的研究任务是"运用地学的基本理论、方法和技术手段，寻找和研究各种地学旅游资源；探讨所有观赏景物的分布规律、结构构造、形成机制和演化历史；进而对旅游区、旅游点及具体观赏景物进行鉴定、评价、规划和设计"。（陈安泽，1991）

旅游地学研究包括：旅游资源的调查和评价；旅游区（点）的选择、布局、规划和建设；旅游者的地域分布和空间移动规律；旅游业分支对地区经济综合体的影响；旅游区划；旅游交通及其有关手段；旅游资源和环境保护；旅游地学基本理论和方法。

5. 旅游地质学

（1）陈安泽在《旅游地学概论》（1991）中认为：旅游地质学是地质科学与旅游科学相结合的一门应用性、综合性很强的边缘科学，是从旅游的实际需要出发，开拓和延伸出来的一门新兴科学。

他认为，地质科学与旅游科学广泛而密切的联系在于：

· 研究和开发对象上的共同性；

· 目标上的一致性；

· 方法技术上具有可借性；

· 分支趋势上谐和结合的必然性。

同时，旅游地质学应侧重于：

· 山水名胜地质地貌成因研究；

· 风景资源开发利用中的地质研究；

· 保护旅游资源与旅游建设的地质研究。

（2）徐泉清、孙志宏主编的《中国旅游地质》（1998）认为：旅游地质学是专门从事研究并发现、评价、规划、保护地质景观旅游资源的一门应用性的新兴学科。它集地质学与旅游学的相关知识为一体，用地质学原理和方法，研究地质作用所产生的各种地质现象，并从中发现可供人们旅游的地质景象，进而开发、综合评价及保护旅游资源。因此它的直接研究对象是地质景观；目的是服务于旅游事业。

他们认为，旅游地质学的研究任务是：

· 进行旅游地质资源的调查；

· 对旅游地质资源进行综合评价；

· 对旅游区进行总体规划并提出开发计划；

· 提出对旅游资源的保护措施。

（3）杨世瑜、吴志亮在《旅游地质学》（2006）中认为：

· 旅游地质学以地质科学的基本理论和方法为基础，以地质资源在旅游及旅游经济中的应用为目的，将地球科学与旅游学相结合，研究地质景观的观赏性和科学性，地质资源的旅游价值及其应用方式。

·旅游地质学是运用地质学的原理和方法，研究地质作用所产生的地质现象，并从中发现具有观赏性、科考性和商品性的地质遗迹景观，进而开发、综合评价及保护地质遗迹的一门新兴综合学科。

·旅游地质学的研究内容是旅游地质资源（旅游客体）与旅游主体（旅游者）、旅游媒体（旅游服务设施等中间环节）、环境之间关系的地质学机制问题。

·旅游地质学的创立和发展体现了地质科学从传统的以地质找矿为主的"矿产型"学科概念，拓展到目前以服务社会环境、促进人地关系协调持续发展的"社会型"学科概念。地质科学理论向社会化的拓展，扩展了地质学的运用领域和运用途径。

·地质资源旅游资源化是自然科学与社会人文科学相结合的产物；是以地质景观的观赏性、科学性及其旅游价值开发，体现地质资源经济价值和社会价值的重要途径。地质资源旅游资源化的理论构成旅游地质学的核心。

·旅游地质学的研究对象是地质资源所蕴含的观赏性、科学性和商品性特性的旅游地质资源。

旅游地质学的研究内容，包括：

·旅游地质及旅游地质资源的基本概念；

·旅游地质资源特征与类型；

·旅游地质资源的时空分布特征和成景作用；

·旅游地质资源的调查；

·旅游地质资源环境评价；

·旅游地质资源环境及其保护；

·旅游地质资源的开发及其策略；

·旅游地质资源环境人地关系与旅游地质资源可持续利用；

·旅游地质学理论与方法。

## 1.2.2　旅游地质学论著教材简介

旅游地质学相关研究除了包含于旅游地学之内的论著外，十余年来，旅游地质的一些专著不断出版，标志旅游地质与旅游地质学的研究逐渐形成了系统，旅游地质、旅游地质学正在发展完善中。

旅游地质学的相关专著可大体按其主题分为以下几类。

1. 地质旅游资源论著

地质旅游资源方面的论著着重论述地质旅游资源的概念、特征、类型、分布。代表性的论著为：

·冯天驷编著的《中国地质旅游资源》（1998），用 40 万字基于地质资源、地质形迹、地质景观的视觉系统介绍了中国地质旅游资源；

·地质矿产部环境地质研究所编制的《中国旅游地质资源图说明书》（1992），在编制 1∶6000000 的中国旅游地质图、展示中国丰富多彩的地质旅游资源分布情况的同时，在提出旅游地质资源分类及其主要旅游价值基础上，简要地分类概述了 35 类中国地质旅游资源。

2. 地质遗迹与地质公园论著

地质遗迹与地质公园方面的论著在旅游地质方面的论著中占有一定比重。代表性的论著为：

·赵汀、赵逊著的《自然遗产地保护和发展的理论与实践——以中国云台山世界地质公园为例》（2005），分全球自然遗产保护地体系的发展和中国云台山世界地质公园重要地质遗迹的保护利用两大部分，还附录了部分国家公园名单、世界自然遗产和文化遗产名录（截至 2004 年底）、截至 2004 年底的中国自然保护区统计表、世界生物圈保护区名录、世界湿地名录；

·李玉辉著的《地质公园研究》（2006），分地质公园基础和地质公园两大部分。地质公园基础概述了地质公园及其研究评价、保护和开发利用；地质公园部分介绍了石林地质公园、腾冲火山地热地质公园、丽江玉龙黎明老君山地质公园。

·赵逊、姜建军等编的《第一届世界地质公园大会论文集》（2004）。

3. 旅游地质专题性论著

专题性的旅游地质论著标志着该学科的发展从一般性的研究进入了深入的研究，标志着创新性、探索性、特色性旅游地质研究进入学术活跃期。代表性论著为：

·宋林华、丁怀元主编《喀斯特与洞穴风景旅游资源研究》（中国地理学会第三届全国喀斯特与洞穴学术讨论会论文集）（1992）、《喀斯特景观与洞穴旅游》；

·卢耀如主编《岩溶——奇峰异洞的世界》（岩溶旅游科普读物）（2001）；

·殷维翰主编《南京山水地质》（1979 年）；

·叶文、明庆忠、杨志耘《云南山水景观论》（1996）；

·陈茂勋主编《四川地质考察路线丛书》（1991）；

·巩杰生《黑龙江省山水风光旅游》（1998）；

·《丹霞地貌学术论文集》；

·杨世瑜、王树芬《三江并流带旅游地质资源开发与环境保护》（2003）；

·杨世瑜主编《沙林旅游地质与沙文化研究》（2005）；

·杨世瑜策划的《旅游地质系列丛书》（九本）

骆华松、杨世瑜《旅游地质资源与人地关系耦合》（2007）

王嘉学、杨世瑜《世界自然遗产保护中的旅游地质问题》（2007）

黄楚兴、杨世瑜《岩溶旅游地质》（2008）

谢洪忠、杨世瑜《林柱状地质景观旅游价值》（2008）

李伟、杨世瑜《旅游地质文化论纲》（2008）

李伟、杨世瑜《滇西北旅游地质文化》（2008）

范弢、杨世瑜《旅游地生态地质环境》（2009）

李波、杨世瑜《旅游地质景观类型与区划》（2011）

庞淑英、杨世瑜《旅游地质景观空间信息与可视化》（2011）

4. 旅游地质学专著/教材

旅游地质学的专著、教材相对较少，且均在试编试用阶段。浙江林学院（现浙江农林大学）旅游系 2003 年自编教材《旅游地质学》，未公开发行。

已公开出版的旅游地质学教材，其范式、思路、内容、结构均处在探索中。代表性的教材为：

·徐泉清、孙志宏主编的《中国旅游地质》（1998），用25万字在界定旅游地质学概念的基础上，分旅游地质学基础和中国旅游地质资源两篇，按旅游地质资源成因类型论述了旅游地质资源特征，按5个地区概述了中国旅游地质资源。该书作为"中等专业学校地质矿产类规划教材"使用。

·陆景冈等著的《旅游地质学》（2004），用42.5万字、以丰富的实例系统地用地质学知识解释旅游景点的形成、分布与特征；着重介绍了岩石矿物、地质构造、新构造运动与旅游资源，人类活动与旅游地质，分析了外力地质作用与成景。

·杨世瑜、吴志亮编著的《旅游地质学》（2006），用35万字在概述旅游地质资源、旅游地质学的基础上，以地质科学为基础，从旅游资源视角研究地质资源、地质景观，发掘地质资源旅游功能，研究地质资源旅游资源化。应用地质资源地质景观、景观系列、成景作用等概念，概述了观赏性、科考科普性、商品性旅游地质资源及其旅游价值，简要介绍了中国旅游地质资源，讨论了旅游资源环境研究方法，论述了旅游地质资源开发与保护及可持续利用。该书入选"高等院校旅游专业系列教材"。以该《旅游地质学》中有关旅游地质景观的基本理论与方法为基础，吸取景观学、生态学、地理学、旅游学等相关景观学的概念，杨世瑜等人进一步编著了《旅游景观学》教材（2008）。

·李同林、孙中义主编的《旅游地质学基础》（2008），用27.6万字介绍了地质学基础知识和地质旅游的一般知识。

# 2. 旅游地质学基础理论

## 2.1 旅游地质基础理论

### 2.1.1 旅游地质的地质学基础

#### 2.1.1.1 与旅游资源有关的地质概念

1. 地球圈层结构

由于组成地球的物质、物态差异，异质性、不均匀性，地球总体具有圈层结构。地球圈层结构按地面的上下分为外部圈层和内部圈层。从外部向内核分别为：

（1）外部圈层

·大气圈：地表以上到 16000 千米高空；

·水圈：地球表层呈液态或固态的水（如河湖、冰川、海洋）及地下水分布的圈层；

·生物圈：地球表面生物存在和活动的范围。

（2）内部圈层

·地壳：地球莫霍面以上的固体硬壳岩石圈上部薄壳，主体为硅铝质硅酸盐类岩石，约占地球体积的 0.5%；

·地幔：地球莫霍面以下至古登堡面间层圈，主体为镁铁质硅酸盐类岩石，约占地球体积的 82%；

·地核：古登堡面以下至地心，主体为含铁镍硅酸盐的熔融态物质。

地壳是地球岩石圈的固体硬壳体。地壳主体由硅酸盐类组成，但其岩石类别在地壳各部位千差万别；地壳厚薄在地壳各部位差别甚大，海洋部分（洋壳）平均厚7千米，而陆地部分（陆壳）平均厚达37千米，中国的青藏高原厚达70千米。

2. 地球演化及其遗迹

（1）地球演变五大阶段

根据现今的地质研究成果、地球演变历史从老到新经历了五大演变阶段：太古代、元古代、古生代（地球出现古老生命的历史阶段）、中生代（地球生命发展承前启后的阶段）、新生代（地球生命发展的新时期）。

地球发展的地质时期以地层单位宇、界、系、统、阶，及所对应的地质时代宙、代、纪、世、期，采用五级划分年代地层单位和地质时代单位。

（2）地球演变的七个地质构造旋回

已知的地球46亿年的地质作用演化过程，历经了全球性的构造运动剧变和缓变交替出现的七个构造旋回，以我国幅域上代表性的构造运动为例：

| | |
|---|---|
| 太古代旋回 | 距今约25亿—30亿年 |
| 元古代旋回 | 距今23亿年吕梁运动，18亿年的五台运动 |
| 震旦—加里东旋回 | 距今8亿年的晋宁运动，4亿年的加里东运动 |
| 海西（华力西）旋回 | 上古生代末的海西运动，距今2.5亿年 |
| 印支旋回 | 三叠纪末的印支运动，距今2.27亿年 |
| 燕山旋回 | 白垩纪末的燕山运动，距今0.65亿年 |
| 喜马拉雅旋回 | 新生代的喜马拉雅运动 |

每一构造旋回都形成一套由当时古地理环境所决定的地层岩性及古生物沉积岩建造、岩浆岩建造和变质岩系；形成一套由构造运动的特点及卷入的地层岩性特点所决定的构造形迹（褶皱、断裂、节理、断块、隆起、陷落、沉降、裂谷）。

每一构造旋回的沧桑巨变特征都由地质构造形迹所记录，如现今仍留存的地质构造形迹（地质遗迹）。由于地球上不同地域处于不同的构造环境（如板块构造的不同部位，板块构造发育的不同阶段）：

·同一时代的地质构造旋回，不同地域会呈现不同特点（如有的为陆，有的为海；有的为火山活动；有的宁静，有的动荡）；

·同一地域又可分为次一级的不同地质环境，并形成不同特色的次一级的地质构造形迹；

·有的早期构造旋回的产物会保持稳定并得以保存，而有的早期构造旋回的产物卷入后一个构造旋回，或被包容，或被改造，或被彻底改变，或被后一构造旋回的构造形迹叠加而复杂化。

地质遗迹中具有地质发展史代表性的地质遗迹可作为代表地球发展的自然遗迹。依据地质遗迹的代表性、重要性可对其加以划分。

（3）地质年代

地质年代指地球发展演化历史阶段、地质事件时间、地质体形成年代时间。用记载地球发展的地质证据综合成地球演化时间序列作为地质年代时间标尺。

地质体/地质事件确定的主要依据：

·岩层的层序、地层古生物组合及演化序列；

·地质体/岩体、地层岩石单位的接触交切关系；

·地质体/岩体地层单位的同位素年龄。

地质年代通常用具有一定对应关系的地层时代单位、年代地层单位、岩石地层单位作为地质年代的时间单位（表2-1），并用此统一全球、地域、局部的地质体/岩石地质单位划分对比的标尺——地质年代简表（表2-2）。

表2-1　　　　　　　　　　　地质年代时间单位序列

| 单位 | 年代序列 | | | | |
|---|---|---|---|---|---|
| 地质时间单位 | 宙 | 代 | 纪 | 世 | 期 |
| 年代地层单位 | 宇 | 界 | 系 | 统 | 阶 |
| 岩石地层单位 | 大群 | 群 | 组 | 段 | 层 |

表 2 – 2　　　　　　　　　　　地质年代简表

| 地质时代 | | | 距今年龄值/Ma |
|---|---|---|---|
| 宙 | 代 | 纪 | |
| 显生宙 PH | 新生代 Cz | 第四纪 Q | 2.60 |
| | | 新近纪 N | 23.3 |
| | | 古近纪 E | 65 |
| | 中生代 Mz | 白垩纪 K | 137 |
| | | 侏罗纪 J | 205 |
| | | 三叠纪 T | 250 |
| | 古生代 Pz | 晚古生代 $Pz_2$　二叠纪 P | 295 |
| | | 石炭纪 C | 354 |
| | | 泥盆纪 D | 410 |
| | | 早古生代 $Pz_1$　志留纪 S | 438 |
| | | 奥陶纪 O | 490 |
| | | 寒武纪 Є | 543 |
| 元古宙 PT | 新元古代 $Pt_3$ | 震旦纪 Z | 680 |
| | | | 1000 |
| | 中元古代 $Pt_2$ | | 1800 |
| | 古元古代 $Pt_1$ | | 2500 |
| 太古宙 AR | 晚太古宙 $Ar_3$ | | 2800 |
| | 中太古宙 $Ar_2$ | | 3200 |
| | 古太古宙 $Ar_1$ | | 3600 |
| 冥古宙 HD | | | 4600 |

据全国地层委员会《中国区域年代地层（地质年代）表》说明书（2002）简化。

（4）地球形状

地球形状　　　　　　表面有隆起凹陷起伏的近似梨形体

地球面积　　　　　　51000 万平方千米；其中海洋占 70.8%，
　　　　　　　　　　陆地占 29.2%

地球平均半径　　　　6371 千米

地球赤道半径　　　　6378.137 千米

| | |
|---|---|
| 扁率 | 1/298 |
| 陆地平均高度 | 825 米 |
| 大陆最高山峰 | 8844.43 米 |
| 海洋平均深度 | −3800 米 |
| 最深海沟 | −11003 米 |

地球表面海陆并存，地面起伏最大高差 20 千米。

（5）地质景观

地质景观指一定地域中的地质体、地质现象和地质作用景物的集合与表现。按地质作用的类型可分为内生地质作用地质景观、外生地质作用地质景观、内生与外生地质作用的复合地质景观。

内生地质作用的地质景观如板块构造形迹、岛弧系、大裂谷、造山带，是显示地壳运动引起原有地质体形变的地质构造形迹。

外生地质作用的地质景观如侵蚀地貌、堆积/沉积地貌、峡谷、瀑布，沙漠，洞穴。是内生地质作用的地质构造形迹在地表地质环境条件影响下，受外生地质作用导致原有地质构造形迹/景观被侵蚀、剥蚀、淋蚀，原有地质体被破坏、析离、分解搬运后重新沉积/堆积形成地质体的地表形态、地貌景观。

内生地质作用与外生地质作用是同时进行的、复合的，只不过在不同时段、不同地域，其内生与外生地质作用的主导作用及其强度和影响程度存在明显差异。内生地质作用的影响是永久的、长远的、广泛的，如板块缝合线、大陆裂谷以及以其存在而依附的自然景观，是跨地域乃至跨洲境的、气势宏伟的地球演化和地质遗迹景观。地幔上隆、地壳拉张而形成大陆裂谷，各地史时期的裂谷形成不同的地质景观。而外生地质作用的影响则往往因地质环境条件差异而呈现出地段性局部性，如侵蚀作用形成的峡谷、瀑布景观，淋蚀作用形成的林柱状地质景观，堆积作用形成的江河入海口的三角洲景观。

复合地质景观的实质是地质景观与地貌景观的复合体，是地质地貌景观。通常，人们习惯性地将内生地质作用景观简称为地质构造景观，将外生地质作用景观及复合地质景观通称为地貌景观。

（6）地质构造景观

地史时期地质演化历史中形成的地质构造，在现代内生地质作用与外生地质作用复合影响的地表条件下产生变形或变位，显示的地质构造景观。实质上，地质构造景观是以原有内生地质作用的地质构造现象为主体，外生地质作用叠加了景观造型、显示地质演化时期地质构造景象的地质构造地貌景观，如褶皱、断裂、含矿地质体的地质地貌景观。

（7）地质剖面

①地质构造剖面

这些与旅游资源/景观属性及内涵、旅游品位有关的地质概念，既是旅游资源的重要组成部分，也是旅游资源类型划分的依据，又或是旅游资源类型的属性/特征。它们包含于自然旅游资源或地学旅游资源中；它们又常常是许多自然旅游资源的基础；它们也常常是旅游资源环境的重要影响因素；它们或常常是旅游资源品位或旅游地品牌的重要影响因素。

这些与旅游资源/景观属性及内涵、旅游品位有关的地质概念，也就是旅游地质资源/地质景观的属性及内涵的基础；是正确地、恰如其分地把握旅游地开发与保护关系的基础。

②地层剖面/层型剖面

在地表出露、对追溯地质历史有重大研究价值的各时代、各类型的地层剖面，包括标准地层剖面（地层层型剖面）、地层界线（层型）剖面和岩相地层剖面。

层型剖面是可以标志地球演化/发展阶段的典型代表性地层剖面，标准层型地质剖面是具有地壳演化发展特定阶段的地质发展史、生命起源、生物演化标志作用的地质剖面，又称为"金钉子剖面"，有极高的地质科学价值。具有全球意义的层型剖面、地质时代地层剖面界线的断代界线（点），被国际地质科学联合会确定为全球层型剖面和点，是具有国际上地质科学国际品牌的珍品，是全球性的地质遗迹/地质景观，如江苏省长兴县煤山二叠系（纪）—三叠系（纪）界线层型剖面和点；云南晋宁梅树村寒武系（纪）层型剖面和点。

（8）三大岩石类型

地球表层的地壳由岩浆岩、变质岩和沉积岩三大岩类所组成，岩浆岩约占地壳总质量的65%，变质岩约占27%，沉积岩仅占8%左右。但在陆地上，沉积岩却覆盖了陆地面积的75%，岩浆岩和变质岩仅覆盖了大陆面积的25%。

岩浆岩、沉积岩、变质岩三大岩类因其成岩作用不同、岩石结构构造不同、造岩矿物不同、产状形态不同、破裂形式不同、抗风化能力不同，再加上产出的地理环境条件的不同，在相似的环境下不同岩类形成不同的景观特征。

①岩浆岩

岩浆岩又称火成岩，是地壳深部的岩浆在地下或喷出地表后冷却凝结而成的岩石。岩浆岩形成温度一般较高（多在700℃—1500℃），高温高压下形成的岩浆岩多呈结晶质，快速成岩时呈玻璃质。岩浆岩有由深部岩浆侵位形成的，也有由先成岩石经过超变质作用、强烈交代作用、混合岩化作用形成的。岩浆岩以其岩浆活动方式、定位空间及岩石产状，可分为侵入岩类、喷出岩类。以其岩浆岩的岩石化学成分的差异可分为铁镁质、超铁镁质岩类、花岗质岩类；又可分为超基性岩、基性岩、中性岩、酸性岩、碱性岩等。

·花岗岩类岩石是深成—浅成酸性侵入岩，侵入体常呈岩株或岩基状，其展布/产出规模大小不一，从数平方千米到数百平方千米。岩石化学成分中，二氧化硅（$SiO_2$）含量多在65%以上，主要由石英、长石及少量黑云母等深色矿物组成，岩石多浅色，质地较坚硬；

·玄武岩是基性喷出岩类，广泛分布。颜色多为暗黑色，略带紫灰或暗绿色。岩石化学成分中二氧化硅（$SiO_2$）含量为45%—52%，主要矿物成分为基性斜长石、辉石，不含或少含石英。岩石一般呈细粒致密状，玄武岩中常有大量气孔，为方解石或玛瑙等矿物所充填。玄武岩为幔源物质沿深大断裂溢出或断裂交叉部位成中心式喷发，水下喷溢时具枕状构造，陆相喷发一般呈块状构造、枕状构造，有的形成柱状原生节理、火山锥。如云南腾冲火山群、黑龙江五大连池火山群。

②沉积岩

沉积岩是由成层沉积的松散沉积物固结而成的岩石,包括碎屑岩(砾岩、砂岩、粉砂岩、泥岩、页岩、风成岩、冰碛岩)和化学岩(岩盐、石膏、石灰石、白云质灰岩、生物灰岩等)。沉积岩最显著的特征是成层性,即具有层理构造。在层层叠置的沉积岩石中,常保存着地球生命演化中遗留下来的各类生物化石及其环境气候的记录。这些沉积岩经历了构造运动后,在地表条件下,风化、侵蚀形成了特征各异的地质地貌景观。

③变质岩

变质岩是由早期先成岩石经过变质作用所形成的岩石。变质岩的原岩可以是岩浆岩、沉积岩、变质岩等各类岩石。其岩性常常继承或保留有原岩特征,同时,又由于叠加了变质作用,形成新的变质矿物和变质结构构造,并因变质程度的差异,新的变质岩类可与原岩的特征差别可以很小,也可以很大,甚至面目全非。

3. 地质作用

地球、地壳/地体内部总是处在相对的不平衡状态下,其外部也受到宇宙的干扰,地球的构造、物质组分、地表形态都处在不断变化的状态中,这就是地质作用。地质作用可以根据产生地质作用的主导因素分为内部地质营力引起的内生地质作用和外部地质营力诱发的外生地质作用。

(1)沉积作用

·沉积作用

在地表地质环境条件下,分布于地表的各类岩石经风化、剥蚀、分离、解体,在原地,或搬运到异地,停留、积聚、淀积,组成新的岩石——新的沉积岩的过程称为沉积作用。

·地层古生物

古生物,是地质历史时期中曾经生活在地球上的生物。一般指第四纪更新世及以前的生物。大部分古生物已经绝灭。

古生物化石是保存于古生物生存时代的地层岩石中的地质历史时期的生物遗迹/遗体。

地层古生物是地质历史时期古地理环境中,特定的地层岩性与古生物的相依相伴组合。因其各时代生物演化特定性，地层古生物被作为地层时代划分对比、地质环境判别的证据。

（2）岩浆作用

①岩浆侵入作用

·岩浆是地壳深部高温高压条件下，富含挥发成分、熔融的潜在流动状态的硅酸盐熔融体；

·岩浆作用指地壳深部潜在动态的岩浆熔融体，在其平衡环境的构造场条件改变时，岩浆构造薄弱带/空间运移，或侵入，或喷溢，岩浆分异，形成岩浆/硅酸盐组成的岩浆岩的过程。岩浆侵位到地下凝结成岩的为侵入岩；岩浆喷发或溢流到地表凝结成岩的称喷出岩（如火山岩、熔岩）。

②火山活动

火山是地球深部岩浆活动喷溢于地表的产物。火山包括地质发展过程中形成的古火山，也有现今火山活动的活火山，都是地壳运动的景象。

火山活动有一套火山通道、火山锥、火山口规律组合的火山机构。有呈现一定结构构造的火山喷发堆积物，形成火山弹、绳状枕状熔岩，熔岩台地；相伴生的火山口、火山锥，火山温泉、湖泊。现代活动还有火山喷溢壮观景象。

火山喷发的形式有中心式、裂隙式和混合式。火山又分为活火山、休眠火山、死火山。

（3）变质作用

处于相对稳定状态下的地壳岩石，在其地质环境条件改变，超过其保持岩石现状的物理化学条件，原有的岩石改变其状态（岩石结构、岩石组分、矿物组合、岩石形状），以适应新的地质环境条件。这种过程称为变质作用。地质环境条件的变异可由于强烈的地壳运动改变构造应力场、热力场、物质场，可由于深部岩浆活动形成高温高压地质环境条件，岩浆作用或地下水地下热液携带的矿物质交代原有矿物岩石，从而形成新的矿物岩石——新的变质岩。

（4）成矿作用

①矿床

矿床是在特定的成矿环境、成矿地质作用下，形成可供人类开采利用的天然元素矿物、矿石聚集地段、含矿地质体。这种地段以含有具经济价值的矿床、矿体、矿物为标志，有显示矿床产出地质环境条件的含矿围岩、含矿构造；产状形态、地质特征各异的矿体和围岩构成了含矿地质体。

②古采矿、古冶炼、古矿业遗址遗迹

矿床被古代人类开采利用残留的遗址或遗迹，有矿床开采遗留的坑道、采场、采空区、废弃物等古采矿场地遗迹；有矿石加工、选矿、冶炼、提纯并用矿石矿物或提纯粗加工矿产品烧制瓷器等制品的古矿业遗迹。

4. 内生地质作用遗迹

（1）构造运动/地壳运动

引起地壳中的地层、岩石变形、变位的地质作用通称构造运动。构造运动具有明显的地域性、时限性、阶段性，并且形成一套与构造运动方式、强度相关联的地质构造系统/现象。构造运动有的是缓慢的变化过程，也有的是剧烈的突发式、爆发式的突变过程。地球历史上的构造运动，总体上具有旋回式的构造旋回阶段性、规律性、演变性。相应的，地球上形成了一整套地壳构造旋回的产物，如构造形迹、构造层、沉积建造、岩浆建造、地质构造单元、地质构造体系。

（2）地质构造

地质构造运动导致地层、岩石变形变位的产物、现象。常见的地质构造如褶皱（背斜、向斜、穹隆），断裂（水平断层、正断层、逆断层）、推覆构造、断陷、隆升、掀斜。形成千变万化的地质构造形迹。

（3）地质形迹

地质体或地壳中的地层、岩石块体在地质应力作用下，产生的空间变异、内部结构变异及形变变异的景象/地质形迹。

（4）新构造运动

通常把新生代以来的地质构造运动通称为新构造运动，但更多地把第四纪以来的、现今的地质构造运动称为新构造运动；把现今仍在活动着的地质构造称为活动性构造。

（5）板块构造

板块构造是有关地壳运动、地质构造的学说，是以板块构造的理论对地壳运动、地质构造的解释与研究。板块构造学说相关的地壳运动、地壳发展的主要学说有早期的大陆漂移说、海底扩展说；板块构造学说是建立在近代有关地球科学的地球资源卫星有关地球的遥感信息、地球物理探测、深海钻探、现代地球地质对比、现代岩石矿物测试技术等一系列地球科学研究成果基础上的有关地球构造运动、构造形迹以及地球发展的学说。

板块构造学说认为：

·地球表面陆壳坚硬的、刚性的岩石圈，相对于其下的具黏滞性、蠕动性的软流圈，二者具有侧向的不均一的动态平衡机制。具活动性的地质块体/单元，把地壳分割/划分为相对稳定的地质块体/单元。活动性的块体/单元/地带，如地缝合线、大陆裂谷、大洋中脊、海沟；相对稳定的块体/单元即为板块；

·软流圈的动态变异的活动性块体与相对稳定的刚性的板块块体之间的动态平衡往往导致板块间的碰撞、挤压和拉张。板块可有增生，也可有消亡。

·板块间的挤压、碰撞在其接触带/板块缝合线形成强烈的构造运动，可把地壳深部的物质带到地表；可发生岩浆侵入、火山喷发、变质作用、地震活动、褶皱作用、断陷作用；可形成造山带、形成断陷湖泊、洼地、盆地；可形成有用元素的迁移、积聚而形成矿床；

·板块间的拉张，在其边部可产生拼接的、增生的、刚性的块体，板块增生；

·板块依其边界条件而呈一定的地质块体单元；可以其内部的构造边界而划分为多级次的独立的构造单元。这些构造单元常因岩块的断层岩性、物质差异、地质构造差异、生态地质环境差异而形成不同的景观单元；

·地震是地壳活动、地应力聚集后释放的一种突发性的特殊方式。强烈地震可导致地面变形破坏，形成地震断裂带，形成地裂缝、地陷，甚至山体崩落，河道堰塞成湖；强烈的地壳快速颤动，可导致建筑物坍塌、设施破坏等一系列危及人类生命财产的地震，形成地震遗迹。

5. 外生地质作用遗迹

（1）风化作用

处于地表状态下的岩石，在地表生态地质环境下，改变了岩石形成和埋藏时的原始物理化学状态。在受水、光照、大气、温度、湿度、生物以及地质构造影响的结构构造变异等的影响下，岩石崩裂、破碎、分解、破坏、解体析离，经搬运再淀积/堆积/沉积，形成与原始岩石迥然不同的新的岩石。这就是岩石的风化作用。随着岩石风化作用的发展，由岩石组成的地质体/地质景观也随之发生变化。

按岩石性状、风化作用的因素，风化作用可分为物理风化、化学风化和生物风化三种类型（常常是复合的作用）；风化作用强度与岩石所处的生态地质环境、地形条件、岩石性质、气候（特别是降水、温度湿度）相关。

岩石风化作用形成风化壳，形成崩塌滑坡、泥石流及残坡积、堆积体；同时，改变原始地质体的地形地貌地质特征。

（2）侵蚀作用/剥蚀作用

侵蚀作用是对岩层的机械破坏作用、风化作用（化学的、生物的）、溶蚀作用、淋蚀作用、磨蚀作用等许多地质作用的总称。剥蚀作用与侵蚀作用近似，但除包含侵蚀作用外，还强调揭露、裸露和搬运作用。由剥蚀作用形成的地形地貌称为剥蚀地貌。

侵蚀作用通常是多侵蚀地质作用要素作用的总和。但常常以某一侵蚀主导要素形成特色性的地质地貌景观。

·在潮湿气候或水环境下，易溶性碳酸盐类地层岩性形成岩溶地质景观；红色砂岩类地层岩性形成丹霞地质景观；缓倾斜地层岩性在垂直节理裂隙系统制约下，形成林柱状地质景观；不同岩类的地质体形成形态各异的侵蚀山岳景观；

·在干燥或干旱气候环境下，形成风蚀地质景观、雅丹地质景观。

固结程度较差的地层岩石，在水的淋蚀作用下形成峰林峰丛林柱状土林、沙林等淋蚀地质景观。

地壳脉动作用、间隙抬升明显地区，形成多级夷平面，碳酸盐地层岩性展布区形成洞穴景观，江河形成阶地。

6. 第四纪地质与地貌

（1）地质地貌

·地貌

地球外貌形态，是漫长地质作用形迹叠加第四纪地质作用所展现的现今地球面貌，即现代地表形态是地壳内力作用形成的岩石经外力作用雕琢成的地质体景观，是地质作用的综合景象。地质作用是地貌景观的基础和决定性因素，地貌是地质作用与地质作用产物景象的总和，由此而言，地貌是地质地貌的简称，地质地貌景观是地质景观的基本组成部分。

·陆地

陆地是地壳表面岩石分部的部分。陆地高低起伏，可分为平地、高原、山地、丘陵、盆地。大体以海拔高度划分：海拔低于 600 米、相对高差小于 100 米的广阔平坦的地区称为平原；海拔高于 600 米，相对广阔平坦的地区称为高原。通常海拔高度 500 米以上、切割深度 200 米以上的地形段为山岳或山地；海拔低于 500 米、相对度程 200 米以下的起伏地形称为丘陵。

·山地/山原

山地景观以其海拔与相对高度可划分成极高山、高山、中山、低山。山地景观要素包括山顶、山坡、山麓（山脚）。山地景观按成景岩性及成景作用可主要划分为侵蚀作用、岩溶作用、淋蚀作用三类景观。

·海洋/江河湖泊

海洋是地壳表面水体覆盖的部分；江河湖泊是陆地上水体覆盖的部分。

·盆地

盆地是陆地上中间低，四周为山环绕的盆状地形。

·雪山－冰川景观

雪山为终年积雪的高山、极高山。积雪终年不化的严寒高山上，不断增厚的积雪压实下层积雪，结晶成冰粒、冰川水，融合成坚冰。高山斜坡及谷地的冰雪在自重负荷和后缘压力下向下蠕性滑移，形成冰河（冰川）。冰川移动时对冰川谷地斜坡岩石的刨蚀、搬运、堆积，称为冰川地质作用。

现代雪山冰川景观为现代雪线之上，终年积雪不化的雪山冰川。

消亡中的雪山冰川为现代雪线附近趋于消亡的雪山冰川。

古冰川为雪山冰川消亡后遗留的古雪山冰川遗迹。

雪山冰川的组成有冰雪盆、冰斗、冰瀑、冰塔林、冰裂缝、冰洞，角峰、刃脊、"U"形谷；冰川堆积的冰碛砾石和冰水沉积物，冰川地貌、冻土；冰川湖群。

（2）河湖水域及水的地质作用

①江河是陆地上沿着线形谷槽流动的水流。大的称江、河，小的称溪、涧，从其源头至入江口或入海口可分为河源、上游、中游、下游、河口五个河段。地表凹地、盆槽中聚集的水体，小者为池，稍大为湖，更大的全球性水域为洋。江河湖海因水在其流动中的侵蚀、搬运、堆积作用形成流水地质作用。一般而言，河流上游段以侵蚀（底蚀强）、搬运作用为主，中、下游段及湖海，以侧蚀、搬运、堆积为主。

②山地江河，因地形相对陡峻，水流速较快，地形多变，多直线状河道峡谷、瀑布等江河景观；平原江河，因地形相对平坦，水流缓慢，多迂回曲状、辫状水系江河景观。

湖泊按其成因分为构造湖、火口湖、冰川湖、风蚀湖、堰塞湖、岩溶湖、泻湖、海成湖及人工湖等；按其湖水矿化度，分为淡水湖、半咸水湖、咸水湖。

③滨海，指陆地与海洋连接部位海岸线邻近海滨海（湖）岸地带，由于波浪、水流、洋潮汐等水的营力作用下所形成滨海（湖）岸特有的海（湖）岩线、海（湖）蚀崖、海（湖）蚀台、海（湖）蚀穴、海潮等景观；泥沙质岸型、基岩型、平原型、珊瑚礁型、红树林型等海岸景观。

珊瑚礁主要由造礁珊瑚与充填在其间的珊瑚碎屑（含少量的其他生物碎屑）组成。

江河因水的地质作用溯源侵蚀或河谷深切的差异，常常形成异常河段。如峡谷、瀑布、阶地、河道拐弯曲流等地质景观。

在承压状态下，地下水形成泉、涌泉、温泉景观；富含矿化物质的地下水在环境突变时形成泉华景观。

（3）山岳重力地质作用

山地环境下，当处于山坡坡向与地层产状或断裂裂隙产状结构面基本一致的同向坡时，在重力作用下，同向坡上的岩体、堆积物易产生崩落滑坡；当山地结构面富集水或松散堆积物富含水，易发生滑坡崩塌泥石流；当滑坡体、崩塌体、泥石流堆积体阻塞河道水体形成堰塞湖景观。

### 2.1.1.2　与旅游景观属性有关的地质概念

（1）矿物

·矿物晶体

矿物内部质点（原子、离子、离子团）在三维空间中按一定的规律排布，显现一定的晶体结构、晶体格架。以矿物单晶结晶习性、排列方式为基础因素组合成矿物集合体（规则的、不规则的，显晶的、隐晶的）。

·矿物物理性质

矿物因其化学成分、内部结构、外部形态的差异而显现矿物特有的物理性质：颜色、光泽、透明度、解理、硬度、断口、条痕、密度、脆性、延展性、弹性、磁性、发光性。

（2）地质体

不同成因、不同形态、不同地域、不同类型、不同景观的地质体，都可划分为特征、属性差异的单元，矿物岩石单元、地质单元。

①地质体地质单元

·地质单元/地质景观单元具有一定地质景象；具有一定形体；具有一定地质实体，呈现一定的/独立的地质体；

·地质体、地质单元具有其组成的体制/体系/等级系统，呈现地质景观单元等级体制；

·相似或相同成因联系的地质单元/景观组成地质景观系列；

·地质景观按其规模等级可划分为不同等级级序的地质景观单元。

（3）地质构造特性

地质构造以其形成的构造机制形成特定的构造形迹，构造形迹以其特定的组合形式呈现构造体系、构造系列。

地质构造的构造级次、序次，系列的明显性、规律性，构造期次、阶段形迹的时空性，地质体矿物岩石组合的地层岩性单元序列，使地质体地质构造具有特有的层次属性；相应的，地质景观呈现严格的、地域特定的景观结构层次性。

地质构造呈现明显的、严格的时空结构。具有地质构造特定地质事件的时间结构和特定地域的空间结构。

（4）矿化地质体/矿床

·矿化地质体/矿床按其在矿化集中域的产出状态、成矿物质（矿化元素、矿物）聚集状况、矿化集中程度、矿化体（矿体、矿群、矿床）组合关系及时空结构，可划分为成矿系列；

·矿化地质体/矿床按其成矿作用的控制因素、成矿作用机理、成矿作用形成的矿床特征划分为矿床成因类型、产状类型、矿床模式；

·矿化地质体/矿床可按其在矿化域中的产出状态、聚集状况进行成矿区划，划分为成矿单元；

·矿化地质体/矿床可按其成矿物质、有用元素的聚集程度/富集程度、经济价值，划分为不同品级/品位的矿床。

（5）矿业遗迹

矿业遗迹是表征某一阶段某一个地方某种矿业发展历史的遗迹。矿业遗迹主要指矿产地质遗迹和矿业生产过程中探、采、选、冶、加工等活动的遗迹、遗址和史迹；其具备研究的价值和教育的功能，是游览现赏、科学考察的主要内容。按其自然和人文双重属性，矿业遗迹包括：矿业开发史迹、矿业生产遗址、矿业活动遗迹、矿业制品、与矿业活动有关的人文景观、矿产地质遗迹。

### 2.1.1.3　与旅游价值有关的地质概念

（1）地质遗迹/地质遗产

地质遗迹/地质遗产指在地球演化的漫长地质历史时期，地质作用所形成并遗留下来的不可再生的地质体、地质遗迹。地质遗迹中能反映地质构造旋回、成岩成矿地质环境、地质历史演化过程，作为认识和恢复地质历史的依据，具有科学研究和观赏价值的称为地质遗产。地质遗迹的地域特有性、不可移植性、不可再生性，使地质遗迹具有极其珍贵的遗产价值，是世界自然遗产的重要组成部分。

（2）地质遗迹级别

地质遗迹按其地质事件的代表性，地质遗迹的重要性、典型性，地质遗迹的科学价值、观赏价值差异，可进行级别划分，从而认定地质遗迹的价值。

## 2.1.2　旅游地质的旅游学基础

1. 与旅游地质理念有关的旅游概念

·旅游

旅游是人们闲暇时间、休闲活动中，喜欢选择的一个游憩活动，是到对自己有吸引力的异地去游览、观赏能满足自己精神需求的自然景观和人文景观，从而得到美的享受，起到既休闲，又增长知识、启迪智慧、开阔视野、陶冶情操的作用。

旅游是一定的社会经济文化条件下产生的社会经济文化现象，是人类文化生活的一部分。旅游是一种人类生活体验，一种社会行为，是一种人类与生态地质环境、地球科学密切接触的人地关系的体现。

2. 与地质资源旅游资源化有关的旅游资源概念

（1）旅游资源与旅游地

①旅游资源

旅游资源是自然界和人类社会中，能对旅游者有吸引力，可以为旅游业开发利用，并可产生旅游经济效益、社会效益、环境效益的各种事物和因素。

·旅游资源是在自然界和人类社会中，人们（旅游者）生活时空环境中缺乏的东西，对旅游者具有吸引力，能激发旅游者的旅游动机，具有供旅游者游览、观赏、体验的旅游功能和价值，可以为旅游业开发利用，并能产生经济效益、社会效益和环境效益的自然存在和历史文化遗产、自然的或人文的（社会的）因素就是旅游资源；

·旅游资源可以是有具体形态的物质实体、景观，也可以是不具有具体物质形态的文化因素；

·旅游资源是旅游业得以发展的重要基础条件，它必须具备可利用性，并且能产生旅游效应；

·旅游资源的潜在优势就在于旅游资源具有的观赏性（即有美感）、奇异性（即有特色）、丰厚性（即有资源量）、知识性（即有品位、有科学价值）。不同区位、不同地域旅游资源的独特性构成了旅游资源的生命力、旅游资源优势的灵魂；

·旅游资源中具有景观特征的那部分旅游景观资源又称为旅游景观；

·旅游景观综合体中自成体系或自成特色，不同于周围独立存在的可识别和圈划的景象、景色、景物组成的景域（景观域）/地段/块段又称为旅游景观单元，可按旅游要素的特征标志而圈划。

②旅游景区

旅游景区是以旅游极其相关活动为主要功能或主要功能之一的空间或地域。其为有一定地域范围，具备旅游资源、旅游设施，能提供旅游服务的独立管理区。

旅游景区通常为一完整的复合旅游景观域，为以自然旅游景观为主体、叠置有人文旅游景观的综合体。但旅游景区通常又不等同于旅游景观，因为旅游景区中构建或包括了一些供人们进行休息、文化活动、餐饮活动等一些旅游活动的附加物。

（2）风景名胜区

风景名胜区指风景资源集中、环境优美、具有观赏或科学价值，具有游览条件，可供人们游览欣赏、休闲娱乐或进行科学文化活动的地域、风景区。

（3）地质遗迹保护区与地质公园

因地质遗迹的重要性，将需要进行保护的地质遗迹开辟为地质遗迹自然保护区；将规范地进行地质遗迹保护，同时发掘地质遗迹的社会功能，将能为人类服务的地质遗迹区建立为地质公园。地质遗迹还可以设置于自然保护区、矿山公园、湿地公园等各类自然保护区和公园中，得到保护和开发利用。

3. 与地质资源旅游产业化有关的旅游地/旅游产业

①旅游目的地/旅游地

·指旅游者旅游活动所选择的旅游地域；

·指具有旅游物（如地质遗迹、地质景观）、旅游价值，具有旅游吸引力、能产生旅游效应的地域。

②旅游产业

指能提供旅游活动、能构成旅游效应的产业/旅游经济实体。

4. 与旅游地质文化有关的旅游文化

旅游文化指与旅游地、旅游资源、旅游景观、旅游活动相关联的文化。

## 2.2　旅游地质的相关理论

### 2.2.1　人地关系

人地关系是人类与地理环境/自然环境之间关系的简称。它是地域系统中人文要素与自然环境要素相互关系的综合体，是人类活动人类社会生存与发展与地理自然环境的关系。

在一定的地域系统中，"人"与"地"二者之间的相互依存、相互作用及其效应构成地域的人地关系系统。

人地关系系统中，人处于人地关系的能动的、主导的、核心的主体地位，对自然环境的演变、对自然环境与人类社会相互作用相互影响的人地关系起着重要作用；一定环境、一定时间空间中，甚至对人地关系的和谐协调起到决定性的作用。

人地之间、人类活动与自然环境之间相互适应、相互协调，达到人地和谐；反之，人类对自然承载力的超负荷干扰，会导致环境灾害问题，导致资源的枯竭问题，自然环境也将危害人类的生活生存环境。

人地关系是地理学研究的核心。人地关系理念引申到旅游地质研究中，就是人与旅游地质资源环境之间的关系，也是旅游地质学研究的重要问题。人—旅游地质关系研究人类旅游活动与旅游地质资源环境系统中，地质资源旅游资源化产业化过程，人类旅游活动与旅游地质资源环境耦合的互干扰效应；从而保持旅游活动/旅游地质资源开发与环境保护的协调和谐发展、旅游地质资源的可持续利用。

### 2.2.2 系统论

系统是在一定时间空间环境中，由具有相互关联、相互依存、相互制约、相互作用的组成要素，按一定结构形式结合而成的具有特定功能的有机整体。系统是客观存在的。在自然环境、社会环境中，客观上都有系统存在，在人的主观认识中存在系统概念；在自然科学及人文科学中也存在系统的理念和方法。

系统论是有关系统的理论方法的科学；系统论的核心是系统的整体观念。

从系统论的角度，可以认识系统的基本理念：

· 系统具有总体的整体性；

· 各组成要素的依存性；

· 各组成要素间的关联性；

· 系统的整体系统/总系统中存在不同层次、不同等级体制的子系统；

· 系统内各组成要素、各子系统的相互作用维持系统动态平衡的同时，使系统不断地演化，以适应系统所处的周边环境对系统的干扰影响。系统内部的动态平衡能力决定了系统存在对周边环境的适应性、稳定性；在周边环境的干扰下，系统的脆弱性会导致系统内部结构的改变，乃至原有系统的破坏甚至解体。

在由系统论理论引申出的旅游地质的研究中，系统论是构架旅游地质理论与方法体系的基本思路；也是贯穿旅游地质基本问题研究的主线。它也研究旅游地质资源/旅游地质景观的单元 – 旅游地质景观系列 – 旅游地质景观区划；旅游地质资源/旅游地质景观的属性 – 类型 – 评价；地质资源/旅游地质景观的地质属性 – 旅游属性 – 地质资源旅游资源化 – 地质资源旅游产业化 – 地质资源旅游社会化 – 旅游地质资源社会经济效应。显然，系统论所引申的系统的旅游地质理论与方法有助于以地质理论与方法为基础，从旅游的视觉看待地质资源，构架旅游地质的理论与方法，构架旅游地质学的基本框架结构。

### 2.2.3　模式

模式意为尺度、样式、样板，含有事物或思维的标准样式，可供人们参照、类比的样式、范式。

模式可以是生产、生活、社会实践的经验中，经过概括、提炼的有关事物、思维的理念或方法的结晶。

模式可以是阐明事物组成要素、事物结构、内在联系及其事物/事件的成因机制。

模式可以是侧重经验总结的经验模式、理论概括的理论模式、侧重思维的方法模式、侧重发展的发展模式、侧重事件过程的过程模式、侧重概念的概念模式、侧重事物发展因素的成因模式。

模式的表达可以是文字形式的简练表述、框图形式的事物内容与相互关系的直观图解显示、数字/公式/方程形式的数字模式。

模式可以是定性模式或是定量模式。

将模式概念及其类比功能引申到旅游地质理论与方法研究中，有助于借鉴地质科学、旅游科学以及相关学科的理论与方法，构架旅游地质理论与方法的基本理念、基本方法及旅游地质理论与方法体系；有助于基于相关理论、方法创建旅游地质交叉学科的理论与方法；有助于建立并应用旅游地质理论与方法模式指导旅游地质实践和理论升华。

### 2.2.4　旅游地质理论与方法体系相关概念

旅游地质理论与方法体系涉及的相关概念可依据理论性质的差异划分为学术性概念、公约性概念和法规性概念。

1. 学术性概念

·地质学理论

·旅游学理论

·人地关系

·模式

·系统

学术性概念是旅游地质理论与方法的基本学术基础，是贯穿于旅游地质研究中的主线，是构架旅游地质理论与方法的基础依据。

2. 公约性概念

·遗产公约

·世界遗产宣言（1972）

·世界遗产名录

·世界自然文化遗产保护公约

·（伊朗）湿地保护公约（1971）

·（法国）迪尼宣言

·地球记录权利宣言（1991）

·地学遗产名录

·地质遗产网络

·世界地质公园

·国际地质公园工作指南

·第一届世界地质公园大会北京宣言

·保护地质遗迹与可持续发展

公约性概念是与旅游地质相关的“约定俗成”或“国际惯例”式的、相对成熟的、“公认的”概念或规定、规范式的理念；公约性概念是旅游地质理论与方法体系中，识别和评价地质资源的旅游价值、社会价值的准则、准绳、标准、标志；构架地质资源旅游资源化社会化的基础理论。

3. 法规性概念

·国家地质公园

·《关于建立地质自然保护区的规定（试行）的通知》（1987 年，中国地质矿产部）

·《地质遗迹保护管理规定》（1995 年，中国地质矿产部）

·《关于申报国家地质公园的通知》（2000 年，国土资源部）

·《中国国家地质公园总体规划指南（试行）》（2000 年，国土资源部）

·《中国国家地质公园建设技术要求和工作指南》（2002 年，国土资源部地质环境司）

法规性概念与旅游地质理论和方法体系中有关地质资源旅游资源化、产业化、社会化的概念基础依据，是地质资源转化为旅游资源、地质资源旅游资源化产业化，形成旅游地质资源社会经济效应的理论依据、方法依据。

## 2.3 旅游地质理论与方法的哲学基础

1. 哲学基础与概念

（1）辩证唯物论

辩证唯物论的认识论与唯物辩证法的方法论是旅游地质理论与方法的哲学支撑；是旅游地质理论与方法体系构建的基础；是旅游地质理论创新、方法创新的源泉。

（2）交叉学科与边缘学科

自然科学、地质科学与人文社会科学、旅游科学融合的交叉学科——旅游地质学的探索，地质研究方法与旅游研究方法融合的旅游地质研究方法的探索，就是用辩证唯物论的认识论与唯物辩证法的方法论作为哲学基础，研究地质资源、旅游资源与旅游地质资源概念，地质资源的旅游资源属性；研究地质资源旅游资源化/产业化/社会化，由地质资源转化为旅游资源、构建旅游产业、形成旅游地质社会经济效应的理论与方法。

（3）创新思维

创新是当前各个领域都十分重视的内容。创新符合社会进步的需求。科技界、学术界、教育界都十分注重创新。科技创新有助于科技发展，科技创新需要学术、理论创新的支撑。

科技思维方法——方法论、认识论的哲学思想是创新意识创新能力的基础，是科技创新学术创新的决定性因素。符合自然法则、符合认识论方法论的思维法则是科技创新学术创新的哲学基础。一个新的交叉学科，特别是跨自然科学与人文社会科学的交叉学科的探索和创立，更需要符合自然法则、社会法则的哲学思想的指导。旅游地质学科正是这样。

2. 基于哲学概念的理论与方法

基于辩证唯物论的认识论与唯物辩证法的方法论，地质科学的产生和发展是随着人类社会的发展而不断推进的，其发展过程体现了辩证唯物论的认识论与唯物辩证法的方法论的科学发展观。

地质科学的产生源自人类在自然生存环境中对地质体、地质景观、地质现象的认识，源于人类在利用周围自然资源、地质资源、矿产资源的生存生活、生产实践中不断积累和完善的知识。

地质科学从认识研究地球的形成发生、矿产资源开发利用的矿床地质、矿产地质、普通地质产生和发展的地质科学，产生/开拓和形成了与地质相关联或基于地质科学的地质边缘学科/交叉学科，如地质与自然科学相交融的水文地质、工程地质、环境地质、遥感地质、生态地质，又如地质与社会科学相交融的经济地质，以及地质适应旅游发展、与旅游科学相交融的旅游地质。

地质体/地质景观的观赏性，是自古以来人类社会发展过程中，不断萌发地质资源旅游资源化理念的基础和基本点。到近代，地质体/地质景观的观赏性发掘利用是从狭义的地质学概念矿产地质向广义的地质学概念扩展（包括旅游地质）的重要内容，也是地质体从地质资源向旅游地质、从自然资源向社会资源转化，从地质体的消耗性、毁灭性的矿产资源开发消耗向地质体/地质景观的景观观赏、美学鉴赏、可持续利用，从地质资源的物质性、利用性、鉴赏性/美学意识性社会化的概念扩展转化的重要内容。

地质资源从狭义的地质/矿产资源转化旅游资源，从地质资源的有限的局限性利用地质体的"工业价值"理念价值观为主，扩展到地质体物质实体到地质形体/地质景观的地质体/地质景观的观赏，无限地扩展了地质体的无限的地质体"有价值"的规模（地质体的总体）、内涵，使地质体从有限的"工业原料地质体"经济价值的局限性，扩展到无限的"美学价值""社会价值"的整个地质体；从有限的社会经济价值扩展到无限的社会经济价值；从消耗性资源扩展到可持续利用的"绿色资源""绿色产业""无烟工业"的社会资源；从地质体的物质概念到地质体/地质景观的地质文化思想意识概念。

从地质资源旅游资源化的理念，地质体/地质景观的观赏性、地质资源的观赏性价值包含：

·地质体/地质景观及其以地质体为基础的自然景观的"自然美"美学观赏价值；

·地质—自然实体及其组成实物的观赏价值，如山水观赏，矿物、岩石的观赏性及其收藏价值；

·地质实体及其组成实物通过人类简单雕琢、加工的地质文化、石文化，如石雕、石刻；石窟；石质建筑；宝玉石。

# 3. 旅游地质资源

## 3.1 旅游地质资源基本概念

### 3.1.1 旅游地质资源

自然旅游资源中，可供旅游或能对旅游者具有吸引力的、具有观赏价值或科学考察价值的地质体、地质现象、地质景观称为旅游地质资源。

地质体指地壳中由矿物岩石（包括矿床）组成的实体。层状的沉积岩地层、块状的岩浆岩、具有一定结构的岩浆岩，经历不同变质过程的变质岩、各种有用矿物集合体聚集而成的矿床，岩石风化后形成的风化产物及它们构成的各种地质单元，它们在空间上有一定格局，有各自造型功能的地质景象。地壳运动的作用，形成了地质构造形迹、地质块体，构成了千姿百态的形态色彩和造型各异的地质景观，既具有不同的观赏价值，又具有丰厚的科学内涵。再加上地质景观是漫长地质作用（地质事件）的产物，对人们具有成因上的神秘感和吸引力，具有旅游吸引力。

旅游地质资源是旅游资源重要组成成分——自然旅游资源的基本组成要素。无论是山川、河流、峰林、峡谷、涌泉、湖泊、瀑布、沙滩、海洋、溶洞、火山、地震还是单独的岩石或是地质体（包括矿床），不论是静态的还是动态的，不论是单一因素还是多因素的结合，都是内外地质营力共同作用的结果，是在一定自然环境条件下构成的地质现象或地质构造形迹、形体——地质景观。

### 3.1.2　旅游地质资源与自然旅游资源

自然旅游资源是天然赋存于自然环境中，能供旅游活动或可开发为旅游产品、产生旅游效应的自然资源，包括诸如山川地体/地质体、地物、动植物、气象、自然景观、自然环境等自然界的构成要素，以及这些自然要素组合而成的生态系统、景观结构。旅游地质资源是自然旅游资源中由地质要素所构成的那部分旅游资源，也可以说是可供旅游的自然环境中的地质资源环境要素。就此而言，旅游地质资源是自然旅游资源中的组成部分。

地质环境要素是自然环境要素的基础，部分地域地质环境对自然环境具有决定性的基础作用。例如，地质营力决定了山川格局、决定了自然环境的稳定性、自然环境质量，影响了生物植被、生态系统。因此，从自然环境、从生态系统、从地质资源与自然旅游资源的内在关系等方面看，在很大程度上，旅游地质资源是自然旅游资源的基础，是自然旅游资源类型、品级、特色、展布、结构的决定性因素。此时，地质要素构建的旅游地质资源/景观也就是自然旅游资源/景观，二者即为同一体。如，由内生地质作用与外生地质作用复合形成的造山带、山地景观，诸如山川、河流、峰林、峡谷、涌泉、湖泊、瀑布、沙滩、海洋、溶洞、火山、地震；又如，由地质构造抬升崛起，将古老的深部的地球物质翻卷于地表而形成珍稀的地质遗迹、地质景观，地层岩石－岩浆－变质－构造带，地球演化的地质事件例证。它们是珍稀自然遗产的重要组成部分，而且是不可复制、不可迁移的独一无二的地域旅游资源。

### 3.1.3　旅游地质资源与人文旅游资源

人文旅游资源是在特定的自然环境、特定的地域中，因社会发展、人类活动形成了历史文化的淀积，可供旅游活动和旅游开发的人文资源的总体。如，人类活动遗址、遗迹，人类历史文化构建的建筑、居住地、园林、民族文化、地域文化、民族风情等。

它影响人类生存的自然环境乃至决定了人类文明的特色，人类文明的发展程度和发展速度，创造了基于自然环境的特色人文资源、人文景观，成为人文旅游资源。

地质资源环境与自然资源环境的依存性，或直接或间接，程度也不尽相同。地质资源环境成为人文资源环境的影响因素。地质资源环境是人文环境、人文旅游环境的基础条件。如，山地或盆地，封闭或开放，自然环境与社会环境，这些因素的差异，构成了不同特色、不同风格的地域人文旅游资源特色。

地质资源环境对人文旅游资源具有支撑作用，人类活动对地质资源环境又具有依存性，常常构成旅游地质与人文旅游文化的旅游资源复合体（图 3 –1）。

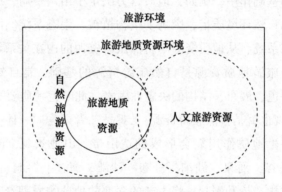

**图 3 – 1  旅游地质资源与旅游资源环境**

### 3.1.4  旅游地质资源与旅游地质景观

旅游地质资源是可供旅游的地质资源的全部/总体。而旅游地质景观是旅游地质资源中具一定形体、一定景象的地质实体，是具有旅游观赏价值的地质景观单元。也可以说，旅游地质景观是旅游地质资源中最显旅游价值、最具旅游观赏潜质、最能吸引游客的旅游景观，也是旅游地质资源的主体。

无论从旅游资源这个名词的内涵看，还是从旅游资源的类别角度看；无论是旅游研究者还是普通的旅游者，客观上都视旅游地质景观为旅游资源，甚至将旅游地质景观的观赏价值也作为旅游景观评价的重要因素，作为旅游开发的重要依据。在一定程度上，或一定习惯中，人们甚至把旅游地质景观当作旅游地质资源的代名词。

### 3.1.5 旅游地质资源与地质旅游资源

1. 旅游地质与地质旅游

旅游地质具有科学体系中的学科含意，即属地球科学范畴中有关旅游方面的地质交叉（或边缘）学科，它和地理学科范畴中的旅游地理相类似。旅游地质和旅游地理可统称为旅游地学。旅游地质和地质学中的矿产地质、地岩地质、环境地质、矿山地质等皆为地质学中的分支学科。

"地质旅游"属于地质学科中的一类地质科学活动，即以地质认识或考察为主要内容（或主题），通过旅游的形式（方式）达到地质活动目的的一个过程（一个事件），是一种行为。从旅游科学的角度，地质旅游类似于生态旅游、探险旅游、民族风情旅游等，是旅游活动的一种类型（一种专项旅游活动）。可见旅游地质与地质旅游二者有明显的内涵差异。

2. 旅游地质资源与地质旅游资源

旅游地质资源及地质旅游资源是在自然资源中可作为旅游应用的地质资源。前者具广泛的意义，而后者则有一些特定的意义。

旅游地质资源是就广义的旅游资源而言，是可进行旅游活动或发展旅游产业的一切地质资源。旅游地质资源包括与旅游活动、旅游产业相关的一切地质资源、地质环境资源。

地质旅游资源是旅游地质资源中供专项地质旅游活动的那一部分地质资源。地质旅游资源偏重专项性地质旅游、地质科考科普旅游的旅游地质资源，更侧重于旅游地质资源的地质内涵、地质属性，乃至地质学科的学术性知识性内容；地质旅游资源还侧重能供寓旅游活动中进行地质景观鉴赏、地质知识普及或地质科学认知的旅游地质资源。

### 3.1.6 旅游地质资源环境

1. 资源环境

自然界中天然的、可供人类利用从而产生生态价值或经济价值的生活生产资料，为自然资源。资源环境：人类周围自然和社会的全部资源环境条件和要素。资源环境是人类赖以生存和发展的各种因素的总和，是一个以人类为中心各种要素组成的系统。

2. 资源环境特性

在人类活动与资源环境相互作用的人－资源环境系统中，资源环境具有明显的特性：

(1) 整体性：环境不因人为的地域界线而分割，也不因人们对其组成要素的人为划分而分离。资源环境的各要素总是构成相互依存的整体，总是在自然地域中呈连续的整体，总是维持相对稳定平衡的资源环境系统。

(2) 有限性：一定地域范围内，资源量是有限的，环境容量也是有限的，资源环境的贡献率也是有限的。

(3) 变异性：资源环境在受到外界干扰、遭受污染破坏，超过其环境容量承载能力时，会导致与干扰相关的反应——持续变异，乃至突变。资源环境的变异有时是即时的，更多的是潜在的、长期的、缓慢的、隐蔽的、潜移默化的。

(4) 不可逆性：脆弱的资源环境系统遭受破坏后，极难甚至不能彻底复原到资源环境的原生态状态。

3. 旅游地质资源环境

地质资源环境指人类活动所涉及或影响的地质资源和地质环境。地球是人类赖以生存、繁衍、栖息的场所，人类的生产和生活所消耗的众多物质都直接或间接地源于地质资源（如矿石矿物、能源、水、土地、建材、地质景观、地质空间）。地质资源环境是人类生活、生存、生产活动空间中由人和地质体、地质资源环境所构成的人－地关系系统。作为资源环境组成要素的地质要素，地质资源环境不仅具有上述资源环境的特性，而且地质要素形成的漫长性、条件复杂性、变异性、不可逆转性，决定了地质资源环境更显其脆弱性、有限性。

4. 旅游地质资源环境：是人类生活生存的资源环境系统中涉及旅游资源、旅游活动的地质资源环境的地质资源环境要素和属性。是以旅游地质资源为基础，由地质作用、地质景观与地质地貌、植被、生物、生态、气候各生态地质环境相关要素与人类旅游活动共同构成的综合体；是可供人类休闲观光/观赏，从中得到享受，起到既休闲，又增长知识、启迪智慧、开阔视野、陶冶情操作用的人类旅游活动的地质资源环境。

在具有有限性、脆弱性的旅游地质资源环境中，蕴含了可供旅游的观赏条件、科考条件，可作为旅游资源、具有观赏价值或科考价值的地质体、地质现象所构成的旅游地质景观和旅游地质资源。具有这种完整的、可持续利用的健康生态地质环境系统旅游地质资源环境则更为有限，更趋脆弱，更趋珍贵。

# 3.2　旅游地质资源基本特征/属性

作为具有旅游价值的地质体、地质景观——旅游地质资源，具有地质资源和旅游资源的双重属性。旅游地质资源的基本特性是地质资源旅游资源化、地质资源的旅游价值的体现，是旅游地质资源的地质资源、旅游资源双重属性的显现；也是旅游地质资源有别于其他旅游资源的特色所在。

旅游地质资源的特征可归纳为：

·观赏性

旅游地质资源，除部分可作为加工、生产旅游商品的矿物岩石外，旅游地质资源的最大特征是以其景观造型、景观色泽、景观要素的组合以及依附于地质环境（如岩石、土壤）的植被、生态，构成其观赏价值。诸如名山大川、峡谷峻岭、湖河泉瀑、奇峰异洞、雪山冰川等千姿百态的地质景观，能吸引旅游者到地质景观所构成的风景名胜地旅游、观光、考察、鉴赏，能使旅游者愉悦，从而显示旅游地质资源的观赏性、观赏价值。

旅游地质资源最基本、最广泛的旅游功能、旅游价值就在于其可观赏性。而且，其观赏性的强弱也是旅游地质资源的品级和旅游价值的决定因素。

观赏性是大众旅游、专题旅游的必具内容，也是旅游活动吸引力的首要的、醒目的激发因素。

·地域性

地质景观虽然广布，但作为旅游地质资源却具有特定的地域性。它因特殊的地质构造条件加上特殊的自然地理环境，才能形成具观赏意义的地质奇观。这种特定的地域条件同时造就了以地质因素为基础的综合地文景观。例如，特定的地质环境形成的山川类型和地域，常常生长有特定的生物，有特定的生态，构成了特定的综合自然景观；人类在这特定的自然环境中，为了生存发展，在人与自然和谐发展中，创造了与自然环境协调的特色人文景观，从而在特定的地域性景观中使旅游资源构成了高品位、高层次的特色性、综合性旅游地。这种旅游地质资源的地域局限性，使特色性旅游地具有奇异性，甚至成为"独一无二"的旅游资源优势。旅游资源地域奇异性能极大地激发求异观赏的人们的旅游欲望。

由于地质环境、地质景观常因地质构造作用的差异，加之表生作用地质环境的差异，从而造成地质特征差异的地质景观单元。与之相对应，形成了旅游地质资源的地域差异性；构成相似旅游地质资源在地域上的集中性。或者说，伴随地质构造—地质环境、成景作用的差异性而构成旅游地质资源地域上的差异性。例如集中于中国南部广西、贵州、云南的岩溶旅游地质资源；聚集中于中国西部的雪山冰川旅游地质资源。

地域性特征构成了旅游地质资源的不可移置性，也构成了地域特色鲜明的特色性、标志性旅游地质资源。旅游地质资源类型分布的地域性，提供了寻求异地性、求异性的观赏旅游活动的地域条件。

·科学性

旅游地质资源是地质资源中能作为旅游资源开发利用的地质资源。因此，旅游地质资源包含有地质科学的所有内涵，如地球的形成、地球的物质及其结构、地球的发展、地球的现状和未来、地球及地球生命的演化发展、地质构造、地质作用及地质景观。旅游地质资源科学性和观赏性的识别、旅游地质资源的开发与环境保护都是以地质科学为基础、以地质科学为依据的。地质科学内涵构成了旅游地质资源科学性的核心和旅游地质资源的品位。旅游地质资源科学性的有效开发利用是旅游地长盛不衰、可持续发展、深层次开发取之不尽的资源源泉。

·奇异性

千姿百态的地质现象，基于其科学内涵，常构成外延及内涵特色奇异的地质奇观。地质现象虽存在于地球上的每个部位，遍布于人类生存的环境中，但变化万千的地质景象，对其地质现象科学内涵的揭秘、对地质奇观的赏析，通常对旅游者都具有神秘感、奇特感，能吸引人们观赏兴趣。

·多样性

地质现象丰富多样。同样是地壳内生营力的产物，因外部条件的差异可形成截然不同的形态特征。例如，相似条件下形成的碳酸盐类地层，在不同的自然环境中，有的形成峰林峰丛地质地貌（石林式或桂林式），也可形成洞穴、溶洞；有的形成陡峭的悬崖峡谷，也可形成低缓的山丘。相同地质条件却形成多样性景观，能让人们类比观赏，增长知识、增加情趣。

·古老性

现今的地质现象、地质景观是地球历史上数百万年乃至上亿年地质构造旋回地质演化遗迹的综合呈现，是一部以千万年计的地球历史画卷。有证据（同位素年龄资料）表明地球岩石的形成年龄达 46 亿年。地质作用是迄今未能得到全面正确解释模拟的事件，是任何人类都未经历的漫长过程。通过表征地球沧桑巨变画卷的地质景观的观赏，寻求地球的形成、地球的发展、地球的未来是人们感兴趣的议题，也是旅游者求知求奇欲望的焦点。

·丰厚性

错综复杂的地质作用过程、千差万别的地质现象，使地质景观具有容量极大、内涵深厚的科技含量。例如，河湖、海洋、瀑布、热泉、矿泉都因有水却动态各异；又如火山喷发、岩浆溢流、岩浆上涌都是地球深部熔融物质，却因动态环境差异而呈现地质景观的截然差异；再如有的湖海或因地壳上升而变为陆，或因周边泥沙注入而填塞，或因渗漏而干涸，有的因地震而高山崩塌，因地陷而使城市没入海底。任何地球的变异都要留下遗迹，留下标志。例如，在地球从古到今的地层中就留下了地球生物演化的动植物"古生物"化石，在第四纪以来就有人类活动的遗迹。这一切丰

厚的地质景观可供人们观赏，也可使人从休闲观赏中获得启迪。旅游地质
景观以丰厚内涵激发旅游者的观赏欲望，也提供给旅游者无止境的旅游观
赏内容。

## 3.3　基于旅游资源概念的旅游地质资源类型

### 3.3.1　旅游地质资源类型划分意义

资源类型划分不仅是资源开发利用的需要，也是资源环境研究程度的
标志。旅游地质资源类型的划分也是旅游地质资源开发和旅游地质理论研
究的需要。

（1）旅游地质资源类型划分是旅游地质研究程度的表征

从学科研究的角度而言，资源类型的划分常常反映该学科领域发展的
程度、研究的深度、资源认知的学术观。

旅游地质资源类型划分显示了旅游地质研究领域的进展。例如，早期
研究中，旅游地质资源被包含于旅游资源、旅游地学资源中，没有单独
的、系统的旅游地质资源分类和应用。随着旅游地质研究的深入，有了地
质旅游资源类型的单独划分。更深层次的旅游地质研究将地质学与旅游学
融合，有了旅游地质资源的单独分类。

（2）旅游地质资源类型划分体现了旅游地质资源理念

资源类型划分，依不同角度、思路、标志、标准、原则可有不同的分
类方案。资源类型划分方案实质上体现了对资源的理念和认知。

旅游地质资源类型划分展示了对旅游地质资源研究的理念，研究的视
觉、目的。如：

·从旅游资源的角度分类；

·从自然遗产的角度分类；

·从地质旅游资源的地质内涵角度分类；

·从旅游地质资源的成因/成景作用角度分类；

·从旅游地质资源的旅游功能及开发利用旅游产品形式/类型角度分类。

（3）旅游地质资源类型划分显示了旅游地质资源价值观

资源的功能、资源的生态/社会/经济价值常常是资源类型划分的基础。

从旅游地质资源的功能、旅游地质资源开发利用的社会经济效应进行的旅游地质资源类型划分体现了旅游地质资源研究者对旅游地质资源的价值观。

### 3.3.2　旅游地质资源类型划分示例

旅游地质资源的分类目前尚无统一的标准和分类方案，通常多以地质景观要素的不同进行划分。

长期以来，旅游地质研究被包含于旅游地学研究中，因此，在进行旅游资源分类中，旅游地质资源通常多被包含于旅游资源的地文景观类和水域风光类中。只有在地质旅游资源或旅游地质资源的研究中，才进行了旅游地质资源类型的分类。

在旅游资源类型中，旅游地质资源类型涉及"自然旅游资源""地质旅游资源"类型。《中国旅游资源普查规范》将旅游资源划分为 74 种基本类型，归为六类：地文景观类、水域风光类、生物景观类、古迹与建筑类、休闲求知健身类、购物类。旅游地质资源主要被包含于地文景观类和水域风光类，还有古迹与建筑与地学有关的人类文化遗址、石窟、摩崖字画、厂矿等文物性地质景观。

联合国教科文组织地质古生物遗产景点工作组将地质与生物遗产分为 13 大类景观类型（1993）。《旅游地学概论》（陈安泽等，1991）将自然旅游资源分为 5 大组 15 类。旅游地质资源包含于岩石圈旅游资源和水圈旅游资源。《中国旅游资源普查规范（试行稿）》（国家旅游局资源开发司、中国科学院地理研究所，1992）旅游地质资源涵盖于地文景观类和水域风光类。《中国旅游地质资源图说明书》（地质矿产部环境地质研究所，1991）将地质旅游资源分为 35 种。陈安泽把综合性地质景观赏型划分为 4 大类、19 类、52 亚类。《中国地质旅游资源》（冯天驷，1998）把地质旅游资源分为 16 类。

### 3.3.3　基于旅游资源属性与功能的旅游地质资源类型划分

涉及旅游地质资源类型划分的示例表明，依据类型划分的不同目的、需要，从不同的出发点、不同的认识阶段，旅游地质资源的划分可以是多方案的。但其分类都有利于对旅游地质资源的认识和研究，有利于旅游对地质资源的需求，有利于旅游地质资源纳入旅游科学中和旅游资源的开发利用中。

1. 类型划分的依据/原则

旅游地质资源类型划分依据的总的原则是地质景观属性（含成因属性）和地质资源旅游功能的融合。

（1）从地质景观属性（含成景作用）角度的旅游地质资源类型划分

旅游地质资源可按地质景观的成因（成景作用）划分为：构造成景地质景观、侵蚀成景地质景观、岩溶成景地质景观、火山成景地质景观、冰川成景地区景观。也可按成景的主要地质因素及其地质现象划分为：地质构造景观、典型地质剖面景观、岩石矿物景观、冰川地质景观、风成地质景观、海洋地质景观、流水湖泊地质景观、火山地质景观、古人类文化地质景观、地震地质景观。又可按成景规模划分为：区域性地质景观、地域性地质景观、局部性地质景观、点状性地质景观；前二者可称为宏观型地质景观，后二者可称为微型－超微型地质景观。

（2）从地质资源旅游功能角度的旅游地质资源划分

旅游地质资源可依其应用的主要目的的差异而划分为地质旅游资源和旅游地质资源。前者以科学考察、科普活动或地质活动为主要目的，同时是专业性、目的性、针对性较强的地质旅游活动的旅游资源；后者则是以休养旅游为主要目的，兼顾科普性、群众性、知识性，将知识寓于旅游活动中，提高旅游品位、旅游科普含量的旅游活动的旅游资源。

（3）从旅游地质资源开发利用形式角度的旅游地质资源类型划分

旅游地质资源可依开发利用形式的不同而划分为观赏性旅游地质资源和商品性旅游地质资源。旅游地质资源中只能供旅游者实地观赏，而无法转换为直接旅游商品的旅游地质资源——旅游地质景观或地质奇观，称为观赏性旅游地质资源。旅游地质资源中，经过商品化过程可成为旅游纪念品和旅游商品，从而能满足旅游者需求的地质资源，可作为商品性旅游地质资源。这些旅游地质资源有的直接采集便可作为旅游商品，有的需经加工才能转换为旅游商品。

2. 基于旅游资源属性与功能的旅游地质资源类型划分

旅游地质资源类型划分的根本的或核心的问题是以地质资源为基础的旅游资源特色的体现，是地质资源的旅游功能、地质资源转化为旅游资源开发利用问题的显示，是地质资源旅游资源化问题的显示。将地质景观属性和地质资源的旅游功能、地质资源旅游资源化方式融合的基于旅游资源属性与功能的旅游地质资源类型划分方案应是旅游地质资源类型划分的优选方案。

（1）旅游地质资源类型划分总原则：

·有利于地质资源旅游资源化；

·有利于旅游地质资源的旅游产品开发；

·有利于旅游地质资源的旅游功能深层次发掘；

·有利于应用操作。

（2）旅游地质资源的分类可采用旅游地质景观属性－旅游功能属性融合的旅游地质资源的旅游资源景观功能分类方案：

·根据旅游地质资源的旅游功能，即旅游地质资源开发利用的可能方式（旅游产品类别）划分大类；

·根据旅游地质资源/景观属性，兼顾成因/成景作用，在大类中划分旅游地质资源类型。

（3）旅游地质资源属性与功能类型

据此原则方案，旅游地质资源类型按旅游资源景观功能可划分为观赏性旅游地质资源、商品性旅游地质资源、科考性旅游地质资源、地质文化性旅游地质资源等4大类，再按旅游地质景观及地质旅游资源的差异而划分为14个亚类或型（表3－1）。

表 3 – 1                                      旅游地质资源的属性与功能类型（2011）

| 大类 | 类 | 亚类 | 型 |
|---|---|---|---|
| Ⅰ. 科考/科普性地质旅游资源 | 1. 地球演化 – 地质遗迹类·记录及显示地球演化过程的地质遗迹 | （1）地质构造 | 褶皱断裂、断块、断陷、褶隆、构造剖面的地质构造形迹 |
| | | （2）地层序列 | 地层界线、标准剖面、层型剖面 |
| | | （3）地质事件 | 构造旋回、构造活动 |
| | | （4）古生物 | 古生物、古人类 |
| | | （5）古环境 | 岩相古地理、古气候 |
| | | （6）古人类遗迹、遗址 | |
| | 2. 环境地质 – 地质灾害遗迹类（新构造运动）·显示现代地质环境的地质遗迹 | （1）地震遗迹 | |
| | | （2）地面沉降 | |
| | | （3）地块抬升 | |
| | | （4）坡面侵蚀 | |
| | | （5）近代火山活动 | |
| | | （6）滑坡 | |
| | | （7）泥石流 | |
| | | （8）崩塌 | |
| | | （9）侵蚀沟 | |
| | | （10）陨石及陨石坑 | |
| | 3. 经济地质 – 人类经济地质活动形迹类·记录及显示人类地质工程活动的地质形迹 | （1）典型（特色）矿床（类型） | |
| | | （2）矿产开发矿业工程遗迹 | 古采坑、古采冶遗址、现代采选冶 |
| | | （3）环境地质工程 | 典型水利工程 |

续表

| 大类 | 类 | 亚类 | 型 |
|------|------|------|------|
| Ⅱ. 观赏性旅游地质资源 | 1. 第四纪—现代地质景观类·记录和显示第四纪—现代地质地貌景观 | (1) 岩类山岳地质地貌景观 | 特色沉积岩、侵入岩、火山岩、变质岩山岳地貌 |
| | | (2) 地质构造地质地貌景观 | 特色构造山、构造湖盆、构造崖 |
| | | (3) 侵蚀/蚀余地质地貌景观 | ①岩溶景观（喀斯特）②淋溶景观（如松散沉积物形成的土林、砂林、峰林）③风蚀景观沙漠④丹霞景观⑤峡谷景观⑥洞穴景观⑦天坑景观⑧侵蚀阶地台地⑨奇峰怪石（象形山石） |
| | | (4) 堆积沉积地质地貌景观 | 盆地、谷地、平原、草原、草甸、草场 |
| | 2. 雪山－冰川地质景观类·显示现代气候环境冰川演化的地质地貌景观 | (1) 现代冰川景观 | ①雪山景观②冰川景观③冰碛物景观 |
| | | (2) 消亡冰川景观（古冰川） | |
| | 3. 河湖海山体景观类·显示现代水环境及水地质作用的地质地貌景观 | (1) 湖泊 | |
| | | (2) 河流 | |
| | | (3) 暗河 | |
| | | (4) 瀑布 | |
| | | (5) 泉 | 泉水、泉华（泉华台地） |
| | | (6) 海洋 | |
| | | (7) 海岛 | |
| | | (8) 海（湖）岸 | |
| | | (9) 海（湖）滨 | |
| | | (10) 沙砾石滩 | |
| | 4. 文物性地质景观类·记录及显示人类地质活动文化的地质文化景观 | (1) 摩崖字画 | |
| | | (2) 石雕) | |
| | | (3) 石窟 | |
| | | (4) 名人石题 | |
| | | (5) 石质文物建筑 | |

续表

| 大类 | 类 | 亚类 | 型 |
|---|---|---|---|
| Ⅲ. 商品性旅游地质资源 | (1) 观赏石（天然）类·具观赏和收藏价值的天然地质作用形成的岩石矿物 | (1) 观赏石（天然造型石块） | |
| | | (2) 观赏岩石矿物 | |
| | (2) 彩石、宝玉石类·具观赏和收藏价值的天然地质作用形成的宝玉石 | (1) 彩石 | |
| | | (2) 宝玉石 | |
| | (3) 观赏石材类·具观赏和收藏价值、粗加工制作的天然石材工艺品 | (1) 观赏石材 | 大理石 |
| | | (2) 观赏石质工艺品 | |
| | (4) 康体健身类 | (1) 天然温泉 | |
| | | (2) 旅游温泉（钻井采引的地热水） | |
| Ⅳ. 地质文化性旅游地质资源 | (1) 石文化类·人类对岩石矿物赏析的情感化地质文化 | | |
| | (2) 山水文化类·人类对地质地貌景观赏析的情感化地质文化 | | |
| | (3) 地质遗迹文化类·人类对地质遗迹的认知赏析的情感化地质文化 | | |

**3. 旅游地质资源功能类型的主要属性/特征/内涵**

**（1）科考性科普性旅游地质资源**

指地质资源地质景观中记录及显示地球演化过程、见证地质演化事件的地质遗迹，是地球科学的学术基础，具有极高的科学价值。但是，地质形迹不一定具有观赏价值，其旅游者必须具备较丰富的地质专业知识，才能获取较佳的旅游效果。该类旅游地质资源仅适合科考科普性旅游活动。

① 地壳演化－地质遗迹类：记录或显示地壳发展演化过程的典型地质遗迹。

② 环境地质－地质灾害遗迹：记录和显示影响人类生存的地质环境、新构造运动的典型地质灾害遗迹。

③ 经济地质－人类地质活动形迹：记录和显示人类工程活动时地质体地质环境被干预的形迹。

（2）观赏性旅游地质资源

指地质景观中具极高的观赏价值的旅游地质资源，只能供旅游者实地观赏，而无法转换为旅游商品实物的地质景观。

① 第四纪—现代地质景观：经历地质构造的地质体、展现于现代地壳表面可供观赏的地质景观。不同年代的地质体或地质现象、地质遗迹，经历新构造运动暴露于现代的地壳表面，均遭受了侵蚀、淋蚀、剥蚀等外力地质作用的改造、叠加，都因其物质组分、结构构造的差异，加之外力作用的差异、地理地质环境的差异，使其暴露于地表的部分可经过雕琢、造型后形成千姿百态的地质景观，构成展现于人们眼前的旅游地质景观。

② 雪山–冰川地质景观：冰川地质作用是第四纪以来屡次作用于地壳表面，以其特有的地质营力而造成一套特有的地质现象。随着全球气候变化，冰川逐渐消亡，记录了第四纪气候、环境变迁的过程。现代冰川地质作用发育地区形成了以雪山–冰川所特有的秀丽的旅游地质景观。

③ 河流–湖泊地质景观：地壳表面水陆分布的不均匀性，在陆地保留的许多水体，对人类的生态环境起着极其重要的作用，也是重要的旅游资源。特别是在我国西部地区，在云贵高原、青藏高原的崇山峻岭中，河流—湖泊更构成了生态各异、景色优美的旅游地质景观。

④ 文物性地质景观：人类在利用地球资源为人类造福的活动中，利用岩石矿物或就岩石矿物形体（如陡壁、崖洞、溶洞），创造了石文化（如摩崖石刻、石雕、石窟、石质建筑）；或采用石材建造各类建筑物、工艺品，造就了各类具观赏价值的灿烂的石质文化、石质文物。

（3）商品性旅游地质资源

地质资源中经过商品化过程可成为旅游纪念品等旅游商品，从而能满足旅游者需求的地质资源，这些地质资源可作为商品性旅游地质资源。其中有的直接采集便可成为旅游商品，如观赏石；而有的则需经加工才能转换为旅游商品，如石质工艺品。

① 观赏石：自然界中天然形成并保持天然造型，无须加工或经少许修饰即构成具观赏、收藏价值的岩石矿物石体——观赏石。有的因其造型和色彩的奇异、丰富的科学内涵而成为珍稀旅游商品。观赏石有的因可显示

特征性地质构造、地质事件而成为（地质）事件石。

②观赏矿石矿物：矿石矿物是地球上，在特定的物理化学条件下，一些元素特别聚集而形成的集合体，其中形成特定的组合形式、特定的造型的矿石矿物，则成为具有观赏收藏价值的旅游商品，诸如水晶、玛瑙。

③彩石、宝玉石：是人类所珍惜的观赏收藏物品，是极为重要和普通的旅游商品，是在特殊的地质作用下形成的特殊的石体。

④观赏石材：具观赏价值，经过雕凿加工从而可形成旅游工艺品、旅游商品的岩石，如大理石、汉白玉。

⑤康体健身类：可供开发为康体、健身、攀岩、探险等旅游活动的旅游地质产品的地质资源。重要的如天然温泉、利用钻井采引至地表的地热水。

（4）地质文化性旅游地质资源

指在人类活动中，由地质景象、地质景观而产生的地质文化。

① 石文化类：人类对岩石矿物赏析的情感化地质文化。

②山水文化类：人类对地质地貌景观赏析的情感化地质文化。

③地质遗迹文化类：人类对地质遗迹的认知赏析的情感化地质文化。

4. 旅游地质资源功能类型的多样性

地质作用地质景观具有多属性特点，按地质作用的旅游价值和旅游功能，一些地质资源具有多重旅游功能。因此，在其类型划分时，按其主要标志性地学特征或主要旅游功能属性将其列入相应类别。

温泉除具有泉的观赏性功能外，温泉作为健身康体的旅游产品功能，又属商品性旅游地质资源。在水疗（SPA）行业中，温泉、地热水成为旅游温泉产品，甚至成为休闲旅游度假的重要产业性旅游品牌。显然，从旅游地质资源类型角度划分，温泉归属于泉类，为观赏性旅游地质资源，亦可连同地热水资源中的"旅游温泉"划入商品性旅游资源。

与此类似，许多观赏性旅游地质资源亦具有科考科普性旅游资源的属性。如，近代火山活动景观、人类地质工程活动形迹。

旅游地质文化以石文化、山水文化、遗迹文化为主体，可包含于其他类型的旅游地质资源之中。特别是观赏石、观赏岩石矿物与石材、宝玉石、彩石等商品性旅游地质产品，更是蕴含极其丰富的旅游地质文化。

## 3.4  基于旅游地概念的旅游地质资源/景观区划

1. 旅游地旅游地质资源区划的必要性

旅游地必然拥有旅游产品，由自然旅游资源为主体的旅游地大多是由自然景色、风景名胜较好的风景区构成。而且，相应地旅游地有一定的地域范围，有一定的资源环境。

旅游地质资源的旅游开发利用，构建为旅游目的地/旅游地，也必然在特定的地域内拥有可供旅游开发的、一定类型的旅游地质资源。因此，旅游地质资源要转化为旅游产品、旅游活动的旅游地，就必须按旅游资源展布的情况圈划旅游地质资源展布的空间地域单元——由特定旅游地质资源类型构成的旅游地。也就是说，从旅游地质资源开发的需要、从旅游地建设的需要，必须进行旅游地质资源展布域的区划。只有在进行旅游地质资源单元空间展布区划的基础上，才能进行旅游地建设的地域范围界定、资源类型、资源品级、资源环境的评价认定，才能进行旅游地旅游产品、旅游开发的规划，进行旅游地建设。

2. 以旅游地质资源为主体的旅游地旅游地质资源区划的要点

（1）圈划旅游地质资源展布地域

依据旅游地质资源在地域上分布的集中程度圈划旅游地质资源集中/聚集域。可分三种情况：

·通常，不分资源类型，资源依据聚集程度；

·当有一定旅游开发需求时，按需求的资源类型/种类为目标资源或主资源进行圈划；

·以地域内的主要特色资源为圈划的资源依据。

（2）理清旅游地圈划域内的资源类型及其组合情况

·按地域内旅游地质资源环境条件—成景作用—资源类型进行分析；

·按地域内旅游地质资源类型分析资源组合结构；

·以旅游地质资源为主体资源整合地域内的旅游资源，进行旅游资源总体分析。

（3）确定旅游地质资源旅游地的旅游功能

·按主体旅游资源类型及其组合特点确定旅游地的旅游功能；

·按主体旅游资源类型、旅游功能及圈划的地域名称确定旅游地性质及名称。

3. 旅游地区划表达方式

·在旅游资源分布图的基础上，以区划图件的形式进行区划；

·以文字描述的形式进行概略式的区划。

## 3.5　基于旅游环境概念的旅游地质资源环境

### 3.5.1　旅游地质资源的脆弱性

生态地质环境脆弱性指生态地质环境对环境干预（变异）的敏感性和抗御能力，以及面对环境干扰时生态地质环境稳定性应对变异能力的程度。

生态地质环境脆弱性表现在一个地域遭受环境变异时，生态地质环境系统相应地随适应环境变异而发生系统调整，保持原系统功能及修复原系统结构的难易程度。

旅游地的旅游地质资源在从事旅游开发的人类对旅游地地质资源环境进行干预时，其原生态的旅游地质资源环境要素极具结构稳定性、可保持其旅游价值的能力是旅游地质资源可持续旅游的标志。由于旅游地质资源的不可再生性和不可移植性，也由于旅游地质资源仍处于现今地质作用的影响中，因此，旅游地质资源环境总体呈现程度不等的脆弱性。只不过其所处的地质构造单元活动性有所不同，不同类型地质资源景观类型稳定性有所差异，因此其脆弱性亦有所区别罢了。

例如，花岗岩组成的山体景观稳定性好；而沙土、泥沙、黄土等构成的景观则极其脆弱、易于被破坏乃至消亡。

### 3.5.2　旅游地质资源环境脆弱性影响因素

受诸多因素的干扰和影响，旅游地质资源环境呈现明显脆弱性。

（1）区域性/全球性环境问题

·现阶段，全球处于地质构造活跃期，火山活动、地震、海啸多发而强烈；

·全球性气候变暖；

·水资源环境变异。

（2）旅游地地质资源环境的变异性

·现今旅游地质资源环境正处于进行中的地质作用中，局部地域活动性构造发育，影响旅游地质资源环境稳定性；

·建设项目、人类工程活动对地质资源环境影响明显，加剧地质资源环境脆弱性，诱发旅游地地质灾害、水环境变异。

（3）旅游地质资源环境脆弱性与旅游开发的耦合效应

旅游地质资源环境脆弱性与旅游开发的耦合效应超越旅游地环境容量承受能力时，会诱发旅游地质资源环境产生缓慢式或突变式变异。

### 3.5.3　旅游地质资源旅游地的环境影响效应

旅游地旅游地质资源受到环境因素的干扰时，会呈现不同的环境影响效应。通常都不同程度、不同形式地增添旅游地质资源的脆弱性。

（1）旅游地质资源环境、旅游地原生态地质环境变异

（2）地质景观变异

·地质景观造型变异

·地质景观消亡

# 4. 旅游地质景观

## 4.1 旅游地质景观的基本概念

### 4.1.1 景观

景观，"泛指可供观赏的景物"（中国社会科学院语言研究所词典编辑室，2001）。"广义的景观具有宏观性、综合性和地域性，一种景观能够充分反映这一地区各种自然地理要素的组合特征与人为影响。"（陈述彭，1990）

自然科学中的景观，泛指一定区域及地段内的气候、水文、植被、土壤、岩石、地貌和动物界的总和，反映一定自然地理环境内的综合特征。景观一词从描写"风景""景致""景色"的原意开始，经历了在地理学、地质学、生态学、园林建筑学、旅游学等各种科学领域的扩展和广泛应用，使其从不同角度被赋予了不同特色的含义。尽管不同学科研究领域理解和诠释有所不同，但"景观"一词仍显示了多学科多领域的认同性。

综合"景观"的原始创意（原创性）及景观在各相关学科领域中的应用发展和丰富，杨世瑜等在《旅游景观学》（2008）中把"景观"概括为：景观是在一定地域中可观察到的客观事物的综合体。景观是人的视觉可观察到的事物：是一定地域中自然环境和人文环境各种因素（景物）的综合实体；组成景观的因素具有各自属性，各种景观因素以其聚合的相互时空关系组成规律性的景观结构形式，从而构成特定景观的内涵和外延。景观的最基本的属性是：

·景观具有一定地域范围（景域，景观单元）；

·景观为地域中各种基本要素/因素、现象/景象（景观要素）聚合成客观存在的综合实体；

·景观地域中各要素单元（景观单元）的聚合，以其特定时空关系而具有特定的结构（景观结构）和系列（景观系列）；

·通过景观地域中的要素、结构、系列组成与其关联相对应的、人们可观察到的综合标志（景观特征）。

### 4.1.2　旅游景观

旅游景观是客观存在于一定时间空间的事物、景物、景象的综合，它们具有旅游价值、蕴藏旅游功能，能吸引游人开展旅游活动或开发旅游产业的自然要素，人文要素、环境要素的综合实体。旅游景观是客观存在的景物、景象的总体（杨世瑜，2009）。

旅游景观综合体中具有自成体系或自成特色、不同于周围独立存在的可识别和圈划的景象、景色、景物组成的景域（景观域）/地段/块段称为旅游景观单元。旅游景观单元为旅游景观的最基本组成单元，具有一定的形态、一定规模/尺度、一定的特征和边界条件；具有特定的景观结构、景观格局，形成旅游景观的多样性和丰富内涵的可观赏性。

按旅游景观的景物构成，旅游景观包含有各类自然景观和人文景观。其中，旅游地质景观是旅游景观的重要组成部分，而且，旅游地质景观常常是旅游景观格局的重要影响因素。旅游地质景观是指在相似地质作用下形成的具有旅游价值的、可作为旅游资源的相似地质景象的地质单元，是具有相似旅游地质景观、相似旅游价值、相似科学性和观赏性、相似特色，可以以一定的地质单元或地质边界来圈划、可供旅游资源开发的相似地域（杨世瑜，2003，2006）。旅游地质景观的正确界定和划分有利于旅游地质资源环境的正确区分、评价、规划，有利于旅游地质资源的合理开发和环境保护。

1. 旅游景观要素

旅游景观要素是指构成旅游景观的必要景观因素。旅游景观的构成都有域、形、色、质四个最基本的要素。

域：可供旅游活动的对象有一定的空间范围——景观域。

形：对游客有吸引力的形态、形体、造型——景象。

色：对游客有吸引力的色影、色调——景色。

质：具有一定旅游功能、旅游价值、旅游效应，可供游客观赏、触摸和旅游开发，有由自然要素、人文要素、环境要素组成的物质实体——景物。

2. 旅游景观含义的双重性

旅游景观具有资源与景观双重属性、客观与主观双重观念属性。

(1) 旅游景观的资源—景观双重性

旅游景观是从旅游的视角去认识景观，从旅游价值的角度鉴别为旅游可用的景观，从旅游开发的角度评价、规划和利用景观于旅游活动和旅游产业。因此，旅游景观应包括景观实体和旅游资源双重含义，即：

·旅游景观含义：客观存在的景物、景象的总体；

·旅游资源含义：能为旅游活动、旅游产业所应用，具有旅游价值。

(2) 旅游景观的主客观双重性

从旅游景观含义的双重性可得知旅游景观具有双重性：

·客观存在的物质时空属性，即旅游景观是人类生存空间中客观存在的旅游景象景物；

·主观意识认定的理念属性，即旅游景观是随旅游活动的发展，人们对旅游对象——旅游景象景物认同的旅游景观。

旅游景观是旅游资源中具有景观特征的那部分旅游景观资源。旅游资源、旅游景观及其相应的旅游资源类型，旅游景观类型都具有这种包容及扩展关系 (图4－1)。

3. 旅游景观的旅游功能

旅游景观对旅游活动的吸引功能、效益功能组成的旅游功能是旅游景观的重要特征。

(1) 旅游吸引功能

旅游景观对旅游者的吸引力的核心是旅游景观特色——旅游景观本身

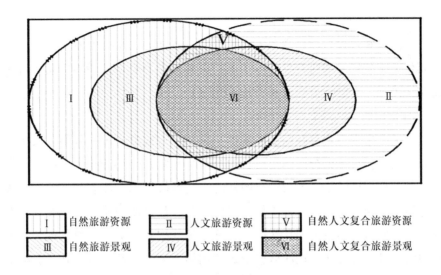

| | I | 自然旅游资源 | | II | 人文旅游资源 | | V | 自然人文复合旅游资源 |
|---|---|---|---|---|---|---|---|---|
| | III | 自然旅游景观 | | IV | 人文旅游景观 | | VI | 自然人文复合旅游景观 |

旅游景观与旅游资源类型简图

**图 4 - 1　旅游资源与旅游景观及其类型**

属性的特殊性和美学的可观赏性。旅游景观吸引功能的强弱决定了旅游景观价值的大小，以及旅游景观在旅游活动中的地位（重要性）和作用（效益）。旅游景观吸引力取决于景观的三大价值/属性：

　　·美学/艺术观赏价值/属性；

　　·科学考察价值/属性；

　　·文化价值/属性。

（2）旅游效应功能

景观对旅游活动/旅游业的作用/贡献主要在于旅游景观的旅游效益功能：

　　·经济效益功能；

　　·社会效益功能；

　　·生态效益功能。

旅游景观效益功能的发挥决定于旅游景观的区位、可达性，景观空间向量（区位）的组合度/耦合度，旅游环境结构，自然 - 人文环境条件，旅游环境条件的因地制宜、合理开发、有效利用等。

4. 旅游景观类型

旅游景观包含自然景观与人文景观及二者组合的综合性景观，即人类将其作为旅游资源的所有景观。因此，旅游景观分类涉及诸多因素，现采用旅游景观综合分类方案（杨世瑜，2008）。

（1）旅游景观综合分类方案

大类：根据客观存在的实体属性，是最醒目或最易识别且不易发生分类差错的依据。不论分类的主要目的及用途，它都有可操作性。

类：根据旅游景观要素的鲜明标志，这种鲜明标志能有利于显示景观的旅游功能与旅游价值。不论任何目的分类，都要使用旅游景观要素的鲜明标志；而且，不论采用什么旅游景观分类依据和方案，旅游景观分类的最终目的都是分类所采用的旅游景观鲜明标志要素，都应该有利于旅游景观的研究、区划、评价、规划、开发。显然，旅游景观分类中应把旅游景观功能和价值放在重要的位置，划分"类"所应用的景观鲜明标志应该能反映旅游景观的旅游功能和旅游价值。

亚类：根据旅游景观"类划分"中的次一级序特征性因素，以类划分中主要标志的补充标志作为亚类划分的标志，例如以旅游功能、旅游价值的主要景观鲜明标志作为类的划分，可以其重要标志（如成因标志或结构标志）作为亚类划分依据。

型：根据旅游景观中特定的型式为标志，这种型式在旅游景观中有特定的成因，或特定的结构，或特定的功能，是旅游景观分类划分中最基本的、最有代表性的、最有适用意义的、可起对比作用的划分级序。

式：根据旅游景观中特定式样，特殊标志，典型景观模型，它可以显示旅游景观特色"品牌"。

（2）旅游景观类型

以旅游景观综合分类方案为准绳，以旅游景观属性分类方案为基础，以旅游景观成景作用分类为标志划分旅游景观类型，可把旅游景观划分为3大类、10类、28亚类、82型（表4-1，表4-2），简称3·10·28·82旅游景观类型（杨世瑜等，2008）：

表 4－1　　　　　　　　　　**旅游景观类型简要**

| | | |
|---|---|---|
| 1. 自然旅游景观大类 | （1）地球演化遗迹旅游景观 | ·地层岩性古生物旅游景观<br>·地壳运动遗迹旅游景观"<br>·矿床旅游景观 |
| | （2）现代地表形态旅游景观 | ·岩类山地旅游景观<br>·江河湖海旅游景观 |
| | （3）建设工程旅游景观 | ·生物旅游景观<br>·气象旅游景观<br>·生态旅游景观<br>·宇宙旅游景观 |
| 2. 人文旅游景观大类 | （1）遗产遗迹旅游景观 | ·古人类遗址文化旅游景观<br>·宫殿帝陵旅游景观<br>·宗教活动遗迹旅游景观<br>·名人名事遗迹旅游景观<br>·文化遗产旅游景观<br>·自然遗产旅游景观 |
| | （2）主题公园旅游景观 | ·观赏主题公园旅游景观<br>·游乐主题公园旅游景观 |
| | （3）建设工程旅游景观 | ·古建设工程旅游景观<br>·现代建设工程旅游景观 |
| 3. 复合旅游景观大类 | （1）城乡旅游景观 | ·城镇旅游景观<br>·乡村旅游景观 |
| | （2）名山旅游景观 | ·风景名山旅游景观<br>·宗教名山旅游景观 |
| | （3）公园旅游景观 | ·城市公园旅游景观<br>·国家公园旅游景观<br>·园林旅游景观 |
| | （4）石质文化旅游景观 | ·石刻旅游景观<br>·观赏石旅游景观 |

表 4 – 2　　　　　　　　　　　　**旅游景观类型简表**

| 大类 | 类 | 亚类 | 型 |
|---|---|---|---|
| 自然旅游景观 | 地球演化遗迹旅游景观 | 地层岩性古生物旅游景观 | 地层剖面旅游景观　古生物化石旅游景观 |
| | | 地壳运动遗迹旅游景观 | 构造旅游景观　火山旅游景观　地震遗迹旅游景观　地质灾害遗迹旅游景观 |
| | | 矿床旅游景观 | 内生矿床旅游景观　外生矿床旅游景观　复合成因矿床旅游景观 |
| | 现代地表形态旅游景观 | 岩类山地旅游景观 | 岩蚀旅游景观　岩溶（喀斯特）旅游景观　淋蚀旅游景观　丹霞旅游景观　雅丹旅游景观　雪山冰川旅游景观 |
| | | 江河湖海旅游景观 | 湖海旅游景观　滨海旅游景观　峡谷旅游景观　瀑布旅游景观　涌泉旅游景观 |
| | 生态环境旅游景观 | 生物旅游景观 | 植物旅游景观　动物旅游景观 |
| | | 气象旅游景观 | 气候旅游景观　物候旅游景观 |
| | | 生态旅游景观 | 热带雨林旅游景观　湿地旅游景观　草地旅游景观　沙漠旅游景观 |
| | | 宇宙旅游景观 | 宇宙空间站旅游景观　航空航天旅游景观 |
| 人文旅游景观 | 遗产遗迹旅游景观 | 古人类遗址文化旅游景观 | 古人类遗址旅游景观　古文化遗迹旅游景观 |
| | | 宫殿帝陵旅游景观 | 宫殿旅游景观　帝陵旅游景观 |
| | | 宗教活动遗迹旅游景观 | 宗教建筑旅游景观　宗教遗迹旅游景观　寺观旅游景观 |
| | | 名人名事遗迹旅游景观 | 名人故居遗迹旅游景观　名事遗迹旅游景观 |
| | | 文化遗产旅游景观 | 世界文化遗产旅游景观　国家文化遗产旅游景观 |
| | | 自然遗产旅游景观 | 世界自然遗产旅游景观　国家自然遗产旅游景观 |
| | 主题公园旅游景观 | 观赏主题公园旅游景观 | 自然景观主题公园旅游景观　人文主题公园旅游景观　复合主题公园旅游景观 |
| | | 游乐主题公园旅游景观 | |
| | 建设工程旅游景观 | 古建设工程旅游景观 | 建筑工程旅游景观　水利工程旅游景观　交通工程旅游景观　工业旅游景观　农业旅游景观　矿业旅游景观　渔业旅游景观　畜牧业旅游景观　电业旅游景观 |
| | | 现代建设工程旅游景观 | 城市旅游景观　科教旅游景观　国防旅游景观 |

| 大类 | 类 | 亚类 | 型 |
|---|---|---|---|
| 复合旅游景观 | 城乡旅游景观 | 城镇旅游景观 | 古镇旅游景观  地域中心城镇旅游景观 文化型城镇旅游景观 特色型城镇旅游景观 |
| | | 乡村旅游景观 | 村落旅游景观 特色农耕旅游景观  农业科技旅游景观 养殖产业旅游景观 种植产业旅游景观 |
| | 名山旅游景观 | 风景名山旅游景观 | 岩类名山旅游景观 自然生态名山旅游景观 |
| | | 宗教名山旅游景观 | 宗教名山旅游景观 |
| 复合旅游景观 | 公园旅游景观 | 城市公园旅游景观 | 观光型公园旅游景观  动物公园旅游景观  游乐型公园旅游景观 |
| | | 国家公园旅游景观 | 国家森林公园旅游景观  国家地质公园旅游景观 国家湿地公园旅游景观 |
| | | 园林旅游景观 | 自然园林旅游景观 人工园林旅游景观 |
| | 石质文化旅游景观 | 石刻旅游景观 | 摩崖字画旅游景观 石雕旅游景观 石窟旅游景观 |
| | | 观赏石旅游景观 | 观赏石旅游景观 |

5. 旅游景观关联或相似术语

在旅游及其相关的旅游地、旅游资源的称谓中，常见一些与旅游景观相关联或相似的术语。

风景名胜区：风景资源集中、环境优美、具有一定规模和游览条件，可供人们游览欣赏、休闲娱乐或进行科学文化活动的地域，也称风景区。

景物：具有独立欣赏价值的风景素材的个体，是风景区构景的基本单元。

景观：可以引起视觉感受的某种景象，或一定区域内具有特征的景象。

景群：由若干相关景点所构成的景点群落或群体。

景区：风景区中，根据旅游资源类型、景观特征或游赏需求而区划的景物、景点、景群等相对独立的风景单元。

风景线：线状组合的景点群或景观系列。

### 4.1.3  旅游地质景观

#### 4.1.3.1  地质景观与旅游地质景观

1. 地质景观

地质景观是包含地质成因、矿物岩石及其结构构造、矿物成分的地质体、地质形迹的地质景象。地质景观除显示地质景象的造型、形态、色彩、组构为级别要素外，还包括依附于地质景象的、因地质景象属性而异的岩石风化物、植被等的地质综合体。

地质学地质构造研究中，不同构造学派对地壳单元划分有所不同，但其共同特点是把地壳划分为不同特征的地质块体、地质单元、地质构造单元，在地质块体间或叠加于地质块体上的线状/带状构造带。例如，板块构造系统将地壳岩石圈划分为大小、级序不等的板块，板块间由线状的板块缝合线所划分或连接，如洋脊、海沟、裂谷、碰撞带、构造山系等线状延伸的地带。地质力学构造体系将地壳上的构造形迹划分为有成生联系，聚集成带有级别、序次、特定组合形式的构造带/单元，其间为构造形迹微弱或简单的地块和岩块。传统的槽台学说将地壳划分为强烈活动的地槽区和相对稳定的地台区，其间多为断裂构造带，而且地槽和地台区随地质构造的发展可相互转化。地壳表面由沉积岩、岩浆岩、变质岩三大岩类依一定构造部位而规律展布，沉积岩多呈片、呈块广泛分布，岩浆岩多呈斑状点状或组成带状产出，变质岩呈片、呈块或呈带展布。

地质构造的地质单元属性决定了地质体的地质景观属性。地质单元特性的差异形成与之对应的内涵地质属性的五彩缤纷的地质景观特征，因而地质景观特征形成了旅游地质资源的旅游地质景观属性。

2. 地质地貌景观

地学研究中，地质主要研究地球的物质成分、地质构造、内部结构、地质特征、地质作用和地质演变历史，着重研究地质历史中的地质作用产物；地貌主要研究地表形态特征及其成因、地表物质组成及其分布、地表形态类型及其发育规律，着重研究挽近时期地质作用产物；地质体地质现象以及地貌单元、地貌特征都是地质作用的产物。现今地表景观都是地质地貌的综合体。因此，在地质地貌研究中可将地表自然景观划分为不同地质作用类型形成的地质地貌景观单元，如构造地貌景观、侵蚀地貌景观、江河地貌景观、湖海地貌景观、岩溶地貌景观、冰川冻土地貌景观、风蚀地貌景观。这些地质地貌景观构成地壳表层的板状块状地质地貌景观单元，线状带状地质地貌景观以及成片的包含/包容斑块、线带景观的地质地貌背景景观。

从旅游地质研究具旅游功能/价值的地质作用产物，从地质作用产物与旅游景观的角度而言，地质景观是地质地貌的共拥体，二者是具不可分割性的旅游景观实体。从学科划分、学术的角度看，地质与地貌其内涵和研究对象不同。但是，从地质作用的角度看，地质地貌景观则是在内生地质作用产物基础上外生地质作用产物的综合体，可用地质景观而统称之。因此，地质景观实质上是地质地貌的统称。

3. 旅游地质景观

旅游地质景观指具有旅游功能，能对旅游者有吸引力、能激发人的旅游动机的地质单元或地质景象。泛指地质作用（内生的、外生的）形成的、能作为旅游资源的地质景象（地质体，地质形迹及其造型或物质、形、色、组构单元），以及由地质景象所决定或依附于地质体的土壤、植被、水文、地貌、气象及人类活动形迹的地质资源环境总体。诸如由冰川地质作用形成的、以雪山冰川为特征巍峨高耸雄峻的冰川地质景观，碳酸盐类地层由岩溶作用形成的千姿百态的峰林丛林地质景观，由新构造运动抬升、流水冰川下切而形成深切河谷的峡谷地质景观。这些地质景象具有很高的观赏价值、科考价值，是重要的旅游资源，都是旅游地质景观。这些旅游地质景观除有如冰川、峰林、峡谷等地质景象外，还常伴有特定的植被、水文、气象，也常有一定的人类活动形迹，如崖画、石刻、石题，共同构成了旅游地质景观综合体。

旅游地质景观具有一定地质实体、一定地质景象、一定形体、一定的/独立的单元、一定的观赏价值和科考价值，是具有旅游价值的地质单元。

### 4.1.3.2　旅游地质景观基本属性

较之地球的古老性、地球演化的不可逆性，人类的历史几乎微不足道，人类没有经历也不可能完全模拟46亿年漫长的地球演化。人类凭借现今地质遗迹的观察研究认识地球显然是十分局限的，认识的可信度也是局限的。然而，正因为如此，地质遗迹、地质形迹、地质景观、人类生存的生态地质环境，成为人类共同拥有的财富，地质体地质景观也成为人类观赏探索、内容最丰富、内涵最神秘的最基本最重要的对象。

地球演化史、地质构造形迹决定了地质景观属性；地质景观的旅游资源属性构成了旅游地质景观的最基本特征/属性。

旅游地质景观的最基本属性是观赏性和科学性。从旅游的角度研究地质景观，旅游地质景观的科学性主要是通过对景观的观赏而获取，因此，也可以说将科学性寓于旅游地质景观的地域性、观赏性、异质性、层次性、变异性、综合性、兼容性等诸多属性中。因此，基于旅游地质研究的主题以及寓科学性于旅游活动的旅游研究，在此，旅游地质景观的属性中不专题讨论地质景观的科学属性及单纯的地质问题。

1. 旅游地质景观时空展布地域性

景观具有一定空间展布的地域，旅游地质景观总是依附于一定的景观域（景域）。

地球演化的不均匀性，全球地质构造旋回差异构成了大地构造单元地质发展的差异性和地域的地质构造类别差别。基于此，构成了地域性的地质景观特色，造就了旅游地质景观时空展布的地域性，不同类别的旅游地质景观总是展布在特定的地域中。

特定的地域性旅游地质景观具有旅游景观的不可移置性，形成了旅游地质景观的极强吸引力和景观"垄断性"。

旅游地质景观有一定的地域空间，是一定局限地域中特定的物质（地质体）及景象（地质现象）组合的综合体。因地域的地质体物质组成、生态地质环境的特定性，而呈现与周围/地域差异的旅游地质景观地域特征，形成能吸引旅游活动、具旅游价值的地域景观特色构成旅游地质景观的地域性。旅游地质景观特色的地域性独特唯一程度是旅游景观价值的主导因素。

旅游地质景观地域的空间性和地域的特殊性、地域性的地质景观特殊特征、特质，构成了旅游景观的最根本特征条件——景观特色。

受特定的地域生态地质环境的制约，旅游地质景观带有强烈的地域特色。例如中国南方与北方、东部与西部区域地质环境的差异，造就了迥然不同的旅游地质景观及自然旅游景观的地域性特色。例如山水旅游景观在北方浑厚，而在南方清秀；北方有茫茫草原，雪山冰川，而南方则是水域连绵、山青水绿。

地域性制约因素使同类地质景观在不同地域的特色呈现差异。由碳酸盐类地层岩溶作用构成的地质旅游景观，只有在南方温湿气候环境下的滇黔桂岩溶发育区，才形成峰林峰丛景观优美、岩溶洞穴景观多姿多彩，景色奇秀。

同类旅游地质景观在不同地域的旅游价值差异，往往在不同地域形成不同的旅游效应。

2. 旅游地质景观景物景象观赏性

地质体景物、景象的可观赏性是旅游地质景观的最基本的、最特有的特性，旅游地质景观的观赏特性使旅游者能得到的观赏愉悦和观赏的领悟程度决定了旅游地质景观的价值。

地球活动导致地壳演化的沧海桑田演变，造山运动导致的地质地貌的复杂多变，地层岩性矿物岩石的规律展布，形成多姿多彩的山河原野图案。矿物岩石及其风化作用产物导致残坡积物、土壤特征差异，再加上依附于地质环境条件的植被，使地质景观色彩斑斓、绚丽缤纷，构成了旅游地质景观从景观造型、景观色彩到景观内涵的观赏性。

旅游地质景观有别于一般旅游资源的根本区别就在于旅游地质景观具有鲜明的美学观赏特征，旅游景观必备的最基本特性——观赏性。

旅游地质景观可观赏性是旅游景观必备的景观要素，观赏性的完美程度成为旅游景观/景区对旅游者吸引力的重要条件，也成为旅游地质景观旅游价值评价的重要内容。

旅游地质景观具有的美学特征，如地质景观的形象之秀丽、色彩之绚丽、结构之协调自然、造型之奇异，能给人以审美的愉悦，能使人通过对旅游景观的观赏得到美的享受，使人通过景观美的观赏起到美化心灵、启迪思维、陶冶情操的作用。

旅游地质景观的美学特征是地质景观观赏性的决定因素，美学特征越浓厚越突出，观赏性越强，知名度越高，品牌效应越好，旅游吸引功能越强，旅游效益功能越好。

### 3. 旅游地质景观单元异质性与多样性

景观生态学中将景观内各景观要素之间的差异性或景观要素内的差异性，称之为景观异质性，景观异质性是景观复杂性的表现形式（刘茂松等，2004）。在旅游景观学的研究中可借鉴景观异质性概念的基本点来体现旅游景观异质性，即：旅游景观/景域（景观域）内各要素之间的差异性，或景观要素的变化程度称之为旅游景观异质性。

异质性常呈现为各类景观组合结构的差异和结构类型/图案的多样性、地质地貌构成的各种不同的景物造型、生态地质景观的斑块—廊道—缀块的繁杂构型。

异质性是旅游地质景观的重要特征，地质体的物质、矿物岩石、结构构造的地域性决定了旅游地质景观单元的异质性。而异质性的存在，构成了旅游地质景观类型及其观赏价值的多样性。

旅游地质景观异质性可衡量旅游景观中地质体岩类、景象或景观单元的均匀程度、景观结构复杂程度。旅游景观中景观/景象要素相似、单一、均匀则旅游景观异质性小；反之，则旅游景观异质性大。

地质地貌景观中峡谷山地与平原景观、海洋与陆地景观、江湖与雪山冰川景观类型的天壤之别，景观域中以生态地质环境为制约因素，地质地貌的不同类型，生物多样性，植被多样性，人文活动叠加或人文景观的多样性，共同构成了景观的多样性。

地质旅游景观的景观要素多样性、景观类型的多样性，加之景观结构的多样性，更增添了旅游地质景观的多样性。

旅游地质景观多样性满足了不同层次、不同类型、不同爱好的旅游者的旅游地观光观赏的需求。旅游地质景观多样性也为旅游景区的规划开发提供了广阔空间和创意可能。

旅游地质景观异质性多样性可作为旅游景观评价中的重要标志。但是旅游地质景观异质性的衡量受旅游景观观察或描述尺度、旅游景观单元大小的影响。景观异质性多样性是客观存在的，但因其衡量的尺度不同，景观异质性多样性却又是相对的。旅游地质景观异质性多样性的量度应以同一个尺度对不同景观域进行衡量，二者才具有对比意义、评价意义。

4. 旅游地质景观结构层次性

地质构造的构造级次、序次，系列的明显性、规律性，构造期次、阶段形迹的时空性，地质体矿物岩石组合的地层岩性单元序列，使地质体地质构造具有特有的层次属性，相应地也使地质景观、旅游地质景观呈现严格的、地域特定的景观结构层次性。

受旅游地质景观成景地质作用要素组合、结构特征的影响，旅游景观聚集体的单元聚合结构呈现等级体制，依据景观单元及单元聚合的级序及其组构类型，显示旅游地质景观结构层次性。

旅游地质景观类型的包容性、叠加性、整合性增加了景观结构层次复杂性：

·旅游地质景观按景观尺度可划分为大、中、小的景观尺度层次；

·按地质景观类型的类－型－式等序列可划分类型层次；

·按地质景观规模大小划分规模层次；

·按不同景观层次组合特征划分为结构层次。

旅游地质景观结构层次有的清晰、有的隐晦、有的简单、有的复杂，使旅游景观呈现不同的观赏效果。旅游景观结构层次的识别和厘定有助于旅游景观的评价和规划开发。

旅游地质景观结构层次是客观存在的。对其结构层次的认识却是可变的，它因景观鉴赏者的素质或观赏角度、观赏程度而异。对旅游景观结构层次的认识，可引导对旅游景观的层层深入观赏，提高旅游者对景域的兴趣，并从中获取更多的知识和享受，从而也提高了景域的可观赏性和旅游价值。

5. 旅游地质景观稳定性与变异性

除了剧烈的、短暂的、强烈的突变型地质事件过程外，通常，地质演变是缓慢的、漫长的，因此，大多数地质构造是相对稳定的。在地球的历史中，与人类生存的短暂历史阶段相比，地质景观主体是稳定的。

地质作用是漫长的过程，与内生地质作用相比，外生地质作用对旅游地质景观的稳定性（如结构造型），则显现出程度不等的变异性。现今的地质构造活动时期，继承性的地质作用，对一些脆弱性的旅游地质景观，则更显现出明显的变异性。

（1）地壳运动导致旅游地质景观变异

地壳运动在全球是不一致的，导致旅游景观点变化、发展的差异性，如：

·新生代的晚喜马拉雅运动（距今 2500 万年以来），喜马拉雅山从地中海隆起成为海拔逾 8800 米的"世界屋脊"，且每年还以 18.2 米的速率上升；我国的江汉平原缓慢下降，沉积了近 1000 米厚的沉积物。

·第四系以来，秦岭太白山上升了约 3000 米，渭河关中平原下降而淀积了近 1000 米原松散沉积物。

·东非大裂谷 2500 万年以来，平均扩宽了 65 千米，目前仍继续漂裂，裂谷以东陆地将与非洲大陆分离而形成新的大陆。

（2）地质作用持续性导致旅游地质景观变异

受旅游地质景观成景作用或景观类型、景观环境的影响，景观特征的稳定程度不一样，常随地质作用的进展，景观呈现变异性。

全球性气候变化影响雪山冰川景观呈现雪线上升、冰川退缩的趋势。

区域性地壳抬升，山地夷平、河谷深切，峰林峰丛景观不断演化；泥沙质成分组成的岩层/堆积物受淋蚀作用形成的林柱状地质景观造型易于变异，乃至坍塌消亡。

以地表水的淋蚀作用而构成的土林景观，以风蚀作用而构成的雅丹景观，随着淋蚀的作用、风蚀作用的进展，景观造型，特别是低级次的景观单元的造型都会发生明显变异。

在海侵的持续作用下，21 世纪初，澳大利亚南部海岸的著名风景区十二门徒石柱中的一条高 45 米的石灰石柱突然坍塌，坠入印度洋中。十二门徒石柱如今只剩 8 条（图 4 - 2）。

图 4 - 2　十二门徒石柱坍塌前后对比

（3）季节性与时令性时空变化性导致旅游地质景观周期变异

受地域地理环境的制约，自然旅游景观通常呈现时空景观特色差异，随季节气候的变化而呈现景观一年四季周期性的变化，如雪山冰川景观，瀑布景观。

有的随每天不同时刻呈现不同的景观变化，有的同一自然旅游景观随季节变化、其他旅游环境条件变化而产生不同的旅游效应，如海滨旅游景观的潮汐景观变化；山地旅游景观常呈现的晚寂照映下的不同视觉的山地旅游景观效果。

位于菲律宾保和岛中部卡门附近巧克力山（Chocolate Hills），为1268个高40到120米浑圆状山顶的峰林状圆锥形小山丘群。雨季时山草丛生，色彩呈碧绿，而炎热的2—5月份的旱季里，山草被晒干变成褐色"干草堆"，俯瞰群山酷似巧克力堆（图4-3）。

图4-3　菲律宾卡门巧克力山

6. 旅游地质景观综合性与兼容性

旅游地质景观是景观域中各种旅游景观要素的综合体，多样性的旅游地质景观要素在同一景观域的综合呈现、相互关联，成景地质作用因素的互融性，旅游地质景观中的景物/景象是该景域中诸景观组成因素的总和。旅游地质景观的这种属性决定了景观域中旅游地质景观要素的综合性特征。

与此同时，一个地域中或一个旅游地质景观域中，不同的旅游地质景观类型或不同成景地质作用的景观类型在景观域中互相兼容存在，共同构成一个完整的旅游地质景观综合体，呈现旅游地质景观类型兼容性。

景观域中景观要素的综合性和兼容性共存是旅游地质景观的特性。

旅游地质景观综合体中兼容的景观可以是单要素/单体，也可以是多要素/复合体。通常多个要素的组合体也是多个景元的聚合体。景观要素可以是多物质状态的，景观单元可以是多形状的、多级次的、多属性的；景观单元元素可以是不同形式、不同比量因子的聚合。这种聚合可以是有序的，也可以是无序的；可以是同一个成景地质作用产物的聚合，也可以是不同成景地质作用的叠合的聚集体。

旅游地质景观综合体中旅游地质景观要素依成景地质作用的时空关系而呈现出包容性和叠加性。先期规模较小的旅游地质景观由于被后期、规模较大的旅游地质景观所包容，成为后期高级次旅游地质景观的组成部分，称为包容性旅游地质景观。先期、规模较大的旅游地质景观中后期叠置规模较小的旅游地质景观（景物）、后期再造景观成为先期旅游地质景观中的组成部分，称为叠加性旅游地质景观。

旅游地质景观类型的包容性和叠加性都使旅游景观层次、类型多样化，使旅游地质景观时空结构复杂化，从而构成景观兼容性的旅游地质景观体系/系列，在景观域的旅游地质景观体系中仍可保留有不同的景观子系统。

在一旅游地质景观中，不同景观要素常常相互包含、相互叠加、相互归并，聚合成一个完整的旅游地质景观，景观要素的相互烘托，增强了旅游的观赏效果，也增强了景观开发雕琢的活度。

以旅游地质景观成景要素、景观要素的丰富内涵为基础的旅游地质景观综合性兼容性，除了体现旅游景观的总体旅游价值外，有利于多层次的旅游开发，可使旅游者感受/领悟诸多因素在景域中的相互依存、相互制约、和谐发展的生态环境与景观整体性。

地质构造的多旋回性、地质域中地质构造的多级次、多类型，地质形迹的复合叠加，导致同地质域中多期次、多阶段、多级序地质形迹，形成包容性或叠加性、多地质要素兼容的综合体，并相应地决定了旅游地质景观具有典型的综合性和兼容性。

## 4.2 旅游地质景观基本类型

在漫长的46亿年地球演化历史时期中所形成的地质遗迹，历次地质构造旋回造就的地质形迹，被构造营力褶皱、断裂、抬升、推覆到地表，特别是第四纪全新世（距今 1 万年）以来的新构造运动，在原有地质构造形迹的基础上，内动力作用改造地质体的展布格局和总体地势，外动力作用则对内动力作用所形成的地质体与地形解体、析离、夷平，叠加了内生地质作用与外生地质作用耦合的新的构造形迹，综合展现了地球演化、地质历史各阶段、各类型的地质遗迹景观。

　　旅游地的旅游地质景观，其类型有单一的，而更多的旅游地则是多类型旅游地质景观的组合。国内外著名旅游景观（旅游胜地），特别是规模较大的旅游景观胜地常常包含有多个类型（类、亚类、型），许多旅游胜地是以地质景观为基础或为主体的多类型旅游景观的复合体。本章择其示例性、代表性、典型性的旅游地质景观进行简要介绍。

### 4.2.1　旅游地质景观基本类型

　　基于旅游地质资源与旅游地质景观的双重性、关联性，以及对地质体的依存性，可以以旅游地质资源为基础框架，融合旅游景观的概念，形成旅游地质景观类型的基本分类（表 4 - 3）。

表 4 - 3　　　　　　　　　**旅游地质景观基本类型简表**

| 大类 | 类 | 亚类 | 型 |
|---|---|---|---|
| 科考科普旅游地质景观 | 地球演化遗迹旅游地质景观 | 地层岩性古生物旅游地质景观 | 地层岩性旅游地质景观　古生物化石旅游地质景观 |
| | | 地壳运动遗迹旅游地质景观 | 构造旅游地质景观　火山旅游地质景观　地震遗迹旅游地质景观　地质灾害遗迹旅游地质景观 |
| | | 矿床旅游地质景观 | 内生矿床旅游地质景观　外生矿床旅游地质景观　复合成因矿床旅游地质景观 |
| 观赏性旅游地质景观 | 现代地表形态旅游地质景观 | 山地岩类旅游地质景观 | 岩蚀旅游地质景观　岩溶（喀斯特）旅游地质景观　淋蚀旅游地质景观　丹霞旅游地质景观　雅丹旅游地质景观　雪山冰川旅游地质景观 |
| | | 江河湖海旅游地质景观 | 湖海旅游地质景观　滨海旅游地质景观　峡谷旅游地质景观　瀑布旅游地质景观　涌泉旅游地质景观 |

续表

| 大类 | 类 | 亚类 | 型 |
|---|---|---|---|
| 复合旅游地质景观 | 古人类遗迹旅游地质景观 | 古人类遗迹旅游地质景观 | 古人类遗迹旅游地质景观 |
| | 地质工程旅游地质景观 | 古代地质工程旅游地质景观 | 地质工程旅游地质景观　水利工程地质旅游景观 交通工程地质旅游景观　矿业地质旅游景观 |
| | | 现代地质工程旅游地质景观 | |
| | 名山旅游地质景观 | 风景名山旅游地质景观 | 岩类名山旅游地质景观 自然生态地质名山旅游地质景观 |
| | | 宗教名山旅游地质景观 | 宗教名山旅游地质景观 |
| | 地质文化旅游地质景观 | 石文化旅游地质景观 | 石刻石雕石窟旅游地质景观 观赏石旅游地质景观 |
| | | 山水文化旅游地质景观 | 山水文化旅游地质景观 |

### 4.2.2　科考科普性旅游地质景观

#### 4.2.2.1　地壳演化 – 地质遗迹类

各个构造旋回,不同环境的地质构造单元,在地球演化的历程中,形成了代表不同古地质环境、不同地球演化形式的地质遗迹,其中有记录了地球演化事件的地层古生物遗迹剖面、地质构造遗迹剖面,它们组合成代表地球演化的地质遗迹系统例证。这些遗迹不论其观赏价值高低,都是极其珍贵的科考科普、地球演化 – 地质遗迹类旅游地质资源。

1. 地层岩性古生物旅游地质景观

(1) 古生物化石

地质发展史中一个重要的组成就是古生物的演化史,它与其产出的地层岩性组成的地层古生物既是标志地质生态环境、地质年代的重要例证,又是重要的旅游地质景观;有的特殊的古生物化石,具有很高的观赏价值,亦是重要的旅游商品资源,如恐龙化石、鸟类化石、古象化石;大型三叶虫,大型直角石;硅化木等。

恐龙是爬行动物中的一个庞大家族,生活在距今 2.25 亿年至 0.65 亿年前，存在时间达 1.5 亿年之久，于晚白垩世突然全部灭绝。发现恐龙化石的地方很多，且多地在恐龙化石遗迹地建立了恐龙博物馆或旅游景区。

地球表面茂密的古植物、森林在地层中呈煤层保存，当森树木被埋葬在缺氧和硅质丰富的环境下，树木被硅化、石化，不同程度保存了树木的形态或年轮木纹特征，形成硅化木（树化石）。它既是观赏性、科考性旅游地质资源，又是珍贵的商品性旅游地质资源。

（2）层型剖面

标准层型地质剖面是具地壳演化发展特定阶段的地质发展史、生命起源、生物演化标志的地质剖面。可作为地层划分的对比标志。

2. 地壳运动遗迹旅游地质景观

沧桑演变是地壳升降的表象。地壳升降有突发式的，如地表陷落，但更多的是缓慢的。地壳升降形成许多显示升降过程的地壳运动遗迹景观。江河两岸的河流阶地，湖泊干涸的湖岸台地，构造剥蚀的夷平面、高原面，延伸稳定的峡谷或江河间出现的蛇曲状河段，都是地壳升降运动遗迹景观。这些景观当有较佳的生态地质环境时就形成了有观赏意义和科学意义的旅游景观。

（1）构造旅游地质景观

1）构造山景观

①背斜山景观

背斜山是褶皱构造作用使地层上凸隆起，核部地层相对老、两翼地层相对新，两翼地层产状相背倾斜的背斜构造形成的山地，如神女峰背斜山（图 4-4）。

②向斜山景观

向斜山是由向斜构造形成的山地。其外形是一种下凹的、其核部由新地层组成的两翼地层相对老、两翼地层产状相向倾斜的山地（图 4-5）。

褶皱构造形成后的长期风化作用中，由于背斜轴部节理、断裂发育相对破碎，而向斜核部的岩性相对较硬时，背斜轴部往往易于形成背斜谷，而向斜轴部则易于形成向斜山（图 4-6）。

图4-4　背斜山

图4-5　向斜山

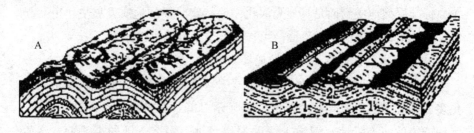

图4-6　褶皱山侵蚀倒置现象

A：1. 背斜山；3. 向斜谷；B：1. 背斜谷；B：向斜山

③单面山地貌景观

单面山是在单斜构造上山体沿岩层走向延伸的山地。山体的两坡不对称，常常是一坡陡且短（切层坡），一坡缓而长（顺层坡）（图4-7）。

④猪背山地貌景观

猪背山是在岩层产状倾角较大的单斜构造上，岩层较坚硬、走向较平直的地层所构成的单面山中，形成的山体两坡（切层坡、顺层坡）均较陡，并且近似等长、形如猪背脊的山岭（图4-8）。

图4-7　单面山

图4-8　猪背山

⑤断块山地貌景观

断块山是因地壳的断块活动隆起而形成的山体。其山坡陡峭成崖（多为断层崖），山脚线平直，多形成断层三角面，并常有山脊走向的延伸突然中断（图4-9）。

山体断块沿两条或多条断裂隆起而形成的山地为地垒式断块山，又称地垒山，如我国西北阿尔泰山、天山，华北恒山、五台山、华中庐山（图4-10）。

山体断块沿大断裂一侧隆起而形成的山地为掀斜式断块山。如大兴安岭和阴山是蒙古高原掀升的边缘；太行山是山西高原掀升的边缘；泰山、沂蒙山也是沿断裂一侧隆起成山的。

图4-9　断块山及断层三角面

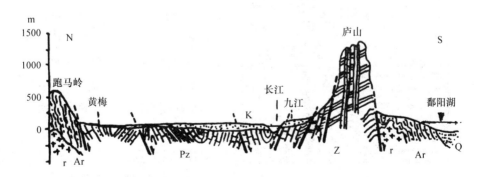

图4-10　断块山与断层崖（据徐泉清）

⑥桌状山地貌景观

桌状山又称方山，指山顶平如桌面、四周陡崖围限的山地。在地层产状水平或平缓的沉积岩分布区，当山顶覆盖坚硬的岩层，强烈的侵蚀作用沿垂直节理裂隙进行时，常易形成似桌状方山（图4-11）。

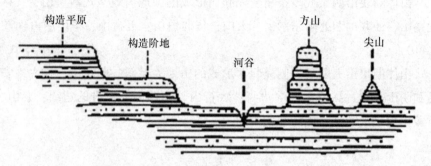

图4-11　构造平原（高原）、构造阶地、方山和尖山示意图（据谢宇平）

2）构造湖盆地貌景观

①断陷湖盆地貌景观

图4-12　断陷湖（滇池）与断层崖

断陷湖盆是由断层的一盘或二断层间的地块向下陷落形成低地积水而成的湖盆，如云南滇中昆明滇池、阳宗海、抚仙湖等断陷岩溶湖群（图4-12）。通常，断陷湖盆平面形态简单，湖岸线较平直，岸坡多陡直；湖群分布有一定规律性，多个狭长状湖盆沿着区域大断裂呈串珠状产出。如云南中部沿南北向小江断裂带，由北而南依次分布着青水海、阳宗海、抚仙湖、星云湖等串珠状湖泊。

国内著名的断陷湖盆地貌景观还有青海省的青海湖、四川西昌的邛海、内蒙古的呼伦池等。国外较为著名的是东非大裂谷中的湖群。

②向斜坳陷湖盆地貌景观

由向斜坳陷或地壳缓慢下降形成向斜状凹地积水而成的被称为向斜的陷湖盆，这类湖盆一般面积较大，形态多样，如湖南洞庭湖、江西鄱阳湖。

③塌陷湖地貌景观

在地表塌陷洼地中积水形成的湖泊被称为塌陷湖，常见于碳酸盐地层、含膏盐岩石等可溶性岩类岩层，受岩溶作用导致地表岩溶塌陷积水成湖（图4－13）。

**图4－13　塌陷湖**

3）构造崖地貌景观

构造崖是因构造原因，使山坡陡峻成崖的结果，主要是断层崖（图4－10，图4－12）。也可以是直立岩层带形成的陡崖，一般坡度范围从70°以上至直立（悬崖绝壁状），且大多呈直线状延伸。若是追踪断裂或圆弧形状断裂，则呈弧状陡崖地貌景观。断层崖的高度为几米至几百米不等。

①断层崖旅游景观

悬崖绝壁常伴随地形突变、山海线状相接，是地壳升降运动遗迹。那些规模宏大、延伸稳定、两侧地形反差极大的雄险、陡峭的断层崖带构成了气势宏伟的景观，形成名山名水旅游景观。江西庐山西部的龙首崖、东部的五尧峰，云南昆明的滇池西岸的龙门陡崖（普渡河断裂带的断层崖）都是知名的旅游景观。美国西海岸（加利福尼亚州）的圣安地列斯大断裂、中国的郯庐深大断裂都是知名的断裂景观。

②直立岩层带旅游景观

直立岩层带也称陡立岩层带，为由产状直立的地层组成的构造带，常伴有挤压构造形态，通常为强烈挤压作用所形成的狭长构造带。当其组成岩性抗风化能力强时，常呈突出地表、稳定延伸的墙状景观，如滇西北三江并流带常见的构造岩旅游景观。

③节理旅游景观

侵蚀/剥蚀作用沿密集发育的节理带或大型节理带发育，可形成山体较为陡峭的山地景观，这种景观被称为节理旅游景观。

（2）挤压碰撞拉张构造旅游景观

在板块构造板块接壤处常形成挤压、碰撞、拉张等的构造带，板块缝合线，大陆裂谷旅游景观这类景观被称为挤压碰撞拉张构造旅游景观。

宏大的全球地质构造奇观中，板块缝合线、大陆裂谷以及以其存在而依附的自然景观，是跨地域乃至跨洲境、气势宏伟的地球演化、地质遗迹旅游景观。由地幔上隆、地壳拉张而形成大陆裂谷，各地史时期的裂谷形成不同的地质景观。

如果将大陆裂谷视为地球表面的"伤痕"，那么可把板块缝合线造山带视为地球表面的"伤疤"，它们都是地壳活动、地壳块体间相互碰撞或分离"漂移"的杰作，是标志地球形成的地质景观；加之其奇异的地貌，特有的生态、生物，又成为极具科学性和观赏性的旅游景观。

（3）地质构造形迹景观

地球构造旋回、沧桑变幻，在不同的构造阶段、不同的构造域，形成了规模迥异的、各种各样的地质构造形迹。典型性、独特性的地质构造形迹常常科考性科普性与观赏性兼优。

（4）盆地谷地景观

在旅游地质资源景观类型概念中，最有旅游价值的是多级高级原平面上下的小型侵蚀盆地和构造盆地地貌及生态组合景观，常形成高山湿地草甸（又称草甸子）和草场，其附近常有高山湖泊或小溪，甚至成串的冰蚀湖群，点缀在崇山峻岭中。一般地表水分充分、湿润，其上生长有大片的喜湿植物或喜水性植物，其下多有泥炭堆积。它的生成，与高原低温、潮湿、蒸发弱，甚至有季节性冻土存在的特征有关。过去，由于来往交通不便，没有大规模开发，许多地区还保留着原始生态环境，碧草茵茵，繁花似锦，蛇曲小溪穿行其间，田园风景十分优美，如兰坪罗锅箐大羊场七彩牧场、情人坝、香格里拉纳帕海草场、迪基草场、千湖山草场等等。

### 3. 近代火山活动景观

火山是地球深部岩浆活动喷溢于地表的产物。火山有地质发展过程中形成的古火山，也有现今火山活动的活火山，都是地壳运动的景象。火山活动有一套火山通道、火山锥、火山口规律组合的火山机构；有呈现一定结构构造的火山喷发物如火山弹、绳状枕状熔岩等组成火山景观；近代活动的火山，喷溢后常常保存完好的火山口、火山锥、火山温泉、湖泊。

#### 1）活火山

地球上有1343座活火山，主要集中分布在板块边缘地带，活火山是地壳深部岩浆由熔岩穿透地壳，上升溢流到地面或喷出于地表而形成的特殊山体。火山经常成群出现，形成火山群。活火山喷溢活动发生时，熔岩流咆哮奔流，火山灰、火山碎屑、火山弹伴随滚滚浓烟爆炸、喷薄于高空，同时发出雷鸣般声响或引发地震，形成壮丽、奇异的令人恐惧而又神往的地质景观。

现今全球有500多活座火山，集中分布于环太平洋和地中海—喜马拉雅山两个全球性活动构造带。日本、冰岛等多火山之国存在着许多世界闻名的活火山。而夏威夷群岛的一些活火山，现今还在不断地溢出岩浆倾入大海。火山景观保存完美、自然生态环境优美的第四纪火山群是重要的火山旅游景观，美国夏威夷的圣海伦斯火山、菲律宾的皮纳图博火山、意大利西西里岛的埃特纳火山、我国的黑龙江五大连池、云南腾冲火山热海都是知名的火山旅游景观、旅游观光胜地。

世界著名的意大利维苏威火山，公元79年8月24日突然爆烈式强烈喷发，火山灰、火山渣冲向高空，掩埋了庞贝等3个城市。近来发掘出的庞贝城遗址，成为著名的火山景观旅游胜地。

2）休眠火山

火山爆发具有一定的周期，休眠火山具有间歇性频发活动的特点。西昆仑山的阿什库勒盆地阿什火山（也称卡尔达西火山），1951年5月27日突然喷发。长白山火山，休眠后于1597年苏醒，从那时到1702年的105年间，连续爆发了三次。

3）泥火山

泥火山是与地下岩浆无关的类似火山作用所形成的泥丘。

泥火山活动时常有大量气体伴随泥和岩石碎屑喷出，有时也因气体燃烧而出现冲天火焰，有的还伴有地鸣和微震。其喷出物常堆积成各种大小的泥火山锥，高度一般不足10米，直径数十米。泥火山的喷发现象的成因是地下较深部碳氢气体等高度聚集，喷溢于地表。目前泥火山只存在于中国、俄罗斯、乌克兰、美国、墨西哥、新西兰等少数国家。

4. 陨石及陨石坑景观

陨石是宇宙中的星体穿过大气层降落到地面的残余体。陨石从天空坠落到地面的陨击作用形成一套陨石撞击特征的陨石坑、撞击变质矿物、撞击构造形迹等一套陨石及陨石坑景观（图4-14）。

陨石和陨石撞击构造是研究天体物质与地体发展的重要例证。陨石既是具有太空及天体关系研究意义的地质现象，也是稀有的兼具科考性和科普性的旅游地质景观。

1）陨石

陨石按其成分中所含金属和硅酸盐的相对含量、结合内部结构可划分为铁陨石、石-铁陨石和石陨石。

2）陨石雨

陨石雨是众多的陨石聚集坠落地表所形成的现象。

3）陨击坑

陨击坑是陨石坠落地面撞击地表岩石形成的低凹低地及周边环形高地。

#### 4.2.2.2  环境地质 – 地质环境变异遗迹类

1. 地震遗迹旅游景观

地震是现今地壳活动、地应力聚集后释放的一种突发性的特殊方式。强烈地震可导致地面变形破坏，形成地裂缝、地陷，甚至山体崩落，河道堰塞成湖；伴随强烈的地壳快速颤动，可导致建筑物坍塌、设施破坏等一系列危及人类生命财产的地震。

与构造地震有关活动所留下的各种地震地质作用和地震效应形迹形成了地震遗迹。地震遗迹主要包括地裂缝、同发型滑坡、崩塌、地表堰塞湖、陆地沉没，城镇、村落、房舍及桥、塔等建筑设施被破坏，山劈石移、地面鼓包、水喷沙涌等景观现象。除了新近发生的地震留下的地震遗迹多较清晰外，时代愈久远的地质遗迹，只有大震的遗迹残留，且多模糊。

地震遗迹主要分布在地壳与洋壳交接、板块接壤的新构造运动活动性区域性断裂带，如环太平洋地震带、地中海 – 喜马拉雅地震带。

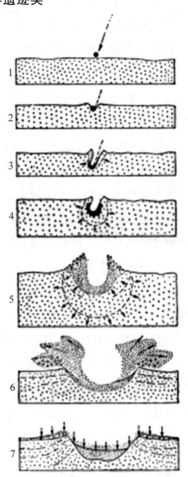

图 4 – 14  陨石撞击地球及陨石坑景观

地震遗迹构成地震遗迹景观，地震遗迹的保存、展示，可形成地震遗迹旅游景观。

2. 地质灾害遗迹旅游景观

崩塌、滑坡、泥石流等地质灾害，发育于山高坡陡、区域地质构造复杂、板块交汇碰撞或大地构造单元交会的区域性断裂构造带、挽近强烈活动的新构造运动带，频繁地震活动带。

地陷，指地表陷落，多因岩溶发育地区地下浅表部位岩溶塌陷、岩溶空洞导致地表陷落；或因地下开采出现采空区引起地表陷落。有的地陷在地表是突发性的，可造成深逾百米、直径逾十米的地坑（有的地方称其为"陷坑"），如美国佛罗里达州的地陷。

滑坡、崩塌、泥石流是山地常见的几种重力地质事件，是欠稳定地质体在其重力与水作用下，产生崩落、滑移、搬运的地质灾害景观，特别是活动性受到构造制约的山地自然环境受到工程干扰时，易于诱发具有突发性、短暂性、破坏性且常与暴雨关联的地质景象。因滑坡、崩塌、泥石流对地质生态环境及人类生命财产的危害性，通常将其列为地质灾害。

滑坡是指斜坡岩体或土体沿着某一软弱面（带）整体下滑的地质现象。

崩塌是指地形陡峭的山坡上的岩石岩块在自身重力作用下，整块地突然向山下滚落和坠落。

泥石流是山区含有大量泥沙、石块等固体物质并具有强大破坏力的特殊洪流。

崩塌、滑坡、泥石流具有其典型的景观要素及其景观结构特征（图4-15）。

滑坡崩塌泥石流的诱发因素和发育特征多是复合因素、综合发育，因各地的地质地貌条件、气候条件而异。在我国西南地质条件复杂的山地，多因暴雨而致；华南和中南高山丘陵区，多见风化壳滑坡、碎岩土滑坡；而高纬度、高海拔的青海、西藏、新疆北部、黑龙江等地，则以融冻滑坡为主。

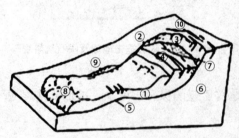

**图4-15　滑坡要素示意图**

①滑坡体；②滑坡边界；③滑坡后壁；④滑坡台阶及横向裂隙；⑤滑动面（带）；⑥滑床；
⑦封闭洼地；⑧滑坡舌及隆张裂隙；⑨侧壁羽状裂隙；⑩后缘弧形张裂隙

### 4.2.2.3　经济地质－人类地质活动遗迹

1. 矿床旅游地质景观

矿床指在地质作用下，特定的成矿环境形成的可供人类开采利用的天然元素矿物、矿石聚集地段。这种地段以含有具经济价值的矿体为标志，其产出部位即为显示其产出地质环境条件的含矿围岩、含矿构造；产状形态、地质特征各异的矿体和围岩构成了含矿地质体。

当含矿地质体在地表展现，或者通过人类探矿采矿工程的揭示而展现，就构成了可观赏考察的矿床景观。有的矿床景观以其矿床地质的特殊景观或以其知名度吸引人们游览参观，这些满足人们的好奇心、求知欲望的矿床景观，即为矿床旅游地质景观。一些知名的、特殊的或有矿床成因、矿床规划时代意义的矿床旅游景观是科考科普旅游的重要旅游资源。

对一些矿床旅游景观加以有目的的旅游开发，如建成矿业博物馆，可以提高旅游观光条件和矿床景观的展示水平，从而产生很好的旅游效应。

2. 古采矿、古冶炼遗址

始于矿床勘查、继而构建采矿—选矿—冶炼的矿业链的人类活动推动了社会经济、科学技术的发展。古矿床、古采矿—选矿—冶炼的古矿业链遗迹记载了矿床开发、矿业发展的历程。我国商周的青铜、春秋战国的铁，秦汉的井盐、汉魏的煤、魏晋的天然气等的开采或冶炼所遗存的遗址遗迹是重要的经济地质、人类地质活动的例证。

3. 古烧瓷遗址

瓷器是我国古文明的代表，以青瓷、白瓷和彩瓷为主要品种。出土文物表明，公元前16世纪的商代中期，我国就开始已开采利用瓷土资源、烧制器皿，出现了原始青釉瓷，到西周发展为瓷器。其后，各个时代形成了各具特色的瓷器。

4. 古人类遗迹旅游地质景观

"古人类"是对化石人类的一种泛称。

从猿类到人类共经历了腊玛古猿、南猿、猿人、古人、新人等几个阶段。一般将更新世晚期（约1.2万年前）的新人之前的几种人划为古人类范畴；全新世以来、新石器时代以后的属现代人范畴。除新人与现代人属同一亚种外，其余均已绝灭。

我国发现的古人类遗址有 200 余处，从老至新主要有以下这些。

旧石器早期古人类遗址：云南元谋古猿、陕西蓝田猿人、北京猿人、湖北郧县猿人、湖北郧西猿人以及陕西大荔人、广东韶关马坝人遗址等。

旧石器中期古人类遗址：湖北长阳人、山西丁树人、贵州桐梓人、山西阳高许家窑人、周口店龙骨山人遗址等。

旧石器晚期古人类遗址：广西柳江人、四川资阳人、内蒙古河套人、北京山顶洞人遗址等。

### 4.2.3　观赏性旅游地质景观

地球各部位地质作用、地质构造的差异性与地理环境条件差异性构成了千姿百态的地质地貌景观。现代地表形态景观是地壳内力作用形成的岩石经外力作用形成的地质体景观，作用于其上的地质营力除了主作用因素外，常常还包括诸多其他营力。因此，地质景观除了少数单一作用力形成的景观外，更多的是以某一地质营力为主、综合营力共同雕凿成的景观。现代地表形态景观是地壳内力作用形成的岩石经外力作用雕凿成的地质体景观。

陆地高低起伏，构成高原、平原、山地、丘陵、盆地五类地貌基本形态；大体以海拔高程划分，海拔低于 600 米，相对高差小于 100 米广阔平坦的地区称为平原；海拔高于 600 米，相对广阔平坦的地区称为高原。通常将海拔高程 500 米，切割深度 200 米以上的地形段称为山岳或山地；将海拔低于 500 米，相对高程 200 米以下起伏地形称为丘陵。从地貌形成地质作用机理上，地质作用机理景观可划分为构造剥蚀、侵蚀、堆积三类。

从地貌形成的外力（表生）地质作用上，可划分为流水、喀斯特、冰川、风蚀、黄土、重力、海岸等外力（表生）地质作用景观。

山地景观以其海拔与相对高程可划分成极高山、高山、中山、低山（表 4－4），山地景观的主要景观要素包括山顶、山坡、山麓（山脚）（图 4－16）。

表4-4　　　　　　　　　　　　山地景观高程分类

| 名称 | 海拔高程（m） | 相对高程（m） |
|---|---|---|
| 极高山 | >5000 | >1000 |
| 高山 | 5000—3500 | >500 |
| 中山 | 3500—1000 | 500—200 |
| 低山 | 1000—500 | <约200 |

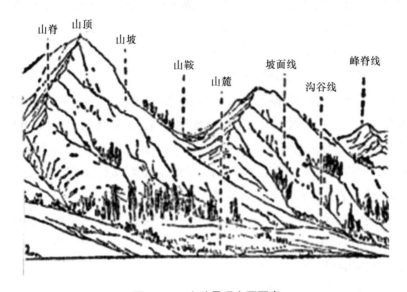

图4-16　山地景观主要要素

　　山地旅游地质景观以成景岩性及成景作用可主要划分为侵蚀作用、岩溶作用、淋蚀作用三类景观，综合景观特征，主要的山地旅游景观基本类型包括：

　　由侵蚀作用形成的花岗岩、变质岩、沉积岩等侵蚀/蚀余岩蚀旅游景观；

　　由岩溶作用形成的碳酸盐类岩溶旅游景观；

　　由侵蚀作用形成的红色砂岩类丹霞旅游景观；

　　由风蚀作用形成的红色砂岩类雅丹旅游景观；

　　由淋蚀作用形成的松散沉积岩/土林旅游景观；

由侵蚀作用和冰川作用形成的雪山冰川旅游景观；

现代地表形迹景观是极其重要的观赏性旅游地质景观。

### 4.2.3.1　山地岩类旅游地质景观

1. 岩蚀旅游地质景观

（1）沉积岩类岩石山地旅游景观

由于沉积岩类岩性的差异，抗风化强弱不一，而呈现造型及特色不同的景观。侵蚀/蚀余特征最为典型的如湖南张家界石英砂岩峰林景观、广东红色岩系的丹霞景观、云南丽江黎明丹霞景观。

（2）岩浆岩类岩石山地旅游地质景观

1）花岗岩类岩石山地旅游景观

花岗岩类虽然抗风化能力强，但当垂直节理裂隙发育、风化作用沿裂隙发育时，往往以崩塌作用加速侵蚀风化作用，常形成高大雄伟、挺拔险峻的悬壁陡峭、孤峰擎天的花岗岩类峰林、林柱旅游景观。节垂直节理不发育时，则以球状风化的浑圆状为主，山体常低矮浑圆、浑厚雄伟。

2）火山岩类岩石山地旅游景观

除时代较新的休眠火山、活火山形态特征明显的火山景观外，有由侵蚀形成的峰林状火山岩景观，如浙江雁荡山、云南鸡足山，有玄武岩柱状景观，如四川峨眉山。

3）玄武岩类山岳地貌景观

沿着深大断裂喷溢、深源（基性）的岩浆形成玄武岩山岳地貌特色景观。

熔岩流表面与空气（氧）接触产生强烈氧化作用，常呈显红的黑紫色、灰紫色原生颜色景观；

玄武岩熔岩在流动和冷凝过程中形成的斜歪或直立状的柱状节理玄武岩柱，构成绳状、舌状、被状流动构造景观；

湿热地区玄武岩类山岳风化侵蚀地貌多呈浑圆状、馒头状，且风化土层深厚，多形成植被茂密、山色秀丽的景观。

（3）变质岩类岩石山地旅游景观

是常伴有构造侵蚀加上花岗岩或沉积岩山体特征残留的山地景观特征。

2. 侵蚀/蚀余旅游地质景观

（1）岩溶地质景观

岩溶指降雨和水流对碳酸盐类岩石等可溶性岩石的溶蚀地质作用。岩溶又称"喀斯特（Karst）"，溶蚀作用以化学作用为主、机械作用为辅。岩溶作用及其产物形成石芽、溶沟、溶斗、峰丛峰林、溶洞、泉华等各种岩溶景观。由于碳酸盐类岩石具有易水解、水溶蚀等特性，岩溶作用形成了碳酸盐分布区的岩溶（喀斯特）旅游景观。

可溶性碳酸盐岩类的岩石主要为石灰岩－白云岩及其过渡岩类，主要为化学作用及生物化学作用沉积而成。岩溶作用主要为水对碳酸盐类的溶蚀、水解、析离；同时，随水而流失迁移的碳酸盐在溶洞等适宜的场所，水的物理化学条件改变，又会从水中析离沉淀成新的方解石等碳酸盐泉华。

岩溶作用发生于各个地质历史时期和现代地表地质作用，形成复杂的地上和地下岩溶系统和岩溶景观。

因岩石类型的差异、岩石结构的差异、节理裂隙发育的差异以及溶蚀程度的差异，岩溶呈现不同的景观类型。石芽、石峰、石林、林柱状峰林峰丛旅游景观是特色性标志性岩溶旅游景观，山峰基部稍稍相连形成峰林，山峰基部彼此相连形成峰丛；峰丛多分布于灰岩山区中部，峰林分布于其边缘部位，峰林进一步溶蚀则出现孤立分散的孤峰。

1）岩溶景观的形态类型

①溶沟

碳酸盐岩表面溶蚀刻划形成的沟槽状溶沟。溶沟深度密度不一，点状、斑状、平行状、树枝状、格子状等图案不一，多成片分布于碳酸盐岩斜坡面上。

②石芽

岩溶作用使碳酸盐岩形成纵横交错的向上的岩石体，呈尖脊状、尖刀状或棋盘状，似植物生长的芽状突起，称石芽（图4－17）。一般将低于1米的称为石芽，高于1米的按形态称为石柱、石峰、石林等。有的成群裸露于地表，称为石芽原野。

### ③石林

**图4-17　石芽及溶沟（据穆什凯多夫）**

岩层产状平缓、垂直节理发育的厚层碳酸盐岩区，在湿热气候条件下，由于岩溶作用形成的高大（多大于10米）、密集的林柱状石芽石柱称为石林。在石芽间溶沟深切，沟壁陡直，林柱状顶端呈尖锋如剑的，称为剑状石林；薄如刀刃者为刃脊状石林；形如塔状的为塔状石林（图4-18）。云南昆明的石林是剑状、塔状石林的典型景观。

**图4-18　剑状与塔状石林（据梁永宁）**

### ④峰林峰丛

在亚热带气候条件下，岩层产状平缓、垂直节理裂隙发育的厚层灰岩地区，岩溶作用形成锥状山体石峰，山峰群基部微微相连如林，形成峰林。岩溶山峰的基部彼此相连形成峰丛，又称连座峰林（图4-19）。广西桂林和云南东部岩溶发育的碳酸盐山地为典型的岩溶峰丛峰林景观。

### ⑤孤峰

岩溶发育的峰丛峰林景观中，由于岩溶作用进一步发育使山峰逐渐消失，形成的稀疏、孤立、分散的石峰，称为孤峰。

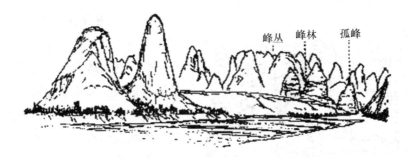

图 4-19　峰丛、峰林和孤峰（广西漓江，据贾疏源）

⑥溶蚀漏斗和岩溶洼地

呈圆形或椭圆形、碟形或侧圆锥形的岩溶洼地。规模不等，常在地表面定向排布。其底部常与岩溶管道或地下暗河相通。

⑦坡立谷

坡立谷是大型的、有地表河流穿过的岩溶洼地，又称岩溶盆地（图 4-20）。常发育在地壳运动相对长期稳定地区，经过长期稳定的溶蚀作用，谷底平坦、有冲积层覆盖的岩溶洼地。

⑧天生桥

岩溶地区地下暗河或溶洞的洞顶崩坍后，其中残余的未崩坍的洞顶，形成天然的拱桥状，称天生桥（图 4-21）。

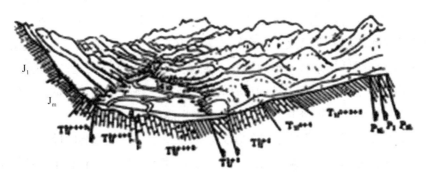

图 4-20　四川岳池溪口的坡立谷（据南江水文地质大队）

**图 4 - 21　天生桥（广西阳朔）**

2）岩溶泉华旅游景观

泉华是岩溶发育地区溶于水中的碳酸钙在适宜部位淀积而成的堆积景观。泉华在地表可成锥形、堤状、袖状、幔状，在地下洞穴中则成为石笋、石钟乳、石林、石幔状。

3）岩溶洞穴旅游景观

岩溶洞穴旅游景观是与峰林峰丛旅游景观相伴的地下岩溶景观，山区洞穴系统多层水平发育，地下洞穴、暗河、瀑布、泉华复杂组合，成为多彩多姿、复杂多变的岩溶旅游景观，也是岩溶科考科普的重要景观和地壳活动的标志景观。我国众多的洞穴景观中有 90% 以上为岩溶洞穴。

4）天坑旅游景观

天坑是喀斯特地质地貌景观中发育于深切的峰丛状岩溶区的大型直立的筒状漏斗状地形。

天坑作为一种特殊的岩溶类型，形成于岩溶作用的含水层包气带；周壁直立陡峭的天坑，其深度之比介于 0.5—2，顶底直径之比介于 0.7—1.5；天坑主要为岩溶洞穴塌陷而成，可以是大型暗河通道的塌陷，或是大型洞穴厅堂削顶塌陷而成；可由单个大型洞穴洞顶塌陷而成，也可由小型塌陷多重塌陷复合而成。发育好的天坑形态呈筒状、桶状、井状；由暗河塌陷而成的呈长条状、不规则状；发育早期的天坑呈底宽口窄的瓶状；而衰亡（退化）的天坑多被碎块碎屑堆积埋填。坑壁崩塌三角面，不同高度上会出现洞穴、古河道遗迹，坑底有崩塌碎屑岩堆。

碳酸盐地区近直立的断层节理交切的构造带、岩性脆弱的碎裂岩有利于地下水迁移和溶蚀，洞穴岩壁塌陷后退，使天坑扩张，有利于天坑的形成发育。

天坑可按塌陷漏斗直径和深度规模分为三级（朱学稳，2006）：大于500 米为特大型天坑；介于 500—300 米为大型天坑；介于 300—100 米为常态天坑。

特大型、大型、常态天坑的最小体积分别为 7000 万立方米、1000 万立方米、100 万立方米。

据统计，世界上已发现的天坑有 75 个，其中中国有 49 个，3 个特大型天坑在中国南方；16 个大型天坑中有 9 个在中国；56 个常态天坑有 37 个在中国。

陡峭而圈闭的、深陷的桶状或井状形态的天坑，特别是规模宏大的天坑，以其险峻奇异的形态，宏伟壮观的气势、特殊而神奇的成因，加之其分布区常伴有峰丛状岩溶地貌、扑朔迷离的洞穴、暗河，独特而自成一体的生境，具有极大的观赏价值和科考价值。很多天坑展布于风景名胜区或成群展布，具有很好的观赏条件，成为很重要的、独特的旅游景观。天坑作为一种特殊的岩溶类型，近 20 年来，引起岩溶研究者的重视。天坑作为岩溶旅游景观中的一个组成部分，除了其本身的观赏、科考旅游价值外，还应从峰丛、洞穴、暗河、天坑、岩溶生态系统发掘其旅游价值。

国外的天坑主要位于新不列颠 Nakanai 喀斯特区、东南亚群岛喀斯特区、克罗地亚南部第纳尔喀斯特区，以及墨西哥、巴西、波多黎各、马达加斯加喀斯特区（Yony WAL THAM，2006）。

（2）丹霞地质景观

丹霞是红色砂砾岩的侵蚀剥蚀形成，以方山、赤壁为典型特征，山地顶平、坡陡、麓缓，丹红色调（紫红、砖红、绛红、浅红）的柱状、塔状、方山峰丛峰林状景观，通常由岩石固结程度相对较低的厚层、产状较平缓的中生代白垩系、新生代第三系红色岩系地层岩性形成。因其易于风化，沿垂直节理裂隙系统侵蚀溶蚀、剥离崩塌等综合地质作用形成。丹霞景观以广东省韶关仁华县丹霞山的特殊地形而命名，其特色明显呈暖色调的谷深峰奇造型，又常有绿树曲溪相映衬，构成极具观赏价值的旅游景观。

（3）淋溶地质景观

淋蚀/淋溶旅游景观是指新生代河流、湖泊相胶结疏松的松散堆积物（主要由黏土、砂、细砾组成），在雨水冲刷淋蚀/淋溶作用下，以"土壤侵蚀方式"形成的一种以淋蚀沟、峰林/峰丛状、林柱状砂土作为主体的旅游景观。按松散堆积物（成景地层岩性）的差异，可分为土林、沙林、膏林、黄土林等林柱状旅游景观，在堆积物中多以土为主，有的又将其称为土林。

淋蚀旅游景观主要出现于有利于土林形成成景岩性的干燥气候环境下，景观造型以林、柱、墙、城堡状为基本造型景观，景观稳定性差，且形态多变；加之松散堆积物中多有色素离子，景观常带变幻迷离的色彩而呈彩色林柱状景观。

淋蚀景观的发育过程经历细沟—切沟、冲沟、宽沟和夷平四个阶段。松散堆积物受新构造运动影响，垂直节理发育，雨水和地表流水，沿着节理垂直下渗淋溶、侵蚀、冲刷，淋蚀的纹沟逐渐扩大加深形成细沟，不断切宽切深形成切沟，继续发展形成较大的冲沟，多条冲沟、切沟汇合形成千沟万壑或成片土柱、土堡，再进一步发展形成宽沟，最后土柱崩塌、逐渐夷平。

土林为含一定数量的砂、砾的松散堆积形成的成景岩石，以云南元谋盆地由斑果、歪堡、新华、芝麻、虎跳滩等组成的元谋土林最为典型。土林中的砾块在柱顶时形成维持柱体稳定性的保护盖帽。

沙林为含一定数量的黏土，以较细匀的沙土体为成景岩石，如云南陆良彩色沙林因沙土体含较多的色素离子/矿物而使沙林彩色斑斓。

膏林指土林的沙土体中含有一定膏盐成分，在砂土林柱体表面有一层含膏泥的保护壳。

（4）风蚀地质景观

由于风运动的自身力量和裹挟砂石对地表及岩石、土壤进行的破坏作用称风蚀作用。由风蚀作用形成的地貌景观称风蚀地貌景观或风成地貌景观，主要发育在干旱、半干旱，常年多风的地区。岩层和堆积物常年受季风的风力作用侵蚀，形成各种吹蚀和堆积地貌景观。最典型的地貌景观包括风蚀穴或风蚀壁龛、风棱石（又称戈壁石）、风蚀城堡（风城）、新月形沙丘、戈壁、沙漠。

1）风蚀城堡/雅丹旅游景观

在干旱地区，产状平缓的湖泊相或河湖相堆积，长期在季风风沙的强烈吹蚀作用下，沿垂直节理裂隙风蚀作用而形成沟槽凹地、陡峭残丘组成的似城堡状雅丹景观。雅丹景观命名自新疆克拉玛依乌尔禾的雅丹地区，又称风城，又因人迹罕至，景观酷似街道建筑结构的断壁残垣，故又被称为"魔鬼城"。

2）风蚀石柱

风蚀作用形成特征各异的孤立石柱，如柱状的风蚀柱（图 4 - 22），塔状风蚀塔（图 4 - 23）和蘑菇状的风蘑菇（图 4 - 24）。

图 4 - 22　风蚀柱

图 4 - 23　风蚀塔

3）风蚀穴/风蚀壁龛

干旱地区的花岗岩和砂岩分布区，常年的风沙打击磨蚀岩石表面，在基岩或松散沉积物构成的陡坎上，形成形状各异的小凹坑、石窟、洞穴状、蜂窝状风蚀景观（图 4 - 25）。

4）风棱石/戈壁石

夹带砂石的风对砾石不断磨蚀，使砾石具有明显的棱角和显油脂光泽的表面；常有一

图 4 - 24　风蘑菇

层呈黑褐色、像涂抹了漆一样的氧化铁或氧化锰（称沙漠漆）。风棱石分为下方固定上方受定向风磨蚀形成的单棱石和砾石滚动或风向不定磨蚀成的双棱石、多棱石（图4-26）。呈彩色的风棱石又称戈壁石。

图4-25　青海柴达木风蚀壁龛

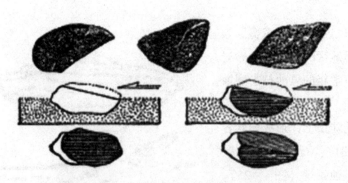

图4-26　风棱石及其形成过程

5）新月形沙丘

在风力作用下，较宽广的沙漠上沙粒堆积平面呈向风坡平缓、背风坡较陡、其表面有风成波痕的新月形沙丘景观。新月形沙丘是沙丘发育成熟的形态，可顺风向前缓慢移动，高达数米至数十米，宽十余米至数百米不等，一般两翼末端会顺盛行风向伸展（图4-27）。由两个或两个以上的新月形沙丘连接形成新月形沙丘链。如果风向复杂，相互干扰，形成具有明显棱面的、高大的金字塔形沙丘，又称锥形沙丘或星状沙丘。根据沙丘的移动性，又划分为流动沙丘、固定沙丘和介于二者之间的半固定沙丘。

图4-27　青海大柴旦镇戈壁和新月形沙丘

6）戈壁

戈壁又称砾漠，是蒙古语"难生草木的砾石荒漠"之意。由于强大的风力吹蚀，将细小的砂土吹走，而留下粗大的沙砾石覆盖整个地表，形成全由粗砂砾石组成大片的砾石滩（图4-28）。

图4-28　甘肃北山戈壁滩

7）沙漠

年平均蒸发量大于年降雨量几倍、甚至几百倍的气候干旱地区，地表植被稀疏，风沙吹蚀作用强烈，形成大面积的沙丘、沙垄等风积地貌，称为沙漠，又称砂质荒漠。

（5）洞穴地质景观

洞穴，又称山洞，是指地质作用在岩石中所形成的空洞及堆积物的地貌景观。根据其产出岩类及成景作用的不同，主要有岩溶洞穴、火山熔岩洞穴、花岗岩洞穴、丹霞洞穴、石英砂岩洞穴、海蚀洞穴、晶洞、盐溶洞穴、珊瑚洞等。

1）岩溶洞穴

岩溶洞穴包括碳酸盐岩类洞穴、大理岩洞穴，分布极广，约占洞穴总数的90%。在碳酸盐类地层分布的地下岩溶洞穴常形成岩溶管道、地下暗河、地下瀑布、地下湖以及洞穴石钟乳淀积等组合的岩溶洞穴系统。洞穴岩溶作用与岩性、构造、气候条件、地下水条件密切关联。洞穴形态、淀积物及其结构、组合包含了岩溶作用的条件、发育的过程、年代及地质环境的演化。

溶洞地下水沿着节理裂隙和岩层层面进行溶蚀，形成地下洞穴；溶洞逐渐连通成串，形成岩溶管道、形成地下暗河；在溶洞地下河的陡急地段或不同高程的层状溶洞间，形成地下瀑布；在溶洞平缓宽阔地段则积水成地下湖。随着溶蚀、机械侵蚀及重力崩坠和沉积物堆积等多种地质作用，可使洞顶和洞壁发生岩块的崩落，使溶洞的逐渐扩大，形成人可进出的通道，称为地下廊道。

2）洞穴系统

地壳相对稳定时期，溶洞的发育呈现地下水平形态；地壳的脉动式迅速抬升和稳定交替变化，形成多层状的水平溶洞；因地壳抬升可致使多层水平溶洞高悬于山坡或阶梯状山地上，形成阶地型溶洞（图4-29）。多层状的水平溶洞常常由垂直的管道系统连通，形成网络状岩溶洞穴系统。多层状的水平网络状岩溶洞穴系统当与地表岩溶系统连通，在垂直管道系统制约下溶洞洞穴的坍塌、崩落将会发展形成天坑。

图 4 - 29　水平溶洞及阶地型溶洞

3）岩溶洞穴石钟乳景观

岩溶洞穴中的地下水含有丰富的重碳酸钙，其化学沉积堆积物通常形成形态复杂多变的石钟乳景观。

①石幔、石帐及石瀑布

地下水沿着溶洞壁的裂隙渗出、形成帘幕状或帷幕状的沉淀称为石幔；形成似围帐的石幔称为石帐（图 4 - 30）。石幔的同心状结构代表其沉积周期的变化。

②石钟乳、石笋与石柱

石钟乳是岩溶溶洞从洞顶向下垂的石灰质体，从洞顶向下增长，形成圆锥、钟状、乳状碳酸钙沉淀，悬于洞顶的称为石钟乳；在洞底沉淀，是由下而上增长，形如竹笋，故称石笋；洞顶和洞底的石钟乳相互连接成柱状的称石柱（图 4 - 31）。石钟乳的断面通常具有同心状的结构，与树木年轮相似可代表其淀积周期及形成年代。

图 4 – 30　暗河、石幔石瀑布

图 4 – 31　石钟乳、石笋

③石花、石葡萄、石莲

洞穴化学沉积物还可形成石花（似菜花状）、石葡萄、石莲或月奶石等形态石钟乳。

4）火山熔岩洞穴

火山熔岩洞穴，是指在火山熔岩内狭长的洞穴，亦称熔岩隧道。当厚大的玄武质火山熔岩流在地表流动过程中，表面遇冷空气先硬结成壳，内部岩浆熔岩仍处于高温流动状态继续在壳下面暗流，当火山活动减弱，岩浆源断绝，暗流中的熔岩流光后，就留下一些形若隧道状的空洞（图4 – 32）。

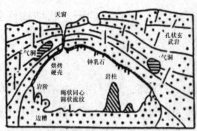

图 4 – 32　仙人洞熔岩隧道地貌景观及断面素描图

熔岩隧道洞穴顶部多呈拱形，洞穴内壁部位不同，形态各异，变化无穷。残留洞顶的液态熔岩，在洞顶形成下垂的熔岩钟乳，坠落在洞底堆积成凸起的熔岩石笋；在侧壁上，多呈熔岩堆积带或熔岩条带；底部多呈绳状、波状结构。既有一定规律，又神秘莫测。

5）花岗岩洞穴

花岗岩形成洞穴较少，受岩体的疏密节理和地表水系共同控制，常在地形陡峭地段，侵蚀、剥蚀、冰蚀耦合作用，形成短、浅、小洞穴。国内著名的有黄山神仙洞、庐山南麓羲之洞、福建云洞岩、内蒙古嘎仙洞等。

6）丹霞洞穴

丹霞景观的成景母岩红色砂砾岩系中常常含有可溶性钙质或膏盐物质，当水的侵蚀、剥蚀作用形成丹霞景观时，可溶性物质连同沙泥质流失形成洞穴，伴随有流水坍塌作用时，形成较大洞穴。

7）石英（砂）岩洞

砂岩岩系中沿层理和断裂节理裂隙组合系统控制受水的侵蚀剥蚀作用形成洞穴。

8）海蚀洞

海蚀洞穴，海岸线的海岸岩石受海浪冲击、侵蚀作用形成的凹槽（海蚀槽）或洞穴。深度大于宽度的称海蚀穴或海蚀洞，深度小于宽度的称海蚀龛或海蚀壁龛。

9）晶洞

岩浆侵位过程中聚集有大量的气液，形成空洞，有的在空洞中还同时形成大量矿物结晶体的晶洞，或在其后充填石英、蛋白石、方解石等形成晶洞。常见于伟晶岩中；还有玄武岩气孔中的蛋白石晶洞。

岩洞更多、更普遍的见之于近地表条件下地层岩层中侵蚀、剥蚀、淋蚀的空洞中，携带矿物质的液体淀积、矿物晶体淀积而成的晶洞，如方解石文石晶洞，石英水晶洞。

10）盐溶洞穴

岩盐分布区，受淡水溶解、溶蚀后所形成大的洞穴。

11）珊瑚洞

珊瑚礁形成的洞穴。如中国台湾垦丁公园中珊瑚礁形成的长达 135 米的珊瑚洞穴。

12）奇洞、怪洞

由于洞内的特殊环境和洞内外相关条件的差异，形成许多奇异现象的岩洞。如冰川作用形成的冰臼、冰洞；风蚀作用形成的风洞；某些生物积聚栖息的鱼洞、蝙蝠洞、燕子洞。

（6）林柱状旅游地质景观

峰林峰丛地质景观中，石体呈柱状产出，或柱状石体呈密集林状产出，单体呈柱、整体呈林的地质景观称为林柱状地质景观。不同地层岩性都可构成形态相似的林柱状旅游地质景观，都具有相似的醒目、吸引力强的景观效果。例如碳酸盐类溶蚀而成的灰岩石林景观，红色砂岩类侵蚀/蚀余而成的丹霞柱体，石英砂岩类侵蚀/蚀余而成的石英砂岩峰林景观，胶结疏松的沉积岩淋蚀而成的土林景观，都具有柱状、林状景观特征和极其相似的观赏价值。

3. 雪山 – 冰川旅游地质景观

由于雪山和冰川的作用形成雪山冰川地貌，组成冰川景观展布于现今高纬地带或高山地区，形成的现代冰川旅游景观，是我国西部重要的旅游景观。

雪山冰川是一个完整的复合型旅游景观。雪山为白雪皑皑终年积雪的极高山景观，雪山山谷间流动着冰川景观，其中十分醒目的雪山冰川景观要素有角峰、冰斗、刃脊、U 形谷、粒雪盆、冰瀑、冰塔林、冰洞、冰舌等（图 4 – 33、图 4 – 34）。

雪山冰川从积雪成冰到冰川发展消亡的完整过程，形成的冰川旅游景观、古冰川遗迹景观可组合成冰川旅游景观系列。在一个雪山冰川发育地区，常常由上述冰川景观构成复合冰川旅游景观。例如云南迪庆梅里雪山、白茫雪山、甲里雪山、千湖山就是景观结构甚佳、观赏性极强、可达性较好的复合冰川旅游景观。

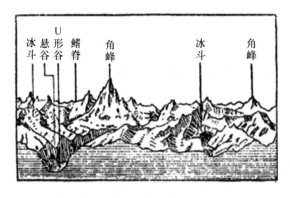

图 4 - 33　雪山冰川景观　　　　　　　　图 4 - 34　冰舌

（1）现代雪山冰川景观

现代冰川分为大陆冰川（如南极冰盖、北极区格陵兰冰盖）和山岳冰川（含山麓冰川）两大类。山岳冰川，以常年积雪的雪山粒雪盆为源头，向山下滑移的冰体形成冰川，又称冰河。冰川有一定可塑性，积雪山地有高差，受重力和压力影响，冰川顺着山谷缓缓地向下滑移，流速每年几米至数百米不等。

雪山冰川景观因皑皑白雪，在蓝天白云下格外耀眼，因冰蚀作用、刨蚀作用、融冻作用形成特有的雪山冰川景观系列；因气候、季节、降雨量不同而呈现受环境影响的动态变化。

1）雪山景观

①雪线

现代雪山积雪最低海拔高度称为雪线。终年积雪的高山、极高山——雪山，其积雪高度的雪线有气候雪线和地形雪线之分：气候雪线是常年积雪的理论雪线，是受地区性气候条件影响，冬季降雪在夏季刚好全部融化的高度；地形雪线是地面可见的实际雪线，受雪山的坡向、坡度和坡形等地形条件影响，夏季往山顶移动，冬季往山下变化。

②石漠、流石滩景观

冬季最低雪线与夏季最高雪线之间的斜坡地带。由雪山积雪基底物理风化的岩石碎块岩屑组成，色调呈灰白色，缺乏明显的绿色植被（偶有雪莲)。起伏不大的平缓的称为石漠,顺山势往山下移动的称为流石滩。最典型的如白茫雪山垭口附近的流石滩地貌景观。

③角峰景观

突起于雪原之上尖棱状的山峰。如白茫雪山、贡嘎山。

④山峦雪原

起伏不大、相连成片终年积雪覆盖的山峦,茫茫雪原。

2)冰川景观

冰川按其特点分为山岳冰川、山麓冰川、高原冰川等;按其地理位置分为极地冰川、亚极地冰川、温带冰川、热带冰川等;按其气候条件分为大陆性冰川和海洋性冰川。

大陆性冰川是在大陆性气候条件影响下发育的冰川,因气候干燥,降雪量少,雪线较高;冰川活动性弱,冰舌较短,冰川流动速度缓慢;冰川地质作用较弱,堆积地形发育。

海洋性冰川是在海洋性气候条件影响下发育的冰川,由于气候潮湿,降雪量大,负温较高,雪线较低,冰川的活动性强且速度较快,冰舌常能延伸到山下较低的森林地带;冰川地质作用明显。我国东部的第四纪山岳冰川和山麓冰川多属海洋性冰川。

山岳冰川,又称高山冰川,受地形、坡度和岩性以及粒雪盆的冰雪量、气候诸多因素的控制,在高山地区形成、流动和消亡的冰川。其发育的形态各异,可分为悬冰川、冰斗冰川、山谷冰川和平顶冰川。山谷冰川是在山谷中流动的冰川,有单山谷冰川,两条以上汇合的复式山谷冰川或树枝状、网状山谷冰川。现代冰川中的微景观有粒雪盆、冰瀑、冰阶、冰塔林、冰舌、冰蘑菇以及冰碛砾石和冰水沉积物。

①粒雪盆

原始结晶片状形态的雪花,在雪原环境中再冻结而成团粒状的粒雪。粒雪盆是堆积有大量粒雪的冰斗状洼地,是冰川的源头。

②冰瀑

冰川经过悬崖或地形陡峭谷地时,因重力失稳下坠似瀑布,又称冰坠。

③冰阶

在冰川移动中，刨蚀形成似阶梯状陡峻冰坡与凹地相间的地形，称为冰阶。

④冰塔林

冰川向下滑移的冰坡地段，冰裂隙呈峰丛峰林状冰块、冰峰景观，称冰塔林。

⑤冰舌

冰舌是冰川的最前端，是冰川作用最活跃地段，也是冰川消融区。形似舌状，故称冰舌。冰舌前端常有较陡的冰崖、冰洞、冰雪消融涌出的冰川水。

⑥冰裂缝

冰川运动过程中受应力作用形成垂直冰川流向的横裂隙，平行冰川流向的纵裂隙，与冰川流向斜交的斜裂隙或组合成弧形裂隙，组合呈冰裂缝网络。

⑦冰蘑菇

冰川消融区顶部覆盖石块冰体，消融较慢而形成形如蘑菇的孤立冰柱。

⑧冰川乳

冰川中裹挟的碎屑物质在运动过程中相互研磨成细粉（冰川粉），使冰川水中含混浊的乳白色悬浮物，称为冰川乳或冰川浆。

3）冰碛物景观

冰碛物是由冰川搬运、堆积的物质。冰川融化，冰川携带的冰碛物形成的侧碛堤、终碛堤、中碛堤景观以及冰川条痕石、变形砾石、冰湖、冰川漂砾等。冰碛物无明显层理，大小悬殊、混杂，无分选性，磨圆度差，砾石常常无定向排列，但砾石常有磨光面。

①侧碛

是冰川暂时稳定时期在冰川谷地两侧的堆积物，常形成平行冰川流向的侧碛堤。

②终碛

冰川前端（冰舌附近）的堆积物，形成弧状冰碛堤（也称前碛或尾碛），弧顶指向冰川前进方向，终碛中的砾石排列方向基本与终碛堤平行。

③中碛

两支山谷冰川交汇时，相邻的两个侧碛汇合一起堆积形成的冰碛物，称中碛或中碛堤。

④冰川砾石及冰川条痕石

冰川携带的砾块相互磨蚀在磨光面上刻有冰川擦痕的砾石和石块，又称条痕石。如果外形变形弯曲呈马鞍状，称变形砾石或马鞍石；砾块相互挤压磨蚀在砾石表面形成冰川砾石压坑。

⑤冰川漂砾

冰川搬运的巨大石块，随冰川翻山越岭运移，冰雪消融后遗留在异地，称冰川漂砾。漂砾常有磨面及冰川擦痕。

⑥冰湖

由冰川刨蚀或冰碛堵塞冰川槽谷形成的凹地积水湖泊，又称冰川湖。一般将前者称冰蚀湖，后者称冰碛湖。

（2）消亡冰川景观

雪山冰川消融后，冰川地质作用遗留的冰蚀地貌，又称古冰川景观。主要包括：冰斗、冰窖、冰川槽谷、悬谷、角峰、刃脊以及羊背石、冰坎和高山荒漠微古冰川景观。

1）冰斗

冰蚀作用造成的三面环山、后壁陡峻的半圆形洼地，其出口向山坡前方，口上常有突起的岩坎，整个地形呈匙状。

2）冰窖

是山谷冰川发源处，屯积冰的基岩洼地，又称粒雪盆或围谷。它三面环山，底部较平坦，出口和冰川谷相连。冰川消退后则冰窖中无粒雪堆积，此时可泛称冰斗。

3）冰川槽谷

山谷因受冰川掘蚀、磨蚀，在横剖面上常呈 U 形，因此称 U 形谷。又称冰蚀谷。若两个山谷冰川槽谷汇合，常常形成双 U 形谷，最典型的是白茫雪山双 U 形谷。

4）角峰

多个冰斗或冰窖交会，山峰周围的冰斗或冰窖的冰体不断向后啮蚀山坡形成的岩壁陡立的山峰称角峰。

5）刃脊

冰川作用时，山岭两侧的冰斗和冰窖向后扩展或山岭两侧山谷冰川向谷坡后退，造成山体两坡陡峻，山脊呈刀刃或锯齿状山脊称刃脊。

6）悬谷

以陡崖形式与主冰川谷相汇，高悬于主冰川谷之上的支冰川谷。

7）羊背石

基岩受到冰川刨蚀形成的石质鼓包，形似卧在地上的羊背，称羊背石。通常，羊背石迎冰面坡度缓平，受冰川磨蚀形成光滑面，有定向冰溜条痕；背冰面陡且呈阶槛状；羊背石的长轴指示冰川流向。

8）冰坎

横阻在冰斗、冰窖出口的石坎，有时在它的两端有凹口，为冰水下切所形成。

9）冰臼

冰川下的冰水携带的石块顺流水移动受阻，在原地快速旋转冲击，使冰川下伏的岩层产生漩涡状的深坑，称冰臼。常具有光滑的陡壁，洞底遗留有光滑的球状漂砾。

（3）雪山冰川旅游地质景观系列

雪山冰川从积雪成冰到冰川发展消亡的完整过程，形成的冰川旅游景观、古冰川遗迹景观可组合成冰川旅游景观系列（表4-5）。在一个雪山冰川发育地区，常常由上述冰川景观构成复合冰川旅游景观。例如云南迪庆梅里雪山、白茫雪山、甲里雪山、千湖山就是景观结构甚佳，观赏性极强，可达性较好的复合冰川旅游景观。

由于雪山和冰川的作用形成雪山冰川地貌，组成冰川景观展布于现今高纬地带或高山地区，形成的现代冰川旅游景观，是我国西部重要的旅游景观。

表 4 - 5　　　　　　　　　　雪山冰川旅游地质景观系列标志

| 分类 | 观赏性 | 科学性 |
|---|---|---|
| 现代冰川景观 | 高耸性：雪山和冰川配套、共生，分布在海拔 5000 米以上的崇山峻岭，可望而不可即，常给人以崇拜之感。<br>神秘性：浓郁的地方特色神话传说给人神秘之感。<br>稀有性：大部分游客的生活环境与雪山冰川环境存在较大差异。<br>惊险性：冰瀑布、雪崩壮观而惊险。 | 环境、气候：雪山冰川以其对环境气候的敏感性和人为干扰相对较少而成为较理想的科研基地。<br>冰川水资源：冰川是雪域高原最宝贵的淡水资源，同时又是许多大江大河上游的固体水塔，冰川水资源对当地人民生活极其重要。<br>高山动植物资源：现代雪山冰川的立体气候特征明显，生长着大量奇花异草、生活着大量珍禽异兽，为生物多样性和动植物资源利用的研究提供了优越的条件。 |
| 消亡中的冰川景观 | 冰川遗迹的观赏：消亡中的冰川处在现代冰川和古冰川交替部位，垂直分异分带明显，有完整的冰川景观要素。复合景观多样，与现代冰川相比，适宜生物和人类活动，一般有着多姿多彩的自然和人文景观。 | 环境保护：能代表一段较长时期特别是有人类活动以来的环境变迁，因而对环境保护的研究意义重大。<br>可达性：雪山冰川景观中相对容易到达、相对较少受到人为干扰，两者结合得最好的地方成为科普旅游和教育的基地。 |
| 古冰川遗迹景观 | 历经千百万年大自然的雕蚀，冰川湖冰蚀湖等高山湖泊与湖滨草地、高山花卉自然生态相映成趣。分布冰蚀堆积物。 | 高山湖泊沉积物年限较短且较少受到人类活动干扰，对第四纪以来古环境和气候的变化有重要意义。环境脆弱、人类活动相对频繁。提供了研究人类与自然关系的场所。 |
| 复合冰川旅游景观 | 具有上述两种或两种以上冰川的特征，往往具有丰富的观赏性和较高的旅游价值。 | 同一雪山冰川景观上分布着各种不同类型的冰川，对于研究环境演变及人与环境的耦合关系提供了理想的基地。 |

（据杨世瑜、吴志亮．旅游地质学 ［M］．天津：南开大学出版社，2006．）

#### 4.2.3.2　河湖水域旅游地质景观

以水体作为成景要素，以水的状态为主要标志，呈现江、河、湖、海等各种与水相关可作旅游观赏的景象，统称为江河湖海旅游景观。

沿着地表线性槽谷流动的水体，形成江河景观。山地江河，因地形相对陡峻，水流速较快，地形多变，呈直线状河道的峡谷、瀑布等江河景观类型多样；平原江河，因地形相对平坦，水流缓慢，多呈迂回曲状、辫状水系江河景观。跨越山地、平原多种地貌单元的大江大河，上游河段为山地江河特征，下游河段为平原江河特征，一条江河水系即展示出多种不同景观类型的江河旅游景观系列。我国长江、黄河源自西部三江河，横跨西部高山山地、中部丘陵、东部平原海滨，整条河流流域不同的河段景观特色鲜明。

在地表凹地、盆槽中聚集的相对"静态"水体，小者为池，稍大为湖，更大的全球性水域为洋，湖海景观从玲珑秀丽到浩瀚无边，从平静如镜到波涛澎湃，呈现湖海不同景观特色。

1. 河流景观

河流是地表沿着线形谷槽流动的水流。在其流动中侵蚀、搬运、堆积作用形成的各种景观统称为流水景观。一般而言，山区河流段（上游河段），由于地形相对较陡，水的流速快，河流的作用以侵蚀（底蚀强）、搬运作用为主；平原河流段（中、下游河段），由于地形坡度减缓，河水流动减慢，以侧蚀、搬运、堆积为主（图4－35）。

| | |
|---|---|
| 1 | 瀑布； |
| 2 | 心滩； |
| 3 | 江心洲； |
| 4 | 离堆山； |
| 5 | 牛轭湖； |
| 6 | 河曲； |
| 7 | 三角洲； |
| 8 | 阶地； |
| 9 | 河漫滩； |
| 10 | 河床； |
| 11 | 冲积物； |
| 12 | 基岩 |

图4－35　流水地貌块体图

河流阶地、峡谷、瀑布、泉、泉华是河流景观中特色突出的河流景观。众多的河流景观中，除醒目的峡谷、瀑布外，还有边滩、江心洲和曲流等景观。

（1）边滩、河漫滩

河床岸边枯水期时出露水面之上的水下浅滩，一般在河流的凸岸发育明显（图4-36）。边滩发展扩大从而形成洪水期被淹没、平水期至枯水期露出水面的位于河谷谷底的河漫滩。

（2）心滩、江心洲

河床中，枯水期露出水面的位于江河中心的浅滩为心滩。心滩进一步发展，大量泥沙沉积或河床下切，长期高于洪水位时称江心洲（图4-37）。如湘江中的橘子洲、长江口的崇明岛等。

（3）曲流

河流流经平缓的开阔地带、冲积平原时，河水流速减缓，底蚀作用减

图4-36　边滩

弱，侧蚀和堆积作用强烈，主河流形成弯曲的、蜿蜒的景观，称曲流或蛇曲（图4-38）。冲积平原中的曲流、辫状水系为老年期河流特征。河流流经整体抬升的断块山区，其中某一个断块相对下降、河床坡度变缓的部位，或受与主河道相交的密集节理带、断裂控制的部位，或受岩性的硬软变化控制的部位，常常出现河道局部转向的曲流，显示新构造运动特点。

图4-37　雅砻江江心洲

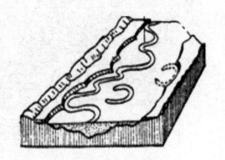

图4-38　河曲

（4）河流袭夺

相邻流域的河流由于侵蚀基准面的高度不同、溯源侵蚀的速度不同，侵蚀速度较快一侧的河流源头向分水岭伸展速度较快，最终切穿分水岭，把分水岭另一侧的河流上游抢夺过来成为其上游，这种现象称河流袭夺。河流袭夺改道又称河流抢水，抢水的河流称为袭夺河，被抢水的河流称被夺河，成为断头河，二者间形成相对分水岭。

（5）壶穴

山区河流、溪流的急流漩涡河段，河水夹带砾石旋转磨蚀基岩河床，在河床基岩上形成大小、深浅不一的近似壶形的凹坑——壶穴。壶穴多见于瀑布、跌水陡崖的下方、坡降较陡的急滩河段。当壶穴出现在现今的高山顶或山脊上时，是当地曾存在古代河流的标记。

（6）水系景观/江河复合景观

地表水体中线状流动的水体称江河景观，大的称江、河，小的称溪、涧。从其源头至入江口或入海口可分为河源、上游、中游、下游、河口五个河段。

1）河源段常为山地中有雪山冰川或涌泉地下水溢出，为降水较大较充沛、地貌较复杂的地域。

2）上游多为地形深切、水流湍急的峡谷，嶂壁林立、雄伟险峭的山地景观。

3）中下游多为地势低平、水流较缓、河谷较宽的景观。

4）河口段多为河道多变、水流缓慢、河海交汇景观。

从河源至河口，由人迹罕至到人烟稠密，从人文景观甚少、山水相融，到人文景观与江河景观融合的江河旅游景观。河源河段常因地貌复杂、地形险峻、人迹罕至而构成具探险旅游、观光旅游价值的神秘旅游景观。

江河依其河段的景观特色而划分为急流涧溪型、峡谷型、曲流型、河流三角洲型四种江河旅游景观类型（表4-6）。

表 4-6　　　　　　　　　　　　江河旅游景观类型

| 类型 | | 景观特征 | 典型景观 | 旅游价值 |
|---|---|---|---|---|
| 类 | 型 | | | |
| 自然江河旅游景观 | 急流涧溪 | 河源河段<br>高原山地，河流坡降大、水流湍急 | 三江源<br>珠江源 | 探险、漂流、科考 |
| | 峡谷 | 上游（中游）河段<br>高山深谷江面狭窄、江岸陡直，水流湍急、壮观奔放、雄伟、险要 | 三峡（瞿塘峡、巫峡、西陵峡）<br>三江（怒江、澜沧江、金沙江）<br>雅鲁藏布江 | 探险、漂流观赏、科考 |
| | 曲流 | 中下游河段<br>河床弯曲如蛇、如辫，曲绕迂回 | 黄河河套<br>怒江丙中洛河段 | 观赏、科考 |
| | 河流三角洲 | 河口河段<br>地形平坦，平原与海洋接壤区，河道宽阔、水流缓慢，河道多网状扇形状分流 | 黄河口<br>长江口<br>多瑙河三角洲 | 观赏、休憩、科考 |
| | 运河 | 平原地区<br>河道直而宽缓 | 中国京杭大运河<br>美洲巴拿马运河<br>非洲苏伊士运河 | 观赏 |
| 自然人文复合江河旅游景观 | 水利工程、水库 | 山地，丘陵地区<br>山间建坝蓄水成湖 | 三峡<br>俄罗斯古比雪夫水库<br>埃及纳赛尔湖 | 观赏 |
| | 水电工程 | 山地建坝蓄水，峡谷平湖<br>高坝拦水，气势磅礴 | 三峡电站<br>澜沧江梯级电站<br>金沙江梯级电站 | 观赏 |

　　人类活动改变江河的自然（状态）景观，如古老的、世界著名的中国京杭大运河，位于埃及连通欧亚非三大洲的主要国际海运航道的苏伊士运河，美洲的巴拿马运河。近代人类活动对改造江河自然景观最为活跃的是水利工程和水电工程，形成大小不一的"峡谷平湖"、引水工程。如我国兴建的三峡工程构成了新的雄伟壮阔的江河旅游景观。

　　2. 湖泊景观

　　在内、外动力地质作用下，陆地上形成的积水凹地地形地貌称湖泊景观。湖盆的形成明显受地质条件、气候条件等诸多因素的控制，按成因分为构造湖、火山口湖、冰川湖、风蚀湖、堰塞湖、岩溶湖、潟湖、海成湖及人工湖等（图 4 – 39）。按湖水矿化度可分淡水湖（矿化度 <1g/L）、半咸水湖（矿化度 1 – 35g/L）、咸水湖（矿化度 >35g/L）。

（1）按成因划分的湖泊类型

1）构造湖

地壳构造运动所形成的构造凹地，积水形成的湖泊为构造湖。向斜坳陷湖形态比较多样；断陷湖多有断裂作边界，或湖岸较平直，或呈狭长的长条状，断陷湖分布多有一定规律，有的沿深大断裂呈串珠状分布。

2）火山口湖

火山口或破火山口中积水所形成的湖。

3）冰川湖

雪山冰川消融后，在古冰川遗迹低凹部位积水而形成冰斗湖、冰蚀湖、冰碛湖、冰川堰塞湖等冰川湖（图 4 – 39B）。冰碛湖是冰川消融时，终碛物堵塞河道或冰川槽谷积水成湖。

4）风蚀湖

干旱地区，风蚀作用形成的洼地或沙丘间的洼地积水成风蚀湖。湖泊形态呈狭长的新月形，湖水较浅，湖面较小，且多为间歇有水或游移。如甘肃敦煌月牙湖。

5）堰塞湖

火山熔岩等火山喷出物，重力滑坡崩塌的泥石流堆积物、冰川堆积物等形成的天然堤坝横向阻塞河谷，使河流上游段壅水形成的湖泊称堰塞湖（图 4 – 39C、图 4 – 39D）。广义的堰塞湖还包括潟湖、牛轭湖。牛轭湖是平原河流曲流发展，两端逐渐被泥沙淤塞，积水成湖（图 4 – 39E）。

6）塌陷湖

岩溶塌陷，机械潜蚀，地下冻土融化或地表采矿场、采空区塌陷等地表凹地中积水形成的湖泊称塌陷湖。

7）海源湖

由于海洋沉积物或隆起地块的阻隔，海湾或内海与外海逐渐隔离，曾

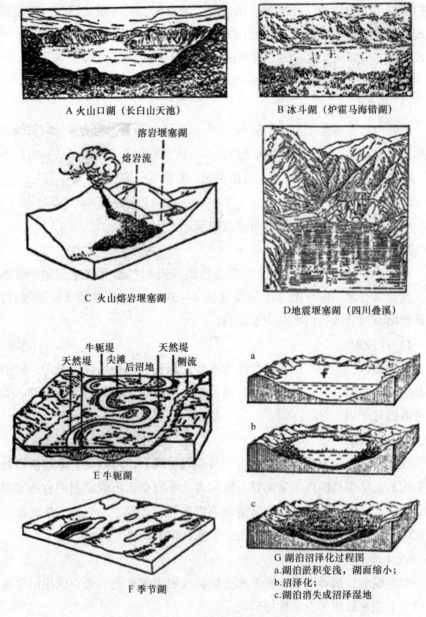

A 火山口湖（长白山天池）

B 冰斗湖（炉霍马海错湖）

溶岩堰塞湖

熔岩流

C 火山熔岩堰塞湖

D 地震堰塞湖（四川叠溪）

牛轭堤　　　天然堤
天然堤　尖滩　后沼地　侧流

E 牛轭湖

a

b

c

G 湖泊沼泽化过程图
a.湖泊淤积变浅，湖面缩小；
b.沼泽化；
c.湖泊消失成沼泽湿地

F 季节湖

图 4 – 39　湖泊景观

是海洋的一部分转化而成的湖泊，又称海成湖。如我国杭州西湖。

8）河口湖

与内流河河口相连的湖泊，又称终点湖、内流湖。如我国青海湖是布哈河与倒淌河的河口湖，也是断陷湖、半咸水湖。

9）连河湖

连接一条河流的不同段或连接支流与主流的湖泊为连河湖，又称吞吐湖，是一种排水湖。它包括湖泊连接的外流河和内流河。

10）游移湖

在历史时期曾多次发生位移的湖泊。

（2）根据湖水矿化度划分湖泊

1）咸水湖

湖水矿化度大于35g/L（有的采用大于24.7g/L的标准）的湖泊为咸水湖，又称盐湖、矿湖、矿化湖、矿物质湖。如青海的茶卡盐湖。矿化度为1—35g/L的湖泊又称弱矿化湖、半咸水湖，如我国青海湖。

2）淡水湖

湖水矿化度小于1g/L（有的采用小于0.3g/L的标准）的湖泊。淡水湖大多属于碳酸盐湖、排水湖与外流湖，如我国安徽巢湖、武汉东湖。

（3）其他划分湖泊类型的方法

1）根据湖水化学成分划分为碳酸盐型盐湖、硫酸盐型盐湖与氯化物型盐湖。

2）根据湖中盐类沉积的主要成分划分为苏打湖、芒硝湖、硼砂湖、盐湖、钾盐湖和混合型湖等。

3）根据湖水体积与湖沉积的比例划分为卤水湖、干湖与沙下湖。

4）根据湖水积水时间划分，终年积水的湖泊称常年湖，仅湿季积水、旱季干涸的称季节湖（图4-39F）。

5）根据湖泊的演化历程（图4-39G），随着湖泊周缘泥沙大量进入湖泊，湖泊逐渐淤积变浅，缩小湖面；由于湖水调节功能减弱，湖水富营养化，生长喜水植物，形成沼泽化；湖泊逐渐死亡消失，成为沼泽湿地。

## 3. 河流阶地

沿河岸分布，由河流堆积作用与侵蚀作用交替进行，形成高于河床的阶梯状地形——河流阶地（图 4 - 40）。它是由于地壳上升，河床坡度加大，河流侵蚀下切加强，原来谷底的部分抬升形成的。根据河流阶地的成因可分为侵蚀阶地、堆积阶地、基座阶地和埋藏阶地等四种类型（图 4 - 40A）。一般山区河流阶地冲积物具二元结构，其下部为呈叠瓦状排列的砾石层（属河床相），上部为水平层理或斜层理的细砂、粉砂及泥质等（属河漫滩相）。

### （1）侵蚀阶地

河流阶地由阶地面上往往没有或者很薄的冲积物覆盖基岩组成（图 4 - 40B）。多见于地壳活动比较显著地壳间歇性上升、河流间歇性下切的山地河谷两侧，往往存在多级阶地，并且不同河段发育特点各异。

### （2）堆积阶地

河流冲积物组成的河流堆积阶地，根据构成上下两级阶地的冲积层间结构关系，可分为上叠阶地和内叠阶地（图 4 - 40C）。

河流阶地地势平坦，高于水面，不易被洪水淹没，因此，一些城市和大型基础设施建筑等多建于河流阶地之上，形成复合旅游地质景观。如建于秦淮河和长江阶地上的南京市，建于渭河阶地之上的西安市。

## 4. 峡谷景观

峡谷是由于新构造运动抬升过程中，河流不断底蚀下切或冰川不断向下刨蚀，形成两岸山势陡峭、狭窄且深的谷地——峡谷景观。峡谷两岸山势陡峻，中间狭窄且深的线状沟谷或河道，可呈狭谷、宽谷交替出现。在线性断裂构造发育的山地河段，多见峡谷发育，按其横断面形态，呈现 V 形谷、U - V 套谷、嶂谷、"一线天"多种类型。

### （1）V 形谷

谷坡陡峻，山谷断面呈 V 字形的河谷。在构造抬升速率较大，河岸岩性较坚硬的山地常见。如怒江大峡谷、雅鲁藏布江大峡谷、长江三峡。谷坡由坚硬岩石组成，并且地面抬升速度与河流下切作用协调一致时，易形成 V 形谷，如澜沧江峡谷、怒江峡谷。若两岸岩性软硬不一时，常形成不

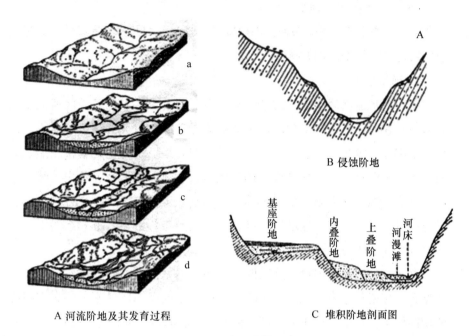

A 河流阶地及其发育过程　　　　C 堆积阶地剖面图

图 4 - 40　河流阶地景观类型

对称 V 形谷,如怒江峡谷六库段。

(2) U 形谷

峡谷呈 U 字形,壁陡而谷底较宽。

(3) U - V 套谷

峡谷的上部呈 U 字形,下部呈 V 字形的 U - V 复合套谷。是在冰川 U 形谷的基础上,在谷底底部叠加河流下切作用,在峡谷横断面上呈现出上部为 U 形冰川刨蚀谷,下部为 V 形河流侵蚀谷的形态,显示了地壳抬升、谷底下切过程中,峡谷景观成景作用的复杂过程和继承性叠加成景作用。如金沙江虎跳峡、雅鲁藏布江大拐弯峡谷是典型的 U - V 套谷旅游景观。

(4) 嶂谷

谷坡陡直,深度远大于宽度、深而窄的峡谷。新构造运动强烈抬升,垂直节理发育、地表水持续侵蚀下切的山区河段易于形成,如香格里拉翁水峡谷。

（5）"一线天"/地缝

峡谷两侧山体悬崖峭壁如刀削般陡峭、幽深而窄长，谷底抬头，只见天空如狭缝，如香格里拉碧壤峡谷。

5. 瀑布景观

瀑布为水流沿河床陡坎或悬崖倾泻而下的景象，多见于山区河流中上游河段，在河床断面陡落的河段多跌水成瀑。瀑布可分为溪流、跌水、深潭三个部分，瀑布的形态、声响、色彩，组成其景观特色。瀑布在形态方面，水流飞瀑直下，如幔如帘，喷珠溅玉，有雄、险、奇、壮之气势；在声响方面，如倾盆大雨、如万马奔腾，有惊心动魄之音响；在色彩方面，水花四溅如银珠串帘，似堆雪倾撒，阳光斜照奇彩虹桥、五彩缤纷、美不胜收（图4-41）。

瀑布按其主要成因可划分为断层瀑布、堰塞瀑布、袭夺瀑布、差异侵蚀瀑布、喀斯特瀑布、悬谷瀑布等。规模较小的瀑布叫跌水。瀑布有很强的掏蚀作用，在长期作用下，可造成陡坎的溯源后退（图4-42），形成峡谷、壶穴等地形。

图4-41 贵州黄果树瀑布

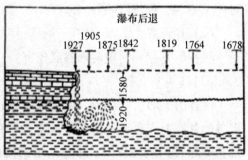

图4-42 尼亚加拉瀑布后退示意图

瀑布按其跌水次数分为单级瀑布和多级瀑布。三级瀑布如庐山三叠泉瀑布，五级瀑布如云南罗平瀑布群，七级瀑布如贵州黄果树瀑布群中的关岭瀑布，我国落差之大最多的瀑布如福建九龙漈瀑布由13个跌水串成一个大瀑布，总落差达千余米。

岩溶地区还有发育于地下洞穴的地下暗瀑，如贵州瓮安穿洞河瀑布、安顺龙宫地下飞瀑、云南宜良九乡溶洞地下瀑布、浙江金华冰壶暗瀑等。

瀑布通常受分布地域降雨量的制约，随降雨多少而变化。一些地区连绵阴雨或暴雨后多呈现"山中一夜雨、处处挂飞泉"的瀑布群。

6. 泉、泉华

（1）泉

泉是地下水的天然排泄露头，当含水层出露地表或因构造断裂等形成通道，地下水便涌出地表形成泉。根据泉的出露状态，具有承压水头的泉上涌称上升泉，如涌泉、喷泉，非承压的地下水露头为下降泉，如自流泉。根据泉眼出露的多少分为单泉、双泉和泉群等等。

泉水温度高于常温时，分别称为温泉（泉口温度 > 25℃，< 45℃），热泉（>45℃，< 当地水沸点）和沸泉（又称蒸气泉，温度 > 当地水沸点）。

温泉、热泉大面积分布地域，又称地热田。从水源（大气降水等）经深循环到温泉涌出地表称为水热对流系统。热流梯度（热源），含水储热层（或称热储）和盖层是理想地热田的三个要素。

大流量的热泉集中出露，可形成热水圹、热水溪、热水河和藻类繁生的热水沼泽。热水河如西藏察雅县曲真热水河、那曲市索布查热水河和云南河口热水河水温达 103℃。

当泉水含有特殊化学组分又符合卫生标准时称为矿泉，具有重要的医疗价值。

（2）泉华

当泉水在地表溢流，因物理化学条件改变时，含较多矿物质的泉水往往在泉水溢出口及附近淀积不同矿物组成化学堆积物——泉华。按其主要成分可分为石灰华（钙华）、硅华、硫华、盐华等泉华。

泉华的堆积形态有锥状（泉华锥）、蘑菇帽状（泉华菇）、扇形（泉华扇）、幔状（石幔）、台阶状（泉华台阶）、梯田状（泉华梯田）、瀑布状（泉华瀑）、堤状（泉华堤）等等。有时在泉华锥和泉华菇上可找到泉出水口，泉华堆积物大多呈同心层状。

（3）涌泉旅游景观

地下水在地表溢流的泉水，以其溢出方式、水温水质差异，加之泉水溢流自然环境的差异，形成各种旅游景观。

泉水以其含有益于人体的矿物质和微量元素，或其水温适宜具医疗保健作用，是重要的康体旅游资源；或水质清醇宜于品茶酿酒，许多名泉成为自然景观与人文景观融溶的度假疗养旅游胜地。

从景观观赏角度，无论是温泉、冷泉，景观奇异的涌泉都具有自然观赏价值。例如杭州珍珠泉、济南珍珠泉。

更多的涌泉旅游景观是由与涌泉产出环境伴生的产物而呈现的。如云南腾冲火山热海的涌泉伴有二氧化硅为主成分的泉华锥；云南香格里拉的温泉涌泉伴有多种形态的泉华锥和泉华堤。

许多的泉因其具康体、医疗价值，人们利用其周围的自然环境，营造了许多园林建筑景观，使其成为康体、休闲、度假、观光的人文旅游景观。

国外名泉，如美国黄石公园的间歇喷泉，老实泉；日本，有温泉2600余处；德国巴登，具有温泉或矿泉的疗养胜地；法国的依云，背靠阿尔卑斯山，面临莱芒湖，湖对面是瑞士的洛桑，依云是法国人休闲度假胜地，夏天可疗养，冬天能滑雪，还有最著名的依云水；泰国华欣，以温泉洗疗闻名；匈牙利黑维斯温泉城，是欧洲最著名的温泉小城，有欧洲最大的硫磺泉，泉水表面水温在33℃至36℃之间；新西兰罗托鲁阿火山温泉是火山口湖，罗托鲁阿山共有13个湖泊，是南半球最有名的泥火山和温泉区，城中的热泉和泥浆地多不胜数，到处弥漫着浓浓的蒸汽和硫磺气味，置身其中犹如腾云驾雾一般。

世界上地热田资源最丰富的是冰岛和新西兰，都是火山—地热田。世界上最大的温泉湖是新西兰煎盘湖，湖面3.8万平方米，常年水温50℃，还有红黄蓝三色香槟湖、沸腾的泥浆池、间隙喷泉。

我国著名的泉如：江苏镇江金山寺外的中冷泉、"泉城"济南108处清泉中的趵突泉、北京玉泉、杭州龙井泉等。大多是以泉的流量，承压上涌或味感或含气似珍珠状等奇特性而引人注目。

7. 滨海海岸旅游景观

海洋占地球表面积的71%，中国海洋与大陆交接的海岸线长18000千米，有6500多个岛屿。陆洋交接的滨海区受海风、海浪、海流、潮汐、生物作用下，部分地段加上大陆河流入海口的堆积作用，形成了海陆景象兼蓄的滨海旅游景观，具有人们所喜好的阳光（Sun）、海洋（Sea）、沙滩（Sand）3S旅游景观。如典型的地中海沿岸的黄金海岸，我国的秦皇岛北戴河、海南亚龙湾。

（1）滨海景观展布部位类型邻近海滨地带的旅游景观，可按景观特征分为海滩型、生物海滩型、海潮型、江河入海口型、滨海复合型（表4-7）。

表4-7 **滨海旅游景观类型**

| 类型 | 景观特征 | 典型景观 |
| --- | --- | --- |
| 海滩 | 滩缓、沙细匀而纯、潮平、浪小、宜海滨活动，如海滩排球、沙雕 | 中国亚龙湾<br>泰国芭堤雅<br>地中海黄金海岸<br>舟山群岛 |
| 生物海滩 | 由珊瑚虫钙质遗体堆积而成的珊瑚礁、珊瑚岛，分堡礁、环礁、珊瑚礁<br>宜海底游艇观光 | 澳大利亚大堡礁海洋公园<br>中国海南三亚、临高 |
| 海潮型 | 海水受太阳月亮吸引作用的白天涨潮、晚上落潮而构成海洋潮汐景观 | 中国钱塘江 |
| 江河入海口 | 海湾、三角洲、辫状水系 | 中国黄河口、长江口 |
| 滨海复合型 | 江河入海口，河水受海水潮汐影响，波浪沿河道汹涌澎湃、水墙道道，似万马奔驰 | 中国浙江钱塘江观潮 |

（2）海岸地质条件及物质组成景观类型

1）泥沙质海岸型 海滨由泥沙质组成，坡岸较长而宽平缓，宜于开发海滨浴场，分布于钱塘江口以北。

2）基岩海岸型 海滨出露基岩，形成各种海蚀地貌景观，如山东半岛、辽宁半岛。钱塘江以南海岸以基岩海岸为主。

3）平原海岸型　堆积为主的海岸，多沙滩，岸坡平缓，如珠江口。

4）珊瑚礁海岸　由珊瑚礁构成，分布于我国北回归线以南部分海区。

5）红树林海岸　由热带、亚热带丛林构成热带、亚热带海岸景观。

（3）海岸景观

在海岸地带，受海岸地形、岩性、地质构造，甚至海平面升降、生物作用等综合作用，由于波浪、水流、沿岸流和海洋潮汐等水的营力作用下形成了海（湖）岸景观系列。包括海岩线，海蚀崖、海蚀台、海蚀穴等海蚀地貌和沙滩、沙坝等海积地貌（图4-43）。

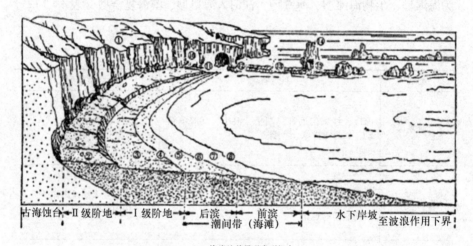

A 海岸地貌景观类型组合

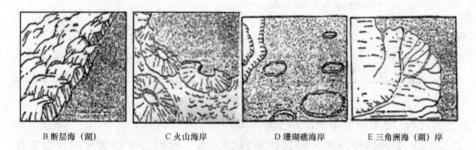

B 断层海（湖）　　C 火山海岸　　D 珊瑚礁海岸　　E 三角洲海（湖）岸

图4-43　海岸地貌景观类型

1）海岸线

海水与陆地的接触线称为海岸线。海岸边大潮高水位线随水面的涨落而上下移动。当陆地物质来源丰富，在海岸线大量的泥沙堆积，使海（湖）岸线向海（湖）延伸。

断层海岸一般平直延伸，如中国台湾省东海岸、青海湖南岸。

平原地区由粉砂及黏土、淤泥组成的海岸，弯曲不一，形成淤泥质海岸，又称泥滩岸，如渤海湾西岸。平原河口还广泛发育三角湾海岸（钱塘江口海岸）、峡湾海岸。

火山喷出或溢出的熔岩堆积而成的海岸称火山海岸。有的火山锥或火山口被海水淹没、侵蚀形成火山口海岸，如海南岛北部海岸。

生物的生长发育形成的海岸，包括红树林海岸、珊瑚礁海岸。

2）三角洲

河流在冲积平原入海或入湖的河口地区，河水夹带的泥沙大量堆积向海（湖）延伸，而海（湖）浪又削去其最突出的部分，形成形态复杂多样的三角洲（图4-44）：扇形三角洲，如黄河三角洲；尖形三角洲，如长江三角洲；鸟足形三角洲和三角湾状三角洲。

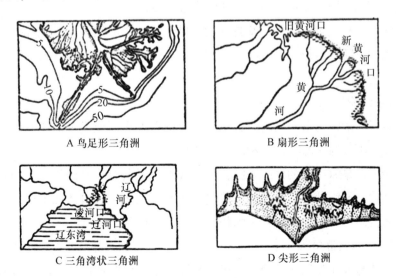

A 鸟足形三角洲　　　　　　　　B 扇形三角洲

C 三角湾状三角洲　　　　　　　D 尖形三角洲

图4-44　海岸三角洲景观

3）海蚀景观

波浪、潮汐、海流对岸边的基岩进行冲蚀、磨蚀、溶蚀等作用形成海蚀台、海蚀穴、海蚀崖等海蚀景观（图4－45）。

①海蚀台

地壳稳定时期，海蚀崖前方形成向海微倾斜、近似平坦的基岩台地（图4－45A），其上覆有沙、砾等海积物，或残留有较硬岩石形成的海蚀柱、海蚀蘑菇（图4－45A及图4－45B）。海蚀台被抬升后形成海蚀阶地。

②海蚀穴

海岸岩石与海面（高潮海面）接触部位，海浪侵蚀形成的断断续续凹槽，又称海蚀槽（图4－45C）。其中深度大于宽度的称海蚀穴或海蚀洞，深度小于宽度的称为海蚀龛或海蚀壁龛。

③海蚀崖

基岩海岸地带，受海蚀作用及重力崩落作用，沿岩石节理面、断层面或层理面形成的陡壁悬崖，又称浪蚀崖。

④岬角与海蚀拱桥

呈尖角形伸入海、湖中的基岩陆地称岬角（图4－45D）。常见于半岛的前端，如我国山东的成山角，非洲南端好望角。

海蚀拱桥是岬角两侧的基脚处的海蚀洞穴，受波浪侵蚀扩大加深，穿通形成的拱桥状地形，又称海穹。如我国北戴河金山嘴附近海蚀拱桥（图4－45E）。

4）海积景观

海岸高潮线与低潮线之间，由泥沙及砾石堆积而成呈平缓的向海倾斜的海滩，可分为泥滩、沙滩和砾滩、沙坝。

沙坝，是海岸带的沙滩外缘，由沙或砾石混杂有贝壳碎片海积的长条形堤坝状，又称沙堤。其顶部一般出露于海面之上，长可达几千米，宽达数百米，高出海面数米，常呈弧状、环状、钩状等。

8. 海岛旅游景观

大陆与大洋交接部位的海岸带，有许多星罗棋布地出露于海洋水面之上的岛屿。具有很大的科考和观赏、游乐旅游地质价值。

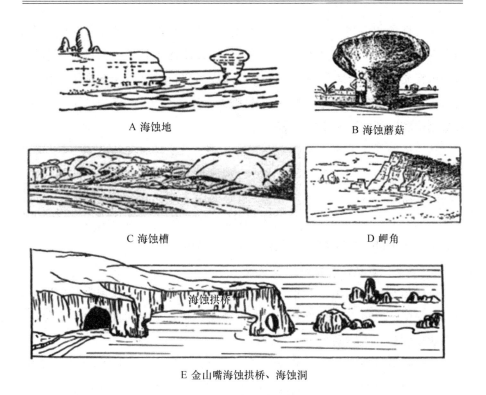

图4-45　海蚀景观类型

按海岛的主要成因，可划分为大陆岛、冲积岛、珊瑚岛、火山岛屿景观。

9. 草原草地旅游景观

由低矮的多年生草本植物密集生长的广阔草原或山原、湖滨低地草地，不仅具有极佳的观赏价值；而且，因其敏感的生态地质环境，具有很高的科考科普旅游价值。

草原可划分为草甸草原、典型草原、荒漠草原、高寒草原景观。

### 4.2.4　复合旅游地质景观

#### 4.2.4.1　名山旅游地质景观

名山是依山体的特性，加之人类的聚集活动而成为具有知名度的山体。在众多名山中，以组成山体的地层岩性岩类的不同、地质构造的差异、地质环境的不同、风化作用的差别，组成以地质特征突出的地质名山。在地质知识普及较少的年代，名山常常以山体的特质为基础，更多的以山体特质景观融合人类活动特色景观而成为集自然与人文景观于一体的名山，成为知名的旅游地。如中国的佛教名山、"五岳"名山，国外的朝鲜金刚山和欧洲的阿尔卑斯山等。

从人类力图保护地球遗产，设置世界遗产名录、世界地质公园以来，原先不为常人所知的地质遗迹、地质奇观成为人们关注的名山、成为人们向往的旅游地。具有地质遗产、地质奇观的山体成为知名的地质名山。世界上被列入世界遗产名录的地质体/山体，列入地质公园的山体，就属于不断扩展知名度、不断发展为旅游地的地质名山。

#### 4.2.4.2 奇峰怪石旅游地质景观

奇峰怪石（象形山石）景观常常因为山石怪异，人们以观赏的角度赋予其美学或情感色彩从而产生人与地质景观的交融，得到具有地质文化性观赏效果的旅游地质景观。

奇峰怪石景观成景因素十分繁杂，多为岩性组合、岩层产状、节理构造，差异风化，溶蚀、冰蚀或重力崩塌等多种地质作用耦合产物。多沿江河、沿构造带的侵蚀残山展布，分布较广。

象形山石是以形而认、最易观知的奇峰怪石，或像动物或像人或似物，或大或小。

#### 4.2.4.3 石质文化旅游地质景观

在人类活动的地质遗迹中，除人类地质工程活动遗迹景观外，石质文化景观是人类文明中，自然/地质景观与人文景观高度融合的旅游地质景观。

石质文化景观，人类在利用地球（岩石圈）资源为人类造福的活动中，利用岩石矿物形成各种造型形体，诸如陡壁、崖洞、溶洞的绘画、雕刻、题字；或利用石材建造各类建筑物或工艺品，造就了各类具观赏价值的灿烂的石质文化、石质文明。石质文化属于地质文化范畴。这种文化往往是在一定的地质体、自然环境和社会环境中形成，具有很强的地域性、适应性和代表性。石质文化是地域特色性极强的旅游地质资源，是地质资源转化为人文资源的体现，是重要的地质文化旅游景观。

1. 古人类文化遗址

显示、记载悠久灿烂的人类古文明，常有石器、石文化及与人类发展相关的丰富信息。

2. 摩崖岩画

利用陡壁、悬壁、崖洞的岩壁显示、记载人类活动、崇拜文明。

3. 岩棺墓葬

为石棺葬、石棺墓、石室墓显示了人类以石为生命之源，回归之所的石崇拜思想。

4. 石雕碑刻

石刻、摩崖题刻、碑刻、石雕等石文化遍及于人类聚集的地域，显示记载着本地区丰富而独特的文化、宗教、历史等信息。

5. 石窟

选择相宜的地域环境，利用自然岩石洞穴或开凿石窟，用石雕、石刻、题刻等形式，以一定的主题造型、记载人类文明的石窟，通常都是集中体现极高的文化和宗教、社会和历史价值，地域特色凸显的精湛绚丽的艺术宝库。

6. 石质文物建筑

依山就石，利用岩石或天然洞穴随势打造各种石质建筑，或利用石材作原料为人居场所、城墙堡垒及宗教场所构建石建筑物，如石桥、石塔、石牌坊等，是人类利用生存环境中最为普遍、最为原始、最为经久耐用的资源，发掘地质体及岩石功能，构建人与自然的和谐统一的创举。许多典型的石质文物建筑是地域自然与人类文明特色的集中体现。

7. 观赏石与赏石、藏石

人类收集收藏大自然中的奇石、怪石、巧石等自然天成的石体作为永恒艺术品。以石体的形、色、纹、质、图案等自然属性，赋予人们的感情色彩寄托、隐喻哲理，成为把石体自然属性情感化、人格化，使石之美与人性美相融合，由物质美转化为精神美，使石质艺术成为溶于人们生活环境的文化内涵，成为人类文明的重要组成。

# 4.3 基于地学基础的旅游景观结构探讨

## 4.3.1 旅游地质景观单元

以地质景观域所决定，在旅游地质景观综合体中自成体系或自成特色，有别于周围、可单独识别和圈划的旅游地质景域（景观域）/地段/块段称为旅游地质景观单元。

旅游地质景观单元，是在地质作用下形成的具有旅游价值的、可作为旅游资源的地质景观单元。即具有相似的旅游地质景观、相似的旅游价值、相似的科学性和观赏性、相似的特色，可以以一定的地质单元或地质边界来圈划，可供旅游资源开发的相近地域。基于地质景观的特征，旅游地质景观具有特定的基本特征，是具有一定地域范围的旅游地质景观单元。

1. 具有旅游价值的地质景观单元

具有旅游价值的地质资源均为旅游地质资源。而旅游地质景观是旅游地质资源中呈现景观特征的那部分旅游地质资源。旅游地质景观以地质单元为基础，划分为不同的旅游地质景观单元，构成不同的旅游地质景观资源单元。

2. 呈现系列的地质景观单元

由相似或相同成因联系的地质景观组成旅游地质景观系列。如由雪山、冰川、冰川地貌单元、冰碛物而构成冰川旅游地质景观系列。

3. 具有等级体制的地质景观单元

地质体、地质单元具有其组成的体制/体系/等级系统。相应的，旅游地质景观亦具有景观系列、单元组合型式景观类型。旅游地质景观按其规模等级划分为旅游地质资源景源区带、景源区、景观区、景观群、景观点、景象六级单元。也可将旅游地质景观按其类型、地域而进行旅游地质资源/景观区划。

### 4.3.1.1 旅游地质景观基本单元

旅游地质景观基本单元为旅游地质景观的最基本组成单元，具有一定的形态，一定的规模/尺度，一定的特征，也有其边界条件和单元之间的相互关系，基本单元通常应具有均质性或单一性。

旅游地质景观复合单元为旅游地质景观基本单元的综合体。除具有一定的形态、规模尺度、特征和边界条件等旅游景观要素外，因其组成的基本单元的差异性，复合单元还具有其基本单元在复合单元中展布的空间关系、组合型式、结构特征，而使复合单元具有不均质性、异质性、综合性。

旅游地质景观单元特性的差异性及其展布的不一致性，致使旅游景观具有其特定的景观结构、景观格局，形成旅游景观的多样性和丰富内涵的可观赏性。

### 4.3.1.2 旅游地质景观单元标志

旅游地质景观单元可分为不同层次级别的旅游地质景观单元，可按旅游景观单元标志圈划为不同层次的旅游地质景观单元。

从低层次（小尺度/低级序）到高层次（大尺度/高级序）旅游地质景观单元建立和圈划标志为：

·景象/景物

具有一定特性的、可供观赏考察的景观。通常为单个景观或以成因单一的成景作用为主的景观域。

·景观点

由若干相关联的景象组合成有相对完整性、独立性、可供观赏考察的景象群体。多为单类型景象，也可为多类型景象，通常为以某一成景作用为主、相应特色突出的景观。

·景观群

由若干相关联的或相似的景观点组合成的景观群落/群体。多为同类型景观组合，可为某一专题性/属性旅游景观域。

·景观区

可显示某一主导的成景作用及其旅游价值的旅游景观群落组合的景观域。可为关联性强的多类型景观组合的景域，可构成以某一专题性/属性为主、兼有综合性的旅游景观域。

·景观区带

由若干相关联的景观区或景观群组合而成的旅游景观域。通常为关联性较强的景观域，可显示某一成景作用或叠加成景作用、具有完整或相对完整的景观系列，可构成特色明显、综合性强的旅游景观域。

### 4.3.1.3　旅游地质景观单元基本形态类型

地壳可划分为不同特征的地质块体、地质单元、地质构造单元，以及地质块体间或叠加于地质块体上的线状/带状构造带。地壳表面由沉积岩、岩浆岩、变质岩三大岩类组成的地质体，依一定构造部位而规律展布，沉积岩多呈片呈块广泛分布，岩浆岩多呈斑状点状或组成带状产出，变质岩呈片呈块或呈带展布。

构成地壳表层的地质地貌景观可划分为板状、块状地质地貌景观单元，线状带状地质地貌景观单元以及成片的包含/包容斑块、线带景观的地质地貌景观单元。

地质体的地质构造景观 – 地层岩石景观 – 地质地貌景观的融合，组成了地质景观单元的基本景观形态类型，也决定了旅游地质景观单元的基本形态类型。

结合相关学科有关景观基本单元的基本概念，可引申出旅游地质景观域中旅游地质景观单元基本形态类型：

·呈点、呈斑、呈块的"面状"景观单元；

·呈线、呈条、呈带的"带状"景观单元，

·"面状""带状"景观域（或其外围）之间、呈较均一状的景观域背景景观单元。

这些景观单元形态类型也正是构成旅游地质景观域、旅游景观单元的最基本的景观组成单元类型，即斑块、廊带、基质三个旅游景观基本单元形态类型。斑块 – 廊带 – 基质（斑 – 廊 – 基）景观基本单元也是旅游地质景观结构类型划分的基础。

### 4.3.2　旅游地质景观结构

在自然资源环境系统中，物质要素组合具有特定的形式，景观域的空间组合也总是具有一定的格局和结构。地质景观域从微观到宏观都具有基于物质、物理化学条件制约下的结构构造。如，矿物岩石显微结构构造，地质构造体系，花岗岩单元等级体制，地质力学构造体系、板块构造等。从而构成了旅游地质景观特有的旅游地质景观结构，也构成了旅游景观结构的理论基础。

旅游地质景观展布于地球表面，其特征受地球表面物质类别及物质分布格局的制约。地层岩性的差异，地质构造类型，地表水体及地下水、地热的分布格局、地质构造型式决定了地质景观类型及景观结构基本类型。

### 4.3.2.1　地质景观结构

从矿物晶格结构、岩石结构构造、矿化集中域以及遥感影像单元，可看到地质结构、地质景观结构的普遍性。

1. 矿物晶格结构

同样元素而结构差异的刚玉和金刚石（图 4 – 46），矿物晶格结构表明地球组成元素呈现一定的排列组合关系。因物理化学环境差异同一元素可构成不同结构形式的矿物，而且其矿物物性相差甚大。

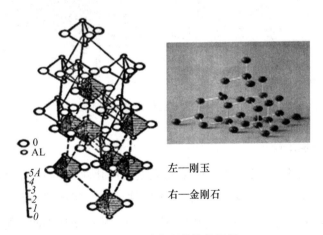

左—刚玉

右—金刚石

**图 4 – 46　矿物晶格结构示例**

2. 岩石结构构造

由于成岩作用的物理化学条件差异，组成地质体岩石的基本矿物呈不同晶形、呈不同排列组合形式、呈现不同的微观结构构造。如，粒状、等粒状；斑状；板条状；反应边；环带状（图 4 – 47）。

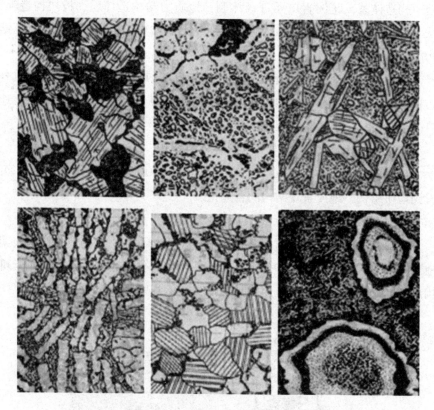

图 4 – 47　岩石结构构造类型示例

### 3. 矿化集中域

矿床/矿化集中域空间定位结构表明，矿化单元（有用元素、矿物、岩石聚集组合）产出于特定的地质构造域，在空间上呈现特定的组合形式。不同矿化类型依托不同的成矿地质环境，从而呈现不同的组合结构。

### 4. 遥感影像单元

地壳表面特征缩影的遥感影像所显示的影像地质景观、影像地质矿化单元，也显示影像地质景观结构（图 4 – 48、图 4 – 49）。

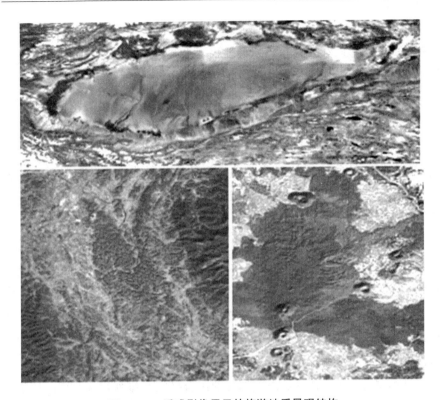

**图 4-48　遥感影像显示的旅游地质景观结构**

上：准噶尔盆地旅游景观　下左：桂林岩溶旅游景观　下右：腾冲火山旅游景观

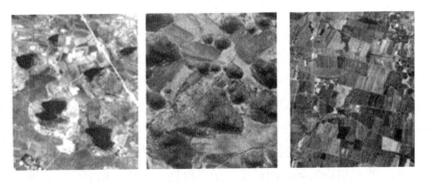

**图 4-49　遥感影像显示的旅游地质景观结构**

左、中：峰林峰丛旅游景观　右：平原-乡村旅游景观

　　由地球表面地层岩石、地质构造形迹、地质景观为基本格架，综合受其制约的生态地质环境（包括地形地物、土壤植被）的宏观地质单元，在遥感影像（地面景观缩影）中呈现影像地质单元的形、色、影纹及其排列组合形式，反映了不同地质构造环境地质体地质景观单元的景观结构。

### 4.3.2.2　旅游地质景观结构

　　景观是一个地域中基本景观单元/景象整体的综合，景观特征不是单个/单类景元/景象特征的简单叠合，而是具一定结构的总体特征。这种"总体特征"的根本因素是景观域中景元/景象的空间组合配置形式——景观结构类型。

　　旅游地质景观品级在很大程度上决定于旅游地质景观域中景观单元的组合形式——景观结构类型。同一类型的景象或者同一景域中相同类型的景象，以其不同的结构组合可形成截然不同的景观效果。由于景观域中景元、景象的空间格局结构的层次差别，可以导致不同景观层次/尺度景观结构，其可观赏性和旅游价值有很大差异。旅游地质景观结构是旅游地旅游价值、观赏价值的重要基础因素。

　　结构，是一个物体中各组成部分的组合搭配和排列形式，广泛用于自然科学的各个领域，也应用于社会科学中。

　　旅游地质景观结构是旅游景观域中地质景观要素或景观单元之间，由旅游景观环境、成景作用所决定，由景观特征所显示的特定地质景观要素/单元的组合型式。旅游地质景观结构是旅游景观时空域中的旅游地质景观基本要素/单元的组合规律/模型的概括和显示。

　　旅游地质景观结构中可观赏或精品旅游地质景观单元在景观域中的展布/布局，对旅游景观评价、旅游景观规划都是至关重要的。旅游地质景观结构是旅游地质景观研究的重要内容。

　　旅游景观结构的建立源于与旅游景观相关联的景观结构/模型。如：

　　城市景观结构的同心圆模型、扇形模型、多核心模型。城市近、中、远景观结构呈现的"自然景观–乡村景观–城乡二文化景观–城乡一体化景观–城市景观"的城市景观自组织生态演化序列（李贞等，1997）。

　　生态景观结构的嵌块体–廊道–基质模式。景观结构划分为经典型、大陆岛屿型、非平衡态型、混合型（邬建国，2002）。

地质学中的矿物岩石结构构造类型，如斑块结构、环带状结构、对称结构。

遥感影像中的影纹结构/图案类型，如斑块、栅状、格状；水系类型。遥感地质研究中的影像 – 地质单元结构，如影像线环结构（杨世瑜，2003）。矿化集中域/矿化单元的矿床空间定位结构（杨世瑜，2003）。

### 4.3.3　旅游地质景观等级体制

#### 4.3.3.1　景观尺度

景观尺度用以表征景观的空间范围/空间域、景观单元的识别程度，成景作用发展过程的时间域以及景观单元/域的尺度层次。用以表述景观域的范围、等级体制的层次、景观单元的识别程度、景观要素的表达精度。

景观尺度可采用景观生态学研究中，将景观尺度划分为超大尺度、大尺度、中尺度、小尺度四级划分方法。

1. 旅游地质景观尺度

从景观尺度的概念出发，可引申出有关旅游地质景观尺度的概念：

旅游景观空间尺度相似于地质地貌景观的小比例尺、中小比例尺、中比例尺、大比例尺及其相应的空间/景观尺度能显示或能表达的精度。类似于影像地质景观的遥感图像分辨率。

景观时间尺度相似于地质地貌景观发展形成过程的地质构造阶段、地质年代的宙（宇）、代（界）、纪（系）、世（统）。

如此，基于地质地貌景观尺度，旅游地质景观具有相对应的旅游地质景观尺度单元。例如，大尺度旅游地质地貌景观可划分为盆地、平原、高原三类旅游景观。高原旅游景观如我国青藏高原的现代冰川、戈壁；内蒙古高原的草原、牧区；黄土高原的塬、梁沟组合、黄土窑洞；云贵高原的高山深谷、逶迤丛岭、峰林峰丛、洞穴。

2. 景观尺度旅游地质景观观赏效果

景观空间尺度直接影响旅游地质景观的研究程度/精度和观赏效果。

景观域中不同景物/景象对景观空间异质性感知尺度不同，只有选择与景物/景象的大小规模、显示程度相适应的景观尺度，能最佳地反映景物/景象特征的适宜的研究精度/景观辨别精度的比例尺，才能获得景观研究的最佳效果。

不同物种（景观类型）、不同大小（景观规模级别）景观对空间异质性显示程度，或者说可辨别程度不同。图 4 – 50 表达了不同物种（鹰、小鸟、蝴蝶）、不同规模（大小等级）景物相宜的相对空间尺度大小，图中，图 A 的相对大尺度中体积小的小鸟、蝴蝶不能得到显示，图 B 相对中尺度中体积的小鸟得到显示，但图 C 中小体积的蝴蝶才得到显示。

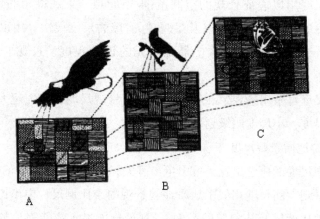

**图 4 – 50  旅游景观等级及相对空间尺度**

据 MCGarigal and Marks，1995；转引自邬建国，2002

A 大景观、大尺度、小比例尺 B 中景观、中尺度、中比例尺 C 小景观、小尺度、大比例尺

由此引申，旅游地质景观以其景观尺度的不同，具有景观的等级体制。显示旅游景观域的景观特征、景观结构的图件，应选择能表达所研究的目标景观单元的适宜的图件比例尺，即适宜的空间尺度。对规模小的景观单元应选择小空间尺度、大比例尺、高分辨率的图件、航空图像；而对规模大的景观则应选择大空间尺度、大范围、小比例尺的图件、航天航空图像。为了清楚地显示景观单元特征，可采用在大尺度空间范围的图件显示景观单元的背景条件，及其产生出高一级别景观域中的位置和景观结构

关系；再引出相对中尺度空间图件显示其景观域特征；再引出相对小尺度空间图件显示其主要景观的特征。这种围绕研究的景观单元对象，采用不同相对尺度的系列图件表达方法是旅游地质景观研究及其表达的最佳形式。

地质研究方法中，地质单元、地质构造单元、矿化单元的概念、地质图件的比例尺概念，以及图件编制比例尺概念应用的原则和方法，完全适用于旅游地质景观研究的景观尺度，也完全适用于引申到旅游景观研究的理论与方法。

### 4.3.3.2 景观等级体制

1. 景观等级体制概念

旅游地质景观不仅仅具有景观尺度特性，而且具有与其关联的等级体制特性。景观等级体制还包含景观单元的景观尺度等级概念和景观生因关系、空间展布关系概念。

旅游地质景观等级体制是旅游景观域中的旅游景观单元有不同的景观类别或相关联的景观类别。这些旅游景观单元或景象，在空间上规律相伴，总呈现一定的规模级别的组合，有一定的关联性、亲缘性的隶属关系和展布形式；时间上有一定的成景顺序，是由一定的成景地质作用所构成，有机联系、层次分明的景观体系。

一个成景地质作用可构成一套有机联系的景观单元和景象；在同一地域不同成景地质作用构成不同的景观等级体制；在同一地域的多个成景作用构成了复合的景观等级体制。

一个地域中，经历多期多阶段的成景地质作用时，可呈现包含多个成景作用的多个景观等级体制。

旅游景观等级体制的识别有利于景观分类、景观区划、景观评价的准确性，也有利于景观规划。

2. 旅游景观域规模等级

地质遗产保护区、地质公园的规模级别，是基于特定类型地质景观单元圈划和基于地质景观旅游功能的旅游景观单元，具有极强的旅游景观等级体制关联。在圈划或研究这类旅游景观时可参照地质公园规模作为旅游景观尺度，按旅游景观的面积可划分为四个等级：

特大型旅游景观：大于 500 平方千米

大型旅游景观：大于 101 平方千米小于 500 平方千米

中型旅游景观：大于 21 平方千米小于 100 平方千米

小型旅游景观：小于 20 平方千米

3. 旅游景观等级体制模型

典型的旅游景观等级体制的景观级序明显，高层次/级序包容低层次/级序的景观单元/景观域，而低层次/级序的景观单元成点、线、块状展布于高层次/级序的景观单元中，共同组成高层次/级序景观单元。"隶属"关系明显，逐级下延，级序及关联性呈明显的逐层次组合、子系延续的景观系列/系统，构成景观域中的集群性、地域性的组合特色。

等级理论和景观复杂性的概念（邬建国，2002），可引申借鉴作为旅游景观/旅游地质景观概念的重要依据（图 4-51、图 4-52）。

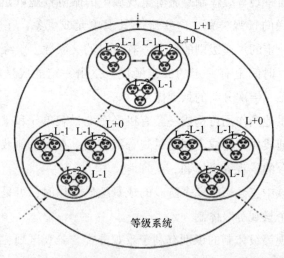

L+1 高级序（Ⅰ级）景观域/景观单元 L+0 中级序（Ⅱ级）景观域/景观单元
L-1 低级序（Ⅲ级）景观域/景观单元 L-2 更低级序（Ⅳ级）景观域/景观单元

图 4-51 旅游景观等级体制/系统模型（据邬建国，2002，引申）

旅游景观等级体制/系列/系统可分为：

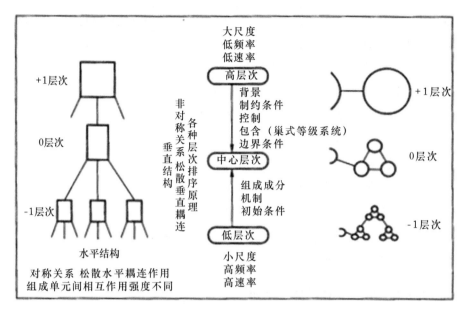

**图 4 - 52 旅游景观等级体制/系列模型（据 Wu, 1999；转自邬建国，引申）**

·以级序为主线的级序系统，由高层次/级序、大尺度、大规模逐渐延拓到低层次/级序、小尺度、小规模的纵向级序系统；

·以不同级序为主线的层次系统，由同一级序中的景观单元的空间组合、排布形式、相互关联性形成的层次景观结构系统；

·级序系统和层次系统复合组成旅游景观域的复合等级体制结构。

### 4.3.3.3 旅游地质景观等级体制

旅游景观尺度、景观级序/系列是旅游地质景观等级体制的基础。

旅游地质景观等级体制建立的基础是自然界中普遍存在的等级体制现象，旅游地质景观等级体制是由地质景观等级体制特点所决定的。如地质学中地质构造级序、花岗岩等级体制。

旅游景观的等级体制如同生物学的分类单位门、纲、目、科、属、种，既符合自然界系统体系规律，又符合自然景观的分类组合特征。

以地质景观为基础的旅游景观，可以地质景观单元为基础，划分旅游地质景观等级体制。从旅游地质资源的概念出发，参照风景名胜区规划规范中有关景区概念，可将旅游地质景观资源的旅游地质景观单元作如下等级划分（杨世瑜，2002、2006）：

    · Ⅰ级：旅游地质景观资源区带，简称景源区带；

    · Ⅱ级：旅游地质景观资源区，简称景源区；

    · Ⅲ级：旅游地质景观区，简称景观区；

    · Ⅳ级：旅游地质景观群，简称景观群；

    · Ⅴ级：旅游地质景观点，简称景观点；

    · Ⅵ级：旅游地质景象，简称景象。

地质景观是构成自然景观、自然旅游景观的基础。旅游景观空间域等级体制可建立以景观区带、景观区、景观群、景观点、景物/景象等为旅游景观单元的等级体制。

### 4.3.4　旅游地质景观复合关联

地球46亿年多期演化史，经历了无数次构造旋回，特别是元古代、古生代、中生代、新生代地质演化时期，经历了全球性的加里东、海西、燕山、喜马拉雅构造运动等海陆变迁，演绎沧桑的强烈构造运动旋回。构造运动事件时间尺度是万年、千万年、亿年的地质年代。每次构造运动都构成了在特定地质环境下由地质作用所形成的地质体、地质构造单元、地质景观。

由于先期/先构造运动旋回的地质构造景观，被后期/后构造运动旋回的地质构造景观所叠加、破坏、掩盖；而先期/先构造运动旋回的产物会被后期/后构造运动旋回的地应力翻卷到后构造旋回产物中。这样，不同时期/不同地质事件的地质构造运动旋回产物会同时呈现于后构造旋回的地质景观中。现今的地球就是漫长的地质构造旋回产物的叠加/总和。人们通过地质发展史的研究识别，可建立全球的各地质域/地质构造单元的地球演化史。

现今的全球地质景观可按不同的时间尺度划分为不同地质发展时期的地质景观。可按构造旋回/构造层，按界、系、统、阶划分为几个时间尺度的地质景观；也可按构造旋回形迹特征/地质事件标志，划分时间尺度的地质景观。

　　由地质发展史时间尺度划分的地质景观都有其相应的地质构造形迹、地层岩石类别、矿产组合。因此，旅游地质景观具有地质景观特有的、与时间尺度关联的景观时间尺度属性。这一属性使旅游地质景观具有内涵极其丰富的观赏价值和科学价值。

### 4.3.5　旅游地质景观耦合关联

　　地壳是地球发展的地史画卷，地球演化/运动的记录。地壳运动的地应力使组成地壳的地质体变形、褶皱、断裂、位移。将地壳划分为不同块（如板块）、不同的地质构造单元/构造域、不同的地质景观。地壳结构具有时间空间域的概念，即具有不同部位地质构造单元的空间域/空间尺度，地壳演化的不同地质旋回/构造层的时间域/时间尺度。地质构造域/单元具有时空域/时空尺度。

　　地壳同一地域中，由时间域和空间域的耦合，物质、物态、地层岩石、地质构造形迹等显现特定地域的特定地质景观。这些特定的地质景观组成具有不同旅游价值的旅游地质景观域/旅游地。

　　由于地壳地质体时间域和空间域的耦合，晚期地质单元可以包容早期地质单元，早期地质块体/单元可因地应力的抬升、挤压、推覆而穿插、叠置于晚期地质块体/单元间，构成时空域耦合的地质景观单元。

　　地质景观单元的耦合关联造就了旅游地质景观地域单元的地域特有性、特色性，乃至一些地质景观的地域唯一性、罕见性；也造就了地质景观内核的丰厚性，造就了旅游地质景观单元差异性、观赏及科考旅游价值的特色性。

### 4.3.6　旅游地质景观系列

　　与地质构造旋回、地质构造体系、成矿系列等地质作用过程、产物、形迹相关联，在旅游地质景观域中，由同一成景地质作用，形成具有生因联系、自成体系的旅游地质景观集群系统——旅游地质景观系列。

1. 旅游地质景观系列标志

具有观赏价值、旅游价值的旅游地质景观系列标志为：

·显示相同/相似地质作用形成、有生因联系的地质现象的综合体；

·显示类似/同类地质景观的发生—发展—消亡过程的地质形迹综合体；

·显示同一地域有机联系、等级序次、时空组合结构系列的地质景观群体；

·具有观赏性—科普性—科考性—商品性旅游价值功能的地质景观群体。

2. 旅游地质景观系列拟建依据

基于地质资源旅游资源化的思路，从发掘地质资源的旅游价值的角度出发，吸取地质学中构造体系、成矿系列、花岗岩单元等级体制等地质系列概念，旅游地质景观系列的确定和拟建依据可归纳为：

（1）显示相同/相似地质作用形成的或有成因联系的地质现象的综合体（群体）称为旅游地质景观成因系列。

（2）显示类似/同类地质景观的发生（产生）—发展—消亡全过程的地质现象（地质作用形迹）的群体称为旅游地质景观成景作用演化系列。

（3）显示同一地域有机联系、等级序次、时空组合结构序列的地质景观群体称为旅游地质景观等级体制序列系列。

（4）显示具有观赏性—科普性—科考性旅游价值或相对应的趣味性—知识性—学术性旅游意义的地质现象组合的地质现象群体称为旅游地质景观旅游功能旅游价值系列：

·显示观赏性、科学性，兼具有旅游价值的地质现象（地质形迹）群体即观赏/科考系列；

·依据旅游地质景观类型建立的类—亚类—型—式旅游地质景观群体即类型系列；

·可供旅游商品开发的旅游地质资源/景观即产品系列。

### 4.3.7 旅游地质景观的成景地质作用

1. 成景地质作用

旅游地质景观形成的地质作用过程称为旅游地质景观成景地质作用，简称成景作用。一个地域中，地质景观的形成是漫长的多构造旋回的产物的总和。从旅游地质的视角出发，旅游地质景观的成景作用主要指现代地质景观形成的决定性阶段，即现代地质地貌框架和地质景观的形成过程，特别是旅游地质景观造型的地质作用过程。

旅游地质景观成景地质作用要素主要包括：

·成景基础因素——现今地质景观成景造型的基础地质环境要素；

·成景作用因素——景观造型的营力及过程/事件要素；

·成景的景观要素——景观造型的类别及其景观要素组合结构、稳定性要素。

2. 景观基础成景作用

地质景观的基础成景作用主要指旅游地质景观、具旅游价值的地质体或地质现象（成景岩组）形成的最原始（基础）阶段的地质作用。例如，沉积岩类地层岩石的沉积—成岩作用过程，变质岩类的变质作用过程，岩浆岩类岩石及岩石单元的侵位或喷发作用过程；构造地质作用使岩层或岩体变质变形以及现今地质体地质形迹空间展布格局、地质环境条件的地质作用过程。旅游地质景观基础成景作用是形成旅游地质资源及旅游地质景观的地质构造基础，是形成旅游地质单元、旅游地质景观系列、旅游地质资源/景观类型的基础，是形成同一地域旅游地质资源/景观丰度与品质的基础条件。

旅游地质景观基础成景作用，是形成旅游地质单元的基础。例如，构成丹霞旅游地质景观单元基础的红色砂岩分布区；构成火山旅游地质景观单元基础的火山机构；构成线状旅游地质景观单元基础的强烈的构造挤压带。

3. 景观主导成景作用

旅游地质景观主要是第四纪以来的/现今的地质—地貌的综合体，它是在基础成景作用形成的地质格局、地质体、地质景观、地质基础上的景观造型过程。旅游地质景观造型是在原生和后生或多种叠加地质作用综合过程的结果。旅游地质景观造型的诸多因素中，必然有某一阶段或某一作用起着主导的、决定性作用，因此，可以说是一个或多个主导地质作用的产物。也就是说，要辩证地看到在漫长的地质历史中，不同的阶段有不同的成景主导地质作用，不是唯一的，是可变的。对旅游地质景观而言，旅游地质景观造型的主导地质作用时段就是旅游地质景观主导成景作用阶段，可以是十分漫长的地质历史过程中的瞬间景象，而且还处在不断演变的过程，并不是景观造型的终极结果。因此，处在地壳活跃时期和活跃地域的旅游地质景观，同一主导地质作用时段的成景作用产物也可以还处在千变万化之中。

现今旅游地质景观，通常是在基础成景作用阶段后，叠加主导成景作用阶段而成。例如，红色砂岩是形成丹霞旅游地质资源的成景基础，而红色砂岩受构造作用而抬升，裸露地表受剥蚀淋失作用则是丹霞旅游地区景观造型的主导成景作用。又如，巍峨的高山、深切的峡谷构成了名山大川旅游地质资源/景观，名山大川由岩石基础成景作用形成景观基础之后，断裂构造地质作用形成的构造格局，新构造运动和剥蚀侵蚀作用则是塑造其景观造型的主导成景作用。

部分旅游地质景观，其基础成景地质作用即为其主导成景作用，基础成景地质作用即形成旅游地质景观的造型。如近代火山喷溢作用形成的火山旅游地质景观即属此类。

在挽近时期形成的地质体/地质景观，现今地质景观往往是基础成景作用和主导成景作用的耦合体。诸如，强烈的、年轻的新构造运动造山带地质地貌景观，年轻的火山活动形成的地质地貌景观。中国西南部边陲横断山系，金沙江、澜沧江、怒江三江旅游地质景观带就是以特提斯构造作用、印度板块碰撞挤压欧亚板块，以喜马拉雅运动为主导成景作用形成的南北向条带状"三江并流带"旅游地质景观。著名的中国东北部五大连池旅游地质景观，西南部云南腾冲火山热海旅游地质景观则是由近代火山喷溢作用为基础成景作用的产物。

在基础成景作用形成的原始地质体的基础上，经过后期复合地质作用过程，旅游地质景观主导成景作用产物即为现今人们见到的自然景物、景象。

## 4.4　基于旅游景观单元概念的旅游地质景观结构类型探讨

旅游地质景观与地质景观的一致性、一体性，决定了地质景观概念对旅游地质景观的基础作用。同样地，基于地质景观、生态景观等景观属性的旅游地质景观单元属性概念，奠定了旅游地质景观单元的景观结构类型概念。

从旅游景观结构类型和概念，也可引申出与其类同的旅游地质景观结构概念。

### 4.4.1　旅游地质景观结构类型

1. 基本类型

旅游地质景观结构的基本单元即景观域中内涵物质组成、地质构造形迹的各种形态地质体/地质景观单元。

（1）斑块

景观域中呈块、呈点、呈斑展布的地质体/地质景观单元。如，火山机构景观、火山口、火山湖景观；岩浆岩岩基、岩株、岩体单元景观；褶皱构造单元景观；断块山景观单元；断陷湖盆景观单元。

（2）廊带

景观域中呈线状、呈长条状、带状展布的地质体/带状单元。如，线状延伸的断裂构造带景观单元；线状延伸的山体山脊山谷景观单元；线状长条状谷地盆地景观单元；线状延伸江河景观；线状延伸的地层岩石景观单元。

（3）基质

景观域中斑块廊带展布的区域/景观域的背景地质景观。如，块状、点状地质体展布、线状地质体展布或块状长条状地质体展布的区域/景观域地质构造单元景观；山体谷地展布的造山带景观；岩基、岩株、岩脉展布的古陆区；岩溶峰林峰丛展布的碳酸盐地层岩石组成的原野；湖盆展布的高原面；总体平缓的草地、沙漠、平原；沙滩、孤岛、岸蚀景观展布的海滨景观。

2. 景观空间结构类型

基于斑－廊－基三元结构的旅游景观结构类型基础上，可再以景观基本单元之间的空间关系划分特定的景观结构型式。

（1）根据旅游景观域中空间上斑块之间的分布关系（图4－53），可将景观单元结构划分为：

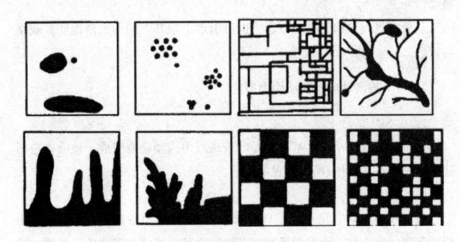

**图4－53　按空间结构差异性划分的景观结构类型**

（据 Forman and Godron，1986；转自肖笃宁，2003，引申）

左上　散斑状景观　　右上　网络状景观

左下　交叉状景观　　右下　棋盘状景观

·散斑状景观：斑块不均匀散布于景观域；

·网络状景观：斑块或廊带呈交叠或交汇状集中展布于景观域；

·棋盘格状景观：斑块呈规则棋盘格状展布于景观域，或排列组成一定棋盘格局的廊带均匀展布于景观域。

（2）根据旅游景观中景观基本单元类型的斑廊基展布格局（图4－54），可将旅游景观结构分为：

·斑块结构：形状及大小相似的斑块（多质或多成分斑块）呈镶嵌状景观；

·廊基结构：廊带呈规则网格状展布于基质中；

·斑基结构：点状斑呈网络点阵规则展布于基质中。

·廊带结构：多质或多成分廊带呈平行整合交替重复展布于景观域；

·基质结构：缺少斑廊单元成分的基质组成成分或结构渐变的基质景观域。

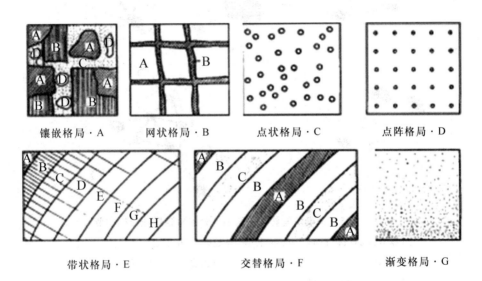

镶嵌格局·A　　网状格局·B　　点状格局·C　　点阵格局·D

带状格局·E　　　交替格局·F　　　渐变格局·G

**图 4 - 54　按斑廊基景观基本单元划分的结构类型**

（按 Zomneveld，1995；转自肖笃宁，2003，引申）

A 斑块结构　B 廊基结构　C 斑基结构　D 斑基结构

E 廊带结构　F 廊带结构　G 基质结构

### 3. 景观关联性结构类型

根据斑块的规模差异和排列组合形式差异以及其关联性，可将景观结构划分为相似型、核心 - 卫星型（子母型）、互相关联型、离散型、混合 - 复合型（图 4 - 55）。

·相似型景观：斑块大小相似/接近，排布较均匀；

·核心 - 卫星型景观：板块有高级序主斑块，低级序小斑块呈卫星状

围绕其周围;

　　·关联型景观:斑块间相互关联、相互依存、相互衬托;

　　·离散型景观:斑块间无相依性;

　　·混合-复合型景观　斑块多型或混合/复合。

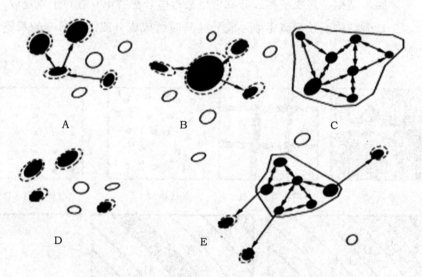

**图4-55　按斑块差异及关联性划分的旅游景观结构类型**

(据 Harrison and Taylor,1997;转引自邹建国,2002,引申)

A 相似型　B 核心-卫星型　C 关联型　D 离散型　E 复合型

黑白斑显示不同景物景象

### 4. 景观斑块结构类型

斑块为景观域中非线状的地域/地块有大小、形状之分。斑块有数量及稀密不同,有物种差别,还有不同的组合排列形式之分。图4-56显示了斑块的这一基本特征。

廊带是景观域中线状延伸的地带,有宽窄、高低、曲直之分,有数量、稀密不同,有平行、交叉、连续、间断等不同的组合形式。

基质为景观域中相对均匀、连续的斑块廊道以外的地域,是斑块廊带的背景部分,基质为斑块廊带所加叠或基质包容斑块廊带而组成景观域总体/综合体。

### 4.4.2　旅游景观斑－廊－基景观结构类型

借鉴常见的地质体岩石矿物结构，岩石、矿物及其构成物质的相图、三元结构图的概念，以及岩石矿物类型划分应用。可引申出旅游地质景观为代表的旅游景观三元结构类型。

1. 旅游景观结构基本景观单元

旅游景观单元有各种形态，如条状、长条状、斑点状、块状。景观单元在景观域中的排布组合有一定的形式，如均匀分布于景观域中的斑点状景观单元，呈条带状或带状贯穿于景观域中的条带状、带状景观单元；轮廓清晰的斑状/块状体，线状/带状廊带体，斑块廊带分布的相对简单的背景基质。

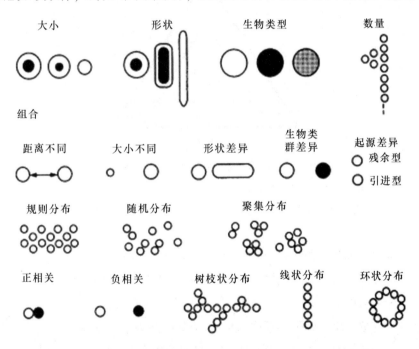

**图 4－56　景观斑块的特征及其组合形式**

据 Forman and Godron，1981；转引自肖笃宁，2003，引申）

旅游景观（域）中的旅游景观单元，在特定的情况下，有其特定的排布组合关系和组合形式，构成旅游景观结构类型。旅游景观结构类型中经常呈现的、具有旅游景观结构最基本的组合型式，归纳为常见的、基本的旅游景观结构类型。

　　旅游景观域中可按斑块、廊带、基质三者基本单元之间关联的组合关系划分旅游地质景观的基本结构类型。旅游地质景观按规模、形态、排列空间关系型式划分有助于旅游景观现状的区划和评价；而按生成/成景时间关系进行划分有助于人文旅游景观、自然与人文复合旅游景观的区划和评价，也有利于旅游景观的规划开发。

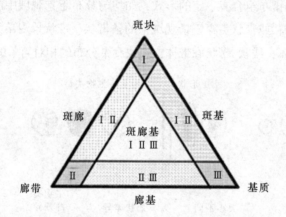

**图 4 - 57　旅游景观斑 - 廊 - 基三元结构图**

Ⅰ斑块结构　Ⅱ廊带结构　Ⅲ基质结构　ⅠⅡ 斑廊结构

ⅠⅢ 斑基结构　ⅡⅢ 廊基结构　ⅠⅡⅢ 斑廊基结构

　　旅游景观结构型式类型的划分可采用下列标志：

　　·可按斑块、廊带规模，基质中的粒、块形态进行划分；

　　·可按斑块、廊带在景域中的空间排布形式划分；

　　·可按斑块、廊带、基质的生成/成景时间关系进行划分。

　　2. 旅游地质景观斑 - 廊 - 基三元景观结构类型

　　基于景观域斑块、廊带、基质最基本的三元结构关系，依据较易识别、较易掌握的景观特征中的形、尺度、规模及空间排列组合形式，以斑块、廊带、基质为旅游景观结构的三大基本要素/基本标志把旅游景观结构划分为三类七型，再按其特征划分为不同型式（图 4 -57，表 4 -9）。

表4－9                旅游景观结构类型及特征简表（据杨世瑜等，2008）

| 景观结构类型 | | 景观结构基本特征 | 景观结构主要型式 |
|---|---|---|---|
| 类 | 型 | | |
| 单一景观结构 | 斑块结构 | 景观单元呈斑状、块状；斑块呈板状、楔状、多边形、近等轴状、不规则状。斑块占景域中85％以上。块体大小不限，可呈聚斑、嵌斑；板块组合呈镶嵌状、布丁状、环状。 | 按斑块大小可分为巨斑、大斑、小斑、等斑状、似斑状；按斑块排列形式可分为定向、定型式、不规则式；常见聚斑状、碎斑状、镶嵌状、布丁状、环斑状。 |
| | 廊带结构 | 景观单元呈线状、带状、长条状。廊带体占景域中85％以上。廊带可呈连续状或断续状；廊带组合定向性束状、平行状、多方向性交叉状。 | 按廊带宽窄可分为线状、带状、长条状；按廊带排列形式可分为廊带平行为主的栅栏状、条带状、环带状、定向性明显的束状、扇状、放射状；廊带交切的格状、树皮装、交叉状。 |
| | 基质结构 | 景观单元呈特征相似的粒状、块状等。基质占景域中85％以上，少或无斑块及廊带。基质中粒、块等相对均匀组合形式图案稳定均一、多为同生。 | 按组成基质粒、块形态可分为具一定形态的晶质状和非晶质状；按粒、块排布的变异性程度可分为均质状和变异状；按粒、块排列形式可分为方向性定型式和杂乱式；按粒、块成时间可分为同生式和叠加或伴生式。 |
| 复式景观结构 | 斑廊结构 | 景观单元呈斑状、块状、线状、带状、长条状。斑块、廊带占景域中85％以上，斑块廊带比量不限。斑块廊带组合形式多样，可为同生或为叠加。 | 按斑、廊比量可分为含斑式、少斑式、多斑式；按斑廊空间关系可分为廊带构成框架，斑块充填其间的填隙式（通常二者呈一定图案规则组合），廊带跨越斑块的穿插式或连接斑块的串斑式；裙边式、镶边式、对称式、节律式；按斑、廊成生时间关系可分为同生/共生或叠加/伴生式。 |
| | 斑基结构 | 景观单元由斑块展布于基质中。斑块、基质占景域85％以上，斑块所占比量远小于基质。斑、基组合图案形式多样，可为同生或为叠加。 | 按斑块比量可分为含斑式、少斑式、多斑式；按斑块展布形式可分为中心式、寄生式、包含式、环层式、孤岛式、聚斑式；按斑、基成生时间关系可分为同生/共生或叠加/伴生式。 |
| | 廊基结构 | 景观单元由廊带展布于基质中。廊带、基质占景域85％以上，廊带所占比量远小于基质。廊、带组合图案形式多样，可分为同生或为叠生。 | 按廊带比量可分为含廊式、少廊式、多廊式；按廊带展布形式可分为平列式、交切式、环带式、规则节律式、杂乱式；按廊基成生时间关系可分为同生/共生、叠加/伴生式。 |

| 景观结构类型 | | 景观结构基本特征 | 景观结构主要型式 |
| --- | --- | --- | --- |
| 类 | 型 | | |
| 复合式景观结构 | 斑廊基结构 | 景观单元有斑块、廊带、基质。斑块、廊带比量不限，但斑块、廊带总量比量远小于基质。斑、廊、基组合形式多样，可分为同生或为叠生。 | 按斑廊比量可分为含廊斑式、少廊斑式、多廊斑式；按斑廊展布形式可分为均匀、规则节律式、杂乱式；孤岛/峰式、峰林式、峰丛式；按斑、廊、基成生时间关系可分为同生/共生式、叠加/伴生式。 |

旅游景观结构可分为单一景观结构、复式景观结构、复合式景观结构三大类。单一景观结构可分为斑块结构、廊带结构、基质结构；复式景观结构可分为斑廊结构、斑基结构、廊基结构；复合式景观结构可称为斑廊基结构。

旅游景观结构的斑 - 廊 - 基结构三元素图，显示了旅游景观中斑块、廊带、基质三基本元素的组合关系，及其可量化比值关系。斑块结构、廊带结构、基质结构为其相应的斑块、廊带、基质要占达 85% 以上的单一结构；斑基结构、斑廊结构、廊基结构为其相应的斑基、斑廊、廊基比量可占达 85% 以上；斑廊基结构划为斑块、廊带、基质比量不限，但基质要占相当比量。

### 4.4.3 旅游地质景观斑 - 廊 - 基景观结构示例

中国东部由黄河和长江二廊带大体平行贯通，构成黄河与长江斑 - 廊 - 基结构旅游地质景观带。总体上连接中国从高原到平原的三大地貌阶梯、剥蚀—搬运—淀积地质地貌单元。长江景观廊带以岩溶景观为特色，黄河景观廊带以黄土景观为特色。

黄河地质景观廊带构成黄河文化、中国华夏文化的本底。其中下游河段串联沙漠戈壁、黄土、入海口三角洲景观，并串联了黄河河套、黄河蛇曲、壶口瀑布、龙门瀑布等旅游地质景观，构成灿烂的黄河旅游地质文化带。

中国西南边陲的三江并流带，由怒江、澜沧江、金沙江大峡谷构成紧密并列的廊带。长数百千米，切深数千米的大峡谷廊带，展示了板块缝合线的演化证据；并揭示了从拉张到挤压碰撞的沉积建造、岩浆建造、变质岩、构造岩类景观，推覆、剪切、走滑各类构造形迹景观，雪山冰川、峡谷、湖盆草地各类现代地质地貌景观。三江并流斑 – 廊 – 基结构层次清晰、组合规律地展示了三江特提斯演化、新构造运动旅游地质景观域（图4 – 58）。

1. 廊带

金沙江、澜沧江、怒江廊带纵贯全区，景观结构醒目，以狭窄江谷河陡峭江岸组成宽大自然廊带，怒江、金沙江、澜沧江部分地段沿江公路大体沿江谷边部形成人工廊线，成为三江并流旅游景观（区带）的并列框架，既是贯穿旅游景观的骨架，又是具备旅游景观通达性的骨架网络。

2. 斑块

成带成块集中的景观群或面积不一的景观，构成不同级序的、不同规模的景观斑块。

·江河峡谷沿岸的呈条状、豆荚状、扁豆状斑块为主，与江河景观廊带大体平行协调，依附廊带呈带状线状展布，如澜沧江、怒江沿江两侧。

·江河两岸构成较宽广高原面，斑块展布受廊带制约的同时，受高原面景观及其次级景观的制约，形成面状景观结构，如金沙江"V"字形长江第一湾，其内侧的景观呈板条状、近平列排布，其外侧的景观呈板条状扁压状斑块排布。

3. 基质

由三江高山、峡谷江河规则排布组成，高原面（夷平面）较稳定地段基质内部结构相对较一致。

4. 景观结构类型

三江并流景观单元等级体制级序明显，因不同级序皆具有其该级序的斑廊基复合结构，高层次景观单元最为清楚，低层次景观单元则为斑基结构或廊基结构、斑廊结构（表4 – 10、表4 – 11）。

三江并流旅游景观单元的旅游景观结构以成景作用的差异、成景环境的差别、景观类型的不同而具有不同的结构类型。典型的旅游景观结构如：冰川湖群千湖山旅游景观。

· 斑基结构：泉华台地白水台旅游景观；

· 斑块结构：泉华堤锥下给温泉旅游景观；

· 斑廊结构：堤状泉华天生桥旅游景观；

· 廊带结构：峡谷虎跳峡旅游景观；

· 斑廊结构：江岸台地丙中洛旅游景观。

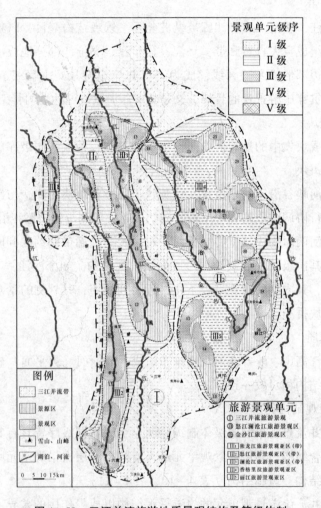

图 4-58　三江并流旅游地质景观结构及等级体制

表 4 – 10　　　　　　　　　　三江并流旅游地质景观结构与等级体制

| 结构 | | 斑块景观单元级序基等级体制 | | | | |
|---|---|---|---|---|---|---|
| 旅游景观结构要素 | | I 级景观片区 | II 级景观片区 | III 级景观亚区 | IV 级景源区 | V 级景观区 |
| | 斑块 | 三江并流旅游景观斑廊基结构 | 怒江、澜沧江旅游景观区（片） | 独龙江旅游景观区（带） | 独龙江旅游景源区 | 斯海、马库 |
| | | | | 怒江旅游景观亚区（带） | 贡山旅游景源区 | 青柱桶、丙中洛 |
| | | | | | 六库旅游景源区 | 利沙底、碧江、称嘎、泸江、片马 |
| | | | | 澜沧江旅游景观亚区（带） | 德钦旅游景源区 | 梅里雪山（卡格博、披子博）、白茫－甲午雪山、云岭 |
| | | | | | 维西旅游景源区 | 燕门、聚龙湖、攀天阁、老窝山 |
| | | | 金沙江旅游景观区（片） | 香格里拉旅游景观亚区 | 奔子栏旅游景区源 | 东竹林、伏龙桥、尼西 |
| | | | | | 岗曲河旅游景区源 | 巴格拉宗、碧壤 |
| | | | | | 格咱旅游景区源 | 比都湖群 |
| | | | | | 大中甸旅游景区源 | 尼汝、属都湖－碧塔海、天生桥－下给温泉、纳帕海、松赞林寺 |
| | | | | | 小中甸旅游景区源 | 千湖山、白水台、塔城、天宝雪山 |
| | | | | 丽江旅游景观亚区 | 老君山旅游景源区 | 黎明－罗古箐、九十九潭、石宝山、寺登街 |
| | | | | | 长江第一湾旅游景源区 | 哈巴雪山、虎跳峡、玉龙雪山、石鼓、丽江盆地、丽江古城 |
| | 廊带 | 三江（峡谷）廊带 | 怒江、澜沧江二廊带纵贯三江并流景观；金沙江廊带在北段与怒江、澜沧江廊带并列，纵贯三江并流景观东部；独龙江廊带局部展布三江并流景观西缘。 | | | |
| | | | 独龙江廊带 | 展布与三江并流旅游景观西侧。独龙江峡谷。 | | |
| | | | 怒江廊带 | 南北向延伸约 316 千米，纵贯三江景观，稳定宽大峡谷宽 100—600 米（江面平均宽 100—130 米）。 | | |
| | | | 澜沧江廊带 | 南北延伸 280 千米纵贯三江景观，稳定宽大峡谷。 | | |
| | | | 金沙江廊带 | 由南向北自丽江石鼓又转向北东流长 430 千米，平面上呈极为壮观的"长江第一湾"。虎跳山峡谷 20 千米，落差 213 米，谷深逾 3000 米。 | | |
| | 基质 | 纵向峡谷条状高山景观带组合基质 | 独龙江、高黎贡山、怒江、碧罗雪山、怒山、澜沧江、云岭、金沙江、大雪山近南北向条状高山峡谷似平行状排列，带状结构。源于青藏高原、在滇西北紧缩，最窄仅数十里宽，山谷高差逾 3000 米。高山巍峨、峡谷深邃，雪山冰川、珍稀动植物、立体生态、新构造运动地质地貌奇观，自然景观成带成片，人文景观独特交叠。 | | | |

表 4 – 11　　　　　　　　　三江并流旅游景观结构特征简表

| 景观单元级序 | 景观单元名称及结构类型 | 景观结构简要特征 |
|---|---|---|
| I 级 | 三江并流旅游景观斑廊基复合结构 | 三江并流旅游景观由 2 个二级景观单元，5 个三级景观单元、12 个四级景观单元组成复式斑块群；由贯穿三江并流的三个廊带（西部边缘还有一小型廊带）并列，再加高山峡谷江河组成三江并流斑廊基旅游景观结构。三江并流斑廊基结构以地质景观为基础，自然景观呈带片状格局，人文景观呈斑状叠加于自然景观之上，构成以自然旅游景观为主体的自然景观与人文景观复合旅游景观。三江并流旅游景以金沙江、澜沧江、怒江三大峡谷为主体的三大廊带呈纵贯景观的骨架网络，将斑块景观串联成结构有序、景观浓集，特色各异的景观片带，景观总体西部呈带东部呈片。 |
| II 级 | 怒江、澜沧江旅游景观区（片） | 以纵贯三江并流景观规模宏大的怒江、澜沧江为廊带（西部边缘还有独龙江廊带）串联其邻近的景观单元，由 3 个三级条带状斑块旅游景观单元组成怒江、澜沧江斑廊基旅游景观结构。廊带平列，斑块依附廊带展布，廊—斑协调。自然条带状山体与峡谷江河平行相依交替排列的旅游景观为基本景观类型，人文旅游景观以特异的民族风格呈斑点状隐藏于自然景观中。 |
| | 金沙江旅游景观区（片） | "V" 字形展布的金沙江为廊带，由其北部和南部 2 个三级斑块旅游景观单元组成斑廊基旅游景观结构。以板条状块状自然旅游景观为基本景观类型，以斑点状自然奇观和斑点状人文旅游景观嵌于自然旅游景观中组成光彩绚丽群星璀璨的复合旅游景观。 |
| III 级 | 独龙江旅游景观 | 由独龙江峡谷为廊带，串联其紧邻的 2 个扁豆状斑块四级旅游景观组成豆荚状斑廊基结构旅游景观。 |
| | 怒江旅游景观亚区（带） | 延伸稳定而宏大的怒江为廊带、串联沿怒江廊带展布的扁豆状、长条状斑块 2 个四级旅游景观组成带状斑廊基结构旅游景观，以自然旅游景观为基本类型，人文旅游景观呈节点状嵌布于自然景观上。 |
| | 澜沧江旅游景观 | 延伸稳定而宏大的澜沧江为廊带、串联沿澜沧江廊带两侧的扁豆状长条状斑块 2 个四级旅游景观组成带状斑廊基结构旅游景观，次级斑块多展布廊带两侧，似趋并列对称迹象，以自然旅游景观为基本类型。 |
| | 香格里拉旅游景观亚区 | "V" 字形展布的金沙江为廊带，板条状 5 个四级旅游景观大体横列于金沙江 V 字形廊带内侧，组成廊（廊）基结构旅游景观。自然旅游景观为基本景观类型，斑点状自然奇观和斑点状人文景观嵌布于自然旅游景观中。 |
| | 丽江旅游景观亚区 | V 字形展布的金沙江为廊带、板条状、扁豆状斑块斜列分布于 V 字形廊带外侧，2 个四级斑块组成斑廊基结构旅游景观，以自然旅游景观为基本景观类型，灿烂的人文旅游景观与自然旅游景观相互辉映、紧邻镶嵌。 |

## 4.5 基于景观造型的旅游地质景观类型

### 4.5.1 景观造型——旅游地质景观的首要标志

旅游景观的诸多属性中，让人首先感知景观存在和对景观的总体印象的是其形态，也就是景观造型。

在各种景观组合而成的广阔的大自然中，人们的旅游观赏，首先是以景观造型而感知、识别景观，获得美感。当色彩与景观形象组合时，景观造型就成为人们鉴赏景观的首要印象和标志，成为旅游景观观赏性的首要要素。

林柱状景观，以其特殊的、醒目的造型而成为吸引游人的旅游景观。林柱状旅游景观是按形态/景观造型划分的各类形态旅游景观中分布广、醒目、吸引力强的旅游景观。在林柱状旅游景观中，林柱状旅游地质景观是观赏性、科学性最为兼优的旅游景观。

旅游地质景观造型是成景地质作用的综合效应，是成景条件、成景过程和成景产物的综合体。

景观造型因景观的基础成景作用与主导成景作用的环境条件、作用过程、保存环境稳定性的差异而有所差异。成景地层岩性特性往往决定景观的结构类型及其稳定性，成景构造系统特性往往决定景观的形态类型。景观结构往往从景观的表面形态特性而显示，景观形态类别常常从景观单体及群体的三维空间规模产状形态组合关系而显示。

与花岗岩类似的坚硬致密、相对均质的侵入岩流岩石，其景观造型往往与其发育的构造裂隙系统关系密切，形成的景观造型往往比较稳定。新生代近代火山喷发成景作用的景观造型往往由喷发作用的类别而定。成层性、层次性清晰，层状互层状构造发育的沉积岩及其浅变质岩类景观造型往往复杂多样，景观造型稳定性也往往差异很大。

火山成景作用造型，呈现较稳定醒目的火山口、火山锥、熔岩平台、熔岩流、堰塞湖、火山弹等火山活动特征鲜明的景观造型。

　　碳酸盐类、碎屑岩类、玄武岩类等地质体都可造型成浑圆状，类峰林峰丛状山体造型。

　　碳酸盐类常常形成岩溶景观，当地层岩性相对质纯厚大时，景观造型表面常常相对平滑；地层岩性组合及结构构造复杂时，景观造型表面往往呈现凸凹不平粗糙状。成景岩石的岩性及节理裂隙发育差异，景观表面呈现溶沟蚀痕等溶蚀景象的明显差异。（图4-59）。

图4-59　受岩性制约为主导的峰林表面溶蚀类型（昆明石林）

内陆湖相碎屑岩类红色岩系，常常形成丹霞景观。当红色岩系交错层理发育时，多层次层理、交错层理和层间微节理裂隙共同制约，丹霞景观表面往往形成龟纹状景观图案（图4-60）。

内陆湖相、河湖相成岩固结作用较差的碎屑岩类，往往形成形态复杂的景观造型，而且景观造型极不稳定。成景岩系的岩性、物质成分、结构构造的差异，导致沙柱景观表面结构差异（图4-61）。在林柱体形成的淋蚀过程中，林柱体的表面形成含膏盐的泥质壳，保护林柱体的稳定性（图4-62）。

图4-60    受层理制约为主导的龟裂纹状丹霞景观（丽江黎明）

地质景观造型是地质景观旅游吸引力的重要因素，是观赏性旅游地质景观的观赏价值中极为重要的标志性特征。例如宏伟山体、险峻峡谷，都为旅游地质景观造型。

在形形色色的地质景观造型中，峰林峰丛及呈林呈柱的林柱状地质景观，在较为持续稳定的溶蚀、淋蚀、侵蚀性外生地质作用发育地域中普遍存在，是以景观造型为主要特征、观赏价值较高的旅游地质景观。

正因为如此，在旅游地质景观的研究中，景观造型是旅游地质景观分类的重要标志/原则。基于景观造型的旅游地质景观分类应当客观、直观既容易操作，容易获得认同感，又有利于景观评价，还有助于旅游地开发中地域景观特色的构建。

图 4 – 61　受地层岩性制约的沙柱景观表面结构（云南陆良沙林）

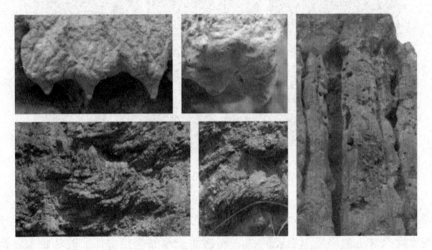

图 4 – 62　受成景物质制约的柱状体表面泥质壳（云南元江膏林）

### 4.5.2　旅游地质景观的景观造型类别

　　地质景观往往受地层岩性及地质构造制约，呈现不同景观造型。如碳酸盐类的岩溶景观，红色砂岩岩系的丹霞景观，黄土高原的黄土林景观。

　　然而有一些景观造型却不受岩类的制约，如峡谷景观、一线天景观；柱状景观、林柱状景观；河流的曲流、大拐弯；海岸的海蚀景观；山体群落的峰林峰丛景观。

不同成因的相似造型景观往往具有相似的观赏效果、旅游价值。

1. 基于景观造型的旅游地质景观分类要素

·景观尺度规模

·景观域范围

·景观单元级序

·景观组合结构

·景观分类目的

2. 基于结构三维空间造型的旅游地质景观类别

以景观的三维空间特征，典型性旅游地质景观造型可划分为块体状、条状体、柱状体、管状体等。

（1）块体状/斑块状/近等轴状旅游地质景观

·侵入体：岩基、岩株

·火山机构：火山口、火山锥、火山及其周边火山岩、火山口湖

·断块山

·断陷湖盆

·构造穹隆、洼地

（2）条状/板条状旅游地质景观

1）地质构造景观

·断裂带：断裂群、构造岩带、构造崖/谷地

·线状褶皱带

·直立岩层带

·岩脉矿脉

2）地质地貌景观

·条状山地、脊状山地

·峡谷

·河谷谷地

·地缝

·海蚀崖

·海岸/海滨沙滩

·冰川、冰川谷地、冰川刃脊

（3）柱状（以垂向延伸为主）旅游地质景观

·峰丛

·峰林

·孤峰

·林柱体

·冰川雪山角峰

·天坑

（4）管状（以水平延伸为主）旅游地质景观

·滚筒状/卷筒状构造

·岩溶洞穴/溶洞

·海蚀洞穴

（5）面状旅游地质景观

·水域

·山原

·高原

·平原

·草原草地

·沙漠

### 4.5.3　林柱状旅游地质景观

　　成因千差万别的地质景观，从其旅游价值而言，同类形态的地质景观具有极其相似的观赏价值，从大众旅游、观赏旅游的角度，地质景观形态特别被旅游者注目，相同形态类型的地质景观常具有相似的观赏效果。地质景观中林柱状景观是一类广泛分布、形态相似、观赏价值相似，单体呈柱、总体呈林的林柱状旅游地质景观，例如碳酸盐类溶蚀而成的石林景观，红色砂岩类侵蚀/蚀余而成的丹霞景观，石英砂岩类侵蚀/蚀余而成的石英砂岩峰林景观，胶结疏松的沉积岩淋蚀而成的土林景观，都具有柱状、林状景观特征的观赏价值。因此，杨世瑜提出了林柱状地质景观的概念用来概括具有林柱状形象的地质景观，将单体呈柱、整体呈林柱状的地质景观称为林柱状地质景观，是一类极具观赏价值的旅游地质景观（杨世瑜，2003）。

1. 林柱状地质景观成景条件

（1）岩性：均质体。

（2）构造：缓倾斜或近水平地层岩性；格状、棋盘格状菱形格状断裂节理裂隙系统；垂直结构面；地壳缓慢上升相对稳定单元。

（3）主导成景地质作用：天水或地表水沿垂直节理裂隙系统侵蚀、溶蚀、淋蚀。

2. 林柱状地质景观主要造型类别

（1）密集高大林柱群

·碳酸盐类，如云南昆明石林岩溶林柱群

·石英砂岩类，如张家界武陵源侵蚀林柱群

·松散岩类，如云南元谋土林淋蚀林柱景观

（2）稀疏林柱

·花岗岩石林

·玄武岩石林

·丹霞景观

（3）低矮林柱

·海岸海蚀林柱

·沙漠风蚀林柱

（4）孤柱

·丹霞孤柱，如广东丹霞山阳元石、云南玉龙黎明擎天柱/浙江绍兴柯岩石

3. 林柱状旅游地质景观普遍性

林柱状地质旅游景观按形态又可细分为笋状、剑状、针状、塔状、蘑菇状、峰林状、峰丛状及其组合形态，按其成景岩类又可分为石林、土林、沙林。林柱状地质景观可以呈单体呈现，也可呈群体、成规模宏大的峰林峰丛景观，可由岩溶作用、侵蚀作用、淋蚀作用、风蚀作用形成。

　　世界上有许多著名的旅游景观就是林柱状地质景观（图4－63）。如中国云南昆明石林岩溶型碳酸盐类岩石林柱状景观，湖南张家界石英砂岩林柱状景观，澳大利亚岩塔沙漠林柱状景观，美国科罗拉多大峡谷中的林柱景观。又如美国布赖斯峡谷呈红、淡红、黄等色彩的石塔石柱景观，美国怀俄明的火山熔岩型魔鬼塔景观；土耳其格雷梅火山岩林柱状景观。

图4－63　林柱状旅游地质景观示例

上　左—湖南张家界石英砂岩峰林　　　中—昆明石林岩溶峰林　　　右—重庆万盛岩溶石林

中　左—贵州兴义万峰林岩溶峰林　　　右—广西桂林岩溶峰林

下　左—云南元谋土林　　　　　　　　中—西藏阿里扎达土林　　　右—云南丽江黎明丹霞

　　中国的许多风景名胜区、旅游景区有以林柱状地质景观为主体的，也有含林柱状地质景观的。如云南昆明石林、湖南张家界、云南元谋土林为规模宏大的林柱状地质景观。四川兴文、浙江淳安、福建永安鳞隐、湖北宜昌、重庆市万盛、湖南龙山洛塔、海南仙安、贵州兴义万峰、桂林阳朔地质景观域岩溶石林/峰林地质景观。广东丹霞山、广西资源、福建大金湖、江西龙虎山、安徽齐云山、云南玉龙黎明、河南云台山、湖南郴州飞天山等丹霞地质景观域都含有林柱状景观。安徽黄山、河北秦皇岛柳江、内蒙古克什克腾、黑龙江伊春市汤旺河、江西三清山花岗岩地质景观域含有花岗岩林柱状地质景观。安徽八公山、河北涞源白石山、山东枣庄熊耳山地质景观域含有岩溶型林柱状地质景观。云南元谋土林、陆良沙林、元江膏林、西藏阿里扎达土林、黄土高原黄土柱地质景观域淋蚀型林柱状地质景观。

　　**4. 林柱状旅游地质景观造型的地层岩性制约性**

　　断裂构造带与地层岩性耦合控制林柱状地质景观的发育空间。成景岩性差异、节理裂隙系统差异与侵蚀淋蚀作用差异的综合机理，塑造了特色各异的林柱状林柱体造型。

　　林柱状旅游地质景观造型的最大特征是柱体的形态、柱体的顶尖以及其组合结构。

　　较均质厚大的碳酸盐林柱状柱体尖端造型往往呈尖顶状，如昆明石林剑状林柱（图 4 - 64）。

　　相对松散、垂向岩性及结构变化的含砾砂泥质林柱状柱体造型通常分为两类。质地均匀较细的砂泥质柱体常常呈尖顶状，整个柱体呈尖锥体；而质地变化大含砾石、砂砾岩类柱体当地表岩性为砂砾岩或含铁质风化壳时，柱体尖顶常常呈平顶状，整个柱体垂向变化较大，呈塔状、城堡状。当地表有较好的盘根错节的植被时，则常常在柱体顶部呈具有"保护伞"的柱体；颗粒粗细或成分、色调呈厚层至块状互层状成景岩系，平缓的互层与垂直的节理裂隙系统的配置，构成了城堡式、堡垒式、碉堡式层次清晰/刚柔并蓄的景观（图 4 - 65、图 4 - 66、图 4 - 67）。

图 4 - 64　受岩性差异制约岩溶柱体顶尖造型（昆明石林）

图 4 - 65　受地层岩性层理制约的柱体造型（云南元谋土林）

图4-66    受地层岩性制约的沙林柱体造型

图4-67    受地层岩性制约的沙林主体景观造型（云南陆良彩色沙林）

### 4.5.4　线状旅游地质景观

与直立的林柱状地质景观不同的，线状旅游地质景观有醒目的、在地面上呈线状延伸的地质景观，如峡谷、一线天、地缝，曲流、大拐弯等不受地层岩性制约、特色鲜明的旅游地质景观。

1. 峡谷·一线天·地缝旅游地质景观

峡谷，特别是深切的、岸壁陡峭的峡谷。有的峡谷、箐沟呈观天犹如一条线的"一线天"，有的陡峭的箐沟、峡谷呈狭窄深幽的"地缝"。它们往往不受岩石类别的制约，主要只受稳定下切的侵蚀作用的制约。

2. 曲流·大拐弯旅游地质景观

曲流、大拐弯都是河流河道大角度转弯，乃至拐弯改变流向逆向流淌。

大拐弯是区域性构造变异制约下的河流大拐弯，拐弯相对单一，常显示宏伟气势。

曲流是由于地段性、局限性河道环境地质变异，河道于二急流河段间相对缓流河段。如海滨、湖滨草地，草场草地草原连续蛇曲状拐弯曲流，常显示优雅宁静的势态。

# 5. 标志性旅游地质景观域示例

## 5.1 三江并流新构造运动旅游地质景观域

位于青藏高原与云贵高原过渡带横断山脉的怒江、澜沧江、金沙江源于青藏高原，在滇西北三江并流南北长逾 300 千米、东西宽 75 千米左右（最窄地段三江相距仅 64 千米）；江山高差逾 3000 米（图 5 - 1）。因其位于板块构造缝合线这一特殊的地质构造环境，条状高山与纵谷紧密并列，线状褶皱断裂构造与岩带复合伴生，造就了地质构造形迹和地域特色凸显的雪山冰川、峡谷、岩溶泉华等新构造运动特色旅游地质景观。

处于新构造运动强烈活动地区的中国滇西北三江并流带，旅游地质景观的成景作用主要是三江并流带的新构造运动。笼统地说，三江并流带旅游地质景观的主体是新构造运动的地质形迹，新构造运动造就了宏伟的、罕见的三江并流景观；也是新构造运动将埋深的老构造旋回的产物（遗迹）

图 5 - 1　三江并流带遥感影像景观

暴露地表，并将老构造旋回的遗迹加之改造，雕琢成现今展布于世人面前，令世人所赞叹的三江并流奇观及其中一系列的珍稀地质景观。新构造运动的地质环境形成了现今的以地质景观为基础的地貌、生物、森林、气候等多姿多态、垂直变异、水平变幻的综合生态环境。而且绝大部分地区仍保持着其原始的自然生态，构成了世界性的珍稀自然遗产和旅游资源。

以地质景观为基础，生态环境多姿多彩，自然景观景色秀丽，民族风情文化奇异独特，保存完美的原始风貌构成了世界自然遗产、世界品牌的三江并流旅游景观、风景名胜区。

### 5.1.1　三江并流新构造运动旅游地质景观域基本特征

1. 类型多样的旅游地质资源/景观类型

（1）科考性科普性旅游地质资源/景观

最具科考价值和特色的旅游地质资源是显示三江并流带地质成因及其地质构造环境特色，即板块碰撞、拼接、特提斯洋发展消亡的科考性旅游地质景观。它包括两部分，一是宏观上构成三江并流景观的三江沉积—变质—岩浆—断裂地质构造系统地质景观；二是能观察到这些特色的具体的地质景观和景象。代表性的特色景观有：

· 显示欧亚板块和印度板块缝合线、特提斯地质构造的地质景象；

· 显示深部侵位的岩浆岩类、强烈构造应力下的变质岩及构造变质岩类；

· 显示构造挤压作用的地质构造形迹；

· 新构造运动地壳强烈上升、间歇性抬升的地质景观；

· 低纬度雪山冰川、高原夷平面、高原丹霞景观。

（2）观赏性旅游地质资源/景观

可供旅游活动中观赏的旅游地质景观是三江并流带最主要旅游地质资源类型。这类景观资源大多构成景色秀丽、造型独特、生态环境优美的旅游地，它具有很高的旅游品位和旅游价值。第四纪—现代地质景观、雪山－冰川地质景观及河流－湖泊景观是三江并流带最具代表性、旅游品位最高、兼具观赏旅游和科考科普旅游价值的旅游资源。代表性的特色景观有：

·雪山－冰川景观；

·峡谷景观；

·岩溶/泉华景观；

·高原湖泊/盆地景观；

·高原丹霞景观；

·奇石滩——观赏石积聚地。

（3）商品性旅游地质资源/景观

三江并流带成岩成矿作用多样、矿产丰富，蕴藏有丰富的可供开发成旅游商品的旅游地质资源。代表性的特色资源有：

·矿产及观赏矿石矿物、地质事件岩石系列；

·观赏石材、彩石、宝玉石；

·观赏石。

2. 成型配套的旅游地质景观系列

三江并流带旅游地质景观中，具有观赏价值，显示相同/相似地质作用形成、有成因联系的地质现象的综合体，显示同类地质景观的发生—发展—消亡全过程的地质形迹综合体，显示同一地域有机联系、等级序次、时空组合结构系列的地质景观群体，具有观赏性—科普性—科考性旅游价值的地质景观群体，共构成10个特色旅游地质景观系列：

（1）三江并流旅游地质景观系列

三江并流条状高山与纵谷河流紧密排列；线状褶皱断裂与岩带复合伴生；新构造运动地壳间歇抬升与不均衡抬升成景；低纬度多旋回冰期冰川组成三江并流旅游地质景观系列。

（2）新构造运动旅游地质景观系列

峡谷、典型地质构造剖面、新构造运动构造形迹、侵蚀构造景观、地震遗迹，组成新构造运动地质景观系列。

（3）岩溶/泉华旅游地质景观系列

由冷泉、热泉形成的泉华台地、泉华堤、泉华锥等组成泉华旅游地质景观系列，能显示岩溶/泉华发展消亡的演化过程，从景观造型和科学内涵及旅游资源环境诸方面都具有极高的价值。

（4）雪山冰川旅游地质景观系列

现代雪山冰川中最南端的低纬度海洋性冰川。经历并遗留有第四纪冰川发展过程的古冰川遗迹。在较小地域内即能观赏研究冰川从生成、发展到消亡的全过程。

（5）高原湖泊旅游地质景观系列

以断裂和冰川为主导因素的构造－冰川－（溶蚀）复合湖泊成群成带分布。多与雪山－冰川、森林、草甸湿地相依相伴。

（6）丹霞旅游地质景观系列

由方山、赤壁、陡崖、洞穴等组成峰林峰丛状高山丹霞景观，多复合有冰川作用形迹。

（7）盆地旅游地质景观系列

由与构造密切相关的断陷（构造）盆地、侵蚀盆地组成显示新构造运动的形迹。

（8）观赏石系列

以产于三江板块缝合构造环境及新构造作用岩类的河床砾石组成三江石系列观赏石。三江石荟集的奇石滩具有三江地质构造环境地域特色。

（9）石质文化景观系列

包括古人类文化遗址、摩崖岩画、岩棺、石窟、石雕碑刻、石质文物建筑、玛尼堆等，是地域性特色性的旅游地质文化资源。

（10）矿床旅游地质景观系列

由铅锌矿床、铜矿、钨铍矿、石棉矿、滑石菱镁矿等组成三江并流带板块接壤地带矿床旅游地质景观系列。具极大的科考旅游价值。

3. 特色集聚的旅游地质景观单元

三江并流带地质景观常常聚集展布，可划分为具有相似旅游地质景观，相似旅游价值、相似科学性和观赏性、相似特色的 12 个景源区、36 个景观区。

4. 成群成带展布的旅游地质资源/景观

（1）旅游地质资源/景观呈块呈带分布

旅游地质资源在区内呈现明显的聚集地段。如德钦县梅里雪山－白茫雪山雪山冰川地段，纳帕海－天生桥－碧塔海－尼汝湖盆泉华地段。

（2）旅游地质资源/景观集中域呈明显的方向性展布

西南部景源区呈明显的近南北向带状展布，北东部景源区呈近东西向长条状展布。

（3）旅游地质资源/景观集中域的展布受旅游地质环境条件的制约

1）旅游地质资源/景观集中域总体上依附于宏大的南北向构造－岩浆－变质带。

2）受东西向构造带制约，在南北向展布的带状旅游地质资源/景观域中景源区成段集中，高品级的旅游地质景源区、景观区更为突出。

3）受地层岩性制约为主的旅游地质景观的展布受地层岩性展布的制约。丹霞旅游地质景观最为突出。

4）旅游地质景观展布域受特定地质环境域的制约。如现代雪山冰川明显受山体高度及雪线的制约，古冰川遗迹分布于间冰期古夷平面之上，湖盆草地带有新构造运动演化形迹。

5. 三江并流特有的旅游地质资源/景观特色

（1）旅游地质资源/景观丰富、地域特色突出

·新构造运动特点突出：显示强烈的东西向挤压作用的南北向断裂构造、直立岩层、构造岩、变质岩、岩浆岩带成群排列展布。

·地壳上升形迹作用明显：多级夷平面河岸阶地、悬崖陡壁、定向而狭长深切峡谷、沟谷多见。

·新构造运动地质景观系列配套：新构造运动及地壳上升的地质现象常相依相伴或叠加组合，配套展布。

·板块碰撞地质遗迹多样：板块接壤带、板块碰撞的岩类、地质遗迹多样而典型。

（2）旅游地质资源/景观蕴藏高层次的精品景观

以地质景观为基础，地质景观和自然景观的融合，蕴藏有独特、稀少、罕见、高层次自然遗产和高品位旅游资源的精品景观。

·以板块碰撞环境为基础的三江地质构造带景观——三江并流带；

·以梅里雪山为代表的低纬度高海拔现代冰川景观；

·以虎跳峡为代表的冰川刨蚀—构造侵蚀峡谷与新构造运动景观；

·代表印度板块与欧亚板块碰撞、拼合，地球演化史中重要阶段的突出例证。

（3）旅游地质资源/景观综合呈现、精品集萃

典型的地域特色旅游地质资源集萃组合有：

·新构造运动地质景观－冰川地质景观综合型，如虎跳峡景区；

·峡谷－瀑布－岩溶（泉华）－湖泊地质景观综合型如尼汝景区；

·冰川－湿地－高原湖泊地质景观综合型，如千湖山景区。

（4）旅游地质资源/景观与生态旅游资源综合呈现

伴随青藏高原的强烈抬升，形成了由地质构造所决定、与地质构造多样性耦合的生物多样性、生态环境多样性；强化了该区的旅游资源蕴藏量和地域的独特性、垄断性、高层次、综合性。

（5）旅游地质资源/景观与自然旅游资源和人文旅游资源融为一体

自然资源环境与人类社会活动的相互作用，构成了地域性突出的人地关系一体，形成了地文资源和人文资源协调融合的综合体，人与自然和谐、溶融造就了三江地域特色文化。

### 5.1.2　三江并流新构造运动旅游地质景观

1. 雪山冰川旅游地质景观系列

雪山冰川旅游景观系列是现代雪山冰川－消亡中雪山冰川－古雪山冰川遗迹景观组合。代表性的现代雪山冰川有梅里雪山、明永冰川；趋于消亡中的雪山冰川有白茫雪山、玉龙雪山；古雪山冰川遗迹有甲午雪山、千湖山。

雪山冰川旅游地质景观主要是低纬度、高海拔的海洋性冰川。海拔4000 米以上季节性积雪山峰百多座；海拔 4500 米以上山体几乎终年积雪；海拔 5000—6000 米的山峰 22 座；海拔超过 6000 米的山峰 7 座。

（1）梅里雪山、明永冰川

梅里雪山、明永冰川是现代雪山冰川。梅里雪山由海拔 6000 米以上的6 座雪峰和 21 条冰川组成，卡瓦格博峰海拔 6740 米，是三江并流带海拔

最高最为壮观的雪山冰川（图5－2）。

卡瓦格博峰下的明永冰川，是北半球低纬度最南端现代冰川：冰雪盆、冰斗、冰瀑、冰塔林、冰裂缝、冰洞、角峰、刃脊、槽谷广布；其最前端的冰舌到达海拔2660米的森林地带，冰川夏季退缩，冬季下延，消长速度快；冰川年平均运动速度达500米以上，是运动速度最快的冰川之一。

梅里雪山是藏传佛教圣地，是藏区八大神山之首。

**图5－2　梅里雪山 明永冰川**

上　梅里雪山瓦卡格博峰

下　左—冰川中的网格状冰裂缝　右—邻近冰舌部位的冰洞

（2）白茫雪山

白茫雪山是现代雪线附近趋于消亡的雪山冰川。其主峰海拔5429米，略高于现代雪线。

现代雪线附近有完整而清晰的雪山冰川消融过程的景观结构。完整的冰川形态类型以及冰川微地貌的立体空间景观结构；高差相对不大的雪山冰川、冰斗、刃脊、角峰、U型谷、冰川沉积物；开阔圆滑的U型、双U型谷形地披上绿色植被，显得十分幽雅恬静（图5－3）。

图 5-3　白茫雪山

左—冰川角峰刃脊与双 U 型谷景观结构　右—角峰刃脊与双 U 型谷组合

（3）甲午雪山

甲午雪山是消亡的雪山冰川遗迹景观（图 5-4）。

图 5-4　甲午雪山

左—冰雪消融后的雪山基座呈现由角峰、刃脊、流石滩、冻土/湿地/草地
组成的古雪山冰川垂直分带遗迹景观。右—冰雪消融后的雪山冰川基座角峰。

冰雪消融后的雪山基座角峰峥嵘。其下为风化剥蚀寸草不生的流石
滩、岩屑坡，在稍低凹斜坡处形成流沙锥，显现冰川消亡初期的冰原荒漠
景象。岩屑坡下为冻土带，冻融丘、高山植被、湿地，呈现了冰川消亡后
的生机。

季节性积雪凸显地质构造旅游景观，当季节性积雪铺衬第三系红色砂
砾岩时，更显出地质构造及不同岩性抗风化差异性特征。

（4）玉龙雪山

玉龙雪山是有三期冰川例证形迹的现代冰川。第四纪冰川活动的金江
冰期、丽江冰期、大理冰期三次冰期和间冰期冰川遗迹。

　　玉龙雪山也是北半球纬度最低的现代冰川。由 13 峰峦叠相连，间有 19 条冰川，南北 43 千米，山麓陡峻雄伟；主峰扇子陡海拔 5596 米，终年积雪；冰斗、角峰、刃脊、槽谷、冰碛地貌景观发育（图 5 - 5）。

　　玉龙雪山周边旅游景观结构极佳。雪山于丽江盆地北缘拔地而起，高于平坝 3000 米，北邻虎跳峡，与江北哈巴雪山连为一体，呈南北向的十九雪峰腾跃的玉龙。南邻世界文化遗产丽江古城，构成景观结构极佳、景观品级皆优的知名旅游地。

图 5 - 5　玉龙雪山

（5）千湖山

　　千湖山是高原面上雪山冰川消融后的古雪山冰川遗迹（图 5 - 6）。

　　雪山冰川消亡形成冰川湖群。冰川湖有数百水体星罗棋布地展布于千湖山高原面/夷平面上，海拔约 4000 米左右、延伸约 50 千米，宽约 3 千米—5 千米；水体小者数平方米，大者数百平方米。其中三碧海、碧沽天池为代表性冰川湖群。

　　千湖山有千姿百态的古冰川遗迹。冰蚀湖、冰碛湖、冰斗湖与冰川残

**图 5 - 6 千湖山古雪山冰川遗迹**

左　上—雨雾轻拂中的冰川角峰和冰川湖　　下—古冰川刃脊、角峰与冰川湖相伴

　　右　千湖山冰川湖群景观遥感影像及地质略图

山、冰碛物、冰川漂砾组成类型结构完美的古冰川遗迹。

冰川湖群与周山植被组成古冰川原生态遗迹。冰川遗迹伴湿地、草场、原始森林、高山珍奇花卉，原生态山野秀丽优雅。

2. 峡谷旅游地质景观系列

（1）金沙江虎跳峡

雄伟的金沙江虎跳峡．峡谷全长约 20 千米，峡谷江面一般宽 30 米—60 米，最窄处仅 20 余米，共 18 处险滩，峡谷江面总落差 213 米，平均千米落差达 10.65 米。从谷底到雪山之巅，岭谷相对高差达 3000 余米，分上、中、下虎跳峡（图 5 -7）。

虎跳峡峡谷景观与冰川景观并存。峡谷江岸悬崖峭壁、角峰、刃脊、冰斗、U 形谷、侧碛等冰川地貌发育；峡谷南岸陡峭，相对较平直单一；北岸坡为一复式古冰川群。

冰川作用与河流深切形成 U – V 套谷。峡谷在 U 形谷地之上，叠加 V

图 5 - 7　金沙江虎跳峡

形谷地形成 U - V 套谷形态，即在冰川作用基础上，叠加侵蚀作用而发展起来的冰川—新构造运动 U - V 套谷地质景观。

崩塌体与奇石构成奇石滩。上虎跳峡由于北岸岸坡的构造岩块、冰碛岩块的崩塌堆积，崩塌体造就了现今峡谷狭窄、"虎跳石"等崩塌岩块，盘踞江谷的上虎跳峡地质奇观和奇石滩的唯一性、独特性。

（2）碧壤峡谷

碧壤峡谷是金沙江支流宁静优雅的峡谷。谷坡陡峭、谷底平缓，峡谷狭窄处宽仅一二十米；谷岸陡立，高逾千米，呈一线天；隐蔽于绿荫中，谷幽谷宁静，古木参天，绿荫叠翠（图 5 - 8）。平缓地层制约稳定的陡立悬壁。峡谷陡直岸壁碳酸盐类岩石层理及层间平缓破裂面发育，丛草、低矮灌木沿其生长，形成多层状条带状绿色条带，犹如绿色长城。陡立大型节理带发育，制约峡谷发育。

（3）尼汝峡谷

金沙江支流洛吉河谷中，尼汝峡谷奇草异花繁茂，古树叠翠谷底宽而露边滩；峡谷陡壁群瀑倾泻于泉华瀑幔，苔藓地衣类附着其上，形成绚丽多彩的彩瀑（图 5 - 9）。

**图 5 - 8　碧壤峡谷**

左—谷岸陡立一线天　中—制约峡谷发育的大型节理带　右—制约峡谷发育的地层层理

**图 5 - 9　尼汝峡谷·彩色泉华瀑幔**

（4）怒江峡谷

江河沿岸板块缝合线构造岩浆变质带与侵蚀纵向深谷融为一体，形成宏大醒目的条带景观。紧密排列的宏大构造带有断裂构造带，直立岩层带，构造岩带，长条状沉积－变质－岩浆岩岩块、岩体。

峡谷南北向延长约550千米，平均深度大于2500米，峡谷稳定宏伟，形成延伸稳定的峡谷景观。河面狭窄，岸壁多陡峭、多嶂谷河段，河谷纵深降比大，多激流险滩、汹涌澎湃（图5－10）。

（5）怒江峡谷中的曲流河段盆地丙中洛

怒江大峡谷上游宏大平稳延伸的丙中洛异常曲流状河段（图5－11）。与其相伴在大峡谷中形成四面环山的丙中洛盆地/平缓台地，成为峡谷中的绿洲。怒江弯流内弯的边滩，向东为缓丘，再向东山体渐高，形态上犹如山龟，曲流景色绚丽。

**图5－10　怒江峡谷**

上　左—V形峡谷　右—江谷崩石

下—江畔残蚀景观月亮山

图 5 - 11    怒江峡谷中丙中洛曲流

3. 新构造运动旅游地质景观系列

(1) 三江并流新构造运动地质景观

喜山期构造旋回金沙江、怒江、澜沧江三江呈峡谷与条状山体紧密并列，延伸数百千米。高山巍峨、山脉纵列、峡谷深邃，岭谷相间，雪山冰川、珍稀动植物呈现立体生态。

板块构造缝合线形迹的主体构造为特提斯－喜马拉雅断裂系，因碰撞而消亡的深海硅质岩、蛇绿岩套，杂砾岩、混杂岩，显示洋盆曾经存在。

岩浆岩带、变质岩带、断裂构造岩带组成宏大的构造带，以及年轻的造山系、横断山脉。

（2）三江并流分道扬镳的金沙江——长江第一湾

金沙江、澜沧江、怒江向南流入云南呈三江并流，至北纬27°10′左右，怒江、澜沧江继续并列南流，而金沙江至丽江石鼓镇却转向东北形成夹角30°的V字形大转弯（图5-12），然后几经转折东流，成为长江上游，与怒江、澜沧江分道扬镳，构成醒目的"万里长江第一湾"。V字形大转弯河段，河道宽缓、心滩边滩众多。

图 5 - 12　长江第一湾景观

左—金沙江"长江第一湾"遥感图像　右—丽江石鼓金沙江V字形大转弯

（3）滑坡崩塌景观

三江并流带滑坡崩塌泥石流灾害地质景观众多，显示了该地域生态地质环境脆弱性（图5-13）。

金沙江岸虎跳峡滑石板滑坡壁景观，1996年丽江大地震后，下虎跳峡大型滑坡遗留了醒目滑坡遗迹。

福贡匹河怒江东岸岸坡崩石崩落于福贡匹河中学院坝，形成飞来石（崩石）景观。

金沙江岸金沙江断裂带糜棱岩碎裂岩带风化剥蚀，呈流沙锥体流沙裙景观。

4. 泉华旅游地质景观系列

涌泉、泉华台地、泉华瀑布、泉华堤、泉华锥等景观组合称为岩溶泉

**图 5 – 13　三江构造活动性景观**

上　左—下虎跳峡滑坡遗迹　右—福贡匹河飞来石（崩石）景观

下　金沙江岸流沙锥流沙裙

华景观系列。

　　泉华旅游地质景观中的泉华形成约距今 6000 年至 5000 年，至今仍继续有泉华形成。堤状、锥状泉华景观，成群成带异彩奇观，结构有致。

　　（1）白水台泉华旅游地质景观

　　冷泉形成的碳酸盐泉华台地，泉华台地总体处于泉华萎缩、衰退阶段。发育中的新月形梯田状泉华池群——"仙人遗田"，显示泉华形成过程的涌泉 – 平湖 – 泉华池 – 幔瀑 – 泉华斜坡构成完整结构的泉华景观（图 5 – 14）。

**图 5－14　白水台泉华景观**

上　左—发育中的泉华幔瀑　右—莲台状泉华平湖

下　发育中的新月形梯田状泉华池

（2）下给温泉泉华旅游地质景观

多涌泉中心、锥、堤有序组合的泉华景观结构。热泉形成成群泉华堤和泉华锥，堤、锥成群成带，呈现排列有序的泉华锥、堤、涌泉组合。泉华台地总体处于萎缩、消亡阶段。

保存完好的锥状泉华群呈馒头状、蘑菇状、尖锥状、截锥状、圆盘状及复合锥状泉华锥，高可达数米，形态多变，多呈群产出（图 5－15、图5－16）。

（3）天生桥泉华旅游地质景观

裂隙状涌溢为主体的堤状泉华。泉华堤平面上形成北窄收敛，南撒开呈帚状（图 5－18）；泉华堤长逾百米，高 60 余米、宽 20—30 米，堤下河床穿流，并有热泉涌溢；热泉裂隙状溢流，裂隙状和点状涌泉复合发育。堤状泉华台地总体处于萎缩、消亡阶段。

泉华淀积发育的同时，导致河床移位改道形成泉华天生桥。

图 5 – 15　下给温泉泉华景观

**图 5 – 16　下给温泉泉华景观**

左—蘑菇状及尖锥状泉华锥　右—叠层圆盘状泉华

## 5. 高原丹霞旅游地质景观系列

高原丹霞旅游地质景观系列是赤壁方山、峰林峰丛、石柱、陡崖的景观组合。

平缓的红色岩系为高原丹霞旅游地质景观成景岩性。成景岩石为以石英砂岩为主体，以紫色、砖红色为标志色的古新系红色岩系。

丹霞景观成片展布，各有相对稳定的残缺夷平面。高原面上由剥蚀作用兼有冰川作用构成的赤壁方山、峰林丹霞景观。

丹霞景观以岩性差异及生态地质环境差异而呈现景观的地域特色。例如丽江黎明方山赤壁、龟裂状千龟山，柱状佛陀峰；兰坪罗古箐峰丛状丹霞景观；剑川石钟山峰丛状、群龟状、莲花状丹霞景观。

剑川石宝山凭借丹霞景观的奇异造型，建造了丰富多彩的石窟、石刻文物性石质人文景观，构成了自然与人文交融的复合旅游景观，丹霞与石窟石刻融合的丹霞旅游地质景观文化。

（1）玉龙黎明丹霞景观

红色砂岩岩系为成景岩系。由剥蚀作用兼冰川作用构成的赤壁方山、峰林丹霞景观（图 5 – 18）。近新系红色岩系方山赤壁连座峰丛，与其下石鼓群变质岩系呈双层结构。

方山赤壁峰林丹霞地域特色凸显。赤壁拔地而起，直落谷地，呈龟裂状、柱状屹立。变色垂帘状色带显成景岩性所含岩类的颜色导致赤壁色调

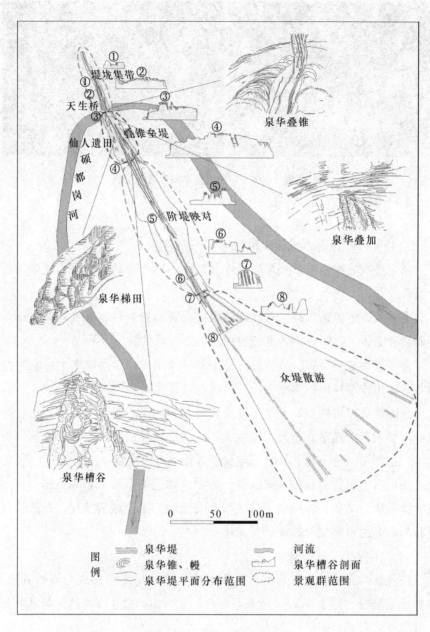

图 5-17 天生桥泉华堤景观

图 5 – 18　丽江玉龙黎明丹霞景观

变异。

（2）兰坪罗古箐峰丛状丹霞旅游地质景观

丹霞孤峰、峰丛显露于丛林。山脊山顶展现高大宏伟的丹霞孤峰、丛峰，峰体轮廓刚毅凝重，伴有古冰川遗迹，峰丛起伏于绿林间。倾斜地层导致孤峰、峰丛丹霞特色。地层倾斜制约的丹霞基本单元呈锥状、峰丛状丹霞景观，赤壁由叠层条纹条带状组成似涌动的超覆波浪状景观。沟谷丛林间，崩塌岩块点缀成景（图 5 – 19）。

图 5 – 19　兰坪罗古箐丹霞景观

（3）剑川石钟山峰丛状、群龟状、莲花状丹霞旅游地质景观

钟状锥状丹霞形态奇异，龟裂纹状红砂岩龟纹深、龟体较宽大厚实，相互簇拥叠垒成锥体或石崖石坝，钟状、锥状、形态怪异高大的龟裂纹石丛（图 5 – 20）。精美的石窟石刻与丹霞景观复合，依山就势，依石雕刻，造就精美且民族文化浓郁的石质文化。

图 5 – 20　剑川石钟山丹霞景观

# 5.2　中国南方岩溶旅游地质景观域

## 5.2.1　中国南方岩溶旅游地质景观

中国南方发育以石灰岩和白云岩为主的碳酸盐岩类的岩溶地貌（喀斯特地貌）。中国喀斯特有面积大、地貌多样、典型、生物生态丰富等特点（图 5 – 21）。

以岩洞地貌为主的芦迪岩洞景观，景观内有各种奇态异状的溶洞堆积地貌，形成了"碧莲玉笋"的洞天奇观，如七星岩石钟乳构成的地下画廊，真是琳琅满目。武鸣伊岭岩，北流沟漏洞，柳州都乐岩，兴平莲花岩，兴安乳洞，永福百寿岩，宜山白龙洞，凌云水源洞，龙州紫霞洞等也都是著名的溶洞景观区。

中国南方有众多的岩溶景观的著名风景名胜区：

·广东肇庆七星岩七座石灰岩山峰形如北斗七星，山前星湖潋滟，山多洞穴，洞中多有暗河、各种奇特的溶洞堆积地貌。

·广西盆地峰林峰丛：平地拔起的峰林，层层叠叠的峰丛，开阔的岩溶洼地和孤峰。广西桂林山水和阳朔风光主要是以石芽、石林、峰林、天生桥等地表喀斯特景观著称于世，并且是山中有洞，“无洞不奇”。

·云南昆明石林风景区：高大巨型石芽群峰林景观大、小石林、乃古石林、和莫村石林、石板哨石林、天生桥。泸西阿庐沽洞、建水燕子洞，九乡溶洞，白龙洞。

·贵州省：兴义尼函石林、修文石林；黄果树瀑布岩壁钙华地貌；龙宫洞，贵阳地下公园，镇宁犀牛洞，镇远的青龙洞，龙山的仙人洞，贵州的织金洞，黔灵山麒麟洞。

·四川省：九寨沟钙华滩流，珍珠滩瀑布；黄龙风景区钙化池、钙化坡、钙化穴岩溶景观；石柱县新石拱桥为喀斯特天生桥地貌。

·湖南省：武陵源黄龙洞，冷水江波月洞；神仙府洞。

·江西省：鄱阳湖口石钟山景区绝壁临江洞穴群；彭泽龙宫洞。

·浙江省：瑶琳仙境岩溶洞穴。

·江苏省：宜兴善卷洞、张公洞、灵谷洞。

## 5.2.2　中国南方喀斯特世界自然遗产

中国南方喀斯特地形覆盖约 5 万平方千米，占整个中国喀斯特面积的55%，集中了中国最具代表性的喀斯特地形地貌区域。其中云南石林以“雄、奇、险、秀、幽、奥、旷”著称，被称为“世界喀斯特的精华”，贵州荔波曾入选“中国最美十大森林”，是布依族、水族、苗族和瑶族等少数民族聚集地，另外贵州兴义万峰林、广西桂林山水、四川兴文峡谷等喀斯特景点也享誉国内外。中国南方喀斯特在地质地貌、生物生态、美学、

**图 5 – 21   中国南方喀斯特**

上   贵州荔波喀斯特    中   昆明石林喀斯特    下   重庆武隆喀斯特

民族文化等方面的世界价值，长期以来得到了国内外的广泛重视和认同。

由中国云南石林、贵州荔波、重庆武隆共同组成的"中国南方喀斯特"（South China Karst）（其中云南石林为世界地质公园、中国5A级旅游景区），根据遗产遴选标准 C（Ⅱ）（Ⅲ）（Ⅳ）（Ⅵ），作为世界自然遗产，在 2007 年 6 月 27 日第三十一届世界遗产大会通过列入《世界遗产名录》。2014 年扩展了重庆金佛山、贵州施秉、广西桂林、广西环江四个自然遗产地。

列入世界遗产名录的中国南方喀斯特遗产地由云南石林的剑状、柱状和塔状喀斯特，贵州荔波的森林喀斯特，重庆武隆的以天生桥、地缝、天洞为代表的立体喀斯特共同组成，形成于 50 万年至 3 亿年间，总面积达 1460 平方千米，其中提名地（核心区）面积 480 平方千米，缓冲区面积 980 平方千米。它们整体具有突出的普遍价值，各自为中国南方喀斯特类型的典型代表。连片地区形成了独特的喀斯特多样性，表现为高原地区、高原和低地过渡地带的峰丛喀斯特、深切峡谷喀斯特，包含了完整的热带、亚热带喀斯特上升发育区的结构系统和演化序列。

中国南方喀斯特景观域包含出色的具有美学重要性的自然现象或地区；代表生命进化的记录、重要且持续的地质发展过程、具有意义的地形学或地文学特色等的地球历史主要发展阶段的显著例子；在陆上、淡水、沿海及海洋生态系统及动植物群的演化与发展上，代表持续进行中的生态学及生物学过程的显著例子；拥有最重要及显著的多元性生物自然生态栖息地，包含从保育或科学的角度来看，符合保护价值的濒临绝种动物种。

世界遗产委员会认为，"中国南方喀斯特"在喀斯特特征和地貌景观方面的多样性是无与伦比的，代表了世界上湿润热带到亚热带喀斯特景观最壮观的范例，因而具有突出普遍价值。中国南方喀斯特——云南石林是最好的自然现象和世界上该类喀斯特的最好参照，是世界上石林地貌的最好范例，是喀斯特特征的模式地。

1. 贵州荔波森林喀斯特

荔波森林喀斯特位于黔南布依族苗族自治州的茂兰国家级喀斯特森林自然保护区，总面积 200 平方千米。荔波喀斯特原始森林、水上森林和"漏斗"森林，合称"荔波三绝"。根据喀斯特地貌形态与森林类型的组合，荔波森林喀斯特可分为森林密集覆盖的喀斯特峰丛漏斗的漏斗森林；森林广泛覆盖的喀斯特锥状洼地的洼地森林；森林覆盖较广的喀斯特盆地/谷地的盆地森林；森林浓密覆盖的喀斯特槽谷的槽谷森林。

荔波樟江小七孔、大七孔、水春河峡谷樟江风景名胜区是荔波山水的缩影。小七孔的水上森林，森林长在碧水中，碧水在林中流淌，丛林树木根系裸露水中，紧抱住石块。大七孔的天生桥、原始森林、峡谷、暗河、地下湖、大七孔古桥风景绮丽。

### 2. 云南石林喀斯特

云南昆明石林位于滇东高原腹地，以喀斯特景观为主，是岩溶/喀斯特地质地貌景观。多样性的喀斯特形态，密集型的剑状、刃脊状、蘑菇状、塔状呈高达 20—50 米的林柱状石柱群。高大石林与低矮石芽、洼地、溶蚀湖、溶洞、瀑布组成岩溶峰丛峰林景观。

昆明石林岩溶景观是岩溶术语"石林"的命名地。云南石林国家地质公园、世界地质公园面积约 400 平方千米，包括八个旅游片区：大小石林、乃古石林、芝云洞、长湖、大叠水、圭山国家森林公园、月湖、奇风洞等景区。

### 3. 重庆武隆喀斯特

重庆武隆喀斯特位于重庆市东南部乌江下游，包括芙蓉洞岩溶洞穴喀斯特系统、天生三桥喀斯特系统、后坪冲蚀型天坑喀斯特系统等三个独特的喀斯特系统。为长江三峡地区新近纪以来地壳抬升所形成的喀斯特系统。

芙蓉洞是一个大型石灰岩岩溶洞穴，长 2400 米，宽高多在 30 米至 50 米之间。洞内各种形态的石钟乳发育。

武隆天生三桥天龙桥、青龙桥、黑龙桥三座串珠式天生桥群，于峡谷间，气势磅礴。天龙桥桥高 200 米，跨度 300 米；青龙桥桥高 350 米，宽 150 米，跨度 40 米；黑龙桥有独具特色的三迭泉、一线泉、珍珠泉、雾泉四泉。

后坪天坑群是位于原始森林中的 5 个天坑，天坑呈圆桶形状，口径和深度约 300 米左右，坑壁陡直，天坑中又连天坑。

### 4. 重庆金佛山

金佛山位于重庆南部南川区境内，融山、水、石、林、泉、洞为一体，集雄、奇、幽、险、秀于一身，风景秀丽、气候宜人，旅游资源丰富，以其独特的自然风貌，品种繁多的珍稀动植物，雄险怪奇的岩体造型、神秘而幽深的洞宫地府，变幻莫测的气象景观和珍贵的文物古迹。"金佛何崔嵬，飘渺云霞间"是对金佛山最美好的写照，每当夏秋晚晴，落日斜晖把层层山崖映染得金碧辉煌，如一尊金身大佛交射出万道霞光，异常壮观而美丽，"金佛山"因此而得名。

### 5. 贵州施秉

施秉位于贵州省中东部，黔东南苗族侗族自治州西北部，系黔东南、铜仁、遵义三地州（市）结合部。施秉喀斯特总面积 282.95 平方千米，其中核心区 102.8 平方千米，缓冲区 180.15 平方千米。施秉喀斯特是在古老的、相对不可溶的白云岩上发育了典型而完整的白云岩喀斯特地貌，以峰丛峡谷喀斯特最为典型，是全球热带、亚热带白云岩喀斯特最为典型的范例。其以亚热带白云岩景观为典型，有坡陡谷深的峡谷、绵延起伏的顶部山岚、险峻的脊状山岭与奇特的柱状峰丛等，加之完好植被和终年云雾缭绕，具有丰富和美到极致的喀斯特景观单元，美学价值非同寻常。

### 6. 广西桂林

桂林地处广西东北部，北接湖南贵州，西面与南面与柳州市相连，东面与贺州市毗邻。桂林喀斯特是大陆型塔状喀斯特的世界典范，展现了世界上最独特而优美的塔状喀斯特景观，代表了"中国南方喀斯特"地貌演化史的完美结局。桂林喀斯特遗产提名地由两个片区组成，即漓江片区和葡萄片区。其中，漓江片区为主要片区，综合反映了沿漓江两岸发育的有代表性的峰丛峰林景观；葡萄片区主要展示了典型的峰林喀斯特地貌，包括连体峰林、孤立峰林、残峰等连续演化的喀斯特景观，此外还保留有峰丛区竖井状洞穴及地下河的脚洞系统。

### 7. 广西环江

环江毛南族自治县隶属广西壮族自治区河池市，位于广西西北部、地处云贵高原东南缘，九万大山南麓，东与融水、罗城两县相邻，南接宜州、河池两市，西与贵州省的荔波、从江两县毗连，环江喀斯特与荔波共同组成了从高原到低地斜坡地形上的锥状（峰丛）喀斯特地貌，展示了丰富多样的地表和地下喀斯特地貌形态及生物生态特征，是大陆湿润热带 – 亚热带锥状喀斯特的杰出代表。

　　法国洞穴生物专家露易斯·德哈文先生多次考察环江喀斯特世界自然遗产提名地后说："环江喀斯特地貌独特，所有峰丛、峰林几乎在同一海拔上，以及洞穴生物的丰富性均为亚洲第一。"

# 5.3　中国丹霞

## 5.3.1　中国丹霞旅游地质景观

　　中国南部，广泛展布的侏罗纪白垩纪至第三纪以红色砂、砾岩层为主的红色岩系/红色砂岩，地层厚大稳定，多产状平缓，垂直节理裂隙网络发育。在温湿气候环境下，红色地层抬升，沿垂直节理裂隙系统经风化和流水侵蚀，形成红色暖色调、陡峭的赤壁、方山，孤立的石山石和奇岩怪石为特色的红色峰峰林峰丛丹霞景观，以中国广东省北部丹霞山最为典型。从 20 世纪 20—30 年代起，中国地质学家相继提名"丹霞层""丹霞地形""丹霞地貌"，成为一类独具特色的地质地貌景观类型。丹霞山是丹霞地层和丹霞地貌的命名地，也是"中国丹霞"世界自然遗产提名地。

　　世界上丹霞地貌主要分布在中国、美国西部、中欧和澳大利亚等地，以中国分布最广、发育典型、类型齐全、形态丰富、风景优美，已发现650 多处。中国的广东韶关丹霞山、金鸡岭，江西的贵溪、弋阳、宁都，湖南新宁，福建的武夷山、泰宁、永安，浙江的永康、新昌，安徽齐云山，贵州的赤水，广西的桂平白石山，四川的江油、都江堰市青城山，陕西的凤县赤龙山，云南的玉龙－老君山，都有典型的丹霞地貌。有许多丹霞景观是中国重要的风景名胜区、旅游景区、名山旅游地。

## 5.3.2　"中国丹霞"世界自然遗产

　　2010 年 8 月 1 日，"中国丹霞"经联合国教科文组织世界遗产委员会列入世界遗产名录。"中国丹霞"包括湖南崀山、广东丹霞山、贵州赤水、福建泰宁、江西龙虎山和浙江江郎山，典型地代表了从"青年早期""青年期""壮年早期""壮年期""老年早期"到"老年期"的"中国丹霞"

地质地貌景观特征。

1. 广东丹霞山

广东省韶关市丹霞山丹霞地质地貌景观集中分布于长老峰、海螺峰和宝珠峰丹霞山约180平方千米的区域内。丹霞山由中生代晚白垩世河湖相红色岩系红色砂砾岩侵蚀构成赤壁丹崖的红层峰林，以峰林状赤壁丹崖地貌为特色。丹霞山被称为"中国红石公园"。

丹霞山位于山间盆地中，有380多座高300—400米的石峰、石堡、石墙、石柱，组成错落有致、形态各异的赤壁丹崖柱林峰群。

丹霞山以赤壁丹崖为基本景观要素，由方山悬壁、群峰、岩洞、巷谷、碧水景观组合的赤壁丹崖，类型齐全典型、造型丰富优美，是丹霞地质地貌类风景名山的典型代表。

丹霞山是中生代红色岩系生成、抬升、夷平、剥蚀地质过程、生态地质环境演化的典型地质遗迹，是红色岩系距今约7000万年左右隆起为陆，距今约600万年以来，古剥夷面又间歇式抬升和流水下切，剥蚀风化造型的典型性生态地质地貌景观（图5-22）。

图 5-22　丹霞山丹霞景观

丹霞山在地质地貌学术研究中具有典型性、代表性、多样性和不可替代性，是丹霞地貌的命名地，丹霞山区的红色岩系是华南地区丹霞组地层对比的标准地层。

丹霞山的热带亚热带生态地质环境条件，遗存了植被群落多样性的准南亚热带雨林和天然次生林，是野生动物的栖息繁衍场所。丹霞山有悠久丰厚的历史文化，丹霞山遗存有新石器时代的遗址，石窟禅寺遗存达80多处，摩崖石刻和碑刻 130 多处荟萃，有隐岩幽洞悬棺。丹霞山也是岭南著名的宗教圣地，其中别传寺被誉为岭南十大禅林之一。

2. 湖南崀山

崀山丹霞地貌从青（幼）年期、壮年期至老年期的遗迹均有发育，是典型的壮年期峰丛–峰林地貌的代表模式地。

崀山丹霞的成景岩层为晚白垩世砾岩、砂砾岩组成的陆相红色碎屑岩系，网格状垂直节理发育，与地层岩性层理共同制约丹霞景观发育（图 5－23）。

崀山丹霞景观以密集式圆顶，"身陡、麓缓、顶平"为基本造型，以楔状、墙状块体、柱体与线状谷地组合的峰丛–峰林丹霞为特色。造型多姿多彩，由紫霞峒、扶夷江、骆驼峰、牛鼻寨及八角寨等 5 个景区组成，有天下第一巷、八角寨鲸鱼闹海、将军石、骆驼峰、天生桥、辣椒峰等组成的"崀山六绝"奇观。

图 5－23　崀山丹霞景观

3. 贵州赤水

贵州赤水丹霞，在茂盛、湿润、温和的竹海、桫椤等亚热带森林生态系统中，白垩系嘉定统夹关组的厚层长石石英砂岩为主体地层，发育并保存了连片面积巨大、类型众多、典型的艳丽鲜红的丹霞陡崖绝壁、方山、石柱、沟谷、凹槽、穿洞与幽深的丹霞峡谷、丹霞飞瀑、湖泊以及流水侵蚀而形成的马蹄形陡崖、壶穴，古崩塌体、崩石、洞穴，奇山异石组合成形态万千却又协调融合、壮观而秀美，丹霞发育早期阶段的山原峡谷–丹霞型地质地貌景观。

赤水丹霞的"丹山、碧水、翠林、飞瀑"独具特色，丹霞崖壁、丹霞石峰石柱高大，峡谷深切，阶梯式瀑布群，壮观的十丈洞丹霞瀑布高 76 米、宽 80 米。静态与动态融合的赤水丹霞景色绮丽，充满神秘与生机。

4. 福建泰宁

泰宁丹霞景观以峡谷、曲流、洞穴，奇峰、石柱丹霞石景，与河湖水景奇妙融合的神奇灵秀水上丹霞为特色，展现造型活跃的青春期丹霞奇观。

泰宁武夷山山脉中的大金湖丹霞景观由赤壁丹崖、方山、尖峰、石柱、石墙、深切曲流、巷谷、峡谷组合成造型奇异的块状山地、峰林、峰丛，崩落堰塞湖、瀑布，蜂窝状洞穴、壶穴，石钟乳丹霞景观，与蜿蜒于赤石翠峰间的上青溪、金龙谷、金湖水体山光水色辉映，呈现"水上丹霞"奇观。奇峻的金饶山花岗岩地貌景观有石柱石峰，峰顶奇石石蛋、风动石。

有"汉唐古镇、两宋明城"之美誉、历史悠久的泰宁古城与精美的丹霞景观为邻，积淀有明代民居建筑全国重点文物保护单位"尚书第建筑群"等历史文化遗迹。

5. 江西龙虎山

江西鹰潭市龙虎山丹霞成景岩性为中生代紫红色河湖相厚层状砾岩、砂岩组成的碎屑岩系，伴有火山岩系。构造切割，流水冲刷侵蚀成景作用使红色岩系岩石解体、崩塌，形成石墙、石崖、石柱、石峰、石寨峰丛峰林，单面山、猪背山，蜂窝状洞穴；天生桥、石门、一线天等造型的丹霞景观，构成从幼年期、壮年期到老年期丹霞地貌的完整序列。

龙虎山群峰绵延数十里，上清溪（泸溪）绕山转峰，丹霞与溪河相互辉映组成山水交融碧水丹山的山水画卷（图 5－24）。

龙虎山有密集的崖洞、石窟、摩崖石刻，悬棺群和古崖葬遗址；依穴而建的寺观，道教建筑上清宫和嗣汉天师府，曾建造的道观 80 余座、道院 36 座，彰显了龙虎山"道教第一山"源远流长的道教文化和道教发祥地。

图 5 - 24　龙虎山丹霞景观

### 6. 浙江江郎山

江郎山位浙江省江山市石门镇，面积 11.86 平方千米。主景区由三石峰、十八曲、塔山、牛鼻峰和仙居寺等五部分组成，是闻名遐迩的旅游胜地，以典型的丹霞地貌景观、雄伟奇特的"三爿石"著称（图 5 - 25）。

图 5 - 25　江郎山丹霞景观

江郎山海拔 500 米的陡崖上，屹立三爿高约 319 米的砾岩丹霞孤峰郎峰、亚峰、灵峰"三爿石"，最高点海拔 819 米；巨石长度与高度逾 200 米，形似刀砍斧劈的石笋天柱，亚峰、灵峰间巷谷仅 3 米宽，称"一线天"。有海螺峰、郎峰仙道、石隙奇观一线天、神笔峰、倒影湖、会仙岩、仙居剑瀑、须女湖、虎跑泉、十八曲等景象。景区森林覆盖率达到 86%，拥有国家重点保护野生植物 22 种、国家一级保护动物 5 种和国家二级保护动物 20 多种。

江郎山有千年古刹开明禅寺、千年学府江郎书院。有白居易、陆游、辛弃疾等名人诗作。辛弃疾诗："三峰一一青如削，卓立千寻不可干；正直相扶无依傍，撑持天地与人看"。白居易诗："安得此身生羽翼，与君来往醉烟霞。"有明代理学家湛若水摩崖题刻"壁立万仞"；伟人毛泽东手书体"江山如此多娇"摩崖石刻。

江郎山位于三省边界的廿八都古镇，始于唐代，繁盛于明清，遗存至今。频繁战争、屯兵、移民，使总共一万人口的廿八都成为有 132 个姓氏，9 种方言的"方言王国"和名副其实的"百姓古镇"。依山傍水、缘溪而建的民居，其建筑风格多样，集浙式、徽式、闽式、赣式、苏式、云贵，甚至欧式于一身；其雕刻精美，乃融木雕、石雕、砖雕于一体；其民俗淳厚，耕读传家，小小古镇竟有两个孔庙，孔庙中保存了 400 多幅彩色壁画。

# 5.4　中国东南海岸带旅游地质景观域

## 5.4.1　**中国东南海岸带**

中国东南沿海有 18000 千米的海岸线，沿海星罗棋布 6500 余个岛屿，50 余个群岛和列岛。多姿多态的海岸海滨海岛、海蚀作用下的旅游域，是海洋沙滩阳光旅游域。

海岸带有海流、海浪、潮汐海水浪击动态景观，海水对海岸侵蚀的海蚀景观，海水淘洗堆积的沙滩景观，海滨生态地质景观，潮间带及海岸斜坡礁体、海洋生物景观，形成了 3S（Sea、Sun、Sand）海水、阳光、沙滩旅游地（图 5 - 26）。

1. 主要海岸类型

（1）侵蚀海岸

海蚀作用形迹突出，以侵蚀基岩为主，海岸形态曲折复杂多变的丘陵

**图 5 - 26　中国东南沿海海岸带旅游景观**

上左　亚龙湾　上中东寨港红树林　上右舟山群岛

下左　涠洲岛　下中　漳州　　　下右漳州

海岸，沙滩较少，但多较洁净，分布于辽东半岛、山东、浙江、福建一带海岸。如辽东半岛南端的老虎滩、黑石滩石柱、石芽景观；大连金州、满家滩海蚀崖、海蚀洞海蚀景观；山东半岛成山头、马山崖海蚀岬角。

（2）堆积海岸

主要分布于渤海西岸、江苏沿海、江河入海口。海岸多较平直、平缓水浅，多泥沙组成的海滩，如江苏沿海五条沙沙滩。海流三角洲堆积海岸成三角洲岸、三角湾岸，如黄河口三角洲、长江口三角洲、珠江口三角洲。

（3）生物海岸

主要分布于中国南方热带亚热带地区的海岸，以生物作用突出的珊瑚礁海岸、红树林海岸为典型。如，北回归线以南澎湖列岛、海南岛、雷州半岛的裾礁、堡礁景观。

（4）断层海岸

受断裂控制、由断裂面断层崖制约、海岸岸壁陡直险峻高大雄伟。如，我国台湾东部海岸，清水断崖高达 700 余米。又如，福建平潭牛山岛、南澎湖列岛断崖海岸。

2. 中国知名海岸线景观

（1）亚龙湾

位于我国最南端的热带滨海海南三亚。沙滩延伸约 8 千米，建立有热带风情的亚龙湾国家旅游度假区。亚龙湾集海洋、沙滩、阳光、绿色、新鲜空气旅游要素一体，山海连绵，沙滩洁白、海水清澈、海底有珊瑚礁，自然风光优美、热带海洋性气候，气候宜人。

（2）东寨港红树林

位于海南琼山东寨港国家级自然保护区，是国内最大的海上森林。列入国际重要湿地名录。由野菠萝树奇形怪状树根和枝干为主构成红树林景观。海水低潮时可看到红树林的根部和泥地，高潮看到红树林的树冠；东寨港海岸的潮汐，半日潮（每天两次潮水涨落）和每月的大潮和低潮，潮水涨落程度差异使红树林景观变化无穷。

（3）昌黎黄金海岸

位于河北省东北部秦皇岛昌黎县，海岸线长 52 千米，沙丘、沙堤、泻湖、林带和海洋生物等构成沙质海岸自然景观。昌黎黄金海岸自然保护区是国家级海洋类型自然保护区。沙质海岸分布有四十余列沙丘，最高处达 44 米，陡缓交错的沙丘，绵延无尽的沙滩和碧蓝的大海、构成了罕见的海洋大漠景观。

（4）维多利亚海湾

位于香港岛与九龙半岛之间。海底多为岩石，泥沙少。维多利亚港湾港阔水深，宽度从 1.2 千米至 9.6 千米，平均水深为 12.2 米，是香港的主要港口。

（5）涠洲岛

位于广西北部湾海域，为年轻的火山岛。火山熔岩与海蚀、海积地貌，火山喷发堆积和珊瑚沉积融为一体。

（6）舟山群岛

位于长江口以南、杭州湾以东的浙江省北部海域，有大小岛屿 1339个，呈北东向延伸。海岛礁岩奇石林立，水山相连，风光秀丽，气候宜人。有海天佛国普陀山、海上雁荡朱家尖、海上蓬莱岱山、东海观音山、黄龙岛、桃花岛等著名岛景。

（7）漳州

位于福建省漳州滨海地带，由 2600 万年前至 700 万年前间火山喷发的玄武岩构成典型的火山地质地貌景观。火山口保存完好，有罕见的无根喷气口群、气孔柱群及由 140 万根巨型六边形玄武岩柱组成的柱状节理群，有各种海蚀地貌和多处优质沙滩。建有漳州滨海火山国家地质公园。

### 5.4.2　海岸带特色旅游地

1. 海滨海岸带特色旅游地

在海滨海岸带，有许多海滨国家级的风景名胜区，如秦皇岛北戴河，大连海滨旅顺口、金石滩、兴海海滨，胶东半岛海滨，三亚热带海滨。在许多海滨风景名胜区中含有海滨旅游地/旅游景点，如青岛崂山、五台山。

·秦皇岛北戴河海滨风景名胜区：从戴河口至鹰角石东西长 10 千米、南北宽 1500 米的海岸带，有南戴河、昌黎海滨等 28 个海滨、20 余处风景名胜，是我国最佳的海景、海滨浴场、避暑休闲度假海滨旅游地。

·北海银滩国家旅游度假区：北海银滩西起侨港镇渔港，东至大冠沙，东西绵延约 24 千米，宽 30 米—3000 米之间，平均坡度仅为 0.05，滩长而平。沙滩由石英砂组成，洁白、细腻。

·山东荣成成山头国家级风景名胜区：位于荣成市龙须岛镇，南北长 2 千米，东西宽 1.5 千米，面积 2.5 平方千米。群峰连绵，三面环海，气势壮观。

2. 中国台湾野柳地质公园

野柳地质公园位于中国台湾新北市万里区野柳村，有长约 1700 米突出海面的岬角，海岸附近出露海面。在地壳升降运动中，由海浪冲蚀作用与海洋生物作用形成海滨奇岩。野柳的海蚀平台上有圆盘状沙线类的海胆化石堆积生物岩、痕迹化石密集的岩层。不同硬度不同抗风化能力的岩层，在海蚀、风蚀作用下形成了单面山、海蚀崖、海蚀洞等地质地貌景观，蜿蜒曲折海岸、怪异凹凸的巉岩、似笋似菇的岩柱，绚丽多姿。海蚀作用塑造的蜂窝石、烛状石、豆腐石、覃状石、壶穴、姜石、棋盘石、溶蚀盘、海蚀洞沟等造型奇特的海蚀景观群（图 5 - 27）。野柳地质公园分为女王头、仙女鞋、烛台石、乳石、蕈状岩，豆腐岩、龙头石，海蚀壶穴、海狗石等造型各具特色的三大景观区。

**图 5 - 27　中国台湾野柳地质公园海蚀景观**

上—颈缩明显的蘑菇柱群　中—烛台岩群　下—壶穴、洞、崖群

　　野柳地质公园具有以蘑菇状低矮柱体为主的蘑菇柱群海蚀景观、蘑菇岩群（蕈状石）。约 180 个蘑菇柱头大、颈缩、宽根，多以略比人高大形似大香菇的蕈状石为特色景观。蘑菇群头部为褐色、褐黑色，表面坚硬、凹凸似蜂窝状，颈缩部位棕色至土黄色，多细腻层纹状细砂页岩。浑圆状丰满乳房的烛台岩石，似圆桶状水壶状壶穴，沿棋牌格状裂隙海蚀呈豆腐状的豆腐岩，综合显示了蕈状石的演化过程。

　　蕈状石是野柳最具代表性的地质景观。一柱擎天的巨型香菇擎柱石，酷似颈子修长、脸部线条优美，神态昂首静坐，形态雍容尊贵，雕塑精美的蕈状石"女王头",是野柳地质公园的象征、地标品牌景观。

野柳是白眉巫、黄喉巫、戴胜、绶带鸟、黄眉柳莺、乌灰鹤、黑鸫等稀有鸟类候鸟南迁北返的栖息地。

野柳地质公园开发有海豚、海狮表演馆野柳海洋世界,观赏鱼类海洋生态的海底隧道。

野柳地质公园是著名的旅游胜地。

3. 海滨海岸带特色岛屿旅游地

·普陀岛:普陀山

·台湾岛:阿里山　日月潭　太鲁阁大峡谷　清水断崖　野柳蕈状石

·海南岛:五指山　天涯海角

# 5.5　雅鲁藏布大峡谷旅游地质景观域

雅鲁藏布江发源于喜马拉雅山北麓杰马央宗冰川,全长2057千米,是世界上海拔最高的大河。雅鲁藏布江自西向东流经藏东南的米林、林芝、墨脱地区,江水绕行海拔7782米的南迦巴瓦峰,形成巨大的似马蹄形转弯的雅鲁藏布大峡谷。大峡谷具有典型性、多样性、地域性的旅游地质景观。巨大的大峡谷中包含有低级次的曲流和峡谷,形成壮丽的、多级次的曲流群与峡谷群,构成奇特的自然景观(图5-28)。

图5-28　雅鲁藏布大峡谷

1. 世界最深最长最窄壮观险峻的大峡谷

雅鲁藏布大峡谷长 496 千米，海拔在 4000 米以上，平均深度 5000 米。流经南迦巴瓦峰与加拉白垒峰之间地段峡谷宽仅 21 千米，深达 5138 米；峡谷入口（大渡卡村）海拔 2880 米至出口（巴措卡村海拔 155 米）落差达 2725 米，平均坡降 5.49‰。峡谷最深河段底抗峡岸壁陡峭乃至绝壁直立，最窄处江面宽仅 35 米。从南迦巴瓦峰到下游的平距 40 千米的希让村（海拔 560 米），高差达 7222 米。峡谷横断面呈 V 字形或 U 字形。

2. 完整发育的雪山冰川系列景观

有季风型海洋性温性冰川。冰川从高山冰雪地带伸入亚热带的常绿阔叶林中。雅鲁藏布大峡谷河段两侧有海拔 7000 米以上的山峰 5 座，6000 米以上的山峰 12 座，5000 米以上的山峰 50 余座；南迦巴瓦峰四周有 49 条冰川，加拉白垒峰四周有 9 条冰川，岗日嘎布山有 37 条冰川；加拉白垒峰东坡列曲冰川，从海拔 4700 米雪线延至海拔 2850 米，念青唐古拉山东段北坡卡钦冰川长达 33 千米，帕隆藏布上游的来姑冰川长达 35 千米；山谷冰川、冰斗冰川、悬冰川、冰蚀与冰川堆积形态万变；冰川滑移、雪山崩落/雪崩频发且强烈壮观。

3. 巨大瀑布成群/连续展布

瀑布成群，常呈现多级落差、多级叠置，飞瀑倾泻。大峡谷的顶端加拉、八玉、冷多、背崩、多雄曲等峡谷两岸大瀑布呈群。大峡谷主河段的峡谷河道上有 4 处大瀑布群，其中一些主体瀑布落差在 30—50 米。

4. 温泉、热泉众多

温泉水温高达五六十摄氏度，更高者达七八十摄氏度，并可达 85℃。有喷泉、矿泉。

5. 湖泊成群

大小形态各异的湖群嵌布于峡谷不同高程、不同景观的雪山、丛林、热带雨林部位。

6. 独特的地质构造景观

大峡谷展布于印度板块和欧亚板块碰撞闭合的雅鲁藏布江板块缝合线，分布有特提斯洋壳的蛇绿岩套、构造混合杂岩。有印度地块的元古宙古老变质岩；有欧亚板块岛弧环境下的古生代、中生代火山－沉积岩系；有巨大的花岗岩带。

7. 具有强烈的新构造运动景观

地壳强烈抬升，河流快速下切，地形陡峻而复杂，雪崩、滑坡、泥石流发育；地震滑动剧烈且频发。冰川刨蚀的 U 形谷和流水侵蚀的 V 形谷并存。

8. 立体气候、立体生态、生物多样性独特、典型

有丰富的稀有生物资源，有世界上濒临绝种的古老物种生息繁衍；从低山到高山热带、亚热带、温带、寒带气候，从河谷热带雨林到高山寒带草甸、高山冰雪带植被垂直分带在大峡谷同地域展布。有近五千种高等植物、千种野生动物，构成植物多样性、动物多样性的动植物宝库。

9. 独特的原始的地域民族文化，门巴族和珞巴族风情。

## 5.6 中国桂林山水旅游地质景观域

### 5.6.1 桂林山水

"桂林山水"是中国南方岩溶锥状峰林峰丛景观中山水相依、山青水秀的典型性、地域性、地标性的代表，是与昆明石林齐名的中国南方岩溶景观的优质品牌。

桂林山水展布于气候温湿的中国南方岩溶发育区，江河水系成网、断裂系统发育、碳酸盐类广布且层厚质纯。从桂北百色田东到桂西南南宁玉林峰丛峰林岩溶景观呈片带发育，其中段桂林附近岩溶盆地的岩溶景观尤为完美，从桂林到阳朔沿漓江两岸峰林孤峰与江河相伴相映，展现了锥状峰林峰丛岩溶景观"甲天下"的桂林山水秀丽景色样本。"山青、水秀、洞奇、石美"为桂林山水浓缩，"桂林山水甲天下"赞誉四方（图 5 - 29）。

桂林阳朔漓江河段堪称桂林山水的样本。桂林至阳朔漓江河段 83 千米锦绣河山著称于世的桂林山水酷似青龙带，蜿蜒于万点峰丛间，奇峰倒

**图 5 - 29    桂林山水**

上—山水相依相映的峰林峰丛    中—人地谐和的山水盆峰林峰丛    下—精致的溶蚀景观

影、飞瀑深潭，宛如一幅绚丽多彩的画卷。漓江河段展现了峰林峰丛造型与盆地/谷地组合的宽广型岩溶地质地貌秀美景观。"桂林山水甲天下，阳朔山水甲桂林；群峰倒影山浮水，无山无水不入神"，彰显了阳朔桂林山水自然风光的典型性。

### 5.6.2    桂林山水发育特点

1. 桂林岩溶盆地面积 7000 平方千米，纯净石灰岩巨厚达两三千米，为桂林山水的形成奠定了较为稳定均匀的岩石类型。

2. 地层层理平缓，垂直节理裂隙发育，垂直与水平裂隙系统配套，地壳抬升相对稳定，利于形成岩溶管道系统时，易于溶蚀形成地下岩溶洞穴、地表穿洞天生桥。桂林阳朔一带达 2000 多个洞穴。

3. 桂林地区发育近南北向和北东、北西向组成的地域性线性构造系

统，是岩溶溶蚀作用发育的优选方向，构造交会部位为岩溶发育程度高强
部位：

·漓江桂林山水带总体呈近南北向延伸；

·峰林、峰柱、孤峰常沿构造线排布；

·岩溶七星岩等洞穴沿构造线发育；

·在特定地域中峰林峰柱高度相似，常受夷平面或地层界面制约；

·疏林状、圆锥状峰林、孤峰、峰柱/石峰多沿江沿洼地边缘；密林
状峰丛峰林多稍离江岸。

4. 岩溶形态类型常集中呈现：

·桂林市区中的孤峰群：独秀峰、伏波山、象鼻山、驼峰山；

·桂林市区中的多层状多道状溶洞群：七星岩、芦笛岩、龙隐岩、
风洞；

·桂林溶洞群中的石钟乳钙华群。

5. 碳酸盐类岩石在富水及水动态系统发育的环境中的易溶蚀性，发育
断裂裂隙网络提供的动态水运移通道，不仅加速了碳酸盐类岩石的分解溶
蚀，而且地表上下岩石沿裂隙网络的快速溶蚀性，易导致山石的剥离崩
塌，石峰与洼地、沟谷凸凹景致随岩溶作用进展而凸显；随地壳的间歇式
抬升而呈现山、水、洞的立体层次展现。在山水景象中，溶蚀作用为主体
的山水，山峰形态较简单而平稳秀俊；分解崩落发育部位山水形态复杂雄
伟，石峰峭壁林立，其下部多崩石堆叠；间歇抬升显著部位多悬壁断崖、
水平洞穴众多，立体岩溶景观层次分明。如桂林七星岩、芦笛岩溶洞洞穴
内层层洞穴；独秀峰、伏波山、叠彩山峰柱群多姿多态、山上有洞；象鼻
山穿洞通河。

6. 洞穴成群。七星岩为五个出口连接四十五个洞；主洞长达 814 米，
贯穿着八大厅堂；洞穴长 3 千米，分为三层，洞穴崩陷成的中层大洞厅堂
高 27 米，宽 48 米。光明山有芦笛岩、大岩、飞丝岩、穿岩贯穿穿洞。

### 5.6.3　桂林山水特色景观

桂林山体似塔成林，与其间平地、河流、相互辉映。漓江两岸峰丛、

阳朔峰林、象鼻山、叠彩山、伏波山、独秀峰、龙隐岩和龙隐洞、芦笛岩、七星岩、冠岩等皆为岩溶精品景观。

·桂林阳朔漓江河段；

·七星岩、芦笛岩溶洞群：七星岩上下层洞穴，上旱下水，长逾千米，高差25—35米，竖洞相连。洞内景点40余处，摩崖石刻数十件；

·独秀峰、伏波山、叠彩山峰柱群；

·象鼻山、驼峰山、试剑石奇峰群：象鼻山位漓江与桃花江汇流处，山形酷似伸象鼻于漓江饮水，长108米，宽100米，山体占地1.3万平方米。有云峰寺、舍利塔、普贤塔、水月洞；

·穿洞：阳朔的月亮山明月洞、桂林穿山的月岩、坪山的穿岩。

### 5.6.4　桂林山水文化

桂林是两千多年历史文化古城，文化底蕴丰厚。桂林山水作旅游资源开发久远。

1. 历代诗人描绘桂林山水的诗歌，至今已有1万多首。唐代有30多位诗人写过桂林。记载有据的如：享誉于世的名句"桂林山水甲天下，玉碧罗青意可参"，源于八百多年前的宋代王正功所作七律中的佳句。"桂林山水甲天下"流传为脍炙人口的山水文化杰作。诗人韩愈赞誉桂林山水："江作青罗带，山如碧玉簪。"宋代蓟北处士以《水月》为题的绝句描绘象鼻山："水底有明月，水上明月浮。水流月不去，月去水还流。"

2. 桂林山水景色、景点的诸多命名，内涵了渊源的文化底蕴。如，漓江书童山、玉女峰奇峰；象鼻山"象山水月"奇景；清代王元仁如行云流水一笔写成、一字内含"一带山河甲天下，少年努力世无双"十四字笔意的"带"字摩崖石刻精品。

3. 摩崖石刻众多。龙隐洞洞穴中现存石刻213件。洞穴石刻题书中七星岩已开发1400余年，龙隐洞已开发1100年。象鼻山有历代石刻文物50余件，多刻在水月洞内外崖壁上。建于明代，高13米，须弥座为双层八角形，雕有普贤菩萨像的"普贤塔"。

4. 众多历代文人墨客游览桂林山水，留下精粹的桂林山水文化。徐霞客考察桂林山水溶洞，从地学与山水融合角度记载了桂林山水的特色。

5. 源于桂林山水的桂林山水画，在中国山水画中有其独特的山水特色。桂林山水造就了中国山水画中，溶于桂林岩溶景色、凝聚鲜明的桂林地域风格的漓江画派。

6. 桂林山水涵盖以桂林市为中心的周边碳酸盐类岩溶景观发育地域。龙胜县东南部约 66 平方千米，规模宏大的龙脊梯田群，如链似带，层层叠叠，高低错落；漓江、浔江、资江发源地猫儿山风景秀丽。桂林山水间淀积有地域特色浓郁的壮、瑶、苗、侗等民族民俗风情，孕育了以桂林山水为实景、民间风情为梗概山水秀丽漓江的电影《刘三姐》。

## 5.7 青藏铁路沿线山原旅游地质景观域

### 5.7.1 青藏铁路沿线旅游地质景观

东起青海省西宁市，西至西藏自治区拉萨市的青藏铁路全长 1956 千米，经过青海湖盆地、祁连山、柴达木盆地、昆仑山山脉、拉萨河谷；戈壁滩；大陆性冰川、冻土地带；祁连山东部干草原、柴达木荒漠；可可西里源高寒草原、那曲草原、拉萨河谷灌丛；三江源。2006 年 7 月 1 日，青藏铁路全线贯通。

沿线有南山口、甘隆、小南川、玉珠峰、不冻泉、楚玛尔河、纳赤台、五道梁、秀水河、沱沱河、通天河、雁石坪、布强格、唐古拉山、扎江藏布、安多、错那湖、那曲、当雄、羊八井、拉萨市等旅游景点及站点。

青藏铁路沿线有各种类型的景区景点 495 个，其中世界级旅游资源 11 个，国家级旅游资源 69 处，有国家级自然保护区、风景名胜区 6 个，世界遗产和国家重点文化保护单位 7 个。青藏铁路沿线具有适应高原环境、设计独特、现代科技结晶的重大标志性铁路建设工程以及融当地自然生态环境和民族特色为一体的景观站，也是世界级的融自然旅游景观与人文旅游景观于一体的复合旅游景观（图 5 - 30）。

图 5 – 30　青藏铁路旅游景观

青藏铁路从西宁到拉萨 1956 千米，平均海拔 4500 米；从昆仑山往西进入高原平台，以永久性冻土地带为主。

青藏铁路穿越中国西北部祁连山、昆仑山、唐古拉山、念青唐古拉山四大山系，以及四座海拔 7000 余米的山峰群、藏传佛教的神山。

念青唐古拉山位于青藏高原中南部，东西走向约 600 千米。山势笔直，险要壮观，主峰顶部形似鹰嘴，多断岩峭壁，常年冰雪覆盖。主峰海拔7162 米。

1. 青藏铁路沿线跨越青藏高原的各类山原地质景观

·祁连山：森林草原。

·纳木错湖：海拔 4718 米，面积 1920 平方千米，是世界上海拔最高的咸水湖。湖水清澈，矿化度低，湖滨平原水草茂盛。

·柴达木盆地：干旱区生态。

·可可西里：展布于唐古拉山和昆仑山间，长江源区之一。有 230 余种野生动物，被称为野生动物的乐园。其中的藏羚羊，是我国特有群居物种。

·日月山：海拔 3500 米。

·昆仑山：大陆性冰川。昆仑山平均海拔 5500—6000 米，白雪皑皑的巍峨群峰连绵不断。青藏线最高点唐古拉山垭口海拔 5231 米。

·青海湖：我国最大的内陆湖、咸水湖，面积 4500 平方千米，海拔 3200 米，海滨绿茵草地和农耕地。

·察尔汗盐湖：察尔汗盐湖是世界上最大的内陆盐湖之一，面积 5848 平方千米，海拔 2670 米，盐层厚约为 220 米。

·格尔木河

·雅鲁藏布江

·高原冻土景观：冻胀土、石条、石环、冻胀石笋、热融滑塌。

·坎布拉：丹霞地貌，黄河上游峡谷。

2. 青藏铁路沿线人文景观

·布达拉宫：始建于公元七世纪四十年代，是融宫殿、城堡和寺院于一体的古建筑群。世界上海拔最高的宫殿，宫内收藏了大量珍贵文物和壁画。是崇高的宗教象征，万众景仰的圣殿。

·羊八井地热：高海拔草原深处的地热区。

### 5.7.2 青藏铁路景观站台特色景观

青藏铁路有 45 个车站，其中有玉珠峰、楚玛尔河、沱沱河、布强格、唐古拉、错那湖六大景观站台，站台建有供游客观光青藏风光的观光台。

·玉珠峰景观：站点海拔 4159 米，可看到著名的海拔 6178 米的昆仑山玉珠峰和有青藏高原“动物王国”的美誉的可可西里自然景观；高原草甸、高原草原和冰雪带垂直生态景观。玉珠峰又称可可赛极门峰，海拔 6178 米，是昆仑山东段最高峰。周围有 15 座海拔 5000 米以上的雪山。

·楚玛尔河景观：站点海拔 4495 米，是藏羚羊迁徙通道核心区，可看到专为藏羚羊等野生动物迁徙所建、长 2565 米的楚玛尔河大桥。有时，还可见成群结队的藏羚羊。

·沱沱河景观：站点海拔 4547 米，可观看长江源头沱沱河、长江第一大桥。沱沱河发源于唐古拉山脉主峰各拉丹冬雪山西南侧的山谷冰川。

·布强格景观

·唐古拉景观：站点海拔 5072 米，世界最高海拔的火车站，可以观看雄伟的唐古拉山海拔 6621 米的最高山峰——各拉丹冬雪峰。

·错那湖景观：站点海拔 4594 米，可观看距离青藏铁路最近仅几十米、湖面 400 多平方千米的错那湖和湖边宽广的草场。错那湖位于藏北草原，海拔 4650 米的高原淡水湖。湖滨宽广的草场是藏羚羊和黄羊的家园。

## 5.8　滇中林柱状旅游地质景观域

云南中部相对长期隆起的滇中古陆，在相对沉陷部位的沉积岩或堆积台地，受水的溶蚀淋蚀剥蚀作用，发育了以石柱、沙柱、沙林、土林造型为特色的林柱状岩溶型、淋蚀型景观。水蚀作用既是林柱状景观发育造型的营力，也是林柱体衰亡的营力。林柱体的发育过程呈现了林柱状景观萌芽—发育成型—衰亡的景观生命周期。

·滇中岩溶型林柱状旅游地质景观

碳酸盐类广布、气候温湿，使岩溶型（喀斯特）林柱状地质旅游景观普遍发育。与地表岩溶林柱状地质景观相伴，地下洞穴中普遍发育有由碳酸盐泉华形成的洞穴（地下）林柱景观。有由洞顶下垂的石钟乳、有由洞底向上生长的石笋，有从洞顶直至洞底"顶天立地"的石柱。有驰名于世的世界地质公园、世界自然遗产"中国南方喀斯特"典型代表云南石林林柱状旅游地质景观；有发育于地下洞穴的九乡、阿庐古洞、白龙洞等钟乳石形成的石笋、石柱林柱状旅游地质景观。

·滇中淋蚀型林柱状旅游地质景观

展布于古陆边缘新生代断陷湖盆，固结程度较差的湖河相砂泥质地层，在地壳上升过程中，水沿垂直节理裂隙淋蚀形成的林柱状旅游地质景观。有元谋土林、陆良彩色沙林、元江彩色膏林等旅游地质景观。成景原始地质体成层性及物质差异性、构造叠加性、水流侵蚀性是林柱体成景三大基本要素。峰林、峰丛、峰柱，陡壁、沙屏、彩屏，沙窗、沙洞是林柱状景观的景观基本造型单元。成景岩性的物质组分、矿物碎块岩屑、色素离子，泥质、黏土矿物的吸附性，以及上述条件的空间聚集展布状况是景观色彩形成的主要因素。

### 5.8.1　昆明石林岩溶林柱状旅游地质景观

位于云南东部岩溶高原，地层产状平缓，垂直共轭节理网络发育。受多地质事件、岩性、节理、水多因素制约，形成以林柱状岩溶景观为特色的岩溶型峰林峰丛旅游地质景观。石林林柱状景观可达 400 平方千米。被誉为"天下第一奇观"和"世界石林博物馆"。

1. 景观特征

（1）成景岩性

4 亿年前泥盆纪至 2.7 亿年早二叠世滨海－浅海环境，形成了以灰岩、白云质灰岩、白云岩为主的碳酸盐类沉积，为岩溶地貌发育奠定了物质基础。成景主体岩性为下二叠统栖霞组白云质灰岩和茅口组层厚状灰岩、生物碎屑灰岩，质纯。

（2）林柱状景观形态类型

塔状、剑状（尖锐状、刃脊状、尖锥状）、蘑菇状、棒状、圆柱状、石芽、林柱体，柱体一般超过十米，连片呈林柱群。剑状、刃脊状峰林最为壮观，可高达 20—50 米。

栖霞组白云质灰岩柱体以深灰色、灰黑色为主，高度相对较小、形态以浑圆形为主，溶沟溶痕不发育；

茅口组层厚状灰岩柱体以浅灰色为主、柱体高大、溶沟溶痕发育、形态复杂多变、密集成林。

（3）伴生岩溶类型/景观

石林洼地、石林岩丘、石林槽谷、石林岭背、石林坡地、石林盆地、溶洞、溶蚀湖等石林复合形态。柱体一般超过十米，连片呈林柱群。石林林柱状景观可达 400 平方千米。

（4）主要景观

大小石林、乃古石林、芝云洞、奇风洞、长湖、月湖、大叠水瀑布。

2. 成景作用与景观造型

在中、新生代长期的隆升过程中，岩溶作用持续发育；形成具有多期、多阶段、多种发育方式集一体的石林景观。海西运动上升为陆地，受断裂节理控制，形成了一定规模的石芽、石柱；中新世之后碳酸盐类成景岩系垂直节理发育，雨水沿裂隙节理冲刷溶蚀，逐渐形成发育成型的岩溶石林地貌。

（1）密集剑状柱体群呈密林状景观

高大密集的剑状柱体呈密林状，构成极具特色、世界品牌的石林地标式旅游地质景观；钟状、塔状为主体的林柱状旅游地质景观相对稀疏（图5–31）。

图5–31　昆明石林林柱状岩溶旅游地质景观

（2）疏林状柱体景观

以钟状、锥状柱状为基本造型构成疏林状柱状景观；在岩溶作用进展下，厚层块状灰岩由密林状向疏林状发展，再进一步导致林柱体逐渐衰亡（图5–32）。

图 5 – 32　疏林状柱体景观

（3）地层特性制约林柱状景观的发育

层理稀疏岩性均匀厚层块状灰岩形成槽沟及溶洞、溶坑发育的复式剑状柱体景观（图 5 – 33）。

图 5 – 33　厚层状块状灰岩发育的剑状柱体景观

1）平缓层理发育的厚层状灰岩制约的墙状、剑状、刃脊状、锥状复式景观；剑状柱状体的顶端沿平缓层理的溶蚀作用，形成丛状、簇状景观（图 5 – 34）

**图5-34　平缓层理制约的复式林柱状景观**

　　2）可溶性强、层间节理裂隙密集发育、中厚层至厚层状层理平缓而稳定的互层状碳酸盐体，由于层状溶蚀能力的差异和剥离程度的难易，在溶蚀残岭上构成柱体随岩层膨缩的塔状、蘑菇状、平顶状造型（图5-35）。

**图5-35　平缓层理制约发育的平顶状景观**

（4）溶蚀残余构成蚀余林柱景观

在同一环境下，岩层的岩性及层间节理裂隙发育差异，溶蚀和剥离的难易差别，岩性差异导致形态、造型迥然不同、形态奇异溶蚀的石林柱体景象（图5－36）。

图5－36　溶蚀剥蚀残余林柱景观

### 5.8.2　元谋淋蚀型林柱状土林旅游地质景观

成景岩系为新近系、第四系半胶结的河湖相沉积粉砂、砂、砂砾。由虎跳滩、班果、新华、湾堡、马吼、芝麻、河尾等土林群组成元谋土林景观，总面积达50平方千米，规模宏大。基本造型呈沙峰、沙柱、林柱或沙壁、彩屏、沙墙；塔状、城堡式；基本色调以红色、紫、褐色为主。并伴有元谋古人类遗址。

元谋土林景观特征与成景地质条件成景作用密切相关（图5－37）。

·成景岩性以较均匀的厚层块状细至粉砂岩为主，其间夹抗风化能力较强、颗粒较粗的夹层时，屏风状、墙状、刃脊状林柱状土林中呈现平缓

图 5 - 37　元谋土林景观及其成景作用

的突出的条带。

·成景岩性以细至粉砂岩为主，相对均匀，层厚较大时，林柱体表面较平整。当柱体上失去保护层时，形成尖锥状/利剑状、刃脊状土林。

·刃脊状及屏风状、墙状延伸方向与节理裂隙/构造线方向一致。且随节理裂隙的频率呈现间隔状似柱状排列景象。

·成景岩系的原始表面有含铁锰质的风化壳，有利于林柱体稳定性的保护。

·以厚层块状为主夹中厚层至薄层状成景岩石的沙屏显示，其风化壳有含铁锰质的保护壳或草坪作保护壳，保护土林景观的稳定。

### 5.8.3　元江淋蚀型林柱状彩色膏林旅游地质景观

成景岩系为古近系滨湖相、河流三角洲相含膏盐红色岩系（下部含石膏层），林柱体发育于中上部为紫红、灰绿色页岩、泥岩及粉砂岩。面积约 1 平方千米。地层被揉皱、倾斜，并产生片理化、发育垂直节理。沙壁、彩屏、沙墙；沙峰、沙柱为主体造型。色彩以白色、灰红、灰蓝为主色调。林柱体呈递叠式的峰丛状景观。柱体表面常形成含膏泥外壳。成景岩系台地顶部原始夷平面的攀藤植被对林柱体稳定性有明显的保护作用（图 5 - 38）。

图 5 - 38　元江彩色膏林景观

### 5.8.4　陆良淋蚀型林柱状彩色沙林旅游地质景观

　　成景岩系为新近系滨湖相、河流三角洲相沉积粉砂、砂，半固结状的不同色彩砂层。厚度大，沉积韵律发育。沙体含泥、黏土使砂体具一定可塑性。面积约 4 平方千米。主体造型呈沙峰、沙柱或沙壁、彩屏、沙墙的彩色沙林。色彩以白色、红色、黄色为主色调，兼有蓝、绿、灰、紫、褐色，色彩丰富多变（图 5 - 39）。

图 5 - 39　沙林景观

　　1. 沙林淋蚀型林柱状景观隐含沙林成景作用及林柱状景观的"生命周期"
　　·成景岩性、节理裂隙系统与淋蚀作用差异的综合机理，塑造了林柱体结构及色彩的多样性。

·成景岩系成层性是构成立体层次状彩色沙林的基础因素；节理裂隙体系、沙体形态及结构的控制性因素；成景岩系的层状结构是沙屏、沙墙层状条带景观的基础因素。

·成景岩系的原始夷平面平台是林柱体的近似顶界面，而侵蚀基准面是林柱体的近似基底面。垂直节理裂隙系统的贯穿性发育程度是林柱体发育高度的重要影响因素。

·原始植被保存完好性是方顶桌状柱体的重要因素；植被层残缺是尖锥状、刃脊状柱体的主导因素。

2. 沙林的林柱状微型景观浓缩了沙林的成景作用特征

林柱体的柱体高度仅在二三十厘米左右，其林柱体顶端几乎都有石块作"保护盖"。密集排布的"微型景观"似山水画卷，是陆良彩色沙林独特的景观类型（图 5 - 40）。

图 5 - 40　沙林的微型沙林景观

### 5.8.5　陆良阿庐沽洞林柱状洞穴/溶洞旅游地质景观

多层状洞穴群，旱洞、水洞暗河上下沟通，洞高可达 20 米，总长 3000 余米。石柱、石笋、石幔石钟乳千姿百态。洞穴顶板的节理裂隙系统，制约了含碳酸盐地下水的溢出形式、聚集程度，从而控制洞穴林柱状石钟乳的造型和发育程度，特别是制约了垂吊类钟乳石的造型和展布空间

（图5-41）。洞穴顶板特定的含碳酸盐水的溢出聚集方式的制约，形成奇异的造型景观。

　　石柱形成后，由于地段性岩溶塌陷，洞中因岩溶发育不平衡或局部应力场变化，致使早期柱状钟乳石石柱多扭曲，乃至裂断错位。

图5-41　阿庐沽洞洞穴林柱状石钟乳景观

# 5.9　中国五岳名山旅游地质景观域

## 5.9.1　三山五岳名山

　　中国名山众多，首推三山五岳。三山五岳展布于华北平原及其邻近，显得比差高大且雄伟、高耸而格外险峻。又因位于光辉灿烂的华夏文明聚集地，凝聚了浓郁的中原文化，是我国古代文化发源地之一，历代帝王、文人墨客游览朝拜祭祀、赋诗作画。又是佛、道两教圣地，各门派宗教山岳崇拜、僧人道士修炼、善男信女仙客朝山膜拜。因此成为极具吸引力和知名度、名扬中外的中华大地三山五岳名山，也是自然景观优美兼具佛、道人文景观的风景名胜区。

　　"三山"指安徽黄山、江西庐山、浙江雁荡山；"五岳"指山东泰山（海拔1545米）、湖南衡山（海拔1290米）、陕西华山（海拔2155米）、山西恒山（海拔2016米）、河南嵩山（海拔1492米）。

1. 集历代对三山五岳的推崇，三山五岳有各种形容：

就山之景观气势，泰山雄伟、华山险峻、衡山烟云、恒山奇崛、嵩山萃秀；泰山雄、衡山秀、华山险，恒山奇，嵩山奥；泰山巍峨陡峻，气势磅礴，被尊为五岳之首。孔子曾叹"登泰山而小天下"，杜甫曾言"会当凌绝顶，一览众山小"。

"东岳泰山之雄，西岳华山之险，北岳恒山之幽，中岳嵩山之峻，南岳衡山之秀"；"恒山如行，泰山如坐，华山如立，嵩山如卧，唯有南岳独如飞"。

2. 三山五岳有各种山岳崇拜旅游文化：

"三山"，意为三神山，"神仙"居住的地方；"五岳"，"岳"意高峻的山，五岳为群神所居。定中原东、南、西、北、中的五座高山为"五岳"，每"岳"尊奉一位"岳神"。

道教视五岳为道教名山，尊奉五岳岳神，东岳泰山"齐天王"，南岳衡山"司天王"，西岳华山"金天王"，北岳恒山"安天王"，中岳嵩山"中天王"。嵩山"佛、道、儒"三教荟萃，"天、地、人"竞相生辉，"山、寺、貌"互补争艳。

五岳又是封建时代帝王的加封。帝王们常以雄伟险峻的大山为祥瑞，常在峰顶上设坛祭祀，举行盛典。秦始皇曾亲临泰山祭祀；汉武帝始创"五岳"；唐玄宗、宋真宗封五岳为王为帝；明太祖尊五岳为神；汉宣帝定天柱山为南岳；明代定恒山为北岳。

### 5.9.2　五岳名山

1. 东岳泰山

泰山位于山东中部，平地拔起，山势雄伟，气势磅礴，主峰玉皇顶海拔 1532 米，为五岳之首。

泰山地质体十分古老，据同位素年龄测定，泰山群是我国最古老的深度变质岩石之一，山体主体岩石为形成于 27 亿年前元古代泰山期和傲徕山期闪长花岗岩类，玉泉顶花岗闪长岩形成已有 26 亿年。距今约 1 亿年的燕山运动，混合花岗岩侵位，泰山隆升呈穹窿状突起，并产生多方向的交叉断层系统；三、四千万年前的喜马拉雅运动使泰山迅速上升，奠定基本轮廓，新构造运动形成断块山地，以及奇峰绝壁、峰峦耸立的类花岗岩侵蚀地质景观。

泰山是"五岳之长""五岳独尊"，是祭天的场所，被历代帝王视为江山永固的象征，秦始皇封禅泰山，汉武帝，唐高宗、玄宗，宋真宗，清康熙、乾隆相继在泰山举行封禅大典，到泰山封禅朝拜不下百次；文人名士所书颂文上千篇；泰山又是中国儒道两教授经论道的圣地，庙宇名胜遍山。现今山上还有古寺庙 22 处、古遗址 97 处、历代碑碣 819 块、摩崖石刻 1018 处。

著名风景名胜有天柱峰、日观峰、百丈崖、仙人桥、五大夫松、望人松、龙潭飞瀑、云桥飞瀑、三潭飞瀑等（图 5－42）。

泰山具有丰富的自然美和深厚的文化内涵，具有雄、奇、险、秀、幽、奥、旷的自然美的形象特征，于 1987 年被列入世界自然文化遗产名录。

图 5－42　东岳泰山山势示意图（据徐泉清）

2. 南岳衡山

衡山位于湖南中部西邻盆地，东为山体，西临大断裂带，山体崖壁呈千仞之势，高耸云天之外，群山有 72 峰，南北连绵 88 千米。主峰祝融峰海拔 1290 米。衡山有 10 洞、15 崖、38 泉、25 溪、9 池、9 潭；方广寺下有黄沙、白沙、黑沙瀑布群。衡山古木参天，终年翠绿，自然景色秀丽，有"南岳独秀"的美称。景区达85平方千米。

南岳衡山的历史极其悠久，自汉武帝，历代王朝祀典相沿。东汉年间道教于衡山开坛，南朝梁天监元年佛教进入南岳，南岳衡山逐渐发展成了"十大丛林、八大茅庵"的佛、道二教圣地。历代高僧仙道云集，建有两百多座庙宇寺庵道观，遗留下几十座古刹。南岳庙是衡山最大殿宇。

自然景观与人文景观的融合，祝融峰之高、藏经楼之秀、方广寺之深、水帘洞之奇，称为衡山四绝（图5-43）。

**图5-43 南岳衡山景观**

### 3. 西岳华山

华山位于陕西华阴。北临渭河平原和黄河，南依秦岭，主峰落雁峰太华极顶海拔2160米。

华山在前寒武系变质基底上，燕山期侵位花岗岩株，经断裂构造加叠、风化剥蚀，形成高耸的华山五峰：东峰朝阳峰、南峰落雁峰、西峰莲花峰、北峰云台峰、中峰玉女峰。东峰"朝阳"峰顶斜削、绝壁千丈，南峰"落雁"东西二顶布泉池洞，西峰"莲花"三面临空、悬崖万仞，三峰鼎峙，又称"天外三峰"。云台、玉女二峰相辅于侧，36小峰罗列于前，虎踞龙盘，群峰挺秀，险峻称雄（图5-44）。

华山以险峻著称，素称"奇险天下第一山""华山天下险"。"自古华山一条道"，华山天险自青柯坪向上至莲花坪，有华山五险关——一险千尺幢、二险百尺峡（回心石、惊心石）、三险老君犁沟、四险擦耳崖、五险苍龙岭，为天下闻名的极险之道。

**图 5 – 44   华山旅游景观**

华山脚下西岳庙是历代帝王祭祀的神庙，创建于西汉，至今仍保存着明、清以来的古建筑群。

华山是国家级风景名胜区。

4. 北岳恒山

恒山位于山西，东跨太行山、西衔雁门关东西延伸 250 千米山峰绵延，号称 108 峰。恒山分东西两峰，东峰天峰岭、西峰翠屏峰，以金龙峡分开，双峰对峙，浑水中流。最高峰天峰岭，海拔 2017 米。

恒山基底为前震旦纪变质岩系，历经多构造旋回，形成断块山，北坡断距千米。恒山中部为深大断裂横切，浑河沿其形成绝壁峡谷，两旁绝壁，刀削斧劈，极为幽深。

恒山怪石争奇，古树参天，以地险、山雄、寺奇、泉绝著称。恒山主要景点为集中于主峰附近的恒山十八胜景。今尚存朝殿，会仙府，九天宫，悬空寺等十多处。建于恒山金龙口西崖峭壁的悬空寺，始建于北魏晚期，在陡崖上凿洞插悬梁为基，楼阁间以栈道相通，有殿宇楼阁40间，别具一格。

恒山自然奇观与文化奇迹融合，成为举世闻名的风景名胜区。1982年，被国务院批准为国家级风景名胜区。

5. 中岳嵩山

嵩山位于河南登封，为秦岭东段北支余脉，东西绵延75千米，是黄河与淮河的分水岭。嵩山面积450平方千米，以峻闻名，嵩顶有峻极峰，是嵩山最高峰。

嵩山出露有25亿年以来的太古界到元古界、古生界、中生界和新生界的地层剖面；三次前寒武纪构造运动形成的角度不整合界线，角度不整合界面与底砾岩十分清楚；是23亿年前的嵩阳运动，18.5亿年前的中岳运动和5.7亿年前的少林运动的命名地。嵩山历经经燕山运动、又经喜马拉雅运动加叠，构成褶断块状山格局。

嵩山主体被少林河横切成东西二峰（太室山和少室山），共计72峰。东峰太室山雄浑高大，共计36峰，主峰海拔1440米；西峰少室山山势陡峻、层峦叠嶂，由36峰组成，主峰御寨山海拔1512米，气势磅礴。少室山又以"峰奇""石怪""景秀""路险"四大奇观著称。"嵩山太室如龙眠，少室似凤舞，三十六峰，峰峰有名、峰峰有典，层峦迭嶂，雄浑奇秀，林壑优美，寺庙林立，古迹棋布，素有'上有七十二峰，下有七十二寺'之说。"自然景色奇丽，奥妙无穷（图5-45）。

东周周平王东迁洛阳，尊嵩山为中岳。嵩山有自然景观四十余处，人文景观十余处。现存驰名的有中岳庙、少林寺、塔林等。嵩山东端中岳庙，是我国最早的道教庙宇；嵩岳寺塔建于北魏，为我国现存最古老的砖砌佛塔；嵩阳书院是我国宋代四大书院之一。嵩山五乳峰北麓少林寺，在魏孝帝主持下建于公元495年（宋建武二年），是我国佛教禅宗发源地，也是我国少林拳的发源地、中华武术的发源地之一。被誉为"佛、道、

图 5 - 45　嵩山（据徐泉清）

儒"三教荟萃，"天、地、人"竞相生辉，"山、寺、貌"互补争艳。

嵩山于 1982 年列入第一批国家级风景名胜区。河南嵩山地层构造国家地质公园 2004 年 2 月 13 日列入世界地质公园。2007 年 5 月 8 日，嵩山少林景区批准为国家 5A 级旅游景区。

## 5.10　中国丽江山地城镇旅游地质景观域

云南优良的山原水域生态地质环境构建了适宜人居的生存环境，培育了基于山原水域特色的山地城镇景观。山地村落城镇的选址扩展，体现了人类对生态地质环境的认知，展示了人类与环境地质融合、天地人的和谐理念。人类在生态地质环境的优选中选址生存，在对生态地质环境的优化中优化生存环境，在适宜生存的优良环境中扩展生存空间、扩展村落城镇。

丽江就是在云南山原水域中择优而居、优化人居环境而从村落扩展到优美秀丽城镇的山地城镇。同时，丽江又是典型的新构造运动旅游地质景观域，丽江城市位于新生代拉分盆地、断裂网络控制的断陷盆地、周山有玉龙雪山冰川地质景观、虎跳峡峡谷景观、长江第一湾河流袭夺景观、黎明高原丹霞景观、老君山冰川遗迹景观。丽江是拥有世界文化遗产、自然遗产、记忆遗产的遗产地。

### 5.10.1　丽江古城江-山-盆圈层结构旅游地质景观

**1. 金沙江石鼓—三江口—金安大转弯**

三江并流的金沙江从北向南流至石鼓，与怒江澜沧江分道扬镳折向北形成向南突出的长江第一湾，向北流约 100 千米抵三江口，又以近 180 度转弯急转南下约 100 千米，包容了丽江玉龙雪山及其紧邻山体组成的丽江玉龙雪山山系（图 5 - 46）。

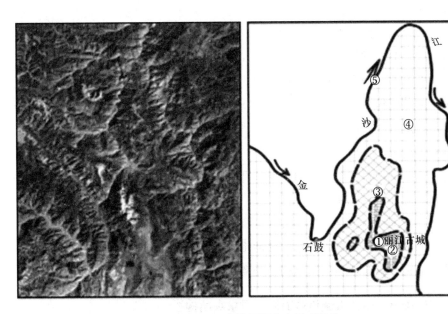

**图 5 - 46　环丽江古城层圈生态景观结构**

①城—丽江古城　②盆—丽江盆地　③周山—玉龙雪山山系盆缘山体　④环山—玉龙雪山山系主体　⑤水—金沙江

**2. 环古城丽江圈层包容状水 - 山 - 盆结构景观**

·金沙江犹如腰带缠绕巍然挺立的丽江玉龙雪山山系、丽江古城；

·丽江玉龙雪山山系又包容了相对低洼南北向的高原山间盆地丽江盆地；

·丽江盆地次级白沙盆地与金山盆地又包容了丽江古城。

丽江古城距西侧金沙江、东侧金沙江、北侧玉龙雪山皆约 20 千米。金沙江河谷与玉龙雪山山系一衣带水，金沙江水系—玉龙雪山山系与丽江盆地—丽江古城唇齿相依，构成环古城丽江圈层包容状水 – 山 – 盆结构景观，孕育了生态环境优美气候宜人的秀丽江山丽江古城。

## 5.10.2　丽江断陷盆地菱形网络结构景观

1. 断裂构造控制的丽江盆地地质景观

·h 状盆地形态

·冰川 – 河 – 湖相沉积物

·拉分过程长大形成

在北北西向金沙江—红河右行走滑断裂带和北东向小金河左行走滑断裂带的共同作用下，新生代丽江盆地显示典型的断陷—拉分长大的特点。白沙盆地沉降中心呈南北向线状，厚大于千米；金山盆地逐渐向东扩大，沉降形态呈四边形，厚逾 600 米。

丽江盆地被北东向剑川—丽江断裂带左行走滑制约，金山盆地（断裂南盘）相对东移达 7 千米。

2. 盆地菱形透镜状影像地质网络结构景观

丽江盆地的遥感影像显示盆地形态及沉积物等地质景观，呈现明显的菱形透镜状影像地质网络结构，受菱形断裂网络系统制约。

## 5.10.3　丽江古城周边旅游地质景观结构

丽江古城城市周边世界遗产地精品旅游地质景观呈现明显的等级体制和特定的景观结构（表 5 – 1，图 5 – 47）。

表 5 - 1　　　　丽江世界遗产地精品旅游景观单元等级体制与景观结构

| 景观单元 | 等级体制与层次结构 | | |
| --- | --- | --- | --- |
| | Ⅰ级 | Ⅱ级 | Ⅲ级 |
| 景观单元 | 丽江世界遗产地（文化遗产 - 自然遗产 - 记忆遗产）复合旅游景观 | 丽江古城世界文化遗产 - 自然复合旅游景观 | 古城文化遗产旅游景观 |
| | | | 玉龙山雪山冰川自然旅游景观 |
| | | 老君山世界自然遗产旅游景观 | 九十九龙潭高山湖泊自然遗产旅游景观 |
| | | | 黎明丹霞自然遗产旅游景观 |

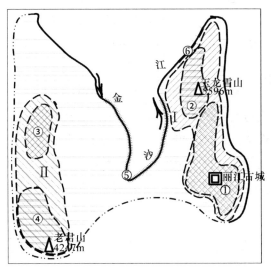

I 古城-玉龙雪山双核结构
II 九十九龙潭-黎明双核结构
①古城
②玉龙雪山
③黎明
④九十九龙潭
⑤长江第一湾
⑥虎跳峡

图 5 - 47　丽江古城及其周边旅游精品景观结构

丽江古城旅游地质景观结构典型模式可以概括如下。

1. 古城 - 玉龙雪山的双核结构

·古城、玉龙雪山为独立的旅游景观单元，二者组成斑基结构；人文与自然景观的互补耦合。

·文化遗产 - 自然遗产（地质公园—国家公园）组合极佳的遗产景观文化旅游地。人文与自然景观双核结构旅游景观是丽江现今相互依存、相互衬托、唇齿相依组合极佳的旅游胜地，是现今丽江旅游的支撑。

2. 九十九龙潭 – 黎明的双核结构

三江并流世界遗产地中南北向展布的老君山自然遗产片区中，北部黎明丹霞景观和南部九十九龙潭高山湖泊山水景观成双核结构，是原生态保存极佳、自然景观极其绚丽多彩的世界遗产旅游地，是丽江旅游高层次发展的后备旅游精品。

3. 古城 – 玉龙雪山 – 老君山（黎明）的三足鼎立景观结构

古城 – 玉龙雪山 – 老君山（黎明）文化遗产 – 自然遗产组合、风景名胜区 – 地质公园 – 国家公园组合、城镇 – 雪山 – 丹霞景观组合构成三足鼎立的世界级遗产旅游地，具有人文与自然景观互补耦合的极佳旅游景观耦合结构，是丽江旅游环境容量巨大、旅游业长盛不衰可持续发展的丽江遗产旅游的坚实保障。

4. 古城 – 玉龙雪山与老君山 – 黎明并列旅游景观斑块结构

南北向古城 – 玉龙雪山斑块与老君山 – 黎明斑块并列，与其间的长江第一湾带状景观组成斑廊基景观结构，是世界文化遗产与世界自然遗产组成的双遗产旅游景观结构，有利于构建世界遗产地为主体支撑、与其间的山野田园村镇江河旅游资源整合协调、和谐发展为多旅游元素结构的玉龙生态旅游圈遗产地旅游域。

### 5.10.4 丽江城镇选址/布局旅游地质景观

1. 古城·生态地质环境（选址）旅游景观文化

北依象山，西枕狮子山，坐靠北西山脉，面向南东宽阔平坝地脉，总体北西较高较窄，向南东渐宽缓缓倾斜呈扇状铺开。城址既利于采集南东方向阳光暖风热能，又能避西北方向玉龙雪山寒风冷气；既利于水流由北西进入，向东南流淌，水系街巷相傍相依，总体北西收敛南东撒开呈帚状展布。水系散流全城利于家家户户有水，沿街顺巷溪流伴依，利于街巷用水自流冲洗，保持城镇洁净。

丽江城市发展，古城依山而建，临山而发展；现今城市扩展，于山盆结合部临山建城；总体呈组团式城市群（图 5 – 48）。

2. 古城文化遗产旅游景观结构

（1）依山傍水、依山就势

山－水（河）－街（路、桥）－树（花）－民居建筑、镶嵌式斑廊复合结构的小桥流水人家型人居环境的自然和谐景观结构。

古城文化遗产旅游景观文化是现今丽江旅游最为辉煌灿烂、最具吸引力、人气最旺的旅游精品、旅游地。

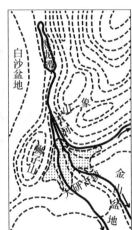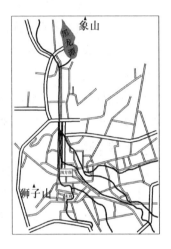

**图 5－48　依山傍水的丽江古城选址及水系与街道**

左—古城及邻近遥感图像　中—古城地形简图　右—古城街道与水系简图

（2）古城·天人合一、自然拓展的水－街－房网络旅游景观文化

古城是在古茶马古道节点上，随着商贸集市扩大对古驿站功能的需求而发展，随区域政治经济需求而扩张，由自然村落不断扩展聚集相连接成城镇、丽江古城建筑群。

在水－街－民居聚集的古城，大小不等的三百余座石拱桥石板桥木板桥，古桥与流水、绿树、街道、房舍融为一体。

古城玉河源自城北黑龙潭涌泉，过玉龙桥分东、中、西三河进入古城，再分支沟支渠，河随街巷，穿街过巷，街渠相依、遍流全城，水－街－民居互依共存；街巷遇水建桥，河沿多种柳树四季花，花香树影婆娑，河岸垂柳拂水，为名副其实的"小桥流水人家"街市。

溢流的泉水依地势构建上池饮用、中池洗菜、下池洗衣物的地域特色三眼井用水模式景观，体现了古城居民淳朴的水为命脉、水为灵魂、合理用水、科学用水的自然和谐水环境生态观念。

### 5.10.5　丽江古城旅游地质文化

1. 丽江世界遗产文化的丽江地域特色

（1）遗产文化的多样性

·代表喜山期新构造运动地球演化史以及代表板块构造地壳演化过程、生物演化过程的突出例证；

·独特、稀有、绝妙的地质地貌景观、生物景观、生态景观、自然景观，及其组合成的罕见、优美、宏大的原生态系统自然美三江并流带；

·世界最丰富生物多样性地域，以及尚存珍稀或濒危动植物种的栖息地；

·人类生存繁衍、与自然环境的和谐发展、特定生存环境所形成的创造性、唯一性、特色地域建筑艺术景观与优美的人居环境文化；

·历史和艺术价值、记忆人和自然协调发展、独特的人类非物质文化遗产。

（2）多元遗产文化的共融性

·自然遗产文化与人文遗产文化的融合；世界自然－人文－记忆遗产文化耦合；

·以纳西文化为主体的纳西族、藏族、白族、汉族及多民族文化融合的丽江地域特色文化；人与自然和谐、天人合一的环境优美人居文化；特色的丽江古城建筑群；唯一性、浓郁独特的地域民族文化，在高山峡谷地形地貌复杂特定的自然环境，形成特定的、独特的地域民族文化，唯一的、活着的象形文字东巴文化。

（3）多元遗产文化的同位同域性

多样性自然遗产、多样性文化遗产、多元遗产文化在丽江地域同位展布，三江并流老君山自然遗产、黎明丹霞地质奇观、玉龙雪山地质奇观、虎跳峡、长江第一湾地质奇观、丽江古城文化遗产以及东巴文化为代表的地域特色民族文化高密度的展布于丽江盆地古城周边约 5000 平方千米范围内，成为罕见的、结构紧凑、自然和谐的多元文化遗产地。

（4）遗产文化的高品质性

丽江遗产文化是世界自然遗产 – 文化遗产 – 记忆遗产耦合的世界级高品级遗产文化，具有重大科学价值和观赏价值、旅游价值。丽江是多元世界遗产文化精华高度集萃的世界遗产文化宝库，是底蕴丰厚、特色浓郁的世界遗产文化博物馆。除世界级的三遗产文化外，还有黎明、玉龙雪山二国家级地质公园、老君山国家公园遗产文化。

2. 丽江古城石文化

丽江古城充满石质文化：用丽江地域特色的五花石铺就的街巷道路；跨越水系、连接街巷的众多石桥；精美的石牌坊；条石镶嵌的三眼井；庭院、门楼的石雕、石刻（图 5 –49）。

**图 5 –49　丽江古城山水城街相依相伴**

·丽江古城依山而建，临山而发展。

·丽江古城与玉龙雪山相互辉映。古城黑龙潭与玉龙雪山山水景观融会一体。

·用地域特有的石材——五花石（丽江底砾岩）铺就街道、被马蹄踩踏光滑的"茶马古道"古驿站路面是古城的一大特色景观。

·水－街－巷融为一体，石桥、石条路、石台阶、石脚、石牌坊，是古城处处可见的石文化。

# 5.11　美国黄石公园旅游地质景观域

## 5.11.1　美国黄石公园旅游地质景观

黄石国家公园简称黄石公园，地处美国西部北落基山和中落基山间的熔岩高原，位于美国中西部怀俄明州的西北部，包括相邻的爱达荷州和蒙大拿州局部，面积达 8956 平方千米。1872 年 3 月 1 日建立为保护野生动物和自然资源的国家公园，是世界上第一座国家公园，1978 年列为世界自然遗产。

黄石公园集天然森林、野生动物栖息地，间歇泉集中地带、峡谷、瀑布、温泉，活火山于一体，是一个活动着的、进行中的复合地质作用特色旅游地质景观域。

黄石公园分五个区：西北部以石灰石台地景观为主的马默斯温泉区（热台阶区）；东北部为西部原始景观的罗斯福区；中部为峡谷和瀑布景观的黄石大峡谷区；东南部为湖光山色景观的黄石湖区；西南部为遍布间歇喷泉、温泉、气雾、热水潭、泥地和喷气孔景观的间歇喷泉区。

## 5.11.2　特色地质景观

1. 黄石河

黄石河贯穿整个黄石公园，黄石河切穿山脉，河水陡急，形成气势磅礴的黄石大峡谷，形成 130 米高的上瀑布和 100 米高的下瀑布两道壮丽的瀑布。黄石河从黄石公园南部流 965 千米，汇入北达科他州的密苏里河。

2. 黄石湖

长约30千米，宽约24千米，湖岸蜿蜒曲折，绵延180多千米，深约60—90米，湖水清澈。湖内温泉星罗棋布，水温极高。是美国最大的高山湖。

3. 黄石大峡谷

黄石湖流出的河水，在钓鱼桥和高塔之间大约38千米地带形成险峻的黄石大峡谷。峡谷深400米，宽约500米，长约32千米。峡谷水气弥漫，峡谷岸壁的风化火山岩呈现白、黄、绿、蓝、朱红等颜色。

4. 下黄石瀑布

黄石河的下黄石瀑布飞流直下大峡谷谷底，落差94米，是尼亚加拉大瀑布的2倍。

5. 上间歇泉盆地

黄石国家公园的上间歇泉盆地，是世界上温泉和间歇泉最多的地方，有1万多处地热奇观。

6. 开阔火山岩高原上，有山峦、石林、冲蚀熔岩流和黑曜岩山等地质奇观。

### 5.11.3　特色地热奇观

黄石公园有3000多处温泉、泥泉和300多个定时喷发的间歇泉，是全世界最著名的地热景观。数以千计的沸泉和大湖深潭，上百个喷射着沸腾水柱的间歇泉，不断喷涌沸腾。一些间歇泉的水柱直径从1.5米到18米不等，高度有45米至90米，持续数分钟，甚至将近一小时。

1. 间歇泉

·"狮群喷泉"由4个喷泉组成，水柱喷出前发出像狮吼的声音；

·"蓝宝石喷泉"水色碧蓝；

·"老忠实泉"因很有规律地喷水而得名。从它被发现到现在的100多年间，始终如一的"忠实"，每隔33—93分钟喷发一次，每次喷发持续四五分钟，水柱高40—60米，从不间断。每次喷出热水约20吨，水温大约93℃。

2. 泥坑/泥泉

灼热的、各种颜色的粘稠泥浆在彩泥泉、泥泉、泥火山以及泥糊泉中翻滚沸腾，并迸发巨响。

"大棱镜泉"直径超过 110 米，大棱镜中心的蒸汽温度高达 93℃，从里向外，因水温不同、繁衍生息的"嗜热菌"细菌不同，呈现出蓝色、绿色、黄色、橙色、橘色和红色等颜色同心圆的变化。

"龙口"泥浆温泉，泉眼在一个山洞口，滚动出泥浆，发出低沉的轰鸣声。

3. 喷气孔

4. 地下熔岩/地热

黄石地下浅部，热流和熔岩活动极为活跃。3300 米下高温高压的地下熔岩为地下水提供了充足的热能和喷涌地表的能量，提供了丰富的地热。

5. 热喷泉"蒙玛地热泉区"

黄石公园以数量繁多的热喷泉、大小间歇喷，标志地热活动。

"蒙玛地热泉区"热气腾腾的泉水持久地涌溢，新旧交替的泉眼，老的热泉留下略显灰暗的热泉矿积层，新的泉眼不断形成鲜艳的泉华，形成大片层层重迭的边石坝热泉矿层。

### 5.11.4　野生动物栖息地

黄石公园栖息有 300 多种野生动物。灰熊、棕熊、美洲狮、灰狼、金鹰、驼鹿、麋鹿、白尾鹿、美洲大角鹿、北美水野牛、巨角岩羊、羚牛、羚羊等 2000 多种动物在这里繁衍生息。以熊为其象征，园内大约有 200 多头黑熊，100 多头灰熊，250 多只狼。是美国最大的野生动物庇护所和著名的野生动物园。

黄石湖中有 16 种鱼，周边山林草地有天鹅、鹈鹕、大雁、野鸭、鹤、苍鹭等 300 多种鸟类。

### 5.11.5　生态特征

黄石公园森林覆盖率达 85%，在黄石公园的气候环境和水土条件下，树木具有极强的生命力和衍生能力。黄石公园广布千姿百态、郁郁葱葱的森林。

扭叶松是生命力极强的树种，是覆盖黄石公园绝大部分地域的树种。

扭叶松树的直径 1.2—2.4 米，树高 30 米，树龄平均 175 年，扭叶松紧密排布，生长茂密。

龙胆松是另一种分布广泛的树种，具有极强的适应能力，成长速度极快，能在各种各样的气候土壤条件下生长。

美洲云杉和亚高山银杉也广泛分布，树呈高大的塔状，树冠繁茂。

### 5.11.6 活跃的地质作用景象/地质奇观

黄石国家公园现今是一个活跃的地质作用地域，热泉、间歇泉、喷泉、喷气、沸腾的泥泉，地震，地表隆起等地壳活动迹象异常频繁。

1. 间歇泉与热泉

广布黄石公园的 3000 多个间歇泉，喷气孔和温泉、热泉、喷泉、泥泉，显示黄石公园有强烈而蕴藏丰富的、巨大的、活跃着的地热和能源。

2. 黄石火山

黄石火山位于怀俄明州西北部，以黄石湖西边的西拇指为中心，为占地近 9000 平方千米的黄石火山巨大火山口。距地面约 8 千米，其下埋藏着直径约 70 千米、厚约 10 千米的岩浆库，巨大的岩浆库还在不断地膨胀。据研究，黄石火山在过去 210 万年中，总共爆发过 3 次，喷发周期为 60—80 万年，现今距上次喷发已有 64 万年。

3. 地面隆起

美国黄石公园深部岩浆库的活动，导致地面大幅隆起。研究资料显示，从 1923 年至今，黄石公园部分地区的地面上升了 70 厘米；从 2004 年起，隆起速度最快的每年约 7 厘米；2007 年至 2010 年地面隆起速度大幅降低，每年隆起 1 厘米或者更少。黄石可能处于隆起和稳定的周期变化中。

4. 水热爆炸

高温地热区地下水温水压骤然变化时，导致极其猛烈的水热活动，产生水热爆炸。爆炸时，巨大声响伴随夹带大量泥砂的汽水流射向空中；爆炸后的地面遗留深度不等的坑穴；坑内及其周边多有喷气孔、沸泉，并在周边散落堆积爆炸所携带的水、岩石碎片、石块、泥浆。

5. 地震活动

黄石公园每年大约发生 3000 次地震。2008 年 12 月 6 日至 2009 年 1 月 8 日，黄石湖周边地区发生了大约 900 次地震。

### 5.11.7 生态地质环境博物馆

黄石国家公园拥有极其丰富的地质地貌景观，火山地热景观，间歇泉和热泉、沸泉，黄石河大峡谷、黄石湖；原始森林；野生动物，火山活动形迹。是高度浓缩的生态地质环境博物馆，是十分独特、十分珍贵的特色旅游地质景观域。

文化遗迹显示黄石公园的文明史可以追溯到 12000 年前，是人类与自然和谐发展研究的样本。

根据 1872 年 3 月 1 日的美国国会法案，黄石公园"为了人民的利益被批准成为公众的公园及娱乐场所"，同时也是"为了使她所有的树木，矿石的沉积物，自然奇观和风景，以及其他景物都保持现有的自然状态而免于破坏"，诞生了世界上第一个"国家公园"，成为地质景观有效利于、有效保护、服务于人类的典范。

图 5－50　黄石国家公园地质景观

# 6. 地质资源的旅游价值论

## 6.1 地质资源旅游价值的基本概念

### 6.1.1 地质资源的旅游价值基本属性

1. 地质体是旅游资源的载体

除了在一些旅游资源方面的书刊中提及的宇宙旅游资源外，不同类型的和不同成因的旅游资源，它们大多与一定的地域、自然环境或人文环境相关。地质体是旅游资源的载体，只不过作为载体的表现形式有所差异。地质体直接就是旅游地质资源，不同的矿物岩石、地层岩性、地质构造、地层古生物组成不同的地质体地质单元，构成了旅游地质资源，组成了以地质资源为主体的旅游地。由内生地质作用控制展布于地球表面地质体，在外生地质作用制约下，形成了以地质地貌旅游地质景观为主体的旅游地。森林植被附着于地质体形成以森林植被资源为主体的旅游地；人类对自然环境择优而居，创建了以人类文明为主体的人文旅游资源旅游地。森林资源旅游地、人文资源旅游地其间都包含有地质体的影响形迹，无非是影响程度不同、显示程度差异而已。

2. 地质域是风景名胜区/旅游景区的自然域/旅游地

地质体以其内部的不均匀性呈现的地质单元和地质单元结构，将地质体划分为不同规模、不同形态、不同特征的地质域。这些地质域以其属性和资源的差异构成不同旅游资源、不同旅游价值的旅游地。地质域总有一定的实体、一定的边界，这就使旅游地构成了具有一定范围、一定资源属性的风景名胜区、旅游景区的自然域。

3. 地质地貌类型决定旅游地质资源的基本类型/属性

一定地质域所构成的旅游地,其地质地貌类型构成了一个旅游地的旅游地质资源的基本类型,奠定了旅游地资源类型的基本属性,也基本上决定了旅游地的基本自然旅游价值和旅游功能。

4. 地质形迹/遗迹的科学 – 景观合一决定了自然旅游资源的旅游品牌

地质体地质域中的地质资源地质景观,其构成的地质形迹、地质遗迹科学价值不一、观赏价值不一,因而其旅游价值也不一。地质形迹、地质遗迹地质景观的科学价值和观赏价值关联组合——科学 – 景观合一,决定了自然旅游资源旅游地的旅游品牌、旅游品位。

5. 地质地貌特征决定了旅游活动的基本形式

地质体在外生地质作用下构成的地形起伏、山水交替的地貌形态和地质地貌景观造型,不仅构成了不同地质地貌特征的旅游地质单元、不同属性地质域的旅游地,而且地质地貌的自然状况、生态地质环境决定了一个旅游地最为适宜的旅游活动类型和旅游活动的基本形式。地质地貌自然状况的差异直接影响旅游活动的可达性、观赏性/大众旅游的适宜性和旅游地的环境容量,同时也不同程度地制约旅游景点、旅游线路、旅游设施、旅游产品等旅游地规划布局,制约旅游地的旅游效应。

### 6.1.2　地质景观旅游价值

出露于地球表面的地质形迹构成了地质景观——远古的地质形迹及现今还在营造中的地质形迹。现今地表可观察到的地质形迹,因其地质构造运动的规律性和地域性,其展布有特定的地域性和空间组合形式;因其对地球发展历史的代表性意义的差异,地质遗迹的重要性、标志性不一;因地质遗迹的类别不一(物质不一、结构构造不一、表象不一)、出露/展示条件不一、地貌生态环境不一,其构成的地质景观特征千差万别。就科学价值而言,显然以地质景观的代表性、稀有性、唯一性、标型性决定了地质景观的科学价值以及科考性、科普性旅游价值。但是就旅游价值而言,并非所有的地质景观都是旅游景观(若此,那么全球表面地质景观都是

"旅游景观"，就失却了旅游价值），只有那些具有观赏价值或旅游开发价值的地质景观，或观赏性科考性兼具的地质景观，才能作为大众旅游的、广义旅游的旅游景观；没有观赏价值只具科考价值的地质景观只能列入地质专业性科考科普旅游的专业旅游资源景观范畴。

如同"旅游资源"概念应用中的"泛"旅游资源，几乎所有的自然资源、人文资源都可划作旅游资源，如果将地质景观（全球的地质景象）都视为旅游景观，那就失去了旅游资源能对旅游者"有吸引力"、能激活旅游者的旅游动机而到旅游资源产出地进行旅游活动，就失去了旅游资源/旅游景观的"地域性"、基本属性的意义，失去了"唯一性""独特性"而具有的"吸引力"。因此，如同划为"旅游资源"的不一定都能形成为旅游产品、形成具有旅游开发旅游价值的意义一样，旅游地质景观也只应该包括有旅游价值（特别是观赏价值）、旅游开发价值，能够形成旅游产品，能形成旅游效益的那一部分旅游景观资源。

沧桑演变是地壳升降的表象。地壳升降有突发式的，如地表陷落，而更多的是缓慢的升降。地壳升降形成许多显示升降过程产物的地壳运动遗迹景观，如江河两岸的河流阶地，湖泊干涸的湖岸台地，剥蚀构造的夷平面、高原面，延伸稳定的峡谷或江河间出现的蛇曲状河段，都是地壳升降运动遗迹景观。这些景观当有较佳的生态地质环境、较佳的景观造型时，就形成了有观赏和科学价值的旅游地质景观。

从地质资源/景观而言，有许多具有极高科学价值的地质遗迹/景观。例如被誉为"地球早期生命演化与寒武纪生命大爆发""20世纪最惊人的科学发现之一"的云南澄江动物群（距今5.3亿年的早寒武世），其发现丰富和完善了地球生命的科学理论，2002年即建立了"云南澄江动物群国家地质公园"，成为国家级古生物科学研究和科普教育基地。但是，其地质景观的"一般化""普通性"、其典型古生物化石的稀罕性和难觅性、难辨性、微观造型，除科考科普价值外，缺乏景观的美学价值及观赏性。

由此可见，地质资源/景观利用价值的认定/评价是十分必要的，是旅游地质资源开发、地质资源/景观实现旅游效益的基础。

### 6.1.3　地质体旅游价值

1. 地质体（旅游地质资源景观）与旅游地的耦合性共拥性

地质体的属性基本上决定了旅游地质资源景观的属性，决定了旅游地质资源景观的展布格局和组合结构形式，也就相应地决定了由旅游地质资源景观为主体的旅游地属性特征。这造成旅游地与地质体地质资源景观地域上的耦合性，旅游资源上的共拥性；旅游地自然资源景观单元及其结构、等级体制与地质域旅游地质资源景观的对应性。

因此地质体单元与风景名胜区、旅游景区单元一致性、同域性，地质体作为旅游地或地质体与旅游地耦合，旅游地质资源/景观构成地质体旅游地。

2. 地质资源与地质－矿业旅游资源链

地质资源作为矿产资源、矿业原料，必然要经过地质资源的勘查评价、矿床矿产的采掘采矿、矿石矿物的选别提纯、金属/有用元素的冶炼提取等过程，形成了地质资源开发利用的地质－矿业链；从无人烟的荒山僻壤，到开创矿山、采选冶建设工程、兴建交通及水电设施、构建城镇城市，形成围绕地质－矿业为基础为基本线的地质矿业产业链。

地质－矿业以地域而异的地域性，以地质－矿业属性及其生态地质环境而异的生产生活地域性，加之地域文化、民族文化、矿业文化，构成了以地质－矿业为基础和主线的地质－矿业产业链的地质－矿业旅游资源、旅游地，即以含矿地质体/矿床为依托的旅游地质资源产业链。

3. 旅游地质资源与旅游地质文化

与源于自然、源于人类生存空间的生活、生产活动、源于旅游活动的旅游文化类同，旅游地质资源、旅游地质资源环境以及旅游地特定的旅游资源环境造就了与其相应的旅游地质文化。

旅游地质文化包括基于地质属性的地质文化、基于地质景观鉴赏山水文化和旅游地旅游活动的旅游文化。显然，源于地质属性而产生的地质文化、源于地质景观鉴赏而产生的旅游地质文化是有别于其他旅游文化的特色旅游文化。

## 6.2　基于旅游资源概念的地质资源旅游价值探索

### 6.2.1　地质资源的旅游功能

1. 科考性旅游功能

地质资源科学性普遍可作为科考和科普旅游资源，具有科考科普旅游功能。

　　·揭示地球演化沧桑过程的演绎地质例证，如反映某一地质历史时期、重要地质事件的地质构造、地层序列；

　　·揭示地球生命，显示地球生命演化的地层古生物、生物群、古生物化石；

　　·显示从古到今人类演化过程及人类活动相关的地质形迹，如古人类活动形迹遗址及古人类化石，古采矿冶炼遗迹；

　　·显示地表地质过程的近代现代地质作用现象，如新构造运动旅游地质景观、剥蚀侵蚀溶蚀作用；

　　·显示人与自然和谐的人居环境、人类生活的生态地质环境。

科考性、科普性旅游地质资源具较强的科学性、学科专业性，虽不太适合大众旅游和观赏性旅游，但具有专题性或专业性科普/科考旅游价值。

2. 观赏性旅游功能

地质体、地质景观的造型、色彩及其蕴含自然美的景观属性，是山水景观的载体，是大众旅游、观光旅游的普遍喜好的观赏对象。

能使旅游者感受愉悦性、奇特性的地质景观，能给人以雄伟震撼和奇异的地质奇观，能使人在地质景观的观赏观光中领悟美的感受、领悟科学知识的地质地貌景象等观赏性旅游地质资源具有很强的观赏性旅游功能，能满足旅游者审美、探密、愉悦的旅游动机和旅游需求。

地质景观强烈的地域性、唯一性，地质景观的古老性、不可移植性，地质景观经历过沧桑演绎的神秘性、知识性，都是地质景观特有的观赏性旅游功能。

地质景观构成的景色秀丽、造型独特、生态环境优美的旅游地、风景名胜区，都是具有可供休闲旅游、观赏旅游的旅游功能，具有高旅游品位、高旅游价值观赏性的旅游地质资源。

3. 商品性旅游功能

地质资源除具有提供科考科普旅游和观赏旅游、形成旅游效益的旅游地质资源主体功能外，旅游地质资源中可经商品化过程而将地质资源转化为旅游纪念品、工艺品，被开发为旅游产品而直接转化形成旅游经济价值，从而具有商品性旅游功能。

· 观赏石、矿物岩石、化石、彩石、宝玉石是极佳的旅游商品、旅游纪念品；

· 经粗加工或精加工的石材，可制作为饰品、收藏品、旅游商品；

· 温泉、热泉，地下水、地热水可提供休闲度假、保健、康体旅游商品。

4. 文化性旅游功能

地质体、地质资源、地质景观除了自身的、专业的地质文化可作为文化旅游资源外，许多以地质体、地质景观为基础和载体的旅游地、风景名胜区，或者当地的居民创造的丰富的地域文化、民族文化、山水文化，或者到达该地域的历代文人墨客、旅游者遗留下的旅游文化，共同构建了地域性的旅游文化，使这些地域具有能给人增长地域文史知识和文化素养的文化性旅游功能。

地质体、地质资源、地质景观的旅游地质文化能给旅游者以科学知识的启迪，具有通过旅游活动进行科学知识教育的旅游文化价值功能。能使旅游者在地质景观中观察领悟地壳活动形迹、体验人与自然和谐的生态地质环境系统，感受珍惜生态地质环境、珍爱地球生命的生态地质环境伦理教育。

5. 旅游产业化价值/功能

地质体、地质资源、地质景观的旅游价值、潜在旅游功能提供了将地质资源转化为旅游资源，在具有旅游价值、潜在旅游功能的地质域/地质单元构建旅游产业的条件。具潜在旅游功能的地质体、地质资源、地质景观具有实现地质资源转化为旅游产业化的旅游价值/功能。

实际上现今的许多旅游地、风景名胜区，就是地质体、地质资源、地质景观经过地质资源旅游资源化、产业化而实现地质资源的旅游产业化功能。

### 6.2.2 地质资源对主题公园/主题特色旅游地的基础作用

旅游地质资源中有一部分科学性旅游价值极高的旅游资源，如嵌布于地层岩石中、个体小、难于肉眼识别的古生物化石。它虽然是地球发展历史中标志某一阶段极为重要、极为独特、极为唯一的例证，但是其特征使其缺乏被大众观光、观赏旅游的可观赏性较佳条件。又如拔地而起的断层悬崖峭壁、嶂谷的悬壁，不仅具有地质事件例证的科学价值，其雄伟外形的震撼力也可作为观赏旅游资源。但因其形态单一和科学性的局限性，其大众旅游观光旅游价值也有限度。然而利用科学性旅游地质资源的内涵属性，在旅游地质资源的产地/地质遗迹地建立专题性、主题性的主题公园/旅游地，既能发掘旅游地质资源的潜在旅游价值，更能构成知名度极高、特色性极强、地域性唯一的特优品牌的旅游地质特色旅游地。古生物化石旅游地质资源/地质遗迹地可构建该类古生物为主题，解析古生物特征、古生物的古生态地质环境、古生物的演化史、古生物的科学价值等古生物主题公园。拔地而起的断层崖、嶂谷地质遗迹地，可以以其地质事件的科学性建立地质构造主题的主题公园，同时也可以以其地势建立攀岩活动为主题的主题公园。地质遗迹专题科学性与特色旅游活动专题旅游产品的融合，将奠定特色性、品牌性极强的旅游地的潜在资源基础。

恐龙是地球发展历史中，一个重要的、典型的、独特的古生物演化阶段的动物群。人们在恐龙遗迹、遗址的研究成果中，被绝迹的恐龙的形态、习性、种属、生存环境、演化史、地质及生命神秘性所吸引。特别是将恐龙作为科幻小说、科幻电影电视的题材，通过现代电影电视特技的展示，创造了广为传播、喜闻乐见，特别吸引青少年的恐龙主题影视文化。因适应恐龙主题文化的兴起，恐龙遗迹、遗址成为创建恐龙主题公园的优选地，恐龙主题公园成为旅游地质主题、旅游地质品牌的特色旅游地，成为地质资源旅游资源化、产业化的范例。

## 6.3 基于旅游景观概念的地质景观旅游价值发掘

### 6.3.1 地质景观内涵的利用价值

1. 地质景观的观赏价值识别/认定

由于地球发展历程未能被现代科技彻底破解，当非地学专业的普通旅游者面对地质景观时，地球及其发展奥秘具有极大的吸引力。此时，除了对地质景观的美学欣赏外，透过对地质景观的表征，发掘、识别并赏析地质景观科学内涵的丰富性、神秘性、奇异性，成为体现地质景观旅游价值、获取最佳旅游效应的主题。这也是旅游地质景观开发中潜在的、取之不尽的旅游资源优势。

地质景观观赏价值的识别、认定需要一定的地质知识，需要一定的科学文化素养。可针对旅游者群体的情况，选择具震撼力、冲击力的地质景观，从易理解、易识别的科学内涵入手，展示旅游地质景观的科学内涵，获取相应的最佳旅游效应。

2. 地质景观科学内涵的旅游价值

地质景观科学内涵是科考、科普旅游的主题，科学内涵越深、越丰富，地质景观旅游价值的越高。

对大众观光旅游者来说，地质景观科学内涵也是地质景观旅游价值的重要方面，只不过如何让旅游者能理解和认知其科学内涵的问题。

地质景观科学内涵能被旅游者赏析的程度是决定旅游价值效应的重要因素。因为地质景观科学内涵的赏析，将有助于提高旅游者寓文化、寓科学于旅游中的乐趣，地质过程神秘性的揭秘将提高地质景观对旅游者的吸引力，将形成良好的旅游效应。

地质景观旅游价值，除了景观造型外，更为重要的是其蕴含的科学价值。不仅是景观科学内涵的丰厚度，更重要的是科学内涵的易识别程度，即能为大众观光旅游者所理解和吸取的难易程度。

### 6.3.2　地质景观特色的旅游价值

1. 地质景观结构对旅游地规划格局的意义

旅游地的地质景观要素的组成结构，包含了地质景观中不同的观赏价值、科学价值在旅游地的分布、组合情况。根据地质景观单元、类型和等级体制在旅游地的分布及其结构特点，布局旅游地的设施、景点、线路，建立相应的解说体系，将有助于构架旅游地的最佳旅游结构，将能最佳地展示旅游地质景观的旅游价值和发掘旅游地质景观的最佳旅游功能。

2. 地质景观特色对旅游地质文化发掘的意义

地质景观特色是地质文化特色的根本所在，也是旅游地质文化的源泉。旅游地质文化有基于地质景观类型的旅游地质文化，也有针对不同地质景观类型的通用型旅游地质文化。更有意义的是利用地质景观的地域性属性，针对具体的旅游地、具体的旅游景观所发掘的地域旅游地质文化，才能真正体现旅游地的特色与个性，展示旅游地的特有的旅游品位和旅游地的品牌效应。

3. 基于特色地质景观构建特色主题旅游地/公园的优势

以自然旅游景观为主题构建的旅游景区、旅游地，虽然一般都不提是否具有类似主题公园的旅游景区的主题，但客观上，由于旅游地旅游地质景观总是有一定的、特定的景观类型，因此以地质景观为主体构建的旅游地，客观上都有围绕地质景观类型特色而构成的旅游景观特色主题公园特色。显而易见，若能基于特色地质景观的观赏价值优势，构建特色主题的旅游地，使特色地质景观的展示成为旅游地（或公园）的主题、特色优势，将有利于形成具有观赏价值优势、具有特色品牌的特色品位的旅游地形象。

4. 基于地质景观特色塑造旅游地特色品牌

地质景观特色，特别是地质景观色彩与造型的奇异性、地质奇观对旅游者视觉所具的冲击力，使旅游景观旅游地具有极强的旅游吸引力。基于地质景观特色塑造旅游地品牌，有助于旅游地品牌形象的塑造。

## 6.4　基于地质遗迹概念的地质资源旅游价值认定

### 6.4.1　地质遗迹的《世界遗产》标准

《保护世界文化和自然遗产公约》(《世界遗产公约》) 规定了能列入《世界遗产名录》的标准。世界遗产包括自然遗产、文化遗产、自然遗产与文化遗产混合体 (即双重遗产)。

世界遗产中涉及地质遗迹的内容即应视为具世界遗产价值的地质遗迹的标准:

·从美学或科学角度看, 具有突出的、普遍价值的由地质和生物结构或这类结构群组成的自然面貌;

·从科学或保护角度看, 具有突出的, 普遍价值的地质和自然地理结构。

地质遗迹类别包括:

·典型层型剖面 (含副层型剖面)、生物化石组合带地层剖面、岩性岩相建造剖面及典型地质构造剖面和构造形迹;

·古人类与古脊椎动物、无脊椎动物、微体古生物、古植物等化石与产地以及重要古生物活动遗迹;

·岩溶、丹霞、黄土、雅丹、花岗岩奇峰、石英砂岩峰林、火山、冰川、陨石、鸣沙、海岸等奇特地质景观;

·岩石、矿物、宝玉石及其典型产地;

·温泉、矿泉、矿泥、地下水活动痕迹以及瀑布、湖泊、奇泉;

·典型地震、地裂、塌陷、沉降、崩塌、滑坡、泥石流等地质灾害遗迹。

### 6.4.2　地质遗迹旅游价值

1. 地质遗迹及其科考 – 景观价值识别

地质遗迹是在地球演化的地质历史时期, 由地质作用形成并遗留下来，反映了地质演化过程和地质环境变化的地质体和地质形迹，是研究地质历史的重要依据。

地质遗迹与地质资源、地质景观一样，有科学性和观赏性内涵的差异。作为特定的"地质遗迹"，是地质形迹中具有地球科学研究价值的地质形迹。地质史上的地质遗迹包含于地质体中，新构造运动以来的地质遗迹既存在、隐含于地质体中，更多的则通过地质地貌景观而显示。因此，地质遗迹科学性、观赏性的识别是判定地质遗迹旅游价值的基础，地质遗迹科研科考—景观价值的识别是其旅游价值识别的根本依据。

2. 地质遗迹对创建旅游地品牌的意义

根据地质遗迹的代表性、典型性，地质遗迹的遗产价值显然有大小之分。符合世界遗产标准的为有世界级的遗产价值，相应的有国家级的和低层次的遗迹价值的地质遗迹。一个地质域、一个地质遗迹构成的旅游地，地质遗迹的遗产价值就是创建其旅游地品牌的潜在价值所在。

# 6.5　基于地质体衍生物的地质资源旅游价值

## 6.5.1　地质体生态地质环境对旅游资源环境的影响

地质体，特别是出露于地表经过风化作用的地质体，都或多或少地衍生附着有由其演变的其他物质和生物群落，和地质体一起构成以地质体为主体和载体的地质体衍生物综合体。它们既可作为复合型旅游地质资源，更为重要的是地质体衍生物综合体的组成状况及其生态地质环境对旅游地的旅游资源环境具有极大的影响。

1. 地质资源为载体/基础的综合/复合旅游资源

根据旅游地质资源在地质体衍生物综合体组成要素的重要程度/比量，其旅游价值旅游功能也相应地有所差别。

根据地质体衍生物综合体组成要素的重要程度/比量，可将其构成的旅游地类型划分为：

·以地质资源组成的旅游地质单体型；

·地质景观－自然景观复合型；

·地质景观－人文景观复合型；

·人文景观为主体的地质景观－自然景观－人文景观复合型。

2. 旅游地的旅游环境稳定性/脆弱性影响要素

地质体及其衍生物、附着物的生态地质环境状况，直接影响旅游地的旅游环境状况。

相对稳定的/抗风化能力强的地质体组成的旅游地，旅游自然环境稳定性较强，旅游景观稳定性较强，反之则旅游地旅游自然环境呈现较强的脆弱性。如抵御风化作用能力较强的碳酸盐类岩石林柱状岩溶景观，较之抵御风化作用能力较差的松散的沙泥质淋蚀型林柱状景观，显然具有较强的稳定性旅游环境。

3. 地质资源环境与旅游地环境容量关联性

地质体属性所决定的稳定地质资源环境较之脆弱地质资源环境，直接影响旅游地的环境容量。同时，也因生态地质环境条件直接影响旅游地可持续发展前景。

4. 地质体衍生物与旅游地深层次开发的潜在资源

地质体衍生物综合体通常较之单一型的地质资源旅游地具有更佳更广泛的旅游潜在价值。

地质体衍生物综合体的组成要素状况可为旅游地深层次开发提供不同方向的旅游地特色、旅游产品的开发思路。

## 6.5.2　地质体衍生物综合体旅游价值

1. 旅游地旅游地质资源景观系列对构建旅游产品系列的意义

旅游地地质景观的景观多样性、多属性、多功能性对于构建旅游地的旅游产品系列具有潜在旅游资源功能。

具有丰富的复合旅游地质景观系列的旅游地，可根据旅游资源、旅游景观构建配套的旅游产品，并可根据时间、空间旅游市场需求，推出相宜的旅游产品系列。

2. 旅游地质景观生命周期与旅游地生命周期

地质景观的资源量、稳定性和生命周期直接影响旅游产品类型和旅游地的生命周期。

处于地表风化作用下的地质景观，以其地质属性和生态地质环境所决定的地质景观稳定性，导致地质体地质景观具有萌芽—发育—成熟—消亡的地质景观生命过程周期。生命周期过程所延续时间的长短不同，所显示的程度不同。有些在地表环境下极其脆弱、易变易消亡的地质景观过程的地质景观单一型的旅游地极易发生命周期脆弱的问题。

# 6.6　地质资源旅游价值评价基本问题

## 6.6.1　地质资源的旅游价值评价的影响因素

1. 地质资源旅游价值认识的关键在于旅游地质概念创新

地质资源旅游价值的识别认定牵涉诸多方面，但集中起来，关键问题在于从旅游的视角审视地质资源，创新旅游地质概念，发掘地质资源与旅游资源之间的依存关系，发掘地质资源潜在的旅游功能，发掘具体旅游地地质资源属性的旅游开发前景及其具体方式、方法，从而对旅游地的地质资源旅游价值有一个清晰的认识。

2. 旅游地质体/旅游地生态地质环境的正确认识

旅游地地质体的稳定性、对旅游地生态地质环境的正确认识，是稳妥地布局旅游地的旅游设施及旅游产品旅游景点格局的基础。而且，旅游地旅游生态地质环境的正确认识，是科学地决策旅游地环境容量和旅游地旅游活动承受能力的重要依据。

3. 评价者观念/素质的影响

面对旅游地的地质资源环境的客观状况，影响旅游地地质资源旅游价值评价的重要因素是评价者的素质，包括：

·地质素质与旅游素质的融合能力，它影响评价者是否能从旅游资源的视角正确地识别旅游地质资源；

·地质素质与旅游素质的扎实功底；它影响评价者是否能深层次地正确评价旅游地的地质资源旅游功能；

·灵活宽广、娴熟的旅游地质理念/思路；它影响评价者是否能面对旅游地具体情况，发掘地质资源的潜在旅游价值，策划旅游地旅游地质资源的旅游资源化的最佳策略和方案。

4. 评价标准与评价方法的影响

在评价者素质相似的情况下，影响旅游地旅游地质资源旅游价值的因素，就是评价标准与评价方法是否适合旅游地质资源特点，是否适合具体的旅游地的情况。

地质资源的旅游价值、旅游地的旅游功能的影响因素很多，而且绝大多数关键性的影响因素往往是难于以某一尺度用量化的方式准确表达，例如地质景观的独特性、唯一性。因此，类比的、定性评价与定量评价结合的综合方式，较适合旅游地质资源、地质体旅游地的属性特点。以地质资源旅游价值的定性认知为基础，采用合适的类比比较方式将地质资源旅游价值要素数值化，获取表达地质资源旅游价值的数值，再以旅游地的实际情况对所得数值进行评述、检验、修正，从而得到评价结论。

5. 旅游地认知程度的影响

深入地调研旅游地质资源分布地域/地质体旅游地，完整地、全面地、系统地认知地质体旅游地旅游地质资源及其旅游价值，是获取旅游地旅游价值正确评价的先决条件。只有对旅游地有较高的认知度，才能制定适用的评价标准，选择合适的评价方法，才能恰如其分地确定评价因子及其权重，也才能检验修正所得数值，尽可能获取接近地质体旅游地客观情况的评价结论。

### 6.6.2　地质资源旅游价值评价的主要内容

涉及地质体旅游地地质资源旅游价值要素是旅游地质资源评价的主要内容：

·旅游地质资源属性、类别、规模及空间分布特征；

·地质体旅游地旅游地质资源及与其复合旅游资源的时空组合结构特征；

　·地质体旅游地的旅游功能；

　·地质体旅游地的旅游价值；

　·地质体旅游地的旅游生态地质环境质量；

　·地质体旅游地构建的适宜性与特色性；

　·地质体旅游地旅游产品类别/品牌的潜在优势。

### 6.6.3　地质资源旅游价值评价标准的选择和确定

#### 6.6.3.1　地质资源旅游价值评价标准选择和确定的基本依据

与地质资源旅游价值评价标准牵涉的，由地质资源、地质景观、地质遗迹组成的独立的地质体旅游地，更多的是以地质资源地质景观地质体为主体，或以地质体为基础衍生的、包含地质资源地质景观地质体的其他旅游地/旅游资源/旅游资源域，如自然保护区、风景名胜区、森林公园等。

因此，地质资源旅游价值及其评价标准的选择和确定，应根据实际情况充分考虑、汲取与地质资源地质景观地质体关联的旅游资源旅游景观旅游地的评价准则。而且自然保护区、风景名胜区、公园等旅游资源旅游地，在人类长期的建立、发展、研究中，多建立有各类评定标准，是有关旅游景观评价的"公认"的、"权威"的规范、条例，法规式的评价标准，是在地质资源旅游价值及其评价标准的选择和确定中应该借鉴的、遵循关联的评价标准/标志。

地质资源旅游价值评价标准的选择和确定，可综合应用相关的标准和规范内容：

　·优先/加权采用地质体（旅游资源/旅游景观）旅游地相关评价标准；

　·参照经相关部门/专业/专家认定的相关标准和规范内容；

　·参照世界/国家公认与执行的相关标准和规范内容；

　·基于具体的地质体旅游地实际与旅游需求相融合；

　·参考类比曾经实践检验的经验。

#### 6.6.3.2　地质资源旅游价值评价可参照参考类比的相关标准

1. 世界遗产

《保护世界文化和自然遗产公约》（《世界遗产公约》）规定世界遗产

分为：自然遗产、文化遗产、自然遗产与文化遗产混合体（即双重遗产）。遗产项目要列入《世界遗产名录》，必须经过严格的考核和审批程序。

（1）自然遗产

《世界遗产公约》规定"自然遗产"包括："在本公约中，以下各项为'自然遗产'，从审美或科学角度看具有突出的普遍价值的由物质和生物结构或这类结构群组成的自然面貌；从科学或保护角度看具有突出的普遍价值的地质和自然地理结构以及明确划为受威胁的动物和植物生境区；从科学、保护或自然美角度看具有突出的普遍价值的天然名胜或明确划分的自然区域。"

1）《世界遗产公约》规定，属于下列各类内容之一者，可列为自然遗产：

① 从美学或科学角度看，具有突出的、普遍价值的由地质和生物结构或这类结构群组成的自然面貌；

② 从科学或保护角度看，具有突出的、普遍价值的地质和自然地理结构以及明确划定的濒危动植物物种生态区；

③ 从科学、保护或自然美角度看，只有突出、普遍价值的天然名胜或明确划定的自然地带。

2）列入《世界遗产名录》的自然遗产项目必须符合下列一项或几项标准并获得批准：

① 构成代表地球演化史中重要阶段的突出例证；

② 构成代表进行中的重要地质过程、生物演化过程以及人类与自然环境相互关系的突出例证；

③ 独特、稀有或绝妙的自然现象、地貌或具有罕见自然美的地带；

④ 尚存的珍稀或濒危动植物种的栖息地。

（2）文化遗产

1）《世界遗产公约》规定，属于下列各类内容之一者，可列为文化遗产：

① 文物：从历史、艺术或科学角度看，具有突出的、普遍价值的建筑物、雕刻和绘画，具有考古意义的成分或结构，铭文、洞穴、住区及各类文物的综合体；

② 建筑群：从历史、艺术或科学角度看，因其建筑的形式、同一性及其在景观中的地位，具有突出的、普遍价值的单独或相互联系的建筑群；

③ 遗址：从历史、美学、人种学或人类学角度看，具有突出的、普遍价值的人造工程或人与自然的共同杰作以及考古遗址地带。

2）凡提名列入《世界遗产名录》的文化遗产项目，必须符合下列一项或几项标准并获得批准：

① 代表一种独特的艺术成就，一种创造性的天才杰作；

② 能在一定时期内或世界某一文化区域内，对建筑艺术、纪念物艺术、城镇规划或景观设计方面的发展产生过大影响；

③ 能为一种已消逝的文明或文化传统提供一种独特的至少是特殊的见证；

④ 可作为一种建筑或建筑群或景观的杰出范例，展示出人类历史上一个（或几个）重要阶段；

⑤ 可作为传统的人类居住地或使用地的杰出范例，代表一种（或几种）文化，尤其在不可逆转之变化的影响下变得易于损坏，与具特殊普遍意义的事件或现行传统、思想、信仰、文学艺术作品有直接或实质的联系（只有在某些特殊情况下或该项标准与其他标准一起作用时，此款才能成为列入《世界遗产名录》的理由）。

2. 风景名胜区

（1）风景名胜区定义

根据《风景名胜区条例》（2006）及《风景名胜区规划规范》（1999），风景名胜区是指具有观赏、文化或者科学价值，自然景观、人文景观比较集中，环境优美，可供人们游览或者进行科学、文化活动的区域。

（2）风景名胜区划分

风景名胜区按其风景资源景观的观赏价值、文化价值、科学价值、环境质量、规模范围、游览条件等划分为不同级别风景名胜区。

风景名胜区划分为国家级风景名胜区和省级风景名胜区。

风景名胜区又称风景区。国家级风景区相对应于国际上的国家公园

（2007 年前国家级风景名胜区称国家重点风景名胜区）。1982 年至 2012 年，国务院公布了 225 处中国国家级风景名胜区。

（3）风景名胜区类别

风景名胜区以其组成的风景类别差异，而具有不同的风景特色。有的是以某一种风景资源为主，有的由多种风景资源组成，常常由多种风景资源组合成风景资源复合的风景资源综合景观。根据风景名胜区的风景资源的主要类别景观特色，可将风景名胜区划分为不同风景特色的类别的风景区。

根据《风景名胜区规划规范》风景资源可分为自然景源、人文景源两大类。自然景源又可分为天景、地景、水景、生景四个中类；人文景源又可分为园景、建景、胜景、风景四个中类（表 6-1）。

表 6-1                                    风景资源分类表

| 大类 | 中类 | 小类 |
|------|------|------|
| 自然景源 | 天景 | （1）日月星光 （2）虹霞蜃景 （3）风雨阴晴 （4）气候景象 （5）自然声象 （6）云雾景观 （7）冰雪霜露 （8）其他天景 |
| | 地景 | （1）大尺度山地 （2）山景 （3）奇峰 （4）峡谷 （5）洞府 （6）石林石景 （7）沙景沙漠 （8）火山熔岩 （9）蚀余景观 （10）洲岛屿礁 （11）海岸景观 （12）海底地形 （13）地质珍迹 （14）其他地景 |
| | 水景 | （1）泉井 （2）溪流 （3）江河 （4）湖泊 （5）潭池 （6）瀑布跌水 （7）沼泽滩涂 （8）海湾海域 （9）冰雪冰川 （10）其他水景 |
| | 生景 | （1）森林 （2）阜地草原 （3）古树古木 （4）珍稀生物 （5）植物生态类群 （6）动物群栖息地 （7）物候季相景观 （8）其他生物景观 |
| 人文景源 | 园景 | （1）历史名园 （2）现代公园 （3）植物园 （4）动物园 （5）庭宅花园（6）专类游园 （7）陵园墓园 （8）其他园景 |
| | 建筑 | （1）风景建筑 （2）民居宗祠 （3）文娱建筑 （4）商业服务建筑 （5）宫殿衙署 （6）宗教建筑 （7）纪念建筑 （8）工交建筑 （9）工程构筑物 （10）其他建筑 |
| | 胜迹 | （1）遗址遗迹 （2）摩崖题刻 （3）石窟 （4）雕塑 （5）纪念地 （6）科技工程 （7）游娱文体场地 （8）其他胜迹 |
| | 风物 | （1）节假庆典 （2）民族民俗 （3）宗教礼仪 （4）神话传说 （5）民间文艺 （6）地方人物 （7）地方物产 （8）其他风物 |

（4）风景资源评价

风景资源评价按景源价值、环境水平、利用条件、规模范围四个综合评价层评价，其中景源价值、环境水平赋值分别为 70—80 和 10—20，在评价中起主导作用（表6－2）。

表6－2　　　　　　　　　　　　**风景资源评价指标层次表**

| 综合评价层 | 赋值 | 项目评价层 | 因子评价层 |
|---|---|---|---|
| 景源价值 | 70—80 | （1）欣赏价值<br>（2）科学价值<br>（3）历史价值<br>（4）保健价值<br>（5）游憩价值 | ①景感度②奇特度③完整度<br>①科技值②科普值③科教值<br>①年代值②知名度③人文值<br>①生理值②心理值③应用值<br>①功利性②舒适度③承受力 |
| 环境水平 | 10—20 | （1）生态特征<br>（2）环境质量<br>（3）设施状况<br>（4）监护管理 | ①种类值②结构值③功能值<br>①要素值②等级值③灾变率<br>①水电能源②工程管网③环保设施<br>①监测机能②法规配套③机构设置 |
| 利用条件 | 5 | （1）交通通讯<br>（2）食宿接待<br>（3）客源市场<br>（4）运营管理 | ①便捷性②可靠性③效能<br>①能力②标准③规模<br>①分布②结构③消费<br>①职能体系②经济结构③居民社会 |
| 规模范围 | 5 | （1）面积<br>（2）体量<br>（3）空间<br>（4）容量 | |

（5）风景资源分级标准

《风景名胜区规划规范》制定了风景资源分级标准，根据景源评价单元的特征，及其不同层次的评价指标分值和吸引力范围，评出风景资源等级。

景源评价分级为特级、一级、二级、三级、四级共五级：

·特级景源：具有珍贵、独特、世界遗产价值和意义，有世界奇迹般的吸引力；

·一级景源：具有名贵、罕见、国家重点保护价值和国家代表性作用，在国内外著名和有国际吸引力；

·二级景源：具有重要、特殊、省级重点保护价值和地方代表性作用，在省内外闻名和有省际吸引力；

·三级景源：具有一定价值和游线辅助作用，有市县级保护价值和相关地区的吸引力；

·四级景源：具有一般价值和构景作用，有本风景区或当地的吸引力。

(6) 风景名胜区分级标准

《风景名胜区条例》规定风景名胜区按其景物的观赏、文化、科学价值和环境质量、规模大小、游览条件等，划分为三级：

·市、县级风景名胜区：由市、县主管部门组织有关部门提出风景名胜资源调查评价报告，报市、县人民政府审定公布，并报省级主管部门备案；

·省级风景名胜区：由市、县人民政府提出风景名胜资源调查评价报告，报省、自治区、直辖市人民政府审定公布，并报城乡建设环境保护部（现住房和城乡建设部）备案；

·国家重点风景名胜区：由省、自治区、直辖市人民政府提出风景名胜资源调查评价报告，报国务院审定公布。

3. 自然保护区

自然保护区，是指对有代表性的自然生态系统、珍稀濒危野生动植物物种的天然集中分布区、有特殊意义的自然遗迹等保护对象所在的陆地、陆地水体或者海域，依法划出一定面积予以特殊保护和管理的区域。

(1) 自然保护区类别

1) 世界自然保护同盟（IUCN）1990 年划分的自然保护区类型：

·科学保护区和荒野区；

·国家公园和对等的保护区；

·自然纪念地；

·生境和野生生物管理区；

·保护性的陆地（或海洋）景观区。

2）中国自然保护区类别划分的自然保护区 3 类别 9 类型：

①自然生态系统类自然保护区

指以具有一定代表性、典型性和完整性的生物群落和非生物环境共同组成的生态系统作为主要保护对象的自然保护区。

·森林生态系统类型自然保护区；

·草原生态系统类型自然保护区；

·荒漠生态系统类型自然保护区；

·内陆湿地和水域生态系统类型自然保护区；

·海洋和海岸生态系统类型自然保护区。

②野生生物类自然保护区

指以野生生物物种，尤其是珍稀濒危物种群体及其自然生态为主要保护对象的自然保护区。

·野生动物类型自然保护区；

·野生植物类型自然保护区。

③自然遗迹类自然保护区

指以特殊意义的地质地貌、地质剖面、化石产地等作为主要保护对象的自然保护区。

·地质遗迹类型自然保护区；

·古生物遗迹类型自然保护区。

（2）自然保护区标准

根据《中华人民共和国自然保护区条例》，建立自然保护区必须具有下列条件之一：

·典型的自然地理区域、有代表性的自然生态系统区域以及已经遭受破坏但经保护能够恢复的同类自然生态系统区域；

·珍稀、濒危野生动植物物种的天然集中分布区域；

·具有特殊保护价值的海域、海岸、岛屿、湿地、内陆水域、森林、草原和荒漠；

·具有重大科学文化价值的地质构造、著名溶洞、化石分布区、冰川、火山、温泉等自然遗迹;

·经国务院或者省、自治区、直辖市人民政府批准,需要予以特殊保护的其他自然区域。

(3) 自然保护区级别

自然保护区分为国家级自然保护区和地方级自然保护区:

·国家级自然保护区:在国内外有典型意义、在科学上有重大国际影响或者有特殊科学研究价值的自然保护区;

·地方级自然保护区:为国家级自然保护区的外,其他具有典型意义或者重要科学研究价值的自然保护区。

根据自然保护区内保护的重要程度,自然保护区可以分为核心区、缓冲区和实验区:

·核心区:保存完好的、天然状态的生态系统以及珍稀、濒危动植物的集中分布地。核心区禁止任何单位和个人进入,除经批准外,不允许进入从事科学研究活动。

·缓冲区:核心区外围划为缓冲区,只准进入从事科学研究观测活动。

·实验区:缓冲区外围划为实验区,可以进入从事科学试验、教学实习、参观考察、旅游以及驯化、繁殖珍稀濒危野生动植物等活动。

4. 地质遗迹保护区与地质公园

(1) 地质遗迹景观(地质遗产、地质遗迹)

地质遗迹是指在地球演化的漫长地质历史时期由于内外动力的地质作用,形成、发展并遗留下来的不可再生的地质体。是世界自然遗产的一个重要组成部分。

地质遗迹是在地球历史时期,由内力地质作用和外力地质作用形成,反映了地质历史演化过程和物理、化学条件或环境的变化,是人们恢复地质历史的重要依据,地质遗迹具有巨大的科学研究和文化学术价值;地质遗迹是不可再生的,建设以地质遗迹和地质景观为核心内容、具有旅游休闲、科普教育功能的地质公园,对保护和开发自然遗产具有重要的意义。

1）地质遗迹景观

地质遗迹景观包括：

·对追溯地质历史具有重大科学研究价值的典型层型剖面（含副层型剖面）、生物化石组合带地层剖面、老性老相建造剖面及典型地质构造剖面和构造形迹；

·对地球演化和生物进化具有重要科学文化价值的古人类与古脊椎动物、无脊椎动物、微体古生物、古植物等化石与产地以及重要古生物活动遗迹；

·具有重大科学研究和观赏价值的岩溶、丹霞、黄土、雅丹、花岗岩奇峰、石英砂岩峰林、火山、冰川、陨石、鸣沙、海岸等奇特地质景观；

·具有特殊学科研究和观赏价值的岩石、矿物、宝玉石及其典型产地；

·独特医疗、保健作用或科学研究价值的温泉、矿泉、矿泥、地下水活动痕迹以及有特殊地质意义的瀑布、湖泊、奇泉；

·具有科学研究意义的典型地震、地裂、塌陷、沉降、崩塌、滑坡、泥石流等地质灾害遗迹；

·需要保护的其他地质遗迹。

2012 年 7 月 2 日中国地质调查局实施的《地质遗迹调查技术要求（暂行)》对地质遗迹及其评价标准等进行了明确规定。

2）地质遗迹保护区（地质公园）的分级标准

建立了地质公园的地质遗迹保护区又称为地质公园。依据地质遗迹具有的国际、国内和区域性典型意义，可建立国家级、省级、市县级地质遗迹保护区、地质遗迹保护段。

①国家级地质遗迹保护区：

·能为一个大区域甚至全球演化过程中，某一重大地质历史事件或演化阶段提供重要地质证据的地质遗迹；

·具有国际或国内大区域地层（构造）对比意义的典型剖面、化石及产地；

·具有国际或国内典型地学意义的地质景观或现象。

②省级地质遗迹保护区：

　·能为区域地质历史演化阶段提供重要地质证据的地质遗迹；

　·有区域地层（构造）对比意义的典型剖面、化石及产地；

　·在地学分区及分类上，具有代表性或较高历史、文化、旅游价值的地质景观。

③县级地质遗迹保护区：

　·在本县的范围内具有科学研究价值的典型剖面、化石及产地；

　·在小区域内具有特色的地质景观或地质现象。

地质遗迹保护区分级标准可归纳于表 6-3。

表 6-3　　　　　　　　　　　　地质遗迹保护区分级标准

| 标准级别 | 提供重要地质证据的地质遗迹 | 典型剖面、化石及产地 | 地质景观 |
|---|---|---|---|
| 国家级 | 一个大区域甚至全球演化过程中，某一重大地质历史事件或演化阶段 | 具有国际或国内大区域地层（构造）对比意义 | 具有国际或国内典型地学意义 |
| 省级 | 区域地质历史演化阶段 | 区域地层（构造）对比意义 | 地学分区及分类上，具有代表性或较高历史、文化、旅游价值 |
| 县市级 | 小区域典型与特色 | 本县范围内具有科学研究价值 | 小区域内具有特色的地质景观地质现象 |

（2）地质公园

地质公园，是指以具有特殊科学意义、稀有的自然属性、优雅美学观赏价值，具有一定规模和分布范围的地质遗址景观为主体，融合自然景观与人文景观，并具有考古、生态、历史和文化价值，以地质遗迹景观保护、支持当地经济、文化和环境可持续发展为宗旨，为人们提供具有较高科学品位的观光游览、度假休闲、保健疗养、科学教育、文化娱乐的场所，同时也是地质遗迹和生态环境的重点保护区，是地质科学研究与普及的基地。

1）地质公园级别

根据审批机构的不同，地质公园可分为县市级地质公园、省级地质公园、国家级地质公园、世界级地质公园。

地质公园按用地规模可分为小型地质公园（20平方千米以下）、中型地质公园（21—100平方千米）、大型地质公园（101—500平方千米）和特大型地质公园（500平方千米以上）。

2）联合国教科文组织世界地质公园六条定义

①有明确边界，有足够大的面积使其可为当地经济发展服务，由一系列具特殊科学意义、稀有性和美学价值的地质遗址组成，还可能具有考古、生态学、历史或文化价值；

②这些遗址彼此联系并受公园式的正式管理及保护，制定了官方的保证区域社会经济可持续发展的规划；

③支持文化、环境可持续发展的社会经济发展，可以改善当地居民的生活条件和环境，能加强居民对居住区的认同感和促进当地的文化复兴；

④可探索和验证对各种地质遗迹的保护方法；

⑤可用来作为教育的工具，进行与地学各学科有关的可持续发展教育、环境教育、培训和研究；

⑥始终处于所在国独立司法权的管辖之下，所在国政府必须依照本国法律、法规对公园进行有效管理。

3）联合国教科文组织提出8条提名世界地质公园推荐准则

①须包含多个地质遗迹或合并成一体的多个地质遗迹实体，它们必须具有特殊科学意义、稀有性和优美性，能代表一个地区及该区的地质历史、事件或演化过程；

②必须为所在地区的社会经济可持续发展服务。例如在考虑环境的情况下，开辟新的收入来源，刺激地方企业、小商业、乡村别墅业的兴建，创造新的就业机会，为当地居民增加补充收入，吸引私人资金；

③在国家法律或法规框架内，为保护主要的地质景观做出贡献。公园管理机构须采取充分措施，保证有效地保护园内的地质遗迹，必要时提供

资金进行现场维修；

④须制定大众化的环境教育计划和科学研究计划，确定好教育目标、活动内容及后勤支持；

⑤须提供下述内容的详细管理规划，地质公园本身的全球对比分析、地质公园属地特征分析、当地经济发展潜力分析；

⑥做好园区内各类机构、团体的协调安排，它涉及行政管理机构、地方各阶层、私人利益集团、公园设计、科研和教育机构、地区经济发展计划和开发活动。促进协商，鼓励不同集团间建立合作伙伴关系，鼓励与全球网络中的其他地质公园建立密切联系；

⑦当提名某区作为世界地质公园时，须进行适当的宣传并加以推动，还须定期向联合国报告最新进展与发展情况；

⑧如申报地与世界遗产或人与生物圈相同或相重叠，应在提交推荐书前，获得有关机构的许可。

5. 古生物化石景观

古生物化石，是指地质时期形成并赋存于地层中的动物、植物等遗体化石或者遗迹化石。《古生物化石管理办法》规定，国家对下列古生物化石和古生物化石产地实行重点保护：

·经命名的古生物化石种属的模式标本；

·保存完整或者较完整的稀有的古脊椎动物化石；

·稀有或者在生物进化及分类中具有特殊意义的化石；

·大型的或者集中赋存的重要古生物化石产地。

大型的或者集中赋存的重要古生物化石产地，应按照《中华人民共和国自然保护区条例》的有关规定，设立古生物化石保护区。古生物化石保护区分为国家级古生物化石保护区和省级古生物化石保护区。

6. 矿山公园

根据《国家矿山公园申报工作指南》，矿山公园是以展示矿业遗迹景观为主体，体现矿业发展历史内涵，具备研究价值和教育功能，可供人们游览观赏、科学考察的特定的空间地域。

（1）矿业遗迹

矿业遗迹是构成矿山公园的核心景观，表征某一阶段某一个地方某种矿业发展的历史。矿业遗迹主要指矿产地质遗迹和矿业生产过程中探、采、选、冶、加工等活动的遗迹、遗址和史迹，并具备研究的价值和教育的功能，是游览现赏、科学考察的主要内客。按其自然和人文双重属性，矿业遗迹包括：

· 矿业开发史籍；

· 矿业生产遗址；

· 矿业活动遗迹；

· 矿业制品；

· 与矿业活动有关的人文景观；

· 矿产地质遗迹。

（2）矿业遗迹级别

矿业遗迹按其典型性、稀有性、观赏性、科学和历史文化价值及开发利用功能等，分为珍稀级、重要级和一般级三个级别：

1）珍稀级（一级）：

· 在世界范围或全国范围具有典型意义的矿产地质遗迹；

· 能为世界矿业发展史提供重要证据的矿业遗迹；

· 具有代表当时世界先进科学技术水平的矿业遗迹。

2）重要级（二级）

· 具有区域典型意义的矿产地质遗迹；

· 能为国家矿业发展史提供重要证据的矿业遗迹；

· 具有代表当时全国先进科学技术水平的矿业遗迹；

3）一般级（三级）

· 具有地区典型意义的矿产地质遗迹；

· 能为世界矿业发展史提供重要证据的矿业遗迹；

· 具有代表当时地方科学技术水平的矿业遗迹。

（3）矿山公园的基本条件及其等级划分

1）矿山公园必须具备以下基本条件：

· 具备典型、稀有和内容丰富的矿业遗迹；

· 以矿业遗迹为主体景观，充分融合自然与人文景观；

· 通过土地复垦等方式所修复的废弃矿山或生产矿山的部分废弃矿段。

2）矿山公园设置国家级矿山公园和省级矿山公园，国家矿山公园应满足以下要求：

· 国际、国内著名的矿山或独具特色的矿山；

· 拥有一处以上稀有的或多处重要的矿业遗迹；

· 区位优越，自然与人文景观优美；

· 进行过系统的基础调查研究工作，土地使用权属清楚，基础设施完善，具有吸引大量游客的潜在能力。

7. 森林公园

根据《森林景观资产等级评价》中的景观面积、游人规模和森林景观质量，将森林景观资产等级划分为一、二、三、四级：

· 一级：资产价值和景观价值高，应加强保护，制定保全、保存和发展的具体措施；

· 二级：资产价值和景观价值较高，应当在保证其可持续发展的前提下，进行科学、合理的开发利用；

· 三级：有一定的资产价值和景观价值，应进一步改造、改善和提高森林景观质量和生态环境质量；

· 四级：应首先提高森林景观资产数量，并改善其质量和环境。

8. 野生生物

（1）野生动物

《中华人民共和国野生动物保护法》规定：规定保护的野生动物分为两大类，一类是国家重点保护野生动物，一类是地方重点保护野生动物。国家重点保护的野生动物分为一级保护野生动物和二级保护野生动物。地方重点保护野生动物，是指国家重点保护野生动物以外，由省、自治区、直辖市重点保护的野生动物。

（2）野生植物

《中华人民共和国野生植物保护条例》规定保护的野生植物分为两大

类，一类是国家重点保护野生植物，一类是地方重点保护野生植物。国家
重点保护野生植物又分为国家一级保护野生植物和国家二级保护野生植
物。地方重点保护野生植物，是指国家重点保护野生植物以外，由省、自
治区、直辖市保护的野生植物。

### 9. 湿地公园

以湿地景观为主体，具有一定规模和范围和湿地生态系统完整性，蕴
含一定科学、文化或美学价值。以湿地生态系统保护为核心，兼顾湿地生
态系统服务功能，可供游览、休闲或进行科学、文化和教育活动的湿地
地域。

湿地公园根据湿地生态系统、湿地环境质量、湿地景观以及基础设
施、管理状况进行评估。

### 10. 旅游景区

（1）旅游资源品级

根据《旅游资源分类、调查与评价》（GB/T 18972—2003），对旅游资
源单体进行评分，然后依据旅游资源单体评价总分，将其分为五级，从高
级到低级为：

·五级旅游资源，得分值域≥90分；

·四级旅游资源，得分值域≥75—89分；

·三级旅游资源，得分值域≥60—74分；

·二级旅游资源，得分值域≥45—59分；

·一级旅游资源，得分值域≥30—44分。

（得分≤29分 为未获等级旅游资源）

其中：五级旅游资源称为"特品级旅游资源"；五级、四级、三级旅
游资源被通称为"优良级旅游资源"；二级、一级旅游资源被通称为"普
通级旅游资源"。

（2）旅游景区质量等级

根据《旅游景区质量等级的划分与评定》（GB/T 17775—2003），旅游
景区质量等级划分为五级，从旅游交通、游览、旅游安全、卫生、邮电服
务、旅游购物、经营管理、资源和环境的保护、旅游资源吸引力、市场吸

引力、年接待海内外旅游者人次、游客抽样调查满意率等 12 个方面很高进行评定，从高到低依次为：

·5A 级　　　AAAAA 级；

·4A 级　　　AAAA 级；

·3A 级　　　AAA 级；

·2A 级　　　AA 级；

·1A 级　　　A 级旅游景区。

（3）旅游景观评价标准

根据旅游景观评价依据，综合借鉴有关旅游景观标准的自然遗产、文化遗产、自然保护区、风景名胜区、地质遗迹、地质公园、古生物化石、文物（文化景观）等标准、品级划分标志的基本点、特色性标志可建立旅游景观评价标准。

景观旅游价值是旅游景观评价的根本标准，衡量旅游景观品级的决定依据。

旅游景观评价应以体现/蕴含景观旅游价值的观赏价值（包含景观原性价值和景观的旅游资源价值）与开发价值（包含环境条件和旅游条件）景观旅游价值总体进行综合评价。

依据旅游景观原形特征价值的层次、尺度、结构，由旅游景观的基础价值层次—主导价值层次—原形价值层次—总体目标层次框架旅游景观层次体制评价系统，作为旅游景观评价的基本方法依据。

（4）旅游景观评价品级分级采用特级、一级、二级、三级、四级等五级等级制：

·特级旅游景观：相当于世界级旅游景观，具有珍贵、独特、稀有、绝妙的世界遗产价值和意义，有世界奇观般的吸引力；

·一级旅游景观：相当于国家级旅游景观，具有名贵、罕见、国家典型代表性，有国内驰名、国际知名的吸引力；

·二级旅游景观：相当于省级旅游景观，具有重要、特殊、地方标志代表性，有国内知名、省内闻名的吸引力；

·三级旅游景观：相当于市县级旅游景观，具有地域特色代表性，有省内知名、地域闻名的吸引力；

·四级旅游景观：相当于乡镇级旅游景观，具有地段代表性，有县境知名的吸引力。

（5）旅游景观评价的规模分级采用特大型、大型、中型、小型等四级等级制：

·特大型旅游景观　　景观面积　>500平方千米

·大型旅游景观　　　景观面积101平方千米—500平方千米

·中型旅游景观　　　景观面积21平方千米—100平方千米

·小型旅游景观　　　景观面积　<20平方千米

11. 文物人文景观

（1）文物

文物是人类在历史发展过程中遗留下来的遗物、遗迹。各类文物从不同的侧面反映了各个历史时期人类的社会活动、社会关系、意识形态以及利用自然、改造自然和当时生态环境的状况，是人类宝贵的历史文化遗产。

《中华人民共和国文物保护法》规定，受国家保护文物：

① 具有历史、艺术、科学价值的古文化遗址、古墓葬、古建筑、石窟寺和石刻、壁画；

② 与重大历史事件、革命运动或者著名人物有关的以及具有重要纪念意义、教育意义或者史料价值的近代现代重要史迹、实物、代表性建筑；

③ 历史上各时代珍贵的艺术品、工艺美术品；

④ 历史上各时代重要的文献资料以及具有历史、艺术、科学价值的手稿和图书资料等；

⑤ 反映历史上各时代、各民族社会制度、社会生产、社会生活的代表性实物。

（2）文物和文物史迹区

按照中国文物法规的规定，根据文物价值的高低，把馆藏文物和流散文物划分为一、二、三级，把文物史迹区分为不同级别的文物保护单位（全国重点、省级、市级、县（区）级）。

### 6. 6. 4　地质资源旅游价值评价标准确定原则

旅游地质资源及其旅游价值的复杂性、多样性、综合性,较难制定统一的、量化的、严格的地质资源旅游价值评价标准。从有利于地质资源的旅游资源化、地质资源转化为旅游经济效益出发,地质资源旅游价值评价标准的确定,应遵守下列原则:

1. 汲取相似相近相关联的国际性及国家标准/规范的相关标准

现今与地质资源地质体相关相近的各类遗迹、遗产、公园、旅游景区的国际性及国家标准/规范的相关标准,积累了科学的、普遍性的、典型性的、丰富的、完善的、经过实践检验的理念、经验和各类法规式的总结、概括。相关的评价标准是旅游地质资源及其旅游价值评价的坚实基础和模式。而且只有汲取相似相近相关联的国际性及国家标准/规范的相关标准,才能与类似的国际性及国家标准/规范的相关标准达到一致性,从而地质资源旅游价值的评价认定也才能具有实际意义。

2. 客观及综合地应用地质资源旅游价值评价可参照参考类比的相关标准

以体现了地质遗迹/地质资源旅游价值的世界遗产、地质遗产,地质遗迹、地质公园的标准作为地质资源旅游价值评价的基本标准。

·中国的风景名胜区类似于国外国家公园,其中许多是具有很高旅游价值、风景绚丽的地质景观域。因此,风景名胜区的标准是地质资源旅游价值认定的重要依据和参考。

·自然保护区中包含了许多地质遗迹、地质景观。因此,应注重地质遗迹与自然保护区的关联性,自然保护区与旅游地质资源有关的标准是地质资源旅游价值的重要参考。

·从地质资源旅游价值的视角,地质遗迹保护区的分级标准,也就是地质遗迹级别的划分标准。

·从矿床是旅游地质资源的视角看,以矿业遗迹为主题的矿山公园就是由矿床引申的矿床 – 矿业产业链遗迹,有的甚至为较高级别的地质遗迹。因此,矿山公园也可视为矿床地质、矿产资源及其开发利用社会经济效应的旅游地质资源,矿山公园标准可作为地质资源旅游价值评价参考。

·森林公园中往往包含有地质遗迹。因此，应注重地质遗迹与森林公园的关联性，森林公园可作为地质资源旅游价值评价生态地质环境的重要参考。

·野生动植物繁衍地往往也是地质遗迹地，地质资源旅游价值的评价，应同时考虑野生动植物的类型及其保护类别，植物地质遗迹评价参考。

·水体、湿地、沼泽作为外生地质作用的重要组成要素，又是旅游地质资源的资源类型。地质资源旅游价值评价应参考湿地标准。

·旅游景区常常就是某些地质景象/地质景观的地质单元，许多旅游景区，特别是自然景观为主体的旅游景区，往往即为地质资源/地质遗迹区作为旅游开发的旅游地。因此，地质资源旅游价值评价应充分考虑旅游景区标准，特别注重地质资源旅游开发的社会经济效应。

·文物性人文景观中，有相当大一部分与地质体、地质景观、地质资源环境相关。如石窟、摩崖石刻、石雕、石建筑、石文化，就是旅游地质文化的重要组成。因此，作用旅游价值评价应参考文物人文景观相应标准。

3. 侧重地质资源或以地质资源为主体/基础

尽管旅游地质资源涉及同地域的、复合的旅游资源的总体，但是，既然是旅游地质资源的旅游价值评价，那么，显然必须以旅游地质资源的旅游价值为其评价标准的首要标志、为主体、为基础依据。在制定具体的评价标准中，侧重地质资源地质景观的权重。

4. 侧重旅游活动主体——大众旅游及观光旅游

地质资源的旅游价值、旅游功能，以地质资源类型的差别、复合旅游资源的差异，旅游功能也存在差异。但从旅游地质、旅游地质资源的研究及旅游实践中表明，旅游地质资源获取最佳旅游效应的最佳途径是开发旅游地质资源的观赏性旅游功能，侧重大众旅游和观光旅游作为旅游地质资源功能开发的主体。提高旅游地质资源地质文化、旅游文化品位的观赏性旅游功能的侧重开发，将获取最佳的旅游价值旅游效应。

5. 侧重旅游地特色品牌

旅游地质资源的地域性差异是地质资源潜在的最大的旅游价值，包括旅游资源类型、旅游资源品位为根本要素的特色性、地域性的旅游地质资源是构建旅游地特色旅游功能、特色旅游品牌根本所在，是旅游地品牌效应生命力的根本所在。因此，旅游地质资源及其旅游价值评价中，应侧重旅游地质资源的特色性、唯一性、独特性，将其作为主体评价标志。

6. 侧重旅游地质景观综合评价

·地质景观的观赏价值和科学价值比重，着重观赏价值；

·地质景观的奇异度和优美程度及其二者的结合程度；

·地质景观类型构成景观系列的完整程度；

·地质景观与其他自然景观的协调配置程度；

·地学景观与人文景观的配置协调程度；

·地质景观的生态地质资源环境状况；

·地质景观开发利用的环境条件。

## 6.6.5　地质资源旅游价值评价方法选择要点

地质资源旅游价值评价方法，应基于地质资源旅游价值评价原则。评价方法选择应着重考虑：

·简明可行，易于掌握；

·侧重客观，地质资源景观属性宜用定性指标；

·定性评价为主体/基础，定量评价辅佐；

·旅游地地质资源旅游价值要素与相似相近评价标准类比；

·选用适宜旅游地特征数量化评价方法/模式。

# 7. 地质资源旅游资源化

将地质资源从单一的矿产资源的概念转化为旅游资源的概念；将地质资源开发的利用形式由采掘地质体加工利用到不破坏地质体，以其观赏价值为主要开发利用形式。以地质资源/景观的观赏性、科学性、商品性、文化性的地质资源旅游开发——地质资源的旅游资源化，是体现并实现地质资源经济价值和社会价值的重要途径。

## 7.1 地质遗迹、地质主题公园与旅游地的同地域性

在未经受人类活动重大干扰和毁灭性自然灾害的地域，常常以其较好的生态地质环境为本底，构成自然环境优美、生态原生性保存完好的自然遗产区；当前具有地球发展例证典型性代表性的地质遗迹区，往往既是地质遗迹保护区，又是自然保护区；有的在作为国家地质公园的同时，常常又是国家风景名胜区、国家自然保护区、国家森林公园、国家旅游景区。地质遗迹景观得到多渠道保护，亦可得到多方式展示其景观价值。例如，湖南张家界地质遗迹景观既是世界遗产、国家地质公园、世界地质公园，又是国家森林公园、国家级风景名胜区、国家 5A 级旅游景区。云南石林地质遗迹景观既是国家地质公园、世界地质公园，又是国家级风景名胜区、国家 5A 级旅游景区、世界自然遗产。

地质遗迹有单独的地质遗迹/遗产地（如地质遗迹自然保护区、地质公园），而更多的是涵盖于其他类型的风景名胜区或作为其他类型自然保护区的组成内容。如：

·含地质遗迹的自然保护区

·含地质遗迹的国家风景名胜区

国家级风景名胜区中，许多风景名胜区以名山、名湖、河流峡谷、岩溶洞穴、瀑布泉水、海滨海岛等为主体命名，和地质遗迹密切相关。

·国家森林公园中的地质遗迹

中国已建森林公园类型有山岳型、湖泊型、火山型、沙漠型、冰川型、海岛型、海滨型、溶洞型、温泉型、草原型及园林型，前9种类型森林公园的自然基础要素皆与地质遗迹密切相关，含有一种或多种地质遗迹。

·全国重点文物保护单位

在全国重点文物保护单位中，有古猿和古人类遗迹等属于地质遗迹的类型。

地质遗迹的保护是自然保护、遗产保护的重要组成内容。1987年，由原地质矿产部颁布了《关于建立地质自然保护区的规定》，开始建立地质自然保护区。1992年以前，共建立地质自然保护区52处，其中国家级4处，省级31处，县级17处。1995年，地质矿产部颁发了《地质遗迹保护管理规定》，使地质遗迹保护工作得到了比较快的发展。地质遗迹保护区作为地质遗迹保护重要形式和展示方式的地质公园是以地质遗迹为主题的地质主题式公园，它具有地质遗迹保护、展示和公园、旅游地的多重功能，还往往含有地域特色性、民族性很强的人文景观（表7-1、表7-2、表7-3）。

表7-1　　　　　　　　部分中国地质自然保护区简表

| 名称 | 位置 | 主要保护对象 | 地质内容 |
|---|---|---|---|
| 国家级 | | | |
| 文昌市铜鼓岭自然保护区 | 海南文昌市 | 自然景观、地质地貌、动植物 | 花岗岩地质景观 |
| 蓟县中上元古界地质剖面自然保护区 | 天津蓟州区 | 中、上元古地质剖面 | 地质剖面 |
| 昌黎黄金海岸国家自然保护区 | 河北昌黎县 | 海岸自然景观、海区生态和资源 | 海岸沙丘 |
| 山旺"万卷书"地质自然保护区 | 山东临朐县 | 生物化石产地 | 化石产地 |
| "蓝田人"遗址地质自然保护区 | 陕西蓝田县 | 古猿人化石及其产地 | 古人类遗迹 |

续表

| 名称 | 位置 | 主要保护对象 | 地质内容 |
|---|---|---|---|
| 省级 | | | |
| 周口店北京猿人遗址自然保护区 | 北京周口店 | "北京人"遗迹 | 古人类遗迹 |
| 天津市滨海贝壳堤自然保护区 | 天津南郊 | 滨海古海岸遗迹 | 古海岸遗迹 |
| 白洋淀自然保护区 | 河北保定市 | 湖泊 | 湖泊 |
| 吉林省大阳岔地质遗迹自然保护区 | 白山市 | 寒武系—奥陶系界线剖面 | 地质剖面 |
| 吉木省伊通火山群自然保护区 | 伊通县 | 火山地质遗迹 | 火山地质景观 |
| 嘉荫恐龙化石产地地质自然保护区 | 黑龙江嘉荫县 | 恐龙化石产地 | 化石产地 |
| 黑龙江省五大连池自然保护区 | 五大连池市 | 火山地质景观、矿泉水 | 火山地质景观 |
| 逊克县玛瑙石自然保护区 | 黑龙江逊克县 | 玛瑙 | 岩石、矿物 |
| 南京雨花台地质自然保护区 | 江苏南京市 | 地质剖面 | 地质剖面 |
| 福建福州市地热田地质自然保护区 | 福州市 | 地热田 | 地热田 |
| 山东诸城恐龙化石自然保护区 | 诸城 | 恐龙化石及产地 | 化石产地 |
| 莲沱震旦系地层剖面自然保护区 | 湖北宜昌市 | 震旦系标准地层剖面和古生物化石 | 地质剖面及化石产地 |
| 海南省六连岭自然保护区 | 万宁市 | 自然景观 | 地质景观 |
| 广西北流风门泥盆系地质剖面自然保护区 | 北流市 | 泥盆系地质剖面 | 地质剖面 |
| 广西横县六景泥盆系地质剖面自然保护区 | 横县 | 泥盆系地质剖面 | 地质剖面 |
| 广西南丹罗福泥盆系地质剖面自然保护区 | 南丹县 | 泥盆系地质剖面 | 地质剖面 |
| 广西象州大乐泥盆系地质自然保护区 | 象州县 | 泥盆系地质剖面 | 地质剖面 |
| 峨眉龙门硐地质自然保护区 | 四川峨眉山市 | 三叠系岩相地质剖面 | 地质剖面 |
| 嵩明县松花坝水源水系自然保护区 | 云南嵩明县 | 饮用水资源 | 水源地 |
| 云南省石林自然保护区 | 石林彝族自治县 | 岩溶地质景观 | 岩溶地质景观 |
| 云南省晋宁梅树村地质自然保护区 | 昆明市 | 震旦—寒武系界线层型剖面 | 地质剖面 |
| 云南省苍山洱海自然保护区 | 大理市 | 断层湖泊、古代冰川遗迹、名胜古迹、鱼类等 | 湖泊、冰川遗迹 |

续表

| 名称 | 位置 | 主要保护对象 | 地质内容 |
|---|---|---|---|
| 省级 | | | |
| 云南省昆明自然保护区 | 昆明市 | 高原湖泊、名胜古迹、水源 | 湖泊、水源地 |
| 云南省大龙洞自然保护点 | 昭通 | 地下水资源 | 水源地 |
| 陕西小秦岭元古界剖面地质自然保护区 | 洛南县 | 元古界地质剖面 | 地质剖面 |
| 陕西东秦岭岩相剖面地质自然保护（点） | 柞水县 | 岩相地质剖面 | 地质剖面 |
| 宁夏沙坡头自然保护区 | 中卫市 | 沙漠生态系统 | 沙漠地质景观 |
| 宁夏石峡沟地质剖面自然保护区 | 中宁县 | 泥盆系地质剖面及化石产地 | 地质剖面 |
| 乌鲁木齐市煤盆构造地质自然保护区 | 新疆乌鲁木齐 | 侏罗纪煤田盆地构造层 | 地质构造 |
| 阳明山自然公园 | 台北市正北 | 温泉等自然环境 | 温泉 |
| 太鲁阁自然公园 | 台湾岛东部 | 石灰岩峡谷等天然奇观 | 石灰岩峡谷 |
| 市县级 | | | |
| 内蒙古阿尔山温泉自然保护区 | 科尔沁右翼前旗 | 温泉地质环境 | 温泉 |
| 达尔罕茂明安联合旗艾不盖河水源自然保护区 | 内蒙古达尔罕茂明安联合旗 | 水源地 | 水源地 |
| 达尔罕茂明安联合旗黄花滩水源自然保护区 | 内蒙古达尔罕茂明安联合旗 | 水源地 | 水源地 |
| 乌兰察布市霸王河水源自然保护区 | 内蒙古乌兰察布市 | 水源地 | 水源地 |
| 大连金州金石滩地质自然保护区 | 辽宁大连金州区 | 地质剖面、海岸景观 | 地质剖面、海岸地质景观 |
| 佛山市东平河水源自然保护区 | 广东佛山市 | 饮用水源 | 水源地 |
| 广州市从化温泉自然保护区 | 广东广州市 | 地下热水资源、风景资源、珍稀动植物 | 温泉 |
| 东方市猕猴洞自然保护区 | 海南东方市 | 热带森林、石灰岩溶洞 | 石灰岩溶洞 |
| 东方市鱼鳞洲风景自然保护区 | 海南东方市 | 自然景观 | 海岸地质景观 |
| 临高县百仞滩自然保护区 | 海南临高县 | 地貌景观、古塔 | 海岸地质景观 |

续表

| 名称 | 位置 | 主要保护对象 | 地质内容 |
|------|------|------|------|
| 市县级 | | | |
| 临高县澹庵泉迹自然保护区 | 海南临高县 | 文物古迹 | 泉水 |
| 文昌市七星岭自然保护区 | 海南文昌市 | 地貌景观、古塔 | 花岗岩地质景观 |
| 清镇市红枫湖自然保护区 | 贵州清镇市 | 人工湖泊 | 人工湖 |
| 兴义市马别河天星桥瀑布群自然保护区 | 贵州兴文市 | 瀑布群自然景观 | 瀑布 |
| 兴义市泥函石林自然保护区 | 贵州兴文市 | 喀斯特石林 | 岩溶地质景观 |
| 兴义市普嘎山自然保护区 | 贵州兴文市 | 岩溶地貌 | 岩溶地质景观 |

表 7 - 2 　　　　　　　**部分含地质遗迹的自然保护区简表**

| 名称 | 位置 | 地质内容 |
|------|------|------|
| 国家级 | | |
| 松山国家自然保护区 | 北京延庆 | 温泉、瀑布、湖泊、花岗岩地质景观 |
| 庞泉沟国家自然保护区 | 山西文水、方山县 | 泉、瀑布等 |
| 锡林郭勒草原国家自然保护区 | 内蒙古锡林郭勒盟 | 花岗岩地质景观 |
| 医巫闾山国家自然保护区 | 辽宁北镇市 | 花岗岩地质景观 |
| 千山国家自然保护区 | 辽宁鞍山市 | 花岗岩地质景观 |
| 向海国家自然保护区 | 吉林通榆县 | 湖泊 |
| 长白山国家自然保护区 | 吉林安图县 | 火山、湖泊、冰川遗迹 |
| 鸡公山森林公园国家自然保护区 | 河南信阳市 | 花岗岩地质景观 |
| 神农架国家自然保护区 | 湖北神农架林区 | 中上元古界剖面、洞穴 |
| 鼎湖山国家自然保护区 | 广东肇庆市 | 湖泊、瀑布 |
| 东寨港国家自然保护区 | 海南海口市 | 地震废墟（海底村庄） |

续表

| 名称 | 位置 | 地质内容 |
|---|---|---|
| 国家级 | | |
| 大洲岛海洋生态自然保护区 | 海南万宁市 | 花岗岩洞穴等 |
| 三亚珊瑚礁国家自然保护区 | 海南三亚市 | 珊瑚礁 |
| 弄岗国家自然保护区 | 广西龙州县 | 石灰岩峰丛 |
| 梵净山国家自然保护区 | 贵州印江、江口、松桃三县交界处 | 变质岩地质景观 |
| 茂兰国家自然保护区 | 贵州荔波县 | 岩溶地质景观 |
| 白马雪山国家自然保护区 | 云南德钦县 | 冰川地质景观 |
| 墨脱国家自然保护区 | 西藏墨脱县 | 冰川、峡谷 |
| 太白山国家自然保护区 | 陕西太白、周至、眉县 | 第四纪冰川遗迹 |
| 六盘山国家自然保护区 | 宁夏泾源、隆德、原州区、海原和西吉五县区交界 | 地质剖面、地质景观等 |
| 贺兰山国家自然保护区 | 宁夏西北部 | 地质剖面 |
| 兴隆山国家自然保护区 | 甘肃榆中县 | 丹霞景观、地质剖面 |
| 祁连山国家自然保护区 | 甘肃张掖、武威、金昌市交界处 | 第四纪冰川遗迹、地质剖面、冰川等 |
| 安西极旱荒漠国家自然保护区 | 甘肃瓜州县 | 雅丹地质景观 |
| 阿尔金山国家自然保护区 | 新疆若羌县 | 湖泊、古岩溶、泉、现代冰川等 |
| 巴音布鲁克天鹅国家自然保护区 | 新疆和静县 | 河流、湖泊 |
| 喀纳斯自然景观国家自然保护区 | 新疆布尔津、哈巴河两县交界 | 第四纪冰川遗迹、湖泊 |
| 内蒙古达赉湖湿地珍禽自然保护区 | 新巴尔虎右旗 | 湖泊 |
| 内蒙古达里诺尔鸟类自然保护区 | 克什克腾旗 | 湖泊 |
| 吉林省查干湖自然保护区 | 前郭尔罗斯蒙古族自治区 | 湖泊 |
| 黑龙江省牡丹峰自然保护区 | 牡丹江市 | 古火山口、泉 |
| 江西庐山自然保护区 | 九江市 | 泉水、瀑布、溶洞等 |
| 江西井冈山自然保护区 | 井冈山市 | 泉水、瀑布 |

续表

| 名称 | 位置 | 地质内容 |
|---|---|---|
| 国家级 | | |
| 九宫山老鸦尖自然保护区 | 湖北通山县 | 花岗岩地质景观、湖泊、瀑布等 |
| 湖南九嶷山自然保护区 | 宁远县 | 溶洞、峰丛、丹霞 |
| 湖南省黄桑自然保护区 | 绥宁县 | 岩溶地质景观、瀑布 |
| 湖南省南岳自然保护区 | 衡山县 | 碳酸盐岩山岳地质景观 |
| 四川省九寨沟自然保护区 | 九寨沟县 | 湖泊、瀑布、钙华堆积 |
| 云南省天池自然保护区 | 云龙县 | 人工湖 |
| 西藏珠峰自然保护区 | 西藏珠峰地区 | 现代冰川 |
| 尕海－则岔自然保护区 | 甘肃碌曲县 | 湖泊 |
| 青海省孟达自然保护区 | 循化县 | 湖泊 |
| 青海省青海湖鸟岛自然保护区 | 刚察县 | 湖泊 |
| 新疆布尔根河狸自然保护区 | 青河、富蕴县交界 | 河流 |
| 省级 | | |
| 北京市云蒙山自然保护区 | 怀柔区、密云区 | 瀑布、花岗岩地质景观 |
| 北京市上方山自然保护区 | 房山区 | 溶洞、峰林等 |
| 天津市盘山自然保护区 | 蓟州区 | 花岗岩地质景观、泉 |
| 内蒙古乌梁素海禁猎区 | 乌拉特前旗 | 湖泊 |
| 辽宁省汤河水源自然保护区 | 辽阳市 | 水源地 |
| 辽宁省浑河自然保护区 | 清源县 | 水源地 |
| 辽宁省柴河水库水源自然保护区 | 铁岭市 | 水源地 |
| 辽宁省苏子河水系自然保护区 | 新宾县 | 河流、水源地 |
| 辽宁省凤凰山自然保护区 | 凤城市 | 花岗岩地质景观 |
| 吉林省松花湖自然保护区 | 吉林市 | 湖泊 |
| 黑龙江省镜泊湖自然保护区 | 宁安市 | 湖泊、瀑布、火山 |
| 建湖县九龙口自然保护区 | 江苏建湖县 | 湖泊 |
| 高淳区固城湖自然保护区 | 江苏南京市 | 湖泊 |
| 邵武将石自然保护区 | 福建邵武县 | 丹霞地质景观 |
| 黄山自然保护区 | 安徽黄山市 | 花岗岩地质景观 |
| 天柱山自然保护区 | 安徽潜山县 | 花岗岩地质景观 |

续表

| 名称 | 位置 | 地质内容 |
|------|------|----------|
| 省级 | | |
| 九华山自然保护区 | 安徽青阳县 | 花岗岩地质景观 |
| 安徽省升金湖自然保护区 | 安徽东至县 | 湖泊 |
| 临朐县老龙湾自然保护区 | 山东临朐县 | 泉水 |
| 微山县南四湖自然保护区 | 山东微山县 | 湖泊 |
| 河南黄河故道自然保护区 | 河南汲县 | 湖泊 |
| 湖南省天子山自然保护区 | 桑植县 | 砂岩峰林 |
| 湖南省索溪峪自然保护区 | 慈利县 | 砂岩峰林 |
| 湖南省张家界自然保护区 | 张家界市 | 砂岩峰林、岩溶地质景观 |
| 湖南省南湖自然保护区 | 岳阳市 | 湖泊 |
| 广东省罗浮山自然保护区 | 博罗县 | 花岗岩地质景观 |
| 湛江市硇洲岛沿海资源自然保护区 | 广东湛江市郊区 | 火山、海岸地质景观 |
| 三亚市福万水库自然保护区 | 海南三亚市 | 人工湖 |
| 临高县珊瑚礁自然保护区 | 海南临高县 | 珊瑚礁 |
| 临高县多文岭自然保护区 | 海南临高县 | 多种地质景观 |
| 临高县古银瀑布自然保护区 | 海南临高县 | 瀑布 |
| 广西龙虎山自然保护区 | 隆安县 | 岩溶地质景观 |
| 桂林地区猫儿山自然保护区 | 广西资源、兴安县界 | 岩溶地质景观 |
| 广西涠洲岛鸟类自然保护区 | 北海市 | 海岸、火山地质景观 |
| 广西金秀水源林自然保护区 | 金秀县 | 丹霞地质景观 |
| 广西青狮潭水源林自然保护区 | 灵川县 | 人工湖 |
| 广西十万大山自然保护区 | 上思、防城、钦州 | 人工湖 |
| 四川省黄龙自然保护区 | 松潘县 | 钙华堆积、湖泊、冰川 |
| 贵州省草海鸟类自然保护区 | 威宁县 | 湖泊 |
| 云南省碧塔海自然保护区 | 香格里拉市 | 湖泊 |
| 云南省鸡足山自然保护区 | 宾川县 | 熔岩地质景观、瀑布等 |
| 云南省泸沽湖自然保护区 | 宁蒗县 | 湖泊 |

续表

| 名称 | 位置 | 地质内容 |
|---|---|---|
| 省级 | | |
| 云南省玉龙雪山和哈巴雪山自然保护区 | 丽江市、迪庆州界 | 现代海洋性温冰川 |
| 甘肃省大苏干湖鸟类自然保护区 | 阿克塞县 | 湖泊 |
| 玉门市干海子候鸟自然保护区 | 甘肃玉门市 | 湖泊 |
| 小苏干湖鸟类自然保护区 | 甘肃阿克塞县 | 湖泊 |
| 崆峒山自然保护区 | 甘肃平凉市 | 丹霞地质景观 |
| 新疆天池景观自然保护区 | 阜康市 | 湖泊、第四纪冰川遗迹 |
| 托木尔峰自然保护区 | 新疆温宿县 | 现代山岳冰川 |
| 赛里木湖自然保护区 | 新疆霍城县 | 湖泊 |
| 博斯腾湖自然保护区 | 新疆库尔勒市北部 | 湖泊 |
| 台湾垦丁公园 | 台湾岛南端 | 海岸地质景观 |
| 台湾省双鬼湖自然保护区 | 高雄、台东两市交界处 | 湖泊 |
| 台湾省鸳鸯湖自然保护区 | 新竹县尖山乡与宜兰、桃园两县市交界处 | 湖泊 |
| 临高县文澜江自然保护区 | 海南临高县 | 河流、水源地 |
| 凉山螺髻山自然保护区 | 四川凉山州 | 第四纪冰川遗迹 |
| 市县级 | | |
| 临高县临高角自然保护区 | 海南临高县 | 珊瑚礁 |
| 临高县毗耶灵石自然保护区 | 海南临高县 | 多种地质景观 |
| 文昌市抱虎岭景心角自然保护区 | 海南文昌市 | 多种地质景观 |
| 重庆市缙云山自然保护区 | 重庆市北碚区 | 峡谷等 |

表 7 - 3　　　　　　　　　部分中国国家地质公园景观特征简表

| 国家地质公园 | 主要地质遗迹保护对象 | 主要人文景观 |
|---|---|---|
| 云南石林国家地质公园 | 碳酸盐岩溶峰丛地貌，溶洞 | 哈尼族民族风情，歌舞 |
| 云南澄江国家地质公园 | 寒武纪早期（5.3 亿年）生物大爆发，数十个生物种群同时出现 | 湖旅游区 |
| 湖南张家界国家地质公园 | 砂岩峰林地貌，柱、峰、塔锥上植物奇秀，附近有溶洞和脊椎动物化石产地 | 土家族民族风情 |
| 河南嵩山国家地质公园 | 完整的华北地台地层剖面，三个前寒武纪的角度不整合 | 七千年华夏文化，文物，寺庙集中，少林寺，嵩阳书院 |
| 江西庐山国家地质公园 | 断块山体，江南古老地层剖面，第四纪冰川遗迹 | 白鹿洞书院，世界不同风格建筑，中国近代史重大历史事件发生地 |
| 江西龙虎山国家地质公园 | 丹霞地貌景观 | 古代道教活动中心之一，并有悬棺群和古崖葬遗址 |
| 黑龙江五大连池国家地质公园 | 火山岩地貌景观、温泉 | 中国最近的火山喷发（1719—1712 年） |
| 四川自贡恐龙国家地质公园 | 恐龙发掘地、恐龙化石密集埋藏 | 世界最早的超千米盐井 |
| 四川龙门山国家地质公园 | 四川盆地西缘巨大推复构造，飞来峰 | 寺庙 |
| 陕西翠华山国家地质公园 | 地震引起的山体崩塌堆积 | 古代名人碑刻 |
| 福建漳州国家地质公园 | 滨海火山岩，玄武柱状节理群火山喷气口，海蚀地貌 | 沙滩，海滨休闲区，古炮台寺庙 |
| 安徽黄山国家地质公园 | 花岗岩峰丛地貌 | 历代名人踪迹 |
| 安徽齐云山国家地质公园 | 丹霞地貌，崖谷寨柱峰洞 | 方腊寨 |
| 安徽淮南八公山国家地质公园 | 7 亿—8 亿年的淮南生物群；晚前寒武—寒武纪地层，岩溶 | 淝水之战古战场，古寿州城，刘安墓 |
| 安徽浮山国家地质公园 | 火山岩风化作用形成特有洞崖 | 古寺庙 |
| 甘肃敦煌雅丹国家地质公园 | 雅丹地貌，黑色戈壁滩 | 千佛洞石窟，月牙泉 |
| 甘肃刘家峡恐龙国家地质公园 | 恐龙化石和足印 | 刘家峡电站及水库 |

续表

| 国家地质公园 | 主要地质遗迹保护对象 | 主要人文景观 |
|---|---|---|
| 内蒙古克什克腾国家地质公园 | 在花岗岩峰林地貌，沙漠与大兴安岭林区接壤地，草原，达里湖，云杉林 | 金边堡，岩画，蒙古族风情 |
| 云南腾冲国家地质公园 | 近代火山地貌，温泉，生物多样性 | 古边城，少数民族风情 |
| 广东丹霞山国家地质公园 | 丹霞地貌命名地 | |
| 四川海螺沟国家地质公园 | 现代低海拔冰川 | 藏族风情 |
| 四川大渡河峡谷国家地质公园 | 雄奇险峻的大渡河峡谷及支流形成的障古，大瓦山及第四纪冰川遗址 | 藏族风情 |
| 四川安县国家地质公园 | 成片硅质海绵形成生物礁 | 庙宇 |
| 福建大金湖国家地质公园 | 湖上丹霞地貌 | |
| 河南焦作云台山国家地质公园 | 丹崖赤壁，悬崖瀑布，水利工程，岩溶 | 竹林七贤居地，寺，塔，古树 |
| 河南内乡宝天曼国家地质公园 | 变质岩结构，构造 | 生物多样性 |
| 黑龙江嘉荫恐龙国家地质公园 | 恐龙发掘地 | 中国最北部的自然景观 |
| 北京石花洞国家地质公园 | 石灰岩岩溶洞穴，各类石笋，石钟乳，房山北京人遗址 | 北京西郊大量人文遗址 |
| 北京延庆硅化木国家地质公园 | 原地埋藏的硅化木化石 | 延庆具有大量人文遗迹如古崖居 |
| 浙江常山国家地质公园 | 奥陶系达瑞威尔阶层型界线（GSSP）礁灰岩岩溶 | 太湖风景名胜 |
| 浙江临海国家地质公园 | 白垩纪火山岩及风化成的洞穴 | 东海海滨地球风情 |
| 河北涞源白石山国家地质公园 | 白云岩，大理岩形成的石柱，峰林地貌，泉，拒马河源头 | 古寺，古塔，长城，关隘 |
| 河北秦皇岛柳江国家地质公园 | 华北北部完整的地层剖面，海滨沙滩，花岗岩峰丘，洞穴 | 长城，度假区 |
| 河北阜平天生桥国家地质公园 | 阜平群（28亿—25亿年）地层产地 | 第二次世界大战和国内革命战争遗址 |

| 国家地质公园 | 主要地质遗迹保护对象 | 主要人文景观 |
|---|---|---|
| 山东枣庄熊耳山国家地质公园 | 灰岩岩溶地貌，洞穴，峡 | 古文化遗址，古战场 |
| 山东山旺国家地质公园 | 第三纪湖相沉积，脊椎动物、昆虫、鱼等多种化石 | |
| 陕西洛川黄土国家地质公园 | 中国黄土标准剖面，黄土地貌 | 洛川会议，黄土风情文化 |
| 西藏易贡国家地质公园 | 现代冰川，巨型滑坡，堰塞湖 | 藏族风情，青藏高原南部风情 |
| 湖南郴州飞天山国家地质公园 | 丹霞地貌，崖，天生桥，洞，峡 | 寺庙，碑刻，悬棺 |
| 湖南莨山国家地质公园 | 丹霞地貌 | 古代名人和战争遗址 |
| 广西资源国家地质公园 | 丹霞地貌 | 瑶族风情 |
| 天津蓟县国家地质公园 | 中国北方中晚元古界标准剖面 | 长城黄崖关，古塔，庙宇 |
| 广东湛江湖光岩国家地质公园 | 火山地貌，马尔湖 | 古代人文，名人碑刻 |
| 河南王屋山国家地质公园 | 地质构造和地层遗迹 | 小浪底水利工程 |
| 四川九寨沟国家地质公园 | "层湖叠瀑"景观 | 扎如寺，达吉寺 |
| 浙江雁荡山国家地质公园 | 火山地质遗迹 | 寺庙 |
| 四川黄龙国家地质公园 | 以露天钙华景观为主的高寒岩溶地貌，冰川 | 宗教寺庙，藏族风情，革命遗址 |
| 辽宁朝阳古生物化石国家地质公园 | 古生物化石，凤凰山地质构造 | 槐树洞，热水汤，古人类遗址 |
| 广西百色乐业大石围天坑群国家地质公园 | 岩溶地貌，天坑群，溶洞，地下暗河 | 少数民族风情 |
| 河南西峡伏牛山国家地质公园 | 恐龙蛋集中产地 | |
| 贵州关岭化石群国家地质公园 | 关岭古生物群，小凹地质走廊 | 布依族、苗族风情 |
| 广西北海涠洲岛火山国家地质公园 | 火山，海岸，古地震遗迹，古海洋风暴遗迹 | 天主教堂，圣母堂，三婆庙 |
| 河南嶂峪山国家地质公园 | 花岗岩地貌 | 历史名人（施耐庵等） |
| 浙江新昌硅化木国家地质公园 | 硅化木 | |
| 云南禄丰恐龙国家地质公园 | 古生物遗迹 | 古人类文化遗址，少数民族风情 |
| 新疆布尔津喀纳斯湖国家地质公园 | 冰川遗迹，流水地貌 | 蒙古族人图瓦文化，图鲁克岩画 |

| 国家地质公园 | 主要地质遗迹保护对象 | 主要人文景观 |
|---|---|---|
| 福建晋江深沪湾国家地质公园 | 海底森林，海蚀地貌 | |
| 云南玉龙黎明－老君山国家地质公园 | 高山丹霞地貌，冰川遗迹 | 民俗文化 |
| 安徽祁门牯牛降国家地质公园 | 花岗岩峰丛，怪石，岩洞及水文地质遗迹 | 千年古村，根据地遗址 |
| 甘肃景泰黄河石林国家地质公园 | 黄河石林，融合峰林、雅丹和丹霞等地貌特征 | 明长城，五佛寺 |
| 北京十渡国家地质公园 | 峡谷、河流地貌 | |
| 贵州兴义国家地质公园 | 贵州龙动物群化石，岩溶地貌 | 古人类文化遗址，布依族、苗族风情 |
| 四川兴文石海国家地质公园 | 岩溶地貌，古生物化石 | 苗族风情 |
| 重庆武隆岩溶国家地质公园 | 岩溶地貌，天生桥群，洞穴，天坑，地缝，峡谷 | 古崖新栈，吊脚楼，清代古墓 |
| 内蒙古阿尔山国家地质公园 | 火山，温泉，地质地貌 | 战争遗址，蒙古族风情 |
| 福建福鼎太姥山国家地质公园 | 火山、海蚀地貌 | 客家文化 |
| 河北赞皇嶂石岩国家地质公园 | 构造地貌 | |
| 河北涞水野三坡国家地质公园 | 构造－冲蚀嶂谷地貌 | 明、清长城摩崖石刻 |
| 甘肃平凉崆峒山国家地质公园 | 丹霞地貌，斑马山 | 道教发源地，佛教圣地 |
| 新疆奇台硅化木—恐龙国家地质公园 | 硅化木，恐龙化石，雅丹地貌 | 古遗址，古地貌 |
| 长江三峡（湖北、重庆）国家地质公园 | 河流、岩溶、地层 | 长江文明 |
| 海南海口石山火山群国家地质公园 | 火山、岩溶隧道 | 火山文化，田园风光 |
| 江苏苏州太湖西山国家地质公园 | 花岗岩、湖泊地貌 | 江南刺绣 |
| 宁夏西吉火石寨国家地质公园 | 丹霞地貌，地史遗迹，水文景观 | 石窟 |
| 吉林靖宇火山矿泉群国家地质公园 | 火山，温泉 | 近代人文景观 |

续表

| 国家地质公园 | 主要地质遗迹保护对象 | 主要人文景观 |
|---|---|---|
| 福建宁化天鹅洞群 | 岩溶洞穴 | |
| 山东东营黄河三角洲国家地质公园 | 河流三角洲地貌 | 胜利油田 |
| 贵州织金洞国家地质公园 | 岩溶地貌，织金洞，峡谷 | 苗族风情 |
| 广东佛山西樵山国家地质公园 | 粗面质火山遗迹，明代采石遗迹，古文化遗址 | 佛家文化遗址 |
| 贵州绥阳双河洞国家地质公园 | 喀斯特洞穴 | 公馆桥，金钟山寺 |
| 黑龙江伊春花岗岩石林国家地质公园 | 花岗岩地貌 | |
| 重庆黔江小南海国家地质公园 | 地震灾害遗迹，岩溶地貌 | 革命历史遗址 |
| 广东阳春凌霄岩国家地质公园 | 岩溶地貌，地层及构造遗迹，古人类洞穴遗址 | 摩崖石刻，碑帖，民族风情 |

资料来源：据国土资源部环境司资料。

# 7.2　地质资源旅游资源化基本概念

## 7.2.1　地质资源旅游资源化是旅游地质核心问题

1. 地质资源的旅游资源概念

（1）地质概念的社会环境概念延伸

环境牵涉人类生存的问题、人与环境的关系、人类活动与自然环境的关系，成为各学科关注的学科前沿，成为人类生存环境和社会经济的需求。地质科学由原先以找矿为主的"矿产型"知识结构概念，拓展到现在以服务于社会环境为主的解决当代社会发展重大问题的"社会型"知识结构概念。长期以来，人们对"地质"多形成了一个狭隘的认识，甚至常常将"地质"与"矿产"视为同义；将地质资源认为就是矿产资源，地质开发就是矿产开发。地质的概念从"矿产"的概念进入"社会化"和"环境"的概念，从狭义的地质内涵扩大到了自然与人类社会的相互作用，扩大到了高层次的人地系统。

地质概念向社会化的延拓，扩展了地质科学的应用范围和应用途径。地质社会化，既促进了地质科学的横向拓展，也促进了地质科学的纵深发展；既开拓了地质资源开发利用的新途径，也完善了地质资源环境保护的举措。地质资源的旅游资源化即是地质的概念向社会化延拓的内容。

（2）地质资源包含旅游资源的特质

自然旅游资源中，具有观赏价值或地学科学考察旅游价值的地质体及地质现象所构成的地质景观为旅游地质资源。地质体——地壳中由矿物岩石（包括矿床）组成的实体，在空间上有一定格局和有各自的造型功能，构成了千姿百态的形色组合、造型各异的地质景观。它们既有不同的观赏价值，又有丰厚的科学内涵，再加上地质景观是漫长的历史、以万年计的地质作用（地质事件）的产物，在成因上对人们有神秘感、吸引力。

地质景观的特征及其成因有广泛的科学和文化内涵，决定了地质景观的观赏趣味性、奥秘性，是地质景观作为旅游资源的观赏价值、旅游资源品位的决定性因素。发掘地质景观知识内涵也是提高旅游地质资源品位，增强旅游资源吸引力，满足旅游者猎奇心理，增强旅游资源经济效益的根本所在。

（3）地质资源的旅游价值是旅游地质资源开发的基础概念

旅游地质学是地质科学与旅游科学结合的交叉科学，就其本质而言是研究地质资源的旅游资源化社会化问题，是在当今人类旅游意识扩展、旅游产业蓬勃兴起的社会状态应运而生的自然科学与社会科学结合的崭新研究领域。山水风景旅游景区，是地质作用的产物；旅游资源环境的保护，地质因素是其先决条件；地质景观的特征及成因，其科学和文化内涵决定了地质景观（风景景点）的观赏价值，开发程度决定了对游客的吸引力及旅游资源经济效益。国内外许多著名的风景名胜旅游区都是典型的地质作用产物。旅游地质学的发展也将有助于地质遗迹的保护和人类生存地质环境意识的普及。其核心的问题是使地质资源转化为旅游资源，即地质资源旅游价值社会价值的实现。

2. 地质资源旅游资源化概念

（1）地质资源旅游资源化是地质资源旅游开发与保护的过程

地质资源的社会化和环境概念的延拓，拓宽了地质资源的应用领域。将地质资源作为旅游资源开发，既可深层次发掘地质资源的潜力，又可将地质资源向旅游资源转化。

旅游地质资源开发即为地质资源的旅游资源化过程，是以地质资源环境保护为前提的旅游资源开发和保护举措。地质资源旅游资源化的根本问题是如何在保护地质资源的前提下发掘地质景观的科学性、观赏性，提高旅游资源品位以及旅游资源保护措施。就此而言，地质资源旅游资源化是一项绿色工程，是一项地质资源开发的无烟工业和地质生态环境的无破坏性开发。地质资源的旅游资源化的问题涉及各个自然环境，具有普遍意义。许多山水为主导因素的旅游资源，地质作用、地质景观是自然旅游资源形成的基础，也是旅游资源深层次开发及旅游资源环境保护的重要内容，地质资源旅游资源化问题具有更重要的意义。例如，地处两个大地构造单元接壤地，长期地质作用活跃的中国滇西北金沙江、澜沧江、怒江三江并流带，现今仍处在强烈抬升的地质构造环境中，造就了绚丽多彩的地质遗迹、地质奇观，旅游资源环境是自然旅游资源形成和展布的基础。类似这种地区，地质资源旅游资源化，无论对旅游资源的开发及其保护都具有举足轻重的作用。

（2）地质遗产认定和地质公园建立是地质资源旅游资源化的里程碑

国外关于旅游地质的研究主要包含在旅游地学的研究中。世界上第一个国家公园——美国黄石公园实际上就蕴涵着丰富而珍稀的旅游地质基础。国外许多国家公园，如美国科罗拉多大峡谷、加拿大艾伯塔省恐龙公园、希腊的莱斯伯斯硅化木群、澳大利亚的乌卢路、阿根廷的巴塔哥尼亚高原峡谷、坦桑尼亚乞力马扎罗山等均与地学或旅游地质有关。旅游地学研究在中国发展较快，已逐步形成了一门独立的边缘交叉学科。联合国教科文组织于 1999 年推出了世界地质公园计划，中国国土资源部在 1999 年召开全国地质地貌景观保护会议，制定了全国地质遗迹保护规划（2000—2010 年），把地质遗迹利用与保护提到重要地位，国土资源部建立了中国地质遗迹（地质公园）领导小组，拟在全国范围内建立地质公园网络体系。至目前为止，全世界已建立 2600 个国家公园，其中有许多为独特的地质景观。我国已建立了 240 个国家地质公园、29 个世界地质公园。其中有云南石林、澄江动物群、腾冲火山热海、湖南张家界、江西庐山、黑龙江五大连池等盛名于世、享誉世界的风景名胜区，这一举措也是把地质资源的社会化问题推向新阶段的里程碑。可以说，世界地质公园、国家地质公园的创建，实质上也是实现地质资源社会化、地质资源旅游资源化。在返璞归真、回归自然的时尚中，在人们生活情趣向自然和文化的高层次追求中，自然物的收藏时尚日趋高涨，自然界中的奇石、怪石成为珍品，观赏石市场顺应潮流迅速兴起。地质资源的旅游资源化已成为地质社会化所关注的热点，这就预示旅游地质学的研究将迎来一个崭新的、快速发展的、逐渐成熟的阶段，旅游地质资源将成为新的特色旅游资源。

（3）地质资源旅游资源化的核心内容

地质资源作为旅游资源开发利用是地质资源旅游属性的发掘和展示，其核心内容是：

· 地质资源旅游功能发掘；

· 地质资源旅游价值实现；

· 地质资源旅游产品开发；

· 地质体/地质资源旅游地建设。

地质资源旅游资源化的主题和主线就是确定旅游地质资源/地质体，认定地质资源的旅游价值，通过旅游开发将旅游地质资源/景观转换为旅游资源、旅游产品，建设地质体/地质资源旅游地，实现地质资源的旅游效益。

## 7.2.2　地质资源转化旅游资源的属性与过程

地质作用的研究或叙述中，经常用"化"表征地质作用的实质及其过程。诸如地质构造作用，变质作用、岩浆作用、成矿作用中都广泛应用"化"来表征作用的实质、过程、程度、产物、时空关系等等。

地质构造作用中的断层构造岩形成和发展，如角砾岩化、碎裂岩化、糜棱岩化。

变质作用中，区域变质作用的大理岩化、石英岩化，混合岩化。

岩浆作用中，花岗岩侵位与碳酸盐类接触交代作用的矽卡岩化，与碎屑岩类接触交代作用的角岩化，与先期酸性岩类的云英岩化、白云母化。

成矿作用中，在特定的地质环境物理化学场中，"化"表征成矿物质的析离、搬运迁移、聚集、淀积的作用和过程。在有用元素富集成矿同时，形成一系列与之配套的矿物、岩石、蚀变、含矿地质体，矿体－蚀变围岩－元素矿物延伸圈层状、带状结构的成矿模式/矿床模型。

这里的"化"，既代表在地质物理化学场中，不同物质类别相互作用的实质问题，又代表不同物质相互作用的过程、程度、阶段，还代表不同物质类别相互作用/转化形成新的岩石矿物类别/新产物。

地质资源旅游资源化/产业化就是借鉴地质作用中的"化"概念和习惯用语来研究和表述地质作用转化为旅游资源、转化为旅游地质产品、转化为旅游经济效益的过程和产物。

与"化"的借鉴同理，旅游地质资源、地质资源旅游资源化的研究也借鉴地质学、地质矿产研究的一系列基本概念引伸来表述旅游地质、地质资源旅游资源化的相关概念和相关术语。

### 7.2.3 地质资源旅游资源化社会效应

地质资源旅游资源化除了使地质资源转化为旅游资源，构架为旅游产品，产生旅游效益社会效益外，地质资源旅游资源化的研究对地质资源开发、地质环境优化、地质遗产保护、旅游地质学科的发展都具有积极意义。

1. 促进旅游地质学科的发展

地质资源旅游资源化是以地质资源（地质体）为旅游资源研究或开发利用对象，从地质资源环境出发，将旅游学与地质学相结合，人文社会科学与自然（地质）科学相结合，人文社会科学研究方法与自然（地质）科学研究方法相结合，将地质资源转变为旅游资源，研究旅游地质资源开发及其环境保护问题。地质资源的旅游资源化就是旅游地质资源的开发与环境保护的过程。旅游地质学是地质科学与旅游科学结合的交叉科学，就其本质而言是研究地质资源的旅游资源化、社会化问题，是在当今旅游产业蓬勃兴起的社会状态下应运而生的自然科学与社会科学结合的崭新研究领域。地质资源的旅游资源化的研究将促进旅游地质学科的发展，拓展地质学科的边缘学科。

2. 促进地质资源开发

地质资源的社会化和环境概念的延拓，拓宽了地质资源的应用领域。将地质资源作为旅游资源开发，既可深层次发掘地质资源的潜力，又可将地质资源向旅游资源转化。在返朴归真、回归自然的时尚中，在人们生活情趣向自然和文化的高层次追求中，生态－地质旅游、自然物的收藏时尚日趋高涨，自然界中的奇石、怪石成为珍品，观赏石市场顺应潮流迅速兴起。地质资源的旅游资源化成为地质社会化所关注的热点，旅游地质资源将成为新的特色旅游资源。发掘地质景观的内涵也是提高旅游地质资源品位，增强旅游资源吸引力，增强旅游资源经济效益的根本所在。

3. 促进资源环境的保护

旅游地质资源开发即为地质资源的旅游资源化过程，是以地质资源环境保护为前提的旅游资源开发和保护，是一项地质资源开发的无烟工业和地质生态环境的无破坏性开发绿色工程。地质资源的旅游资源化能促进旅游地的生态地质环境建设和优化，资源环境保护。

4．促进地质遗迹的保护

地质遗迹是全球自然遗产的重要组成，联合国教科文组织于1999年推出了世界地质公园计划，中国国土资源部1999年制定了全国地质遗迹保护规划，把地质遗迹利用与保护提到重要地位。国家地质公园的创建，不仅推进地质资源社会化、地质资源旅游资源化，而且也是地质遗迹规范保护的重大举措。地质资源的旅游资源化也将有助于地质遗迹的保护和人类生存地质环境意识的普及。

5. 地质资源旅游资源化是旅游地质资源开发与环境保护的核心问题。

以地质资源环境为基础，应用社会（人文）科学与自然（地质）科学的研究方法相融合，旅游学与地质学相融合，从地质景观的观赏性、科学性并重的角度发掘地质景观的旅游价值，是将地质资源转化为旅游资源、促进旅游地质资源开发与环境保护的基本思路与基本方法。

6. 旅游地质资源环境保护是地质资源旅游资源化、旅游资源可持续利用的基础，是旅游地质资源环境人－地关系协调发展的根本条件。

地质环境的活跃致使旅游地质资源环境脆弱，特别是对自然环境变化的敏感性强、影响旅游目的地的生命周期、可持续发展的自然旅游资源，旅游资源环境的保护问题更为突出急迫。

以地质资源环境为基础，从地质景观的观赏性、科学性并重角度发掘地质景观的旅游价值，是将地质资源转化为旅游资源、促进旅游地质资源开发与环境保护的关键问题。旅游地质资源环境保护是地质资源旅游资源化、旅游资源可持续利用的基础，是旅游地质资源环境人－地关系协调发展的根本条件。

## 7.3 基于旅游资源概念的地质资源旅游资源化

### 7.3.1 地质资源旅游资源化基本要点

1. 旅游地质资源类型划分是地域性旅游地质资源特色确定及评估的基础。

旅游地质资源通常包含于旅游资源的地文景观类和水域风光类中，旅游地质资源的划分通常按地质景观类型划分。基于旅游资源概念、以地质资源的旅游功能为主的旅游地质资源类型划分有助于地质资源的旅游开发、旅游地质产品的构建。

旅游地质资源的根本问题是从地质资源为基础的旅游资源特色，是地质资源的旅游动能，是地质资源转化为旅游资源的开发利用问题。因此，从地质资源旅游资源化实现旅游效应的视角也表明，旅游地质资源先依开发利用方式不同而划分为观赏性旅游地质资源（只能供旅游者实地观赏）、商品性旅游地质资源（可成为旅游纪念品和旅游商品）、科考性旅游地质资源（以地质旅游为主要目的）三大类旅游地质资源，进而再按旅游地质景观及地质旅游的差异而划分亚类和型。这是具有实际意义、可操作性，也具有理论意义的划分方案。

显然，旅游地质资源类型划分是旅游地质资源研究的基础，是地质资源旅游资源化、地域性旅游地质资源特色确定及评估、开发的基础。

2. 旅游地质资源单元区划、旅游地质景观系列拟建、旅游地质资源评价是地质资源旅游资源化的基本环节，是地质研究方法与旅游资源研究方法相结合的基础。

旅游地质资源单元区划、旅游地质景观系列拟建是地质资源旅游资源化，是地质研究方法与旅游资源研究方法相结合的基础，其基本问题是从观赏性、科学性融合的角度厘定地质景观的旅游价值，并将地质景观按其旅游地质景观类型厘定特色性的旅游地质景观系列，作为旅游品位发掘及旅游产品、旅游线路推介的依据。

旅游地质资源评价是旅游地质资源开发、保护和规划的基础。数据化、定量化地评价旅游地质资源是采用信息技术显示旅游资源价值，提供的非地质专业人员将旅游地质资源环境信息用于旅游资源评价、旅游规划的重要手段，是使旅游地质资源环境可视化显示，使旅游地质资源环境信息多专业、多渠道共享的主要途径，是地质资源旅游资源化的重要环节。

3. 旅游地质精品线路拟建、地质公园建立及旅游地质文化产品推出是地质资源旅游资源化的重大举措，也是典型的旅游地质产品。

旅游地质精品线路可按旅游市场的不同需求分为观赏型、科普型和科考型，旅游地质精品线路、旅游地质文化产品是通过旅游产品形式包装并推介旅游地质资源进入旅游市场的重要途径。而地质公园（包括地质科普基地）的建立则是应用法制的、政府的行为确立旅游地质资源（地质遗迹保护区）的规范性保护，并能把旅游地质精品建成为特色主题式公园，创建旅游地质精品品牌。

### 7.3.2 地质资源旅游资源化基本策略

1. 把旅游地质资源环境保护作为旅游资源可持续性发展的保证。

自然旅游资源绝大多数是由地质景观作为成景的基础，旅游地质资源是构成自然旅游资源的主导因素。新构造运动的强烈性、地质构造活动的频繁性，导致自然风光旅游资源基础的地质景观的脆弱性，也导致依附于地质体表层的生物多样性、生态环境多样性的资源环境脆弱性。因此旅游资源的可持续发展必须以旅游资源环境保护作保证。一些对自然环境条件十分敏感的旅游地质资源更是如此，如雪山冰川型、碳酸盐泉华型、湖泊草地旅游地质资源的保护也成为旅游资源可持续利用的焦点之一。为此，应该把旅游地质资源环境保护作为旅游资源可持续发展的保证加以重视，应专题研究旅游资源环境保护问题。

2. 把旅游地地质资源环境评估/评价作为旅游景区开发的必要环节。

旅游项目的开发，特别是以自然资源为依托的旅游开发项目，在编制旅游规划前，应先进行地质资源环境的专题论证，通过地质－生态环境评价、地质灾害危险性评价、水土植被保持评价，提出旅游开发项目的地质资源环境的适宜性，明确必须保护的地质遗迹，将地质资源环境论证作为旅游规划的基础，作为旅游项目开发实施的依据。

旅游地质资源环境评价包括三个主要内容：

·地质遗迹及其保护意义；

·地质灾害危险性及其防治；

·旅游地质环境状况及其保护措施。

3. 把拟建国家地质公园作为旅游地质资源开发与环境保护的重大举措。

地质公园的建立既是地质遗迹保护、旅游地质环境保护的重要方式，又是使旅游地质资源、旅游风景名胜区高层次开发的重要举措。把国家地质公园的建立列入自然资源保护、旅游资源开发的内容，并以政府行为加以重视。先设置专题，把众多的、需加以保护的地质遗迹进行分类、类比、遴选，划分世界、国家、省、市县各级地质公园的遴选目标，统筹规划国家地质公园建立（论证、申报、建立），以避免对地质遗迹及其保护无意识，而导致地质遗迹被破坏的教训。

4. 把旅游地质学作为特色学科、特色研究领域给予扶持。

地质遗迹的确认和地质遗产保护、旅游地质资源的开发与保护需要旅游地质学科理论上方法上的指导，而旅游地质则是旅游科学与地质科学，人文社会科学与自然科学融汇结合而形成的交叉学科。中国拥有丰富而高品级的地质遗产、旅游地质资源，有雄厚的从事地质遗迹地质遗产、旅游资源研究及旅游地质资源研究的科技力量。应积极扶持旅游地质学科的建设与发展，使其成为适应地质遗迹地质遗产研究和保护、地质资源旅游资源化、地质体旅游地建设和持续利用的学科。

5. 把旅游地质产品的多层次、多品种开发作为提升旅游品位的重要策略。

旅游线路及旅游产品类型中应开拓观光型、科普型、科考型旅游线路及旅游品种。寓科普教育于旅游活动中，有利于旅游业的高层次发展，有利于提高民族科学文化素质。

应从地质景观多层次、多类型、多系列概念，以特色地质景观为主线，将观赏性与科学性交融，发掘地质景观的旅游价值。基于旅游地质资源的不同类型、不同地质环境条件，针对不同旅游目的开发不同旅游层次、不同旅游内容的旅游地质产品，以既能最大限度地发掘地质资源地质景观的旅游功能，实现其旅游价值，又能满足不同层次旅游者的需求，实现旅游地质资源的最佳潜在旅游效应为目标。

从旅游地质资源地域特色出发，着重地质景观科学和观赏价值的融合，突出特色旅游地质景观，发掘地质景观的奇异美感，烘托地质景观特色，创建地域地质体地质遗迹品牌和旅游地品牌形象。

6. 建立并遵循旅游地质资源开发基本准则。

旅游地质资源的开发有必要建立规范的、适用的准则：

·观赏性、科学性并重，发掘旅游资源地学特色，突出资源优势，寓科学性于景观观赏性之中；

·以地质景观科学内涵、美学价值为基础，开展多类型资源、多内涵层次、多组合系列的综合开发；

·发掘景观科学性、提高景区的开发层次，统筹规划、高起点、高层次、创名牌、创精品；

·立足资源的地质特色，挖掘资源与景观的独特性和优势，创旅游地质资源精品；

·遵循开发与保护辩证统一的理念，在环境保护思想指导下进行开发，以开发促保护、以开发促发展，以保护求可持续利用；

·维护景观的自然美，人文景观设施构建必须与景观特色协调，防止景观视觉污染。

旅游地质资源评价模型及自动评分系统是定量化、数据化评价并显示旅游地质资源价值，可供多部门快捷、可视化共享旅游资源电子信息的重要方法。建立旅游地质资源信息库，完善数据化评估，可视化共享信息系统，建立包括遥感信息在内的地质资源环境信息网络，将促进旅游地质资源转化为旅游产业。

7. 促进旅游地质资源转化为旅游产业。

地质资源旅游资源化实现地质资源旅游价值有各种产业化途径。若能以地质资源旅游产业化的形式实施地质资源旅游资源化将能稳定地、持续地发掘、展示地质资源的旅游功能，实现地质资源旅游价值的社会经济效益。

### 7.3.3 地质资源旅游资源化基本环节

从旅游地质资源开发与保护的关键问题出发，地质资源旅游资源化过程可概括为八个主要环节。

1. 地质资源环境状况研究

地质资源环境状况是发掘旅游地质资源的基础和旅游地质资源环境研究的背景条件。

地质资源环境状况的研究应包含一般地质资源环境研究的内容。主要有地质构造环境；地层、岩类、构造类型及地质单元；地质演化特征，新构造运动；古生物、化石、矿产；水资源；地貌、地质景观；地质环境、自然地理环境及气候。此外，还应包括与地质资源环境有关联的人文社会等"软"环境。

2. 旅游地质资源研究

旅游地质资源的研究是将地质资源作为旅游资源开发利用的基础。其首要目的是调查研究该区域的旅游地质资源基本组成、类型，确立其旅游功能并予以评价。

旅游地质资源研究的内容主要包括：

·旅游地质资源类型划分；

·旅游地质资源景观区划；

·旅游地质资源特色厘定；

·旅游地质景观系列厘定；

·旅游地质资源评价。

3. 旅游地质资源环境保护策略研究

旅游地质资源是以旅游地质景观及其资源环境为其旅游价值所在。因此，旅游地质资源环境的保护是旅游地质资源可持续性利用的保证。必须坚持在保护的前提下开发，在开发中促保护的基本原则，开发与保护要同步进行。

旅游地质资源环境保护策略的研究主要包括：

·地质资源环境容量及承受力确定；

·地质资源环境背景及环境影响评价；

·地质灾害危险性及其防治；

·地质遗迹及其保护；

·旅游环境地质状况及其保护措施；

·旅游地开发的地质资源环境适宜性。

4. 旅游地质资源开发策略研究

旅游地质资源开发利用是地质资源旅游资源化的主体，是将地质资源转变为旅游资源，获取旅游地质资源旅游价值、经济效益、社会效益的具体过程。因此，旅游地质资源开发策略研究是决定一个旅游地旅游开发成败的重要环节。

旅游地质资源开发策略研究必须在旅游地质资源评价和旅游地质环境评价基础上，即摸清家底后，开发策略研究主要包括：

·特色旅游地质资源、旅游地质资源结构及其旅游功能厘定；

·旅游地质产品（系列）发掘及其市场定位；

·旅游地质资源与自然旅游资源、人文旅游资源最佳协调整合；

· 旅游市场调研及旅游地质产品营销策划。

5. 旅游地旅游地质资源环境人–地关系协调发展模式拟建

调研旅游地（旅游地质景观区）及其所在地域旅游地质资源环境与人文社会活动（包括旅游开发活动）之间的互动关系，了解旅游活动对旅游地社区发展的影响，尤其是对旅游地质资源环境的负面影响，从而拟建旅游地旅游地质资源环境人–地关系模式。并以人–地关系模式为基础，从人–地关系良性循环发展、旅游地质资源环境可持续利用出发，拟建旅游地旅游地质资源环境人–地关系协调发展模式，将可指导旅游地旅游开发及环境保护的良性发展。

旅游地地质资源环境人–地关系的研究，需吸取旅游目的地生命周期学说的积极内涵，根据旅游地开发的规律，积极指导促进旅游业的正常发展。结合复杂理论实践，探索振兴的方式，促使旅游地质资源的可持续利用。

6. 旅游地质精品开发

旅游地质资源与其他旅游资源一样，都有品级之分，都可开发旅游精品。旅游地质精品可分为精品旅游地质景观（景区），精品观赏石、旅游地质商品，旅游地质精品线路。

旅游地质精品开发是创建旅游地质资源品牌的过程。即以旅游地质精品提高旅游地的旅游品位、旅游价值，并且随着时代的进步、科技的发展，努力不断开发新的旅游精品来巩固和提升品牌。

旅游地质精品开发的过程是一个复杂的过程，主要是不断地发掘旅游地质资源特色，整合旅游地质资源的优势，策划旅游形象，确立旅游地旅游地质资源品牌效应（如建立地质公园，建立以资源特色为主体的主题公园）。旅游地质精品开发是将地质资源恰如其分地作为旅游资源进行包装，推入旅游市场的重要环节。

7. 旅游地质文化产品的推出

仅有以旅游地质资源为主体的旅游资源还不够，还必须通过包装成为旅游商品，才能推出进入市场。因此，旅游地质资源商品化重要形式，就是以旅游地质资源特色为卖点，开发旅游地质文化产品，将旅游地质资源、旅游地质精品推介入旅游市场。这也是地质资源转化为旅游商品，推介入旅游市场的重要环节。

旅游地质文化产品与一般的旅游文化产品一样，以文化产品形式为主，展示旅游地质资源的旅游价值及其特色。旅游地质文化产品的推出包括旅游地质景观实景的包装（如旅游标示系统、导游词中的地质文化内涵），也包括可向非旅游地推介旅游地旅游地质资源精品的、以地质文化为主题的书刊、图片、影像制品、工艺品等旅游文化产品。

8. 旅游地质资源保护与开发、修复技术的超前探索

诚然，旅游地质资源是不可再生的。由于过去的认识程度或技术缺陷失误，会造成某些旅游景点景区及生态环境受到一定损害，但只要不是景点资源的彻底消亡，随着科技的进步，受到损坏的局部景点及生态环境，可以遵循自然规律，借鉴同类相似的旅游地质资源形成条件，以高新科技大量投入和高昂的财力为代价，通过生态修复技术部分再现过去相似的景点及环境已成为可能。诸如生态环境修复技术的深入实践，使曾一度（20世纪70—80年代）停喷的趵突泉景观在 2000 年前复涌，在一定程度上得到恢复。又如英国泰晤士河旅游环境的恢复等等。当然，需要指出的是，这种修复，会使生态环境或多或少发生一些改变，生态环境（尤其是物种等）无法修复到原状态。虽然人们强调开发与保护同步进行，但要有超前保护意识和超前的修复探索，把此融入旅游地生命周期理念，作为旅游地质资源开发与保护并举的组成内容。

## 7.4 基于旅游地质资源属性的旅游地质资源开发

### 7.4.1 基于地质景观理念的旅游地旅游地质资源开发

1. 基于地质景观概念的旅游地区划

旅游地质景观具有一定的空间展布范围、特定的时空展布特点和景观结构，是一个以地质景观为基础的旅游地质综合体，或者说是由地质景观/地质体组成的旅游地/旅游地质体。基于旅游地质景观的景观单元、景观类型、景观系列、景观结构等空间属性，有利于进行与旅游地质景观属

性一致的旅游地区划，进行旅游地组成单元/区段的评价，有利于针对旅游地单元结构的旅游地开发。

利用地质景观概念，可圈划旅游景观单元，厘定旅游景观结构，圈划旅游地景观。

·旅游景观单元标志：具有一定的空间边界；区别于周边区域景观特征的"异质性"景观特征块体；具有一定形态、规模大小、自成体系的景观块体；通常呈现出层次性结构特点。

·旅游景观结构标志：旅游地中景观单元呈现特定的景观单元层次；景观单元要素具有类似的形态、色彩、岩石类别；景观单元呈现特定的级序和组合形式。

·旅游景观区划标志：旅游地中不同类型的景观单元；不同旅游价值的景观单元；不同层次的景观单元；相似景观单元的排列组合及聚集程度。

根据地质景观级序、组合、等级体制特点，将旅游地质资源分布的地域/地质体旅游地划分为不同级次及组合的旅游地质景观单元的旅游地旅游地质资源区划，有助于确立景观单元之间空间关系及景观单元系统。

基于地质景观的旅游地景观区划有利于从景观整体协调和优化利用出发，突出旅游地特色旅游地质景观，分层次地合理布局和开发利用旅游地中的不同景观，使旅游地景观结构、景观格局与生态环境以及旅游活动协调发展，实现旅游景观的最佳展示效果和持续利用。

三江并流带旅游地质资源的划分及旅游地质资源景观单元区划，是在充分收集该地域现有旅游资源资料的基础上，根据旅游地质资源类型的划分原则进行确定。因为该区旅游地质资源类型多为多类型的复合，所以在旅游地质景观（一般为以景区、景群、景观区为景观单元）类型的确定以其主类型或特色景观类型而划分（杨世瑜等，2003）。

依据旅游地质景观资源单元的确定及区划原则，三江并流带旅游地质景观按景源区带、景源区、景观区、景观群、景观点、景象六级进行区划。

三江并流带为一级景观单元——三江并流带旅游地质景观资源区带。三江并流带景源区带划分为 12 个景源区，36 个景观区，100 个景观群。12 个景源区多为多类型复合型的景源区，有的为有其主要特色旅游地质资源景观类型而具特色的，如德钦景源区以雪山－冰川旅游地质景观类型为主景类型的特色景源区。而多数景源区则为多景观类型的景源区。

2. 基于景观概念的地质景观旅游价值展示

基于旅游景观概念有助于地质景观旅游价值的展示，有助于获取较佳的地质资源旅游资源化效果。基于景观理念的地质景观利用价值的展示概念融入旅游地开发规划中，将有助于丰富旅游规划思路，将能更好地展示旅游资源的自然特色。

·景观美学观赏价值展示

美学观赏价值是景观旅游价值展示的核心。通过旅游开发，最大限度地展示景观的形态美、色彩美、结构美、和谐美、特色美、意境美等美学观赏价值。

·景观文化价值展示

通过旅游地质景观开发，发掘地质景观文化内涵、展示景观旅游地质文化价值，提高旅游景观品级和品牌效应。

·景观特色价值展示

景观个性特色价值是景观旅游价值展示的魅力所在。通过旅游开发发掘旅游景观属性、特征，充分展示旅游景观的地域个性特征，塑造地域特色旅游品牌，突出其特异性，增强旅游景观的吸引力。

·景观结构与组合价值展示

景观结构与层次组合价值是景观旅游价值展示的品位所在。通过旅游开发，展示景观结构、景观层次/尺度、组合特点的发掘，多层次、多方位地展示深层次的景观美学价值，提高景观品位，有利于旅游地不断地推出新的旅游地质产品。

### 7.4.2　基于旅游地质资源类别的旅游地质产品培育

1. 科考性旅游地质资源的旅游地质产品培育

科考性、科普性旅游地质资源的旅游地质产品，主要针对地球生命、地球演化、地球历史感兴趣的旅游者，通过旅游地地质资源的观光考察旅游活动，增长地学知识，得到地学知识的启迪。

从旅游考察的角度，应选择地质景观展示效果好、地域地质景观特色性强、通达条件好的旅游地质景观单元作为旅游地质产品。

基于旅游地地质景观特色的地域旅游地质文化是扩大科考性、科普性旅游地质产品的吸引力和旅游效果的重要旅游地质产品。如地域旅游地质特色浓郁突出的旅游地地质博物馆，引导性标识性特色旅游地质景观/景象的标识标志，可供对比观光考察的特色旅游地质景观导游图件。

2. 观赏性旅游地质资源的旅游地质产品培育

观赏性旅游地质资源的旅游地质产品主要针对大众旅游观光旅游、以观赏山水风光、观赏大自然的旅游者为主。观赏性旅游地质产品在着重最大程度地展示旅游地质景观美感的同时，应展示地质景观内涵的科普性地学知识，在使旅游者得到心理愉悦的同时，能获取地学知识，提高素养。

3. 商品性旅游地质资源的旅游地质产品培育

商品性旅游地质资源的旅游地质产品主要针对在大众观光旅游普科考旅游过程中喜好具有地域特色的旅游纪念品的旅游者。因此，商品性旅游地质产品应突出地域特色，突出地域性，便于携带。

4. 地质文化性旅游地质资源的旅游地质产品培育

地质文化性质的旅游地质文化产品除了能使旅游者直接观赏的摩崖石刻、石窟等石质文化产品外，应开发展示旅游地地域特色旅游地质资源/景观的旅游地质文化产品，使旅游者从中了解旅游地质景观，从中获取地学知识。

旅游地质文化产品应充分将地域地质景观与自然景观、人文景观相融合，展示人类赖以生存的生态地质环境，展示人地和谐的旅游地人地关系协调发展。

## 7.5 地质资源/地质体旅游地的旅游地质资源开发

### 7.5.1 基于地质遗迹品质/旅游价值的旅游地品牌塑造

1. 基于地质遗产的旅游地品牌塑造

在以地质体为主体，或地质景观占有重要地位的旅游地，地质遗迹品质、地质遗迹旅游价值往往是旅游地品牌塑造的重要因素。因此，在地质遗迹科学价值和旅游价值的厘定、地质遗迹地域特色性的厘定的基础上，地质遗迹展示是旅游地开发中品牌塑造的关键问题。

显然，对于地质遗迹品质极高、已经列入世界自然遗产或世界地质公园等具有世界性、全球性意义的遗产地的旅游地，旅游地质资源开发的旅游地品牌塑造就是展示该旅游地所拥有的世界性的地质遗迹特色。实际上，自然遗产、地质公园的申报过程就是品牌塑造的过程。但问题是如何在旅游地的开发中，以最佳的形式将高层次的地质遗迹特色展示给旅游者，以最佳的方式珍惜和保护旅游地的地质遗迹品牌。

2. 风景名胜区中的旅游地质资源特色发掘

在已经构成风景名胜区的旅游地，旅游地的特色已由风景名胜的类别确定，而且也以风景名胜区的特色而形成品牌。风景名胜区的旅游地质资源开发的关键就在于确定地质资源地质景观在风景名胜区中的比重，地质资源对风景名胜旅游地的基础作用，旅游地保护中的生态地质环境效应，从而发掘具有地质资源地质景观风景名胜旅游地中所潜在的、由地质基础地质景观构成的旅游地特色旅游资源，提高旅游地的潜在资源效能，构建旅游地的特色旅游地质产品。

### 7.5.2　地质公园与地质主题公园建设的旅游地质资源开发

地质公园、地质资源地质景观占主体或占一定比重的国家公园、以地质资源地质景观为依托的旅游景区、地质主题式公园/旅游景区，旅游地质资源开发是主题式公园特色品牌构建的资源内容。同时，这也是对地质遗迹与生态地质环境的最有效保护。

原国土资源部《关于申报国家地质公园的通知》（国土资厅发〔2000〕77号）中，详细制定了《国家地质公园申报书》《国家地质公园综合考察报告提纲》《国家地质公园总体规划工作指南（试行）》《国家地质遗迹（地质公园）评审委员会组织和工作制度》《国家地质公园评审标准》，为中国国家地质公园的建设制定了规范性的标准，推动了国家地质公园的规范建设，也推动了地质遗迹的规范性开发与保护。

《国家地质公园申报书》中内容包括主要地质遗迹概况及其保护现状、自然环境状况及人文景观资源状况、地质公园及其周围地区社会经济状况及其评价、建立国家地质公园的综合价值、地质公园与其他保护机构的关系、科学研究概况、前期工作及总体规划简介、基础设施概况。

《国家地质公园综合考察报告提纲》包括地质公园基本概况、地质背景及遗迹评价、地质公园保护管理现状三大部分。地质背景及遗迹评价中包含区域地质背景、地质遗迹的形成条件和形成过程、地质遗迹类型与分布、地质遗迹评价。

《国家地质公园总体规划工作指南》包括前言、地质公园总体规划报告编写纲要、地质公园总体规划工作指南三大部分。前言中明确了地质公园、地质遗迹景观等概念，规定了地质公园总体规划报告编写纲要。《地质公园总体规划工作指南》中包含：总则、一般规定、总体规划布局、地质遗迹景观保护规划、专题规划；明确规定了地质遗迹景观、地质遗迹分级标准，总体规划布局的总体规划布局基本原则、地质公园区划、环境容量与游客规模评定、旅游景点与景区规划、景区线路规划，地质遗迹景观保护规划的地质遗迹景观保护区划、地质遗迹景观保护区的分级，专题规划的游览设施规划、基础工程规划、居民社会调控规划、经济发展引导规划、土地利用协调规划、分期发展规划。

《国家地质公园评审标准》的评审指标由自然属性、可保护属性、保护管理基础三个部分、12 项具体指标组成。自然属性含典型性、稀有性、自然性、系统性和完整性、优美性；可保护属性含面积适宜性、科学价值、经济和社会价值、保护管理基础。

从上述关于国家地质公园申报的相关规定可见，国家地质公园的建立建设就是地质遗迹的规范保护；从地质资源旅游开发的角度，国家地质公园的建立建设就是将地质资源地质景观转化为旅游资源、构建地质体旅游地，地质资源旅游资源化的规范性系统工程，也是地质资源旅游资源化的具体实施；同时，也是品牌化的地质体旅游地构建和塑造。

### 7.5.3　旅游地质资源与自然资源人文资源的旅游地整合开发

地质遗迹与自然景观人文景观的同地域性，地质遗迹保护地、地质公园与自然遗产地、人文遗产地等的同地域性特点，决定了地质资源旅游开发必须实行同地域旅游资源的整合开发策略。

1. 地质遗迹为主体的旅游地旅游资源整合开发

·塑造特色旅游地质景观的旅游地旅游品牌。突出具有特殊的地质科学意义，独特稀有的自然属性，优雅的美学观赏价值，具有一定规模和分布范围的地质遗址景观为主体，具独特的科学意义和观赏价值的地质景观群体系列。

·以地质景观为主体，融合自然景观和人文景观，具有生态及人文价值的综合景观。

·地质景观作为旅游景区开发，有助于地质遗迹景观的保护，有助于旅游地质资源环境的保护，有助于支持当地经济文化和环境的可持续发展。

·将地质景观作为旅游地开发，可形成较高科学品位、较佳观赏价值的特色主题旅游区。

·地质景观作为地质公园开发，可形成地质科普、地质科研及生态环境保护示范基地。

·将旅游地质景观作为地质公园开发，可提高旅游景区的知名度，以名牌效应提高旅游景区（产业）的经济效益和社会效益。

2. 构建旅游地质路线开发特色旅游地质产品

专项旅游地质线路的推出有利于满足不同爱好和不同层次、不同专业的旅游者或科考、科普爱好者。精品线路的推出有利于提高地质体地质遗迹旅游地知名度和名牌效应，满足高层次消费者的需求，也是高品质旅游业未来的发展方向。而专项线路的推出有利于资源的组合，是重要的利润增长点。

（1）以旅游地质景观系列为基础，在具有旅游价值的前提下，观赏性、科学性并重，突出观赏价值，由相关的地质景观组成游览欣赏的景观系列。

（2）以旅游地质景观系列为基础，在具有旅游价值的前提下，划分为以学术探索性强的科考型旅游线路，以知识性科普教育价值的科普型旅游线路，以趣味性欣赏价值的观赏型旅游线路。

（3）旅游地质资源（景观）的优化组合：

·在资源上构成旅游景观发生—发展—消亡全过程的完整景观系列；

·在地域上构成资源类型上具有地域特色完整旅游线路；；

·在同类型景观中有稀少（罕见）性、奇特性景观；

·在旅游资源配置上，与其他自然旅游资源、人文旅游资源相互衬托，观赏价值强，景观线路的组成具有极高的观赏性和科学性；

·旅游线路组成珍稀、独特、罕见，具全球地质遗迹价值或国家重点保护价值，能具国内外盛名及吸引力。

3. 以地质资源地质景观为主线的特色旅游资源整合开发

特定地域中能显示地域资源环境特征，地域性、特异性、典型性、垄断性突出的具可持续性发展潜力的特色旅游资源的整合开发，能形成显示旅游地品牌的最佳效果。

（1）特色旅游资源的整合优势

·展示地域旅游资源品位：旅游资源特色性是旅游资源价值的重要标志，特色旅游资源是地域旅游资源品位的充分展示。

·塑造地域特色旅游资源品牌形象：旅游资源特色性的认定，有助于确定旅游规划的主题和塑造旅游地品牌。

·策划旅游地特色开发的基础：受地质资源环境的制约，旅游地常常构成不同地质资源环境为本底的旅游资源类型。旅游资源开发重要任务是突出特色，展示特色，渲染特色，依规划地的特色赋予新意及创意；力求主题鲜明，突出地域特性，使旅游产品对旅游者具有较强的吸引力和较强的核心竞争力，从而推动旅游业快速健康地向前发展。显然，对特色旅游资源的整合利用与发掘是旅游开发、旅游市场定位、旅游地特色品牌塑造的基础。

（2）特色旅游资源/景观整合开发策略

旅游资源整合包含旅游资源类型整合或旅游资源的地域整合。旅游资源整合在于发掘资源优势，合理利用资源类型，显示整体资源的旅游价值，获取最佳的旅游资源开发利用点，构建旅游产业，促进旅游社会及经济效益的最大化。

旅游资源整合开发，可以发掘旅游资源的旅游价值，达成旅游资源功能的互补，可叠合各类资源的优势，提高一个地域中的旅游品级，带动较低品级的旅游资源开发，从而获得地域旅游资源的总体效益。

旅游资源结构理论的运用，有助于合理的旅游资源整合理论的形成，有助于地域旅游资源开发总体布局的构思。

在旅游地未发现旅游资源品级特优、规模巨大、可形成巨大影响的单体旅游资源，而其旅游资源类型多、且多集中分布的地区。依据旅游资源结构特点，合理优化组合旅游资源，寻求旅游开发的最佳布局，促使旅游业高起点、高层次地发展，旅游资源整合开发具有极高的必要性和现实性。

4. 基于景观结构的旅游资源整合开发

基于旅游资源旅游景观结构，旅游地旅游资源整合开发，可基于旅游资源／景观的层次、等级体系的时空结构特征，突显旅游资源特色，充分综合发掘旅游资源的产业化的综合效益，必须实施资源的整合开发，实施与特色旅游资源／景观相应的旅游资源／景观的开发策略。

·类型整合——对旅游资源/景观的类型进行整合开发；

·地域整合——对旅游资源/景观单元进行整合开发；

·体系整合——以旅游资源/景观系列、等级体制为基础，构建与其相适宜的旅游地旅游单元层次结构，旅游地体系（系统）；

·产业整合——发掘旅游资源/景观结构优势，构建合理可行的旅游产业链；

·联动整合——整合社会经济发展的诸多优势，发挥旅游发展强劲优势；

·特色整合——特色旅游资源的整合开发策略。

### 7.5.4　地质资源旅游资源化的地质公园建设

地质公园既是地质遗产保护的最佳形式，也是地质资源旅游资源化的最佳形式和最佳途径。中国国家地质公园和中国的世界地质公园建设正是这样（表7－4、表7－5）。

中国地质公园有计划、有步骤的规范化建设，客观上促进了地质资源旅游资源化，确保了地质遗迹的规范保护，推进了地质资源地质遗迹旅游价值社会价值的实现。与此同时，地质公园的建设为旅游地质学科的开拓构建，开辟了宽广的研究领域，并提供了坚实的研究基础。

表 7 - 4　　　　　　　　中国国家地质公园（至 2014 年 1 月）简表

| 省份 | 国家地质公园名称 |
|------|------------------|
| 北京 | 北京石花洞国家地质公园　北京延庆硅化木国家地质公园　北京十渡国家地质公园　北京平谷黄松峪国家地质公园　北京密云云蒙山国家地质公园 |
| 天津 | 天津蓟县国家地质公园 |
| 河北 | 河北涞源白石山国家地质公园　河北秦皇岛柳江国家地质公园　河北阜平天生桥国家地质公园　河北赞皇嶂石岩国家地质公园　河北涞水三坡国家地质公园　河北临城国家地质公园　河北武安国家地质公园　河北迁安—迁西国家地质公园　河北兴隆国家地质公园　河北承德丹霞地貌国家地质公园　河北邢台峡谷群国家地质公园 |
| 山西 | 黄河壶口瀑布国家地质公园　山西壶关太行山大峡谷国家地质公园　山西宁武万年冰洞国家地质公园　五台山国家地质公园　山西大同火山群国家地质公园　山西陵川王莽岭国家地质公园　山西平顺天脊山国家地质公园　山西永和黄河蛇曲国家地质公园　山西榆社古生物化石地质公园 |
| 内蒙古 | 内蒙克什克腾国家地质公园　内蒙古阿尔山国家地质公园　内蒙古阿拉善沙漠国家地质公园　内蒙古二连浩特国家地质公园　内蒙古宁城国家地质公园　内蒙古鄂尔多斯国家地质公园　内蒙古巴彦淖尔国家地质公园　内蒙古四子王地质公园　内蒙古清水河老牛湾地质公园 |
| 辽宁 | 辽宁朝阳古生物化石国家地质公园　辽宁本溪国家地质公园　大连冰峪国家地质公园　中国大连国家地质公园　辽宁葫芦岛龙潭大峡谷地质公园　辽宁锦州古生物化石和花岗岩地质公园 |
| 吉林 | 吉林靖宇火山矿泉群国家地质公园　吉林长白山火山国家地质公园　吉林乾安泥林国家地质公园　吉林抚松国家地质公园　吉林四平地质公园 |
| 黑龙江 | 黑龙江五大连池国家地质公园　黑龙江嘉荫恐龙国家地质公园　黑龙江伊春花岗岩石林国家地质公园　黑龙江镜泊湖国家地质公园　黑龙江兴凯湖国家地质公园　黑龙江伊春小兴安岭国家地质公园　黑龙江凤凰山国家地质公园　黑龙江山口地质公园 |
| 上海 | 上海崇明长江三角洲国家地质公园 |
| 江苏 | 江苏苏州太湖西山国家地质公园　江苏省南京市六合国家地质公园　江苏江宁汤山方山国家地质公园　江苏连云港花果山地质公园 |
| 浙江 | 浙江常山国家地质公园　浙江临海国家地质公园　浙江雁荡山国家地质公园　浙江新昌硅化木国家地质公园 |

| 省份 | 国家地质公园名称 |
|------|------------------|
| 安徽 | 安徽黄山国家地质公园　安徽齐云山国家地质公园　安徽淮南八公山国家地质公园　安徽浮山国家地质公园　安徽祁门牯牛降国家地质公园　安徽大别山（六安）地质公园　安徽天柱山国家地质公园　安徽凤阳韭山国家地质公园　安徽池州九华山国家地质公园　安徽广德太极洞国家地质公园　安徽丫山国家地质公园　安徽繁昌马仁山地质公园　安徽灵璧磬云山地质公园 |
| 福建 | 福建漳州国家地质公园　福建大金湖国家地质公园　福建晋江深沪湾国家地质公园　福建福鼎太姥山国家地质公园　福建宁化天鹅洞群国家地质公园　福建屏南白水洋国家地质公园　福建永安桃源洞国家地质公园　福建白云山国家地质公园　福建连城冠豸山国家地质公园　福建平和灵通山国家地质公园　福建政和佛子山国家地质公园　福建清流温泉地质公园　福建三明郊野地质公园　德化石牛山国家地质公园 |
| 江西 | 江西庐山国家地质公园　江西龙虎山国家地质公园　江西三清山国家地质公园　江西武功山国家地质公园　江西石城地质公园 |
| 山东 | 山东枣庄熊耳山国家地质公园　山东东营黄河三角洲国家地质公园　山东山旺国家地质公园　山东长山列岛国家地质公园　山东沂蒙山国家地质公园　泰山国家地质公园　山东青州国家地质公园　山东诸城恐龙国家地质公园　山东莱阳白垩纪国家地质公园　山东沂源鲁山地质公园　山东昌乐火山地质公园 |
| 河南 | 河南嵩山国家地质公园　河南焦作云台山国家地质公园　河南内乡宝天曼国家地质公园　河南王屋山国家地质公园　河南西峡伏牛山国家地质公园　河南嵖岈山国家地质公园　河南关山国家地质公园　河南黄河国家地质公园　河南洛宁神灵寨国家地质公园　河南洛阳黛眉山国家地质公园　河南信阳金刚台国家地质公园　河南红旗渠·林虑山国家地质公园　河南小秦岭国家地质公园　河南尧山国家地质公园　河南汝阳恐龙国家地质公园 |
| 湖北 | 长江三峡（湖北、重庆）国家地质公园　湖北木兰山国家地质公园　湖北神农架国家地质公园　湖北郧县恐龙蛋化石群国家地质公园　湖北武当山国家地质公园　湖北大别山（黄冈）国家地质公园　湖北五峰国家地质公园　湖北咸宁九宫山－温泉国家地质公园　湖北长阳清江地质公园　湖北恩施腾龙洞大峡谷地质公园 |
| 湖南 | 湖南张家界砂岩峰林国家地质公园　湖南郴州飞天山国家地质公园　湖南崀山国家地质公园　湖南凤凰国家地质公园　湖南古丈红石林国家地质公园　湖南酒埠红国家地质公园　湖南乌龙山国家地质公园　湖南平江石牛寨国家地质公园　湖南浏阳大围山国家地质公园　湖南通道万佛山地质公园　湖南安化雪峰湖地质公园　湖南湄江国家地质公园 |
| 广东 | 广东丹霞山国家地质公园　广东湛江湖光岩国家地质公园　广东佛山西樵山国家地质公园　广东阳春凌霄岩国家地质公园　广东恩平地热国家地质公园　广东封开国家地质公园　深圳大鹏半岛国家地质公园　广东阳山国家地质公园 |
| 广西 | 广西资源国家地质公园　广西百色乐业大石围天坑群国家地质公园　广西北海涠洲岛火山国家地质公园　广西凤山国家地质公园　广西鹿寨香桥喀斯特生态国家地质公园　广西大化七百弄国家地质公园　广西桂平国家地质公园　广西浦北五皇山国家地质公园　广西宜州水上石林国家地质公园　广西都安地下河地质公园　广西罗城地质公园 |

续表

| 省份 | 国家地质公园名称 |
|------|------------------|
| 海南 | 海南海口石山火山群国家地质公园 |
| 重庆 | 重庆武隆岩溶国家地质公园　重庆黔江小南海国家地质公园　重庆云阳龙缸国家地质公园　重庆万盛国家地质公园　重庆綦江木化石－恐龙国家地质公园　重庆酉阳国家地质公园 |
| 四川 | 四川自贡恐龙国家地质公园　四川龙门山国家地质公园　四川海螺沟国家地质公园　四川大渡河峡谷国家地质公园　四川安县国家地质公园　四川九寨沟国家地质公园　四川黄龙国家地质公园　四川兴文石海国家地质公园　四川华蓥山国家地质公园　四川江油国家地质公园　四川射洪硅化木国家地质公园　四川四姑娘山国家地质公园　四川大巴山国家地质公园　四川光雾山、诺水河国家地质公园　四川绵竹清平－汉旺国家地质公园　四川青川地震遗迹国家地质公园 |
| 贵州 | 贵州关岭化石群国家地质公园　贵州兴义国家地质公园　贵州织金洞国家地质公园　贵州绥阳双河洞国家地质公园　贵州六盘水乌蒙山国家地质公园　贵州平塘国家地质公园　贵州黔东南苗岭国家地质公园　贵州思南乌江喀斯特国家地质公园　贵州赤水丹霞国家地质公园 |
| 云南 | 云南石林国家地质公园　云南澄江动物群国家地质公园　云南腾冲国家地质公园　云南禄丰恐龙国家地质公园　云南玉龙黎明－老君山国家地质公园　大理苍山国家地质公园　云南丽江玉龙雪山国家地质公园　云南九乡峡谷洞穴国家地质公园　云南罗平生物群国家地质公园　云南泸西阿庐国家地质公园 |
| 西藏 | 西藏易贡国家地质公园　西藏札达土林国家地质公园　西藏羊八井国家地质公园 |
| 陕西 | 陕西翠华山国家地质公园　陕西洛川黄土国家地质公园　陕西商南金丝峡国家地质公园　陕西岚皋南宫山国家地质公园　陕西耀州照金丹霞国家地质公园　陕西柞水溶洞国家地质公园　延川黄河蛇曲国家地质公园 |
| 甘肃 | 甘肃敦煌雅丹国家地质公园　甘肃刘家峡恐龙国家地质公园　甘肃景泰黄河石石林国家地质公园　甘肃平凉崆峒山国家地质公园　甘肃天水麦积山国家地质公园　甘肃和政古生物化石国家地质公园　甘肃炳灵丹霞地貌国家地质公园　甘肃张掖丹霞国家地质公园　甘肃宕昌官鹅沟地质公园　甘肃临潭冶力关地质公园 |
| 宁夏 | 宁夏西吉火石寨国家地质公园　宁夏灵武国家地质公园 |
| 青海 | 青海尖扎坎布拉国家地质公园　青海互助嘉定国家地质公园　青海久治年宝玉则国家地质公园　青海昆仑山国家地质公园　青海贵德国家地质公园　青海玛沁阿尼玛卿山国家地质公园　青海省青海湖国家地质公园 |
| 新疆 | 新疆布尔津喀纳斯湖国家地质公园　新疆奇台硅化木－恐龙国家地质公园　富蕴可可托海国家地质公园　新疆天山天池国家地质公园　新疆库车大峡谷国家地质公园　新疆温宿盐丘国家地质公园　新疆吐鲁番火焰山国家地质公园 |

表 7 – 5    中国的世界地质公园

| 省份 | 世界地质公园名称 |
|---|---|
| 北京 | 中国延庆世界地质公园 |
| 河北 | 房山世界地质公园 |
| 内蒙古 | 阿拉善世界地质公园　克什克腾世界地质公园 |
| 黑龙江 | 五大连池世界地质公园　镜泊湖世界地质公园 |
| 浙江 | 雁荡山世界地质公园 |
| 安徽 | 黄山世界地质公园　天柱山世界地质公园 |
| 福建 | 宁德世界地质公园　泰宁世界地质公园 |
| 江西 | 龙虎山世界地质公园　庐山世界地质公园 |
| 山东 | 泰山世界地质公园 |
| 河南 | 云台山世界地质公园　嵩山世界地质公园　王屋山 – 黛眉山世界地质公园　伏牛山世界地质公园 |
| 湖北 | 湖北神农架地质公园 |
| 湖南 | 张家界世界地质公园 |
| 广东 | 丹霞山世界地质公园 |
| 广西 | 乐业 – 凤山世界地质公园 |
| 海南 | 雷琼世界地质公园 |
| 四川 | 兴文世界地质公园　自贡世界地质公园 |
| 云南 | 石林世界地质公园　苍山世界地质公园 |
| 陕西 | 秦岭终南山世界地质公园 |
| 青海 | 昆仑山世界地质公园 |
| 香港 | 中国香港世界地质公园 |

### 7.5.5　地质资源旅游资源化的矿床矿业旅游产业链

矿床的开发形成的矿床矿业产业链构成了内含地质/自然旅游资源与人类活动/人文旅游资源融合的矿床矿业旅游产业链。

中国以矿业为支撑的矿业/工业旅游地和矿山公园的建设构成了地质资源旅游资源化的矿床矿业旅游产业链的重要类型。

国内外许多矿床矿山成为旅游地，许多矿山矿业资源枯竭转化为旅游地旅游业从而得到复苏，就是地质资源旅游资源化产业化的典型。

澳大利亚墨尔本疏芬山金矿，19 世纪 50 年代在采矿遗迹上建立了 26 万平方米的历史公园和金矿博物馆，重现古代采金场景成为旅游热点。波兰卡老盐矿博物馆 135 米深处的"盐晶宫"，每年接待游客达 70 万人次。南非金矿井下博物馆，缅甸宝石矿砂产地，我国湖北大冶铜绿山铜矿古矿冶炼遗迹博物馆是具极大吸引力的矿床旅游景观。这些再现矿床及矿业的矿床旅游景观都发挥了矿床矿业产业链旅游价值。

# 7.6  旅游地质资源开发的人地和谐发展

## 7.6.1  旅游地质资源环境效应

1. 旅游地质资源的稳定性

受自然因素和人为因素的影响，旅游地质资源环境稳定性呈现缓慢变化或突发性变化，同时使旅游地质资源旅游地质景观也受到缓慢性破坏或突发性破坏。

（1）缓慢性破坏

在旅游地环境变化干预下地质资源地质景观呈现缓慢的变化。

土林、沙林等脆弱的地质景观暴雨会使其景观的淋蚀、造型的缓慢变化；而持续的点暴雨气候异常使加速淋蚀作用，乃至林柱体的垮塌，景观的覆灭，旅游地的衰亡。

雪山冰川地质景观在气候变暖的环境下，缓慢地消亡。

湖泊湿地景观在缓慢抬升的地质环境下，或在周边剥蚀作用强烈、泥沙汇集堆积量大的情况下，会逐渐消亡。

石雕、石窟、摩崖石刻等石质文化景观在强风化作用环境下，会不断地受到损害。例如埃及的有些金字塔台阶上堆积有很厚的碎屑，大石块只剩下球型的团石。基奥普斯大金字塔，近一千多年来的风化形成的碎屑体达 5 万平方米，相当于金字塔表层每年损耗约 3 毫米。

（2）突发性破坏

地震、海啸、火山喷发、滑坡、崩塌、泥石流等突发性自然灾害，会直接快速毁坏旅游地质景观。例如雕塑于公元前2世纪的世界古代七大奇迹之一的罗得岛上的太阳神像就是毁于地震。1997年，夏威夷岛最古老的瓦吼拉神庙被基拉韦厄火山喷出的岩浆淹没，一座有700年历史的名胜古迹就此毁于一旦。约建于公元前7世纪的罗马古城庞贝于公元79年8月24日，被维苏威火山喷发的火山灰湮没。

2. 生态地质环境稳定性影响旅游地质资源开发的环境效应

旅游地质资源由地质作用形成，又展布于地质环境，因此地质体/地质资源旅游地的资源环境受地质环境的制约。现今较为稳定的地质环境中的旅游地，其生态地质环境较为稳定，地质资源地质景观也较稳定；现今较为活跃的地质环境中的旅游地、山地环境的旅游地，其生态地质环境就较为脆弱，地质资源地质景观的稳定性也就脆弱，地质资源地质景观的保护问题也就突出。如果地质资源地质景观类型属性就很脆弱，如雪山冰川、内陆湖盆，那么旅游地质资源地质景观旅游地的保护问题更大更突出、并使旅游地质资源开发面临资源环境容量的更大挑战。显然，旅游地质资源开发的人地关系和谐发展是地质资源旅游资源化的重大问题。中国的山地高原分布面积广阔，许多旅游地质资源旅游地分布于山原区，地质资源旅游开发都不同程度地面临应对地质资源环境脆弱性的问题。现以处于印度板块与欧亚板块接壤带、世界自然遗产地的三江并流旅游地质资源环境为例，就面临着探索山地环境、地质构造活跃环境的旅游地质资源旅游地的地质资源环境及旅游地质资源开发的人地关系和谐发展问题。

### 7.6.2  山地环境旅游地质资源环境基本问题

地处至今仍强烈活动的新构造运动地质构造带，强烈的抬升和侵蚀作用，处于不断的变动环境，致使许多具有地域特色、罕见的地质景观和旅游资源环境潜在强烈的脆弱性，极易改变但不可再生。如雪线上升、森林锐减、草地退化、水土流失、水环境污染，以及崩塌、滑坡、泥石流等严重的地质灾害和人类超越自然环境承载力的开发活动，加剧了旅游地质资源环境的脆弱性。地壳活动的活跃性及人类活动的干扰性更加显示了山地环境旅游地质资源、旅游自然资源环境保护的紧迫性。

1. 旅游地质资源环境脆弱

现今的山川格局、自然风貌是由内力地质作用和外力地质作用共同作用的产物，它是以基于该地区的地质构造作用而造就的地质现象（地质景观）为基础的地质－地貌－生物综合体。

在现今展布于地面可供观赏考察的地质现象，是该区地球演化史的记录，包括地质构造运动旋回、沉积—造陆的桑海变迁史、生物演化史、岩浆演化史、变质作用史、成岩成矿过程等所呈现的五彩缤纷的自然奇观。它们有的来自地球深部乃至地球核部，有的来自表层水圈、大气圈乃至地球以外天体，有的形成于数亿年前，有的形成才数万年，甚至至今仍在形成中（如泉华）。它们的生成有特定的环境、特定的条件。

该区现今仍处于地壳不断上升、地质构造活动频繁的不平衡的发展之中，是现今新构造运动活跃发育的地带。在这种情况下，原来在深部形成稳定的岩石矿物环境条件，在地表现今条件与其原有条件不一时，这种地质景观（岩石矿物）就要不断地发生相应的变化，以达到新的平衡，从而显现出脆弱性（不稳定性）。例如在深部还原条件下形成的硫化矿（如黄铁矿、黄铜矿）在地表接触水、氧丰富的氧化条件时，将被氧化分解成新的氧化物，如赤铁矿、褐铁矿、辉铜矿等，还将形成含硫酸根的水溶液，使周围原"稳定"的景观改变其原有面貌，显示含硫化物的地质景观的脆弱性。也是在这种情况下，地壳的不断上升中，就伴之有强烈的剥蚀、侵蚀作用，总有使参差不齐的山川地势被夷平的趋向。强烈的向源侵蚀、底蚀、侧蚀作用，将使原来已趋"稳定"中的地质景观被破坏，陡峭的山体、陡坡、悬崖或被剥蚀，或形成崩塌、滑坡而被破坏。相应的原来可供观赏的地质景观将因崩塌物、滑坡体、泥石流或河流中的泥沙而被掩埋，显现其地质景观的脆弱性。

皮之不存，毛将焉附。作为自然风光旅游资源基础的地质景观的脆弱性，导致依附于地质体表层的生物多样性和生态环境多样性也变得脆弱。

　　2. 旅游地质资源环境影响因素复杂

　　地质环境的影响因素通常按地质作用可分为地壳内部营力如地壳运动，地壳外部的营力如流水的侵蚀作用。从总体上看前者是决定性的，明显的剧烈的地壳运动对地质环境的影响是巨大的。如果处于陷落地震或断裂地震的震中附近，地质环境可遭受"翻天覆地"的巨变；若处于宁静的时期、宁静的地区，在人类几代人活动的短暂时期，地质环境则可谓是稳定的、"稳如磐石"、江山"不变"的。在地壳活动的相对宁静期，地壳外部营力常是导致地质环境变化的主导因素。

　　人类为了生存，不断向地球索取自然资源，人类对地球资源攫取的失控，导致了资源环境的失衡、地质灾害的频繁，导致对该区旅游地质资源环境严重威胁。

　　·地震活跃地域

　　处于地震活跃地带，存在潜在的地震灾害和地震次生灾害。

　　·地质灾害易发频发地域

　　地壳强烈上升，地形切深速率大，造成地形坡度大，地形变化大。加之发育强烈的构造破碎、构造岩带，这种地质地貌环境条件造成了该区滑坡、崩塌、泥石流等地质灾害易发和频发，人类活动加剧了地质灾害的频发。地壳不断上升中地形陡峻的高山峡谷是滑坡崩塌泥石流的易发区，暴雨或雨水集中的雨季，滑坡、泥石流是山地常见的地质灾害因素。

　　·岩漠化、荒漠化易发地域

　　森林的毁林性开发、植被的破坏不仅直接破坏了旅游景观，而且导致了水土流失，岩漠化、荒漠化迅速发展，在陡峻的峡谷两岸尤为强烈。雪山消融、冰川消亡，在原有冰雪覆盖的雪山冰川基座，形成陡峭参差不齐的裸岩，在其下部形成破碎岩屑组成"荒漠"、碎屑流。江河通过构造破碎带，特别是糜棱岩带，风化剥蚀作用致使岸坡呈现碎屑、流沙坡，形成流沙裙式的荒漠化、岩漠化的景象。

　　·人类活动干扰自然景观的原始性协调性

　　旅游景区的开发中，与自然景观不协调、不匹配的旅游设施，或忽视旅游景观优劣层次的旅游开发布局，常常导致自然旅游景观观赏价值的破坏，乃至旅游景区品位的下降。

　　·人类活动对旅游地质资源环境问题脆弱性认识不足

　　在山地环境的旅游开发中，普遍地存在对地质景观的观赏性、科学性、知识性认识不足；对地质景观是自然景观的基础、是旅游自然资源的基础认识不足；对地质景观一遭破坏就无法重塑，就丧失了人类的自然资源财富认识不足。

### 7.6.3　地质体/旅游地质资源旅游地人地关系

　　1. 旅游地质资源是旅游地人地关系的组成要素

　　人类与地理环境之间的关系是区域系统中各自然人文要素及其相互关系综合表现的一种状态。旅游地质资源是人地关系中自然环境（包括自然资源）的一部分，人类活动及其所形成的人文环境均对旅游地质资源的形成、开发与保护产生重要影响，并且这种影响是长时间尺度的，贯穿整个人类活动始终，旅游地质资源的自然本质属性和人文环境与人类活动对其共同产生的作用。

　　2. 旅游地质资源开发影响旅游地人地关系

　　旅游地质资源与人地关系的相互作用表现为，人地关系对旅游地质资源的影响和旅游地质资源对人地关系系统的作用。人地关系对旅游地质资源的影响包括人地关系系统对地质资源旅游资源化、旅游地质资源价值、旅游地质资源开发及旅游地质资源坏境的影响；人地关系要素组成中的人类活动（特别是旅游活动）对旅游地质资源及其环境的作用，人文环境（人口、经济、社会文化、科学技术）对旅游地质资源及其环境的作用；人地关系的历史演变及人地关系模式发展对旅游地质资源系统的影响。旅游地质资源对人地关系系统的作用主要是通过旅游地质资源的开发与保护及不同的旅游地质资源单元、旅游地质资源类型所产生的经济、社会和环境功能而影响人地关系系统。

　　与此同时，旅游地质资源的开发也涉及一个地域的人地关系，在环境容量允许的范围内，正常的、规范的旅游地质资源开发有利于旅游地的人地关系和谐发展。旅游地质资源的价值主要由旅游地质资源本身的特点和其独特性所决定，但当某些人文因素直接融入旅游地质资源之中时，人地关系对旅游地质资源的价值具有提升作用。如古人类文化遗址、摩崖岩画、岩棺墓葬、石雕碑刻、石窟、石质文物建筑、矿产开采遗址及玛尼堆等石质文化景观，这些人地关系中的人文要素叠加在旅游地质资源基础上，形成独特的旅游地质资源。

反之，过度干预生态地质环境的旅游地质资源开发将会危害旅游地人地关系，导致良好的旅游地质资源环境的衰退破坏，乃至旅游地的衰亡。因此，旅游地质资源的开发，应特别重视旅游地人地关系的谐和协调发展，保护地质遗迹，使地质资源可持续利用于旅游业的发展。

3. 地质体旅游地旅游地质资源开发的人地关系和谐发展

地质体/地质资源旅游地中旅游地质资源地质景观的主导作用，使得旅游地质资源开发对旅游地人地关系状况有举足轻重的作用。旅游地质资源的科学地、规范地、适宜地开发有利于旅游地人地关系的和谐发展，有利于旅游地的可持续发展。生态地质环境敏锐性强的地质体旅游地更应重视旅游地质资源开发中的人地关系发展趋势，引导旅游地人地关系的协调发展。

旅游地旅游地质资源开发的人地关系和谐的实质，就是旅游开发中旅游地质资源及旅游地生态地质环境的有效保护，也是旅游地质资源持续利用的有效途径。

### 7.6.4  旅游地质资源开发中人地关系的基本问题

在旅游地质资源开发过程中，要遵循客观、科学的自然和社会规律，使人类活动在旅游地发展各阶段中，合理而积极地开发利用旅游地质资源，延长旅游地质资源生命周期。旅游地人地关系协调，才能保证旅游业的可持续发展，带动区域经济发展。

1. 旅游地质资源环境与人类活动相互作用

旅游地质资源环境与人类活动的关系，是相互影响、相互作用的，这种关系是互动的，在人类活动影响下，地质资源转化为旅游地质资源，有可能促进经济的发展，给人类带来效益，但同时不合理的开发，也有可能造成旅游地质资源和环境的破坏，又会反作用于人类社会，带来巨大的负作用。因此，在旅游地质资源开发活动的人地关系中，人类处于主导地位，旅游开发必须遵循客观规律，与环境和谐相处。

2. 动态的、发展的人与旅游地质资源环境的人地关系

保护不等于不开发，而是合理地、积极地、适度地、人地关系和谐地开发，要在开发中保护，在保护中开发。人地关系的和谐是在动态、发展中实现的，是在人与环境动态的过程中，达到双赢的结果。在不破坏环境的前提下，可以充分利用旅游地质资源发展旅游业，促进区域经济的发展，实现生态效益、社会效益和经济效益的统一。

旅游业与保护旅游地质资源环境可以在动态及发展中协调，有机地把保护旅游地质资源环境与发展旅游业结合起来，真正把旅游资源优势转化为经济优势，实现可持续发展。

3. 旅游地质资源与环境的关联性、资源的不可再生性和环境的脆弱性

旅游地质资源形成因素比较复杂而且特殊，如果改变了这些因素，极具观赏性、科考性的旅游地质景观将可能不复存在；而且地质资源形成时间特别漫长，有些是数亿年、数十万年才形成的，一旦破坏很难恢复。基于旅游地质资源不可再生的特点，需要在地质资源开发为旅游资源过程中，避免孤立地看待地质资源，要从系统工程的角度出发，考虑到旅游地质资源与其他自然和人文要素的关联性，不能顾此失彼，否则造成的连锁反应可能是负面的、巨大的。

4. 旅游地质资源开发的环境成本问题

旅游业有"无烟工业""绿色工程"之称，这是相对于一些直接在生产过程中排放大量"三废"且造成生态破坏的产业而言的。但是，对脆弱的旅游地质资源环境，旅游地开发的大量工程活动或旅游活动排放的污染物，有时对环境的负面影响甚至不低于传统工业。因此，从环境成本的角度看，旅游地质资源的开发仍存在环境成本问题，旅游地质资源的开发不能只注重经济上的短期利益，对旅游地质资源采取掠夺和破坏式开发，这无形之中将加大了旅游地质资源环境成本。旅游开发超过环境容量，环境成本加大，旅游地质资源环境一旦破坏后，就难以恢复，得不偿失。因此，旅游地质资源开发与保护，应充分考虑到环境成本问题。

5. 旅游地质资源开发效应的双刃剑

旅游地质资源的开发能形成良好的经济效应、社会效应，但开发旅游地质资源，发展旅游业，也会给自然生态系统带来巨大的压力，导致土壤侵蚀、垃圾污染、动物数量下降等生态地质环境负面效应，也会对人类生活环境带来不利影响，产生负面效应。因此，旅游地质资源的开发、旅游地质旅游地的开发应先进行必要的旅游地开发的可行性论证，要有前瞻性、预见性、科学性，避免盲目开发导致的负面效应。

### 7.6.5　旅游地质资源开发的旅游地人地关系构架示例

地质资源转化为旅游地质资源的过程受到生态环境和社会环境两大因素的制约，需要注意研究多方面的制约因素。

人地关系的协调，要充分发挥人的主观能动性，改善旅游地质资源所处的生态环境和社会环境，采取切实有效的措施，处理好旅游地质资源开发中的人地关系，使之能和谐、协调发展。

滇西北三江并流带是新构造运动活跃、生态地质环境复杂多变的地质遗产地和新兴旅游地。其旅游地质资源开发中的旅游地人地关系研究、旅游地质资源开发人地关系协调和谐发展模式的构架具有极大的现实意义和借鉴作用。

三江并流带人地关系的协调发展是旅游地质资源可持续利用的关键，也是旅游景区生命周期调控、长久不衰的决定性因素。因此在旅游地质景观为主导的旅游风景名胜区应有适合该地域的人地关系协调的发展模式，这是旅游风景名胜区建设的系统工程。

拟建人地关系模式，有助于认识旅游地质资源开发中人地关系的关联性、互动性，有助于探索旅游地质资源开发中人地关系协调发展的途径。三江并流带旅游地质资源开发中的人地关系协调发展模式，是基于生态环境和社会环境，旅游地质资源开发导致的人地关系相互作用，针对人地关系效应采取的人地关系协调措施，实现旅游地人地关系和谐发展、旅游可持续发展、旅游地质资源可持续利用（图 7-1）。

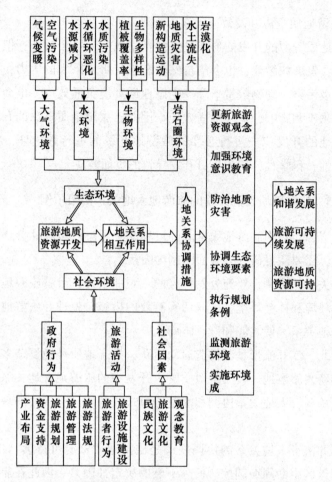

图 7 - 1　三江并流带旅游地质资源开发人地关系协调发展模式构架

1. 更新观念，促进地质资源的旅游资源化，发展旅游业。

地质资源旅游资源化是地质资源旅游地旅游开发的核心问题。应清楚地认识到三江并流带自然旅游资源是以地质资源为基础，旅游业的发展基础是对旅游地质资源的合理开发。

2. 减轻地质灾害对旅游地质资源的破坏。

对地质灾害要加强监测、预测，做好灾后的处理，争取提前做好相应的安排，以把损失降低到最低限度，把对旅游地点的负面效应减到最小。

利用遥感技术动态观测的优势，可及时而准确地监测三江并流地区的水及植物、岩石、地质构造地质环境等方面的变化，做出相应的环境保护对策。针对各类地质灾害的特点，制定地质灾害防治规划，划定地质灾害易发生区、危险区、重点监控，并采取相应的防治措施。

3. 协调好自然环境各要素的相互关系。

旅游地质资源的保护是一项系统工程，特别是旅游地质资源环境与自然环境各要素的相互作用，绝不是孤立的存在的，都处于动态的普遍联系中，因此有必要认识并应对自然环境各要素的变化，防止人地关系各要素间相互作用带来负面影响。

4. 加强旅游地管理，执行旅游地开发建设的相关法规和条例。

5. 建立地质公园，实施地质遗迹、旅游地质资源的规范的、保护性的有效开发利用。

对有重大科学研究价值或观赏价值，具备旅游吸引条件的旅游地质景观或旅游点，如地质构造、地质剖面、古生物化石、熔岩、冰川、火山、温泉、瀑布等，应考虑建立国家或省级旅游地质公园或地质遗迹保护区。

国家地质公园的建立既是地质资源旅游资源化的重要方式，也为旅游资源的保护提供依据。纳入国家权威性的管理体制中，可有效地保护自然遗迹，保护旅游资源，特别是三江并流带的一些地质景观，在建设成国家地质公园的同时，还应该积极申报世界级的地质公园，严格按照世界级国家公园的管理模式，吸收先进的管理和经验，更新观念，不仅使地质公园成为休闲、观光胜地，也使旅游地质资源及环境能得到合理的保护。另外，可按地质遗迹的重要程度及需要保护的程度，建立国家、省、地各级地质公园，以利于旅游资源开发与保护。

6. 发展特色旅游——生态旅游、科考/科普旅游、航空旅游。

生态旅游是协调人地关系的重要选择，既能适应当地环境要求，又是一种特色旅游方式。生态旅游可让旅游者亲身体验，观赏尚未受到人类影响的原生自然环境，是一种人与自然和谐发展的旅游形式，它可使旅游活动在一种低密度、小规模的状态下进行。

三江并流地带的生态环境非常脆弱，生态旅游有助于避免三江并流区旅游地质资源环境的原始特征在旅游开发过程中消减。

作为世界自然遗产，三江并流科学价值与旅游价值的融合发掘使得科考/科普旅游是可行的、重要的优选的特色旅游方式。科考科普旅游有助于把三江并流自然遗产中蕴含的科学知识传播给游人，有利于提高游人的科学素质，增长见识、开阔视野，使游人在愉悦身心的同时，得到知识的熏陶。

航空旅游可作为三江地区优选的特色旅游方式。三江并流带的宏伟景观在空中更能一览为快，而且三江地形切割深，范围广，从地面要观看到三江全貌较难，且目前交通不便，公路难以上等级，耗资巨大，铁路也难以修建。目前通行的公路山高谷深，常遇险陡路段，并且耗时过多，游客奔波劳累，沿途视野不宽，壮丽景观难以尽收眼底。推出航空旅游的方式，在获取良好的旅游效应的同时，能获取最佳的旅游地生态环境效应。

7. 建立生态价值的评估体系。

作为世界自然遗产，三江并流脆弱生态区的资源环境是无价之宝。建立生态价值评估体系能让人们知道资源的珍贵性、有限性和不可再生性。以经济杠杆调节对资源环境的使用，有利于防止过度的破坏和浪费。

# 7.7　地质资源旅游产业化

## 1. 地质资源旅游产业化

与地质资源旅游资源化相伴，旅游地质资源的开发也必然形成地质资源旅游产业化。通过产业化的形式/途径实现地质资源转化为旅游资源、旅游产品，实现地质资源的旅游效应，以及实现旅游地质资源的持续稳定的社会经济效应。

### （1）地质资源旅游产业化

资源通过企业、产业的加工，转化为人类需求的产品；资源通过企业、产业的生产、流通渠道创造社会经济效益，实现资源的社会价值。

地质资源转化为旅游资源、作为旅游产品，形成旅游经济效益的过程，其中很重要的环节就是旅游地质产品、旅游地质产业，即通过与地质资源旅游资源化相伴随的、构建旅游地质产品和旅游地质产业的地质资源旅游产业化，使地质资源实现旅游价值，形成旅游地质社会经济效益。

（2）旅游地质产品

旅游地质产品可供旅游者旅游活动消费、达到旅游目的的旅游地质资源/景观。旅游地质产品的主体就是被确认为具有旅游价值，被作为旅游产品加以界定、作为旅游产品展现给旅游者消费的地质体、地质景观。

旅游地质产品主体的最大特点就是地域性、原始性和不可移植性。

（3）旅游地质产业/企业

旅游地质资源转化为旅游地质产品就是通过旅游产业/企业，对旅游地质资源加以包装成为旅游产品，展现或营销给旅游者消费，实现旅游地质产品的旅游产品价值和效能。

构建旅游地质产品的主体旅游地质产业/企业就是拥有地质资源转化为旅游资源的经济实体，或拥有地质体旅游地权属的实体。

2. 地质资源旅游产业化的形式

从目前的研究情况看，虽然未见地质资源旅游产业化、旅游地质产业等相关资料；但是，犹如地质资源旅游资源化已客观地隐含于旅游资源的开发利用过程中一样，地质资源旅游产业化也已隐含于旅游产品、旅游产业中，只不过未从地质资源旅游产业化的角度去认知其存在而已。例如，许多风景名胜区、旅游景区的经营实质上就是产业或类似产业/企业的经营管理模式，甚至一些"公园"的管理也隐含着产业化的模式。这种"产业化"促进旅游地质资源的规范式开发，促进了旅游地质资源开发的经济效益、社会效益、生态效益的构建和实现。地质体/矿产地旅游地质产品/产业链促进了旅游地质资源产业化。

（1）地质体主题式旅游地质产品/产业/品牌

·公园式旅游地质产品/产业

地质公园

矿山公园

湿地公园

·景区式旅游地质产品/产业

风景名胜区

旅游景区

（2）地质体旅游地质产品/产业链

·地质体地质景观旅游地

·地质景观旅游地质线路

（3）地质矿产资源矿床旅游地质产品/产业链

·矿产典型性成矿地质景象、矿床地质单元、矿床类型旅游地质系列产品

·矿产开发过程/环节的矿山、采选厂、冶炼厂矿业旅游地质系列产品

（4）矿床－矿山－矿业城市/矿产地旅游地质产品/产业链

·矿产矿床科考科普旅游

·矿产地矿床矿业旅游链—矿业开发旅游

·矿产地矿业遗址旅游

·矿业城市旅游

·矿产地旅游地质文化

**3. 矿产地地质资源旅游产业化途径**

（1）主题

地质域－城市域－经济域的资源－市场－旅游产品耦合结构旅游地质主题公园。

（2）途径

矿产地特色旅游地质资源为主线的旅游资源整合。

·有旅游生态地质环境依托和地质体/地质遗迹旅游品牌依托优势的矿产地；

·优良的生态地质环境，好山好水；

·周边邻近风景名胜区、地质公园、自然保护区，矿产地易于旅游综合开发利用；

·地域特色的历史文化与民族文化；

·矿产矿床矿业特色性突出、具知名度、吸引力、品牌效应；

·具有与矿产地/矿业/矿业城市旅游资源相匹配相宜的二次创业/旅游品牌创意。

# 8. 旅游地质资源社会化

## 8.1 旅游地质资源社会化

地质资源进行旅游资源化产业化，地质资源在转化为旅游资源的同时，也推进地质资源转化为社会资源、公益资源。地质资源社会化、公益化最为典型的就是以地质体、地质遗迹为主题/主体构建的地质公园、国家公园，或者含地质遗迹、地质景观的城市公园。

公园，作为供公众休憩游玩娱乐的园林式自然景观区，由政府修建管理、经营，是具有优化城市生态环境作用的公共区域，公园具有典型的公共性、公益性、福利性的特征。

在地质主题公园或非地质主题公园中，地质遗迹地质景观作为公园的主体或公园的组成元素，成为公园/社会公共性、公益性、福利性的社会资源，为公民共同享有。

地质主题公园或含地质要素的非地质主题公园、旅游地，已成为旅游地质资源实现社会价值的典型形式，甚至成为一种地质资源通过转化旅游资源形式成为公共性、公益性社会资源普遍的旅游地质资源社会化模式。

1. 地质主题公园

地质主题公园是以地质体地质景观为主体，以展示地质遗迹、地质景观为主题，能满足旅游者及社会需求的公园。地质主题公园常常是地域特色独特、具有特殊的地质意义、突出的地质内涵和品牌价值的旅游地。

代表性典型性的地质主题公园就是地质公园，以及以地质体地质内涵为主题的国家公园。

2. 含地质要素的非地质主题公园

含地质要素的非地质主题公园是以具有特色独特的地质体或地质景观为公园基础，地质资源、地质景观可作为公园的观赏内容或具有公园功能的内容。一般公园属于非地质主题的公园。

从公园的角度，地质公园属地质主题公园。以地质年代侏罗纪、古生物恐龙为主题的"侏罗纪公园"或"恐龙公园"等是以地质古生物为主题的地质主题公园，具有丰富的地质文化内涵，是以特色地质古生物资源为内涵所创造的鲜明地质文化特色的旅游文化。如，中国江苏省常州市包含中华恐龙园、中华恐龙馆、恐龙谷温泉、恐龙城大剧院、香树湾高尔夫酒店、迪诺水镇等的环球恐龙城主题公园。

## 8.2　旅游地质资源社会化类型

### 8.2.1　公园式类型

作为规范化的建立、管理、操作的"公园"，已成为一种被政府、团体、民众广泛采用和认可的旅游资源社会化模式。全球盛行的地质公园、国家公园是典型的公园式旅游地质资源社会化模式。

1. 地质公园

1999 年 4 月 15 日，联合国教科文组织常务委员会第 156 次会议提出了创建世界地质公园计划。联合国教科文组织将我国作为世界地质公园计划试点国家之一。其后，联合国教科文组织制定《世界地质公园工作指南》《世界地质公园申报表》，建立了世界地质公园专家组。通过了筹建"全球地质公园网"的倡议，世界地质公园已成为和世界遗产具有同等法律地位的特定区域，走向了国际舞台。世界地质公园计划由联合国教科文组织直接领导，由设在该组织地学部的世界公园秘书处负责日常工作。该计划将与世界遗产中心及人与生物圈计划合作，计划每年在全球建立 20 处世界地质公园，以期将来实现在全球建立 500 处地质公园的远景目标，并建立全球地质遗迹保护网络体系。

2001 年 6 月联合国教科文组织执行局决定，联合国教科文组织支持其成员国提出的创建具独特地质特征区域或自然公园，决议推进具特别意义的地质遗迹全国全球网络建设。2002 年 1 月，联合国教科文组织地学部也再次表示将要组织建设世界地质公园网络的工作。

2002 年 5 月公布了世界地质公园工作指南，世界地质公园步入有计划的健康发展。

（1）地质公园定义

"地质公园"的定义明确指出地质公园的社会功能，是以具有特殊科学意义、稀有自然属性、优雅美学观赏价值、具有一定规模和分布范围的地质遗址景观为主体，融合自然景观与人文景观，并具有考古、生态、历史和文化价值，以地质遗迹景观保护、支持当地经济、文化和环境可持续发展为宗旨，为人们提供具有较高科学品位的观光游览、度假休闲、保健疗养、科学教育、文化娱乐的场所，同时也是地质遗迹和生态环境的重点保护区，是地质科学研究与普及的基地。

地质公园依据其内含的地质遗迹的价值及其代表意义，认可的/审批的机构/组织，可分为世界地质公园和国家地质公园。

（2）地质公园标准

世界地质公园是符合由联合国教科文组织提出的世界地质公园标准，由地质遗迹/地质公园所在国提出申报，由联合国教科文组织批准，列入世界地质公园名录的地质公园。世界地质公园是一个有明确的边界线并且有足够大的使其可为当地经济发展服务的表面面积的地区。它是由一系列具有特殊科学意义、稀有性和美学价值的，能够代表某一地区的地质历史、地质事件和地质作用的地质遗址（不论其规模大小）或者拼合成一体的多个地质遗址所组成，它也许不只具有地质意义，还可能具有考古、生态学、历史或文化价值。

1）联合国教科文组织提出的世界地质公园六条标准中明确提出世界地质公园的社会功能：

·支持文化、环境可持续发展的社会经济发展，可以改善当地居民的生活条件和环境，能加强居民对居住区的认同感和促进当地的文化复兴；

·作为教育的工具，进行与地学各学科有关的可持续发展教育、环境教育、培训和研究。

2）联合国教科文组织提出八条世界地质公园提名推荐准则中包含了世界地质公园的社会功能：

·必须为所在地区的社会经济可持续发展服务，例如在考虑环境的情况下，开辟新的收入来源，刺激地方企业、小商业、乡村别墅业的兴建，创造新的就业机会，为当地居民增加补充收入，吸引私人资金；

·在国家法律或法规框架内，为保护主要的地质景观作出贡献，公园管理机构须采取充分措施，保证有效地保护园内的地质遗迹；

·须制定大众化的环境教育计划和科学研究计划，确定好教育目标、活动内容及后勤支持；

·须提供详细管理规划，地质公园属地特征分析，当地经济发展潜力分析；

·做好园区内各类机构、团体的协调安排，促进协商，鼓励不同集团间建立合作伙伴关系，鼓励与全球网络中的其他地质公园建立密切联系。

3）中国国家地质公园建立的指导思想

中国早在1985年就提出建立国家地质公园的设想，把地质公园作为地质自然保护区的一种特殊类型；1995年提出《地质遗迹保护管理规定》；1999年，提出了2000—2010年"全国地质遗迹保护规划"，重新提出建立国家地质公园设想。2000年提出了《国家地质公园总体规划工作指南》，开始了有计划的国家地质公园建设。

《国家地质公园总体规划工作指南》指出：地质公园总体规划的指导思想，应以独特的地质地貌与地质遗迹景观资源为主体，充分利用各种自然与人文旅游资源，在保护的前提下合理规划布局，适度开发建设，为人们提供旅游观光、休闲度假、保健疗养、科学研究、教育普及、文化娱乐的场所，以开展地质旅游促进地区经济发展为宗旨，逐步提高经济效益、生态环境效益和社会效益。

（3）地质公园特点

1）地质公园具有明显的科学性、社会性和旅游功能的特点

地质公园为人们提供较高科学品位的观赏游览、度假休息、保健疗养、文化娱乐的场所；也是科学研究、普及教育基地。

·科学性：地质公园以一定规模和分布范围的地质遗迹景观为主体；具有地质景观为主体的自然属性的生态地质综合自然景观；具有能代表世界范围或国家一定地域范围的重要地质和/或地貌特征的地质遗迹；具有地球演化典型性代表性的特殊科学意义。

·社会性：地质公园的建立具有当地行政机构的支持和管辖；地质公园的建立以支持当地经济、文化和环境的可持续发展为宗旨；为人们提供具有较高科学品位的观光游览、度假休息、保健疗养、科学教育、文化娱乐的场所；具有鲜明的社会性和社会功能。

·旅游功能：地质公园的地域特色性景观要素，地质公园景观的品牌性，地质公园的旅游设施建设，使地质公园具有完善的旅游功能，成为重要的地质/自然景观为主体的、地质主题公园式的旅游地。

2）地质公园具有地质遗迹展示和科普教育功能

·地质遗迹保护功能：使能显示地球演化、地质事件的典型性、代表性地域特色的地域保持健康的、原生态地质环境地质景观，成为地球发展阶段的典型性地质遗迹例证；有利于构建全球地质对比体系。

·地质遗迹科学教育功能：建设能对公众进行广泛的地球科学教育、使人们了解地球、关爱地球的样本和基地。

·主题公园的社会功能：通过地质公园功能的发挥，培育地质/自然环境保护理念，营造地质公园所在地域经济的可持续发展，实现地质公园的社会价值。

2. 国家公园

从1872年美国国会批准设立了美国同时也是世界上第一个国家公园——美国黄石国家公园建立以来，全世界各个国家和地区已建立了千余处资源环境类型不同、规模不等的国家公园。国家公园成为一个国家或一个地区有效保护该地域独特的、珍稀的，乃至世界上唯一的自然生态环境

系统/世界自然遗产，并成为促进该地域的社会发展的旅游地。"国家公园"已经成为一种世界遗产有效保护持续利用模式。

（1）国家公园定义

国家公园是国家为了保护典型生态系统的完整性，为生态旅游、科学研究和环境教育提供场所而划定的需要特殊保护、管理和利用的自然区域。国家公园具有自然保护和旅游景观的双重属性。

（2）国家公园特征

·自然环境状况的天然性和原始性，以天然环境为基础，以天然景观为主要内容。

·景观资源的珍稀性和独特性，具有国家乃至世界的典型性代表性特别影响。

（3）国家公园模式

国家公园既能达到生态系统完整性保护的目的，又能为公众提供旅游、科研、教育、娱乐场所；具有能合理实施生态环境保护与资源开发利用关系；具有旅游功能；具有资源的可持续利用的保护和管理模式。

1）功能模式

·生态系统自然环境的有效保护；

·生物多样性物种及遗传基因有效保存；

·提供国民游憩旅游观光，促进地域经济繁荣；

·促进学术研究及环境教育。

2）保护模式

·景观保护与生态系统生物多样性保护；

·保护和利用融合的积极有效保护；

·国家、地方、民众参与的多方保护；

·重点特色保护与系统保护一体的主题保护。

（4）国家公园标准

国际自然资源保护联盟（IUCN）认定的国家公园标准（1974）：

·面积不小于一千公顷的范围内，具有优美景观的特殊生态或特殊地形，有国家代表性，且未经人类开采、聚居或开发建设之地区。

　·为长期保护自然原野景观、原生动植物、特殊生态体系而设置保护区之地区。

　·由国家最高权宜机构采取步骤，限制开发工业区、商业区及聚居之地区，并禁止伐林、采矿、设电厂、农耕、放牧、狩猎等行为，同时有效执行对于生态、自然景观维护之地区。

　·维护目前的自然状态，仅准许游客在特别情况下进入一定范围，以作为现代及未来世代科学、教育、游憩、启智资产之地区。

（5）国家公园示例

1）美国国家公园示例

美国建有众多的以地质景观为主体或含地质遗迹的国家地质公园，都建成了旅游胜地。

　·黄石国家公园：落基山熔岩高原；扭叶松森林；石林；地热景观；黄石河大峡谷、湖泊、瀑布、温泉、间歇喷泉、喷气孔等；美洲野牛、灰熊、狼、麋鹿。黄石公园是 1872 年建立的世界上最原始最古老的国家公园，1978 年列入《世界遗产目录》。

　·约塞米蒂国家公园：内华达山脉花岗岩冰川地质地貌景观；峡谷、瀑布、湖泊；高山牧场、红杉林地；浣熊、野鹿。1984 年列入《世界遗产目录》。

　·亚利桑那州大峡谷国家公园：科罗拉多河侵蚀切割长度达 445 千米、深达 1.5 千米、最宽的地方达到 24 千米的大峡谷；科罗拉多高原色彩绚丽的地层。

　·犹他州峡谷地国家公园：科罗拉多河、格林河及其支流侵蚀成峡谷、台地、及孤峰景观；岩石尖塔、天然石刻和阿那萨吉人的文物。

　·犹他州布莱斯峡谷国家公园：庞沙冈特高原沉积岩，由侵蚀而成的巨大、独特的数百根岩柱；印第安人、摩门教派移民居住地。

　·科罗拉多州甘尼逊黑峡谷国家公园：甘尼逊河 1/4 流域，前寒武纪片麻岩、片岩地层；峡谷陡峭，气势磅礴。

　·蒙大拿州冰川国家公园：落基山脉脚下 26 个冰川和 130 个湖泊；冲断层组成的山脉；元古宙化石。

·阿拉斯加州冰川湾国家公园：潮水冰川、高山和峡湾；整个海湾被冰雪覆盖，现冰川已经消融了 105 千米。

·犹他州拱门国家公园：沙漠气候下侵蚀作用，酸性土壤形成结皮、坑洞、水塘；石柱、尖塔等景观；有 2000 多个天然拱门。

·南达科他州恶地国家公园：土丘、尖峰、尖塔和草地；始自渐新世的化石层。有野牛、大角羊、黑足鼬和草原狐等野生动物。

·得克萨斯州大弯曲国家公园：格兰德河大转弯；荒漠、绿洲和高山的综合体。白垩纪和第三纪的化石；土著美国人的文物。

·新墨西哥州卡尔斯巴德洞窟国家公园：奇瓦瓦沙漠的 117 个洞穴，最大的长达 193 千米，洞穴内有 40 余万只墨西哥无尾蝙蝠和 16 个物种的动物。

·夏威夷国家公园：火山。

·缅因州阿卡迪亚国家公园：大西洋海岸最高的山峰、花岗岩林、海岸线、林地和湖泊。

·美属萨摩亚国家公园：萨摩亚岛屿，珊瑚礁、热带雨林、火山和白色沙滩。萨摩亚人居住地。

·俄勒冈州火山口湖国家公园：马札马火山 7700 年前火山喷发形成的火山口湖。

2）中国国家公园示例

中国国家风景名胜区类似于国际上的国家公园，如以国家公园名称命名的黑龙江建立汤旺河国家公园、云南的普达措国家公园等。

2007 年在云南的三江并流国家重点风景名胜区建立香格里拉普达措国家公园。2008 年在黑龙江建立汤旺河国家公园。

·普达措国家公园：三江并流世界自然遗产地；有高原湖泊、冰川地质景观；湿地；森林草甸；珍稀动植物。

·汤旺河国家公园：位于小兴安岭南麓，有以红松为主的针阔叶混交林原始森林区和印支期花岗岩峰林地质遗迹区。同时分布着大量云杉、冷杉、白桦、椴树等多达 110 余种的珍贵树种。区域内生物多样性丰富，有野生植物 612 种，国家重点保护珍稀濒危植物 10 种；野生动物 250 多种，国家重点保护的珍稀濒危物种40余种。花岗岩石林景区先后被批准为国家4A级旅游风景区、国家地质公园、国家森林公园、中国青少年科学考察探险基地。

3. 矿山公园

根据《国家矿山公园申报工作指南》(2004)，矿山公园是以展示矿业遗迹景观为主体，体现矿业发展历史内涵，具备研究价值和教育功能，可供人们游览观赏、科学考察的特定的空间地域。

4. 湿地公园

湿地公园是以良好生态环境和多样化湿地景观为主体，具有湿地生态系统保护，展示和利用湿地系统的多功能效益，可供公众游览、休闲娱乐或进行科学、文化和教育活动的、有一定规模和范围的湿地区域。是社会公益性生态主题公园。

5. 城市公园

城市公园是城市中培育有良好的生态环境和休闲娱乐设施，具有满足城市居民休闲需要功能，提供休闲、游览、娱乐，文化活动的场所。

城市公园常常依托水体、山体、森林、绿地良好生态景观或城市人文景观，构成城市居民休闲娱乐的主题公园。

城市公园通常是城市绿地的组成内容，具有绿化美化城市、改善城市生态环境的重要作用。

## 8.2.2 旅游地/旅游景区模式

1. 风景名胜区

(1) 风景名胜区基本功能

·国家对风景名胜区坚持科学规划、统一管理、严格保护、永续利用的原则。设立风景名胜区，应当有利于保护和合理利用风景名胜资源。

·风景名胜区的建设，应当体现人与自然和谐相处、区域协调发展和经济社会全面进步的要求，坚持保护优先、开发服从保护的原则，突出风景名胜资源的自然特性、文化内涵和地方特色。

·风景名胜区应当根据风景名胜区的特点，保护民族民间传统文化，开展健康有益的游览观光和文化娱乐活动，普及历史文化和科学知识。

·风景名胜区内的建设项目应当符合风景名胜区规划，并与景观相协调，不得破坏景观、污染环境、妨碍游览。

（2）典型性的风景名胜区类型及风景名胜区示例

·山岳风景型：安徽黄山、九华山，山东泰山，陕西华山，江西庐山，四川峨眉山，山西五台山，福建武夷山，河南云台山，湖南张家界武陵源，云南昆明石林、丽江玉龙雪山，浙江雁荡山，湖南衡山，台湾阿里山。

·山水风景型：云南三江并流、广西桂林、长江三峡；贵州黄果树瀑布、安顺龙宫，黄河壶口瀑布；黑龙江五大连池、云南腾冲火山；浙江温州雁荡山，四川九寨沟

·湖泊风景型：杭州西湖、昆明滇池、江苏太湖、大理洱海、新疆天山天池、阿勒泰地区喀纳斯湖、赛里木湖、青海湖、长白山天池、镜泊湖、台湾日月潭。

·海滨风景型：海南天涯海角、浙江普陀山、厦门鼓浪屿、青岛海滨、大连老虎滩。

·森林风景型：云南西双版纳、四川卧龙、蜀南竹海，湖北神农架、吉林长白山。

·休闲疗养避暑胜地型：河北北戴河、承德避暑山庄、江西庐山、浙江莫干山。

·宗教寺庙名胜胜地型：敦煌莫高窟、甘肃麦积山、洛阳龙门、四川峨眉山、河南嵩山少林寺，舟山市普陀山；五台山、九华山、武当山。

·历史及风物名胜古迹型：故宫博物院、天坛公园、颐和园、八达岭、十三陵、长城；甘肃嘉峪关文物景区；延安、江西井冈山。

2. 旅游景区

旅游景区是旅游地，是具有旅游资源，能吸引旅游者作参观游览、休闲度假的地域，是旅游者旅游活动的目的地，又称旅游目的地或旅游胜地。

（1）旅游景区基本概念及功能

·旅游景区的地域性：《旅游区（点）质量等级的划分与评定》（2003）中定义旅游区（点）是以旅游及其相关活动为主要功能或主要功

能之一的空间地域。是指具有参观游览、休闲度假、康乐健身等功能，具备相应旅游服务设施并提供旅游服务的独立管理区。该管理区应有统一的经营管理机构和明确的地域范围。

·旅游资源聚集域：《旅游区（点）质量等级的划分与评定》（2003）、《旅游资源分类、调查与评价》（2017）、《旅游规划通则》（2019）中明确旅游资源是自然界和人类社会凡能对旅游者产生吸引力，可以为旅游业开发利用，并可产生经济效益，社会效益和环境效益的各种事物和因素。旅游区几乎涵盖了蕴含有旅游资源的各类可供旅游活动的地域，如风景区、文化馆、博院馆、寺庙观堂、旅游度假区、自然保护区、主题公园、森林公园、地质公园、游乐园、动物园、植物园及工业、农业、经贸、科教、体育、文化艺术等各类旅游区（点）。

·旅游景区类别：旅游区所含有旅游产品是旅游活动的客体与对象，依据旅游资源的属性，现存状况、形态、特性、特征划分。可分为自然、人文和综合三大类。旅游地质资源包含于自然资源或综合性旅游资源中。许多旅游景区往往由旅游地质资源构成主体，成为特色性极强的旅游景区。

·旅游景区的盈利性产业性：旅游景区具有供旅游活动的一定的地域范围。旅游景区是为游客提供游览、观光、休闲、度假、科考、探险等服务的盈利性机构，旅游产业/旅游企业。根据旅游资源类型、景观特征、旅游景观空间展布特征、观光旅游或休闲度假旅游等旅游产品类型，将旅游景区划分成不同功能类型的景区。

（2）旅游景区等级

国家对旅游景区实行规范性的、标准化的管理。中国的旅游景区按质量等级划分为五级，从高到低依次为 AAAAA、AAAA、AAA、AA、A 级旅游景区，是一套规范性标准化的质量等级评定体系。其中旅游景区的景观质量、环境质量、服务质量是景区级别评定的根本标准。旅游景区质量等级是旅游景区的形象品牌，也是旅游景区社会效益、经济效益的重要标志。

已建国家 5A 级旅游景区 175 个中，以地质景观为主体或含地质遗迹的旅游景区如：

·辽宁省：大连老虎滩海洋公园·老虎滩极地馆、大连金石滩景区；

·黑龙江省：黑河五大连池景区、牡丹江镜泊湖景区；

·浙江省：温州市雁荡山风景名胜区、舟山市普陀山风景名胜区、杭州市千岛湖风景名胜区；

·安徽省：黄山市黄山风景区、池州市九华山风景区、安庆潜山县天柱山风景区；

·福建省：厦门市鼓浪屿风景名胜区、南平市武夷山风景名胜区、三明泰宁风景旅游区；

·江西省：九江市庐山风景旅游区、上饶三清山旅游景区；

·山东省：泰安市泰山景区、青岛崂山景区；

·湖南省：张家界武陵源旅游区；

·湖北省：十堰武当山风景区；

·重庆市：武隆喀斯特旅游区；

·四川省：乐山市峨眉山景区；

·贵州省：安顺市黄果树瀑布景区、安顺龙宫景区；

·云南省：昆明市石林风景区、丽江市玉龙雪山景区；

·甘肃省：平凉市崆峒山风景名胜区、天水麦积山景区；

·新疆维吾尔自治区：乌鲁木齐市天山天池风景名胜区、阿勒泰地区喀纳斯湖景区。

### 8.2.3  保护区类型

1. 自然保护区

《中华人民共和国自然保护区条例》（1994）将"自然保护区"定义为对有代表性的自然生态系统、珍稀濒危野生动植物物种的天然集中分布区、有特殊意义的自然遗迹等保护对象所在的陆地、陆地水体或者海域，依法划出一定面积予以特殊保护和管理的区域。

根据自然保护区条例，自然保护区具有明显的社会功能。

（1）自然遗产保护功能

·珍稀、濒危野生动植物物种的天然集中分布区域；

·具有特殊保护价值的海域、海岸、岛屿、湿地、内陆水域、森林、草原和荒漠；

·具有重大科学文化价值的地质构造、著名溶洞、化石分布区、冰川、火山、温泉等自然遗迹；

（2）科学研究功能

有典型意义、有重大/重要/特殊科学研究价值的自然保护区。

（3）科研、教学与旅游功能

自然保护区的核心区、缓冲区和实验区中，缓冲区可从事科学研究观测活动；缓冲区外围的实验区，可从事科学试验、教学实习、参观考察、旅游以及驯化、繁殖珍稀、濒危野生动植物等活动。但在自然保护区的实验区开展参观、旅游活动的，需经有关自然保护区行政主管部门批准。严禁开设与自然保护区保护方向不一致的参观、旅游项目。

2. 地质景观为主体或含地质遗迹的自然保护区

中国现已建立 300 余个国家级自然保护区。其中以地质景观为主体或含地质遗迹的自然保护区如：

·天津市：天津古海岸与湿地国家级自然保护区，蓟县中、上元古界地层剖面国家级自然保护区；

·河北省：昌黎黄金海岸国家级自然保护区；

·辽宁省：成山头海滨地貌国家级自然保护区，丹东鸭绿江口滨海湿地国家级自然保护区，北票鸟化石国家级自然保护区；

·吉林省：吉林伊通火山群国家级自然保护区；

·黑龙江省：五大连池国家级自然保护区，红星湿地国家级自然保护区，珍宝岛湿地国家级自然保护区，东方红湿地国家级自然保护区，大沽河湿地国家级自然保护区；

·山东省：山旺古生物化石国家级自然保护区，滨州贝壳堤岛与湿地国家级自然保护区；

·江苏省：泗洪洪泽湖湿地国家级自然保护区；

·上海市：九段沙湿地国家级自然保护区；

·浙江省：天目山国家级自然保护区；

·江西省：武夷山国家级自然保护区，鄱阳湖国家级自然保护区，鄱阳湖南矶湿地国家级自然保护区；

·福建省：武夷山国家级自然保护区；

·河南省：黄河湿地国家级自然保护区，南阳恐龙蛋化石群国家级自然保护区；

·湖北省：青龙山恐龙蛋化石群国家级自然保护区，神农架国家级自然保护区，洪湖湿地国家级自然保护区；

·湖南省：张家界大鲵国家级自然保护区；

·广东省：丹霞山国家级自然保护区，徐闻珊瑚礁国家级自然保护区；

·海南省：三亚珊瑚礁国家级自然保护区；

·四川省：九寨沟国家级自然保护区，若尔盖湿地国家级自然保护区；

·云南省：苍山洱海国家级自然保护区，白马雪山国家级自然保护区；

·西藏自治区：珠穆朗玛峰国家级自然保护区，雅鲁藏布大峡谷国家级自然保护区，拉鲁湿地国家级自然保护区；

·陕西省：太白山国家级自然保护区；

·甘肃省：祁连山国家级自然保护区，兴隆山国家级自然保护区，安西极旱荒漠国家级自然保护区　太统－崆峒山国家级自然保护区；

·内蒙古自治区：鄂托克恐龙遗迹化石国家级自然保护区。

## 8.3　旅游地质资源社会化模式

### 8.3.1　旅游地质体地质遗迹保护与旅游功能耦合性

中国的自然保护体系及国家公园体系往往存在地域的耦合性，自然保护体系和公园体系往往兼有自然保护和旅游的功能。

中国的自然保护地域、风景名胜区地域、国家公园地域以及旅游景区旅游地地域，以其属性及功能的差异，主管部门的不同，构成了功能类似的自然保护体系及公园体系。其绝大部分地域构成了自然保护和公园功能耦合/兼具的地域。自然保护区、风景名胜区、森林公园、地质公园、矿山公园、湿地公园、城市湿地公园、海洋公园、考古遗址公园、城市公园等地址资源旅游资源化、旅游地质资源社会化类型模式。

这种以地质体/地质遗迹/地质景观/旅游地质资源为基底，在同旅游地质体地域构建为主题公园、风景名胜区旅游景区等不同形式/不同名称的旅游地，形成地质体的旅游功能、社会功能。实质上，这就是地质遗迹保护与旅游开发、地质体构成社会效应的耦合性模式，也就是地质资源旅游资源化、旅游地质资源社会化模式。

### 8.3.2　旅游地质资源社会化模式类型耦合性

旅游地质资源社会化的集中体现是地质遗迹/地质遗产/地质资源/地质景观/旅游地质资源作为地质公园、风景名胜区、旅游景区。往往地质遗迹/地质遗产/地质资源/地质景观/旅游地质资源即为同一地域、同一地质体，即它们是同一地质体具有地质资源社会化的不同功能称谓，表明地质遗迹/地质遗产/地质资源/地质景观/旅游地质资源具有非常明显、非常确切、非常具体的地质资源社会化功能。现以具有世界遗产地、国家5A旅游景区、国家风景名胜区的地质遗迹/地质遗产/地质资源/地质景观/旅游地质资源为例，进行地质资源社会化类型的简要对应（表8-1），即可表征地质资源社会化的重大现实意义。

地质遗迹在自然保护地域和公园地域、风景名胜地域的普遍存在，伴随保护域和公园域旅游功能的体现，自然保护体系和公园体系蕴含或直接展示了旅游地质资源的旅游功能、社会化功能。

自然保护地域和公园地域中都存在以地质遗迹、地质景观为主体的地域，典型的如地质遗迹保护区和地质公园。它们以地质遗迹保护为主题，以地质遗迹的旅游价值体现成为旅游地质资源社会化、公益化的典型。

地质遗迹为主体的风景名胜区、旅游景区的创建，以地质遗迹为主体、以旅游活动为主题的旅游地体现了地质资源旅游资源化、地质资源社会化的旅游地质资源社会化功能和价值。

表8-1　旅游地质资源社会化类型概略对应示例简表

| 世界/国家地质公园 | 主体地质遗迹与旅游地质资源 | 风景名胜区（国家级） | 旅游景区（国家5A级） | 世界遗产地 |
|---|---|---|---|---|
| 山东泰山国家地质公园 | 早前寒武纪地质、寒武纪地层、名山 | 泰山风景名胜区 | 泰安市泰山景区 | 山东泰山 文化与自然双重遗产 |
| 安徽黄山国家地质公园 安徽黄山世界地质公园 | 花岗岩峰林峰丛景观、名山 | 黄山风景名胜区 | 黄山市黄山风景区 | 安徽黄山 文化与自然双重遗产 |
| 四川九寨沟国家地质公园 | 岩溶景观、泉华景观 | 黄龙寺－九寨沟风景名胜区 | 四川阿坝九寨沟旅游景区 | 四川九寨沟 自然遗产 |
| 四川黄龙国家地质公园 | | | 四川阿坝黄龙旅游景区 | 四川黄龙 自然遗产 |
| 湖南张家界砂岩峰林关键地质公园 张家界世界地质公园（湖南） | 砂岩峰林景观 | 武陵源风景名胜区 | 张家界武陵源－天门山旅游区 | 湖南武陵源 自然遗产 |
| 一 | 地质构造遗迹；名山 | 峨眉山风景名胜区 | 乐山峨眉山景区 | 峨眉山风景名胜区、含乐山大佛风景区 文化与自然双重遗产 |
| 江西庐山国家地质公园 江西庐山世界地质公园 | 断块山体、古老地层剖面，第四纪冰川遗迹；名山 | 庐山风景名胜区 | 九江市庐山风景旅游区 | 江西九江庐山 文化遗产 |

续表

| 世界/国家地质公园 | 主体地质遗迹与旅游地质资源 | 风景名胜区（国家级） | 旅游景区（国家5A级） | 世界遗产地 |
|---|---|---|---|---|
| 一 | 丹霞景观 | 武夷山风景名胜区 | 南平武夷山风景名胜区 | 福建武夷山文化与自然双重遗产 |
| 云南玉龙黎明－老君山国家地质公园 | 高山峡谷江河、雪山冰川、湖泊湿地、地质构造遗迹、高原丹霞景观 | 三江并流风景名胜区 | 迪庆藏族自治州香格里拉普达措国家公园 | 云南"三江并流"自然景观（云南丽江、迪庆藏族自治州、怒江傈僳族自治州）自然遗产 |
| 云南石林国家地质公园 云南石林世界地质公园 重庆武隆岩溶国家地质公园 | 岩溶峰林峰丛景观、石林 | 云南路南石林风景名胜区 | 昆明市石林风景区 武隆喀斯特旅游景区（天生三桥－仙女山－芙蓉洞） | 中国南方喀斯特（云南石林、贵州荔波、重庆武隆）自然遗产 |
| 江西三清山国家地质公园 | 花岗岩峰林 | 三清山风景名胜区 | 上饶三清山旅游景区 | 江西上饶三清山国家级风景名胜区 自然遗产 |
| 五台山国家地质公园 | 地质构造遗迹；名山 | 五台山风景名胜区 | 忻州五台山风景名胜区 | 山西五台山文化遗产 |
| 广东丹霞山国家地质公园 广东丹霞山世界地质公园 福建大金湖国家地质公园 福建泰宁世界地质公园 江西龙虎山国家地质公园 江西龙虎山世界地质公园 贵州赤水丹霞国家地质公园 湖南崀山国家地质公园 | 丹霞景观 | 丹霞山风景名胜区 崀山风景名胜区 金湖风景名胜区 江郎山风景名胜区 龙虎山风景名胜区 赤水风景名胜区 | 韶关仁化丹霞山风景区 龙虎山风景名胜区 三明泰宁风景旅游景区 | 中国丹霞（广东丹霞山、湖南崀山、福建泰宁、江西龙虎山、浙江江郎山、贵州赤水）自然遗产 |

续表

| 世界/国家地质公园 | 主体地质遗迹与旅游地质资源 | 风景名胜区（国家级） | 旅游景区（国家5A级） | 世界遗产地 |
|---|---|---|---|---|
| 云南澄江动物群国家地质公园 | 古生物化石 | — | — | 云南澄江帽天山化石地自然遗产 |
| 新疆天山天池国家地质公园 | 山体、湖泊、雪山冰川 | — | — | 新疆天山（新疆阿克苏、伊犁、巴音郭楞、昌吉）自然遗产 |
| 黑龙江五大连池国家地质公园 黑龙江五大连池世界地质公园 | 火山群、火山地质景观、熔岩堰塞湖 | 五大连池风景名胜区 | 黑河五大连池景区 | — |
| 云南丽江玉龙雪山国家地质公园 | 雪山冰川 | 云南丽江玉龙雪山风景名胜区 | 丽江玉龙雪山景区 | — |
| 河南云台山世界地质公园 | 丹崖赤壁、悬崖、瀑布 | 王屋山—云台山风景名胜区 | 焦作（云台山-神农山-青天河）风景区 | — |
| 河南嵩山国家地质公园 河南嵩山世界地质公园 | 地层剖面、地质构造遗迹 | 嵩山风景名胜区 | 郑州登封嵩山少林景区 | "天地之中"古建筑群文化遗产 |
| 黑龙江镜泊湖国家地质公园 黑龙江镜泊湖世界地质公园 | 火山地质景观、熔岩堰塞湖 | 镜泊湖风景名胜区 | 牡丹江宁安市镜泊湖景区 | — |
| 浙江雁荡山国家地质公园 浙江雁荡山世界地质公园 | 火山地质遗迹 | 雁荡山风景名胜区 | 温州乐清市雁荡山景区 | — |
| 安徽天柱山国家地质公园 安徽天柱山世界地质公园 | 花岗岩峰丛景观 | 天柱山风景名胜区 | 安庆潜山县天柱山景区 | — |

### 8.3.3　旅游地质资源社会化模式

地质遗迹在自然保护体系和公园体系地域的同位、同域的同一性、特有性，国家公园、地质公园、旅游景区的快速而规范发展，旅游地质资源在旅游地的创建中，以地质主题公园形式或非地质主题的旅游景区形式，成为有效实施地质资源旅游资源化、地质资源社会化的模式。

旅游地质资源社会化模式可归纳为地质主题公园模式和非地质主题旅游景区模式两大类。

（1）地质主题公园模式

以地质遗迹为主体，以地质遗迹保护和公园价值体现为主题，实现地质资源旅游资源化、地质资源社会化、公益化功能。

（2）非地质主题旅游景区模式

以地质遗迹为主体或蕴含地质遗迹的旅游资源为主体，以旅游效应为主题，以旅游产品、旅游产业获取旅游经济效益为主题，兼具/包含地质资源旅游资源化、地质资源社会化功能。通过旅游景区创建间接实现地质资源旅游资源化、地质资源社会化。

## 8.4　旅游地质资源社会化示例

### 8.4.1　地质公园旅游地质资源社会化

1. 广东丹霞山地质公园

丹霞山有悠久丰厚的历史文化，丹霞山遗存有新石器时代的遗址；石窟禅寺遗存达 80 多处，摩崖石刻和碑刻 130 多处荟萃；有隐岩幽洞悬棺。是岭南著名的宗教圣地，其中别传寺被誉为岭南十大禅林之一。

丹霞山地质公园功能分区为：金龟岩地质地貌自然生态核心保护区和大石山地质地貌核心保护区；长老峰为中心的科教基地区；沿河平原夏富生产实验区；典型地质地貌缓冲保护区。

地质公园旅游景区划分为丹霞山、韶石山、大石山、矮寨和锦江景区。

·丹霞山主峰景区：下部锦石岩景层为最典型的赤壁丹崖，有锦石岩石窟寺、梦觉关、通天洞、百丈峡等景点；中部为别传寺景层，有别传寺、一线天、双池碧荷等景点；顶部可登高望远观景。

·阳元山景区：因有天下奇景阳元石而得名，有阳元山、坤元山，古寺混元洞、天生桥、古山寨、山石造型；寨门扼悬崖栈道之口细美寨。

·翔龙湖景区：丹霞山南侧谷地有青龙湖、龙须间、九龙峰、仙居岩、雾隐岩、乘龙台、祈龙台等景点。

·锦江景区：有鲤鱼跳龙门、锦岩大赤壁、群象过江等景点。

丹霞山特色景观包括阳元石、阴元石。阳元石耸立 200 多米高的山坡上，其独立径长 28 米，直径 7 米。经历了约 30 万年大自然的雕琢造型。人类自古就有生殖崇拜的情结，最先从母系社会出现对女性生殖器的崇拜大约有几百万年，从公元前 8000 年才逐步淡化的母系社会开始男性生殖器的崇拜。不少游客，或带着朝拜的心态来瞻仰的人，目睹丹霞山阳元石、阴元石，无不惊叹于它那天然的神妙奇功。

丹霞山历史上曾列为广东四大名山之首，自古为岭南第一奇山。1988 年列为国家重点风景名胜区，1995 年列为国家地质地貌自然保护区，2000 年列为国家 5A 级旅游景区，2001 年列为国家地质公园，2004 年 2 月 14 日被联合国教科文组织世界地质公园网络委员会列为世界地质公园，2010 年列入世界自然遗产名录。

2. 福建泰宁地质公园

泰宁地质公园约 492 平方千米。泰宁地质公园的石网、大金湖、八仙崖、金铙山四个园区中，武夷山山脉中的大金湖丹霞景观由赤壁丹崖、方山、尖峰、石柱、石墙、深切曲流、巷谷、峡谷组合成造型奇异的块状山地、峰林、峰丛、崩落堰塞湖、瀑布、蜂窝状洞穴、壶穴、石钟乳丹霞景观，与蜿蜒于赤石翠峰间的上青溪、金龙谷、金湖水体山光水色辉映，呈现"水上丹霞"奇观。奇峻的金铙山花岗岩地貌景观有石柱石峰，峰顶奇石石蛋、风动石。

有"汉唐古镇、两宋明城"之美誉、历史悠久的泰宁古城与精美的丹霞景观为邻。积淀有明代民居建筑全国重点文物保护单位"尚书第建筑群"等历史文化遗迹。有占地120亩，含地质名人大道、地学科普展馆、泰宁奇石、古典园林和GIS演示系统为特色的泰宁地质博物苑。

泰宁是国家重点风景名胜区、国家5A级旅游景区、国家森林公园、国家地质公园、世界地质公园；是"中国丹霞"世界遗产地组成。同时也是全国重点文物保护单位、中国优秀旅游县、中国生物圈保护区网络成员单位。

3. 云南丽江玉龙雪山地质公园

玉龙雪山地质公园园区具有冰川遗迹、断陷山地、断陷盆地、深切峡谷、垂直生态地质景观等重要地质遗迹多元复合地质景观。玉龙雪山北连虎跳峡、南邻丽江古城、西接"长江第一湾"与老君山高山丹霞为邻，是三江并流世界自然遗产、丽江古城世界文化遗产、东巴文化世界记忆遗产的交融地域。玉龙雪山国家地质公园具有独特、浓郁的自然与人文内涵，为国家级风景名胜区、国家5A级旅游景区。

4. 湖南张家界/武陵源地质公园

张家界国家森林公园蕴藏水杉、银杏、珙桐、龙虾花等古稀植物活化石，雉鸡、穿山甲、猴面鹰、红嘴相思鸟、猕猴、飞虎、大鲵等珍禽异兽。

园区土家族、白族、苗族等民族风情璀璨。

武陵源由张家界森林公园、慈利索溪峪自然保护区、桑植天子山自然保护区组成，约500平方千米。列入《世界遗产名录》。

张家界位于武陵源风景名胜区，国家5A级旅游景区，列入国家森林公园、国家地质公园、世界地质公园、世界自然遗产地。

5. 嵩山地质公园

以地质构造为主，以地质地貌、水体景观为辅，以生态和人文相互辉映为特色的综合性地质公园。总面积464平方千米。

嵩山是中国著名的"五岳"名山之"中岳"。凝聚有千百年来佛、儒、道三教文化荟萃，十寺、五庙、五宫、三观、四庵、四洞、三坛及宝塔270余座，著名的佛教禅宗祖庭和少林武术发源地少林寺，庙宇、道观、佛塔、书院林立的中华文明之地。嵩山堪称万山之祖、五岳之尊。

地质公园包括17个地质遗迹保护区。有鞍坡山、五佛山、挡阳山、少林寺、三皇寨、峻极峰、卢崖瀑布、五指岭、石淙河等旅游景区。

珍稀地质遗迹与国家风景名胜区、国家森林公园、国家地质公园、世界地质公园称谓为一体，是国家 5A 级旅游景区。

6. 河南宝天曼地质公园

地质公园包含在宝天曼国家自然保护区和伏牛山国家自然保护区内。植物种类繁多，野生动物资源丰富，是河南省植物多样性的分布和发育中心。森林生态系统列入《中国生物多样性行动计划》的优先领域保护区。

7. 长江三峡地质公园

长江三峡国家地质公园面积约 25000 平方千米。园区以长江沿岸峡谷和岩溶地质地貌景观为特色。园区有著名的瞿塘峡、巫峡、天坑地缝、"巫山人"遗址和大溪文化遗址等历史文化遗存；有三峡和葛洲坝水利枢纽工程宏伟的现代水利建设人类活动地质工程，大规模地质灾害防治工程和生态地质环境建设工程。是集峡谷、溶洞、山水和人文景观为一体的综合性地质公园。

8. 贵州兴义国家地质公园

贵州兴义马岭河峡谷、万峰林、坡岗、泥凼石林、而西峰林等具有典型锥型岩溶地质景观。马岭河峡谷有 60 多个湾、70 多个潭、80 多个滩和众多瀑布群、泉群、钙华瀑。

园区有"猫猫洞""张口洞"兴义人古人类文化遗址；南龙布依古寨（八卦寨）、"布依八音"古乐；民族风情淳朴浓郁。园区建有贵州龙博物馆；有刘氏庄园（贵州民族婚俗博物馆）。

9. 内蒙古克什克腾地质公园

克什克腾世界地质公园位于赤峰市克什克腾旗，约 1750 平方千米。集草原、沙地、森林、湖泊、河流、火山、温泉、湿地、名胜古迹为一体，以花岗岩石林、冰川、火山、温泉为特色。

公园地质遗迹多样与代表性独特稀有典型，如美丽辽阔的贡格尔草原；阿斯哈图花岗岩发育两组近于垂直的节理和一组近于水平节理，石林高 5—20 米，呈方形或条形石墙、方塔、石柱，石林底部相连，似城堡，阿斯哈图石林约 5 平方千米。黄岗梁第四纪山谷冰川遗迹形态完整，冰斗，

U 形谷、角峰、终碛堤、侧碛堤、条痕石漂砾等类型多样。万合永平顶山有数以百计的第四纪冰斗组成发育完好的大型冰斗群。青山山顶坚硬花岗岩面上有千余个椭圆形、圆形、匙形"岩臼"组成青山大型冰臼群，有千姿百态的奇石；沿西拉沐伦深断裂形成西拉沐伦大峡谷；达里诺尔火山熔岩台地、火山口、火山锥、溶岩颈组成火山群，贡格尔草原与达里诺尔湖泊、湿地、疏林构成壮美的自然景象。乌梁苏台河谷花岗岩构造裂隙带中多温泉，有水温高达 83℃ 的热水塘温泉；西拉沐伦河北部全新统浅黄色粉细砂组成的浑善达克沙地，垄状、链状沙丘高 10—30 米，多阔叶林、疏林、灌丛、禾草、沙地云杉景观。

10. 法国吕贝龙地质公园

吕贝龙地质公园位于法国南部的普罗旺斯地区，西阿尔卑斯山脉外部，因其具有珍贵的自然和文化遗产，1977 年建成了区域自然公园，以保护其独特的地质遗迹，1987 年又建立了地质自然保护地。

吕贝龙地质公园是法国 44 个区域自然公园之一，是生物圈保护地世界网络成员，也是欧洲可持续旅游宪章的首批签约者之一。

地质公园内褐色、暗红色、金黄色色彩斑斓的悬崖、沟壑和山丘组成环境优雅秀丽的自然景观。保留有中世纪法国建筑和文化遗址、传统美食。

该区以农业和旅游业为主，两大支柱产业支持了当地的服务业和手工业产业。自然景观和人文景观，矿泉水和矿泉疗提供了休闲旅游丰富资源。吕布龙国家地质公园的建立是以保护地质遗迹资源、促进社会经济的可持续发展为宗旨。地质遗迹资源成为地方经济发展的支撑。

法国吕贝龙地质公园的渐新世湖相板状灰岩中，完好地保存有种类繁多的哺乳类、鸟类、爬行类、两栖类、昆虫类动植物化石。有大量的鱼、树叶、昆虫、青蛙、鸟和乌龟，小型草食动物及鳄鱼；原始哺乳动物（马、大象、瞪羚等）的骨骼化石；犀牛、土狼、小山羊和鸟的脚印。

吕贝龙地质公园包含依照 1976 年环境保护法注册的 18 处地质遗迹及周边的一条保护带约 2000 平方千米。在这保护区中禁止采集化石；在注册的地质遗迹范围内，甚至禁止采集天然飞禽标本；允许在自然地质保护区外的保护带内采集有限的标本，以满足科学研究。

保护区内的 3 条小道将自然景观、人文景观，地层岩石、构造、化石地质遗迹以及化石博物馆和地质博物馆相连接；园内的 60 多家信息中心为游客提供有关遗迹的全部信息，游客可在观光游览过程中增长知识。

地质公园是以独特的地质景观为主，融合自然景观与人文景观的自然公园。该公园开展回归于大自然的"山水艺术"运动；开展远比课堂教学有益得多的地球科学教育活动，传播地质知识；向青少年、老人、残疾人开放旅游；与大学合作开展科学研究。每年接待数千学生。吕贝龙地质公园发挥了地质遗迹保护，地质遗迹的科学价值、旅游价值和社区经济发展的良好效能。

### 8.4.2　矿山公园旅游地质资源社会化

1. 贵州万山国家矿山公园

万山国家矿山公园位贵州铜仁万山，跨万山镇、高楼坪乡、敖寨乡三个乡镇，约 105.4 平方千米。有"中国汞都"之称的贵州万山历史上盛产朱砂、水银，曾是中国储量巨大的汞矿床和规模最大的汞工业生产基地。铜仁万山汞矿，有近千年开采冶炼史；矿山公园有长 970 千米的地下坑道、古矿洞群和 3.75 平方千米的采空区矿山矿业景观。具有稀有性和典型性。

万山汞矿秦汉时朝即开始采矿，兴于唐代，明朝建水银朱砂厂。二十世纪五十年代，采矿工人达数千人，为万山汞矿的大规模井采阶段；八十年代末，资源枯竭，生产萎缩；2002 年 5 月万山汞矿关闭。

万山汞矿从发现朱砂、冶炼成汞、烧制成水银的矿山遗迹，有经过630 余年开采遗留下来的纵横交错、层层叠叠、洞中有洞的 970 千米采矿坑道；万山镇有仙人洞、大小洞、黑洞子、云南梯等原始采矿遗址、上千年的炼汞作坊。

2009 年 10 月 28 日，万山国家矿山公园揭碑开园，有矿山博物馆、岩鹰窝、仙人洞、黑洞子等景点。由原贵州汞矿办公大楼改建的矿山博物馆展示矿山矿床地质、朱砂石，古今采矿、冶炼矿业发展史；展示万山自然景观、民族风情。黑洞子景观遗存古代用火裂石的火烧痕迹。万山国家矿山公园是万山旅游的标志性品牌。

2. 内蒙古巴林石国家矿山公园

巴林石国家矿山公园位蒙古赤峰市巴林右旗大板镇特尼格尔图山，是世界珍稀矿产巴林石的唯一产地，是具有典型性的矿产遗迹。伴之有沙地、草原、河流景观和蒙古族风情。

巴林石质地润泽细腻，斑斓多彩，微呈半透明，其中有名贵稀有的鸡血石、冻石、五彩石。巴林石曾在辽代至 20 世纪初开采，1974 年正式建矿。

巴林石国家矿山公园是以巴林石形成的岩浆活动、找矿标志为地质遗迹特征，展示巴林石矿床地质遗迹及探、采、选、冶、加工矿业活动遗迹为主体的矿床矿业景观特色。

公园以展示矿山遗迹为核心，融自然景观与人文景观于一体，展现矿山的历史文化、草原文化和民族民俗文化，可供人们游览观赏、科学考察的国家矿山公园。2009 年 10 月揭碑开园，占地约 96.34 平方千米，景区由主标志区、观光游览区、矿硐游览体验区、博物馆和相关融合景区五部分组成。主标志区——巴林石国家矿山公园主题广场有印石广场、金石甬道、文化墙浮雕、主碑石神等主要景观。

3. 遂昌金矿国家矿山公园

遂昌金矿国家矿山公园，位于浙江省丽水市遂昌县，约 33.6 平方千米。遂昌金矿历史悠久，金银采冶始于唐代，宋代有永丰银场，明代永乐、宣德年间成全国最大矿银产地，1976 年建矿。矿山遗存有唐、宋、明、清等时代采矿遗址，是国家重点黄金生产企业。

遗存有唐代金窟、宋代金窟、明代金窟、汤显祖采矿遗址等矿业遗迹；与金矿关联的明代刘伯温探金脉、朱元璋金窟避难、刘基听泉、金银婆婆镇山守金等民间传说；灰吹法冶炼工艺等绚丽多彩的矿业文化。

唐代宋代金窟是上千年的金银矿古矿硐；"唐代金窟"生产上等的黄金，为历代达官贵人、名绅巨贾竞购。黄岩坑古矿硐诸多采矿遗址中规模最大，保存最完整、记载最详实的遗迹，是国内稀有的有条件恢复"烧爆法"采矿、"灰吹法"冶炼工艺场景的矿山，园区黄金博物馆布展面积

1100 平方米，馆列展品 200 余件，涵盖古代和现代地质、采矿、选矿、冶炼的黄金文化、矿业文化。

金矿奇峰秀水，自然景观优美，矿采冶历史悠久，矿业遗迹丰富。遂昌金矿建矿以来，黄金生产与环境治理并重，注重人与自然和谐。矿业文化底蕴深厚。曾被誉为"花园式矿山""江南第一金矿"，融休闲、度假、商务会议、求知、探密、旅游观光为一体，遂昌金矿国家矿山公园荣获全国首个"中国黄金之旅"称号。遂昌金矿是国家 4A 级旅游区。遂昌金矿国家矿山公园于 2007 年 12 月 18 日开园。

4. 黄石国家矿山公园

黄石国家矿山公园位于湖北省黄石市铁山区，约 23.2 平方千米，是以历经百年开采的大冶铁矿、铜绿山古铜矿遗址组成的"一园两区"中国首座国家矿山公园，见证了千年矿山的创业史和发展史。

黄石国家矿山公园的早期，黄石大冶铁矿与武汉汉阳铁厂和江西萍乡煤矿组成的汉冶萍公司是中国最早的钢铁联合企业，堪称"中国钢铁工业的摇篮"，在中国现代工业发展史上举足轻重。

黄石国家矿山公园核心景观为形如倒葫芦，东西长 2200 米、南北宽 550 米、最大落差 444 米、坑口面积达 108 万平方米的亚洲第一人工"矿冶大峡谷"，被誉为"亚洲第一天坑"；著名的大冶式矿床、汉冶萍煤铁公司的大冶铁矿东露天采场，落差 444 米的世界第一高陡边坡。

大冶铁矿博物馆为全国首座铁矿博物馆，占地面积 6400 平方米，收藏史料 10 余万字，图片 1600 余幅，文物 80 余件。矿业博览园展示了大冶铁矿不同时期的 13 台套采矿机械设备。展现了大冶铁矿千年采矿史。

黄石国家矿山公园拥有为治理矿山生态环境、再造绿色家园营造的亚洲最大的硬岩复垦基地，废石场上种植了万亩槐花，成为铁山槐花游的重要景观。

公园有众多景观，白雉山芙蓉峰直立挺拔，峰顶有泉，终年不竭；尖林山灵山古刹寺前有一株高达 30 余米"千年银杏"鄂东"树王"；盛公碑摩崖石刻。

黄石国家矿山公园为"全国工业旅游示范点"，黄石国家矿山公园 2007

年 4 月 22 日开园，成为我国首座国家矿山公园，国家 4A 级旅游景区。

5. 甘肃白银火焰山国家矿山公园

白银国家矿山公园位甘肃白银市，占地面积 10.28 平方千米。是 1956 年矿山大爆破兴建到 1988 年闭坑的大型有色金属矿业遗迹。以其典型的块状硫化矿床地质剖面、大型的露天矿遗迹为特色。有铜、硫、金、银等贵金属矿床矿业的典型性、稀有性。

通过古今采矿遗迹遗址，展现折腰山和火焰山露天矿矿山遗迹；展示开采中的深部铜矿和地面现代化采矿的小铁山矿；展示现代生物冶金技术。重现甘肃白银 600 多年的矿业史。

白银火焰山国家矿山公园分矿山景区、主题公园和矿业历史文化长廊。矿山景区和矿业历史文化长廊包括露天矿区、小铁山、深部铜矿及矿山道路沿线的矿山企业区域，突出展现矿区生产遗迹和矿业活动遗迹。展馆内部将影视资料、展板、模型、实物等有机结合，展示白银矿产种类、矿床成因、有色金属矿的矿业开发历程，矿业城市发展脉络与转型历程。

白银火焰山国家矿山公园是白银著名的工业旅游景区。

### 8.4.3　地震遗址遗迹·旅游地质资源社会化

1. 唐山地震遗址

1976 年 7 月 28 日唐山发生 7.8 级地震，24 万余人遇难，16 万余受伤。唐山大地震共保留有唐山机车车辆厂铸钢车间、河北理工大学原图书馆楼、唐山十中旧址、唐山钢铁公司俱乐部、唐山陶瓷厂办公楼、唐柏路食品公司仓库等 7 处建筑型地震遗址。遗迹展示大地震对建筑物及地面的破坏情况。

唐山地震遗址纪念公园包括唐山机车车辆厂铸钢车间地震遗址；地震博物馆纪念展厅、铁路机车博物馆、纪念林、纪念水池、纪念墙、纪念广场。

地震博物馆纪念展厅分为劫难篇、救灾篇、自强篇、复建篇、启示篇五大部分。内设唐山震前和震后的资料、照片及救灾实物资料，主要展示地震灾难和当时抗震救灾的情况。

地震博物馆科普展厅分为序厅、地震科学展厅、地震活动观测展厅、地震灾害防御展厅、地震紧急救援展厅、地震活动体验展厅、人类美好梦想展厅七部分。

### 2.5·12 汶川地震地震遗址博物馆

2008年5月12日,四川汶川、北川8级强震,地震重创范围约50万平方千米。震中四川省汶川县映秀镇,震中烈度11度,69227人遇难,直接经济损失8452亿元人民币。

汶川大地震有许多地震地质遗迹,如地震断裂带、山体滑坡崩塌体群、堰塞湖。其中,地震山体滑坡阻塞河道形成的堰塞湖群尤为醒目,如涧河上游北川唐家山堰塞湖,青川县青竹江石板沟堰塞湖。

汶川地震遗址建有地震遗址博物馆汶川大地震馆,北川地震遗址,青川东河口地震遗址,汶川映秀地震遗址。

汶川地震博物馆建在四川大邑县安仁镇,有30多个展厅,含512—612日记、地震美术作品馆、地震科普馆、地震遗存实物、照片。

### 8.4.4 国家公园旅游地质资源社会化

1. 美国约塞米蒂国家公园 (Yosemite National Park)

约塞米蒂国家公园位美国加利福尼亚中西部内华达山脉西麓,有默塞德河流过,面积约3080平方千米。以其壮观的峡谷、花岗岩悬崖、瀑布、清澈的溪流、湖泊、草地、冰山、冰碛物,巨杉和丰富的生物多样性为特色。

约塞米蒂公园有巨大的花岗岩穹隆,广阔的草地、湖泊,宽广的戈壁荒漠,地势落差极大,景色雄伟。海拔648—3997米山地有垂直分带的灌木/栎森林、低山地、高山地、亚高山带针叶林、高地五种生态类型,是完整的多样性的动植物栖息地,有240种鸟类、80种哺乳动物、1400种花卉植物和37个树木品种。生长着黑橡树、雪松、黄松木,树王巨杉等植物,存活有许多世上稀有的动植物种类。其中有株称为巨灰熊的巨杉,估计已有2700年的树龄,是世界上现存最大的树木。

约塞米蒂山谷是冰河时期形成的冰川U字形峡谷,两侧峭壁上遗留有冰川流动刨蚀的冰川地貌,峡谷壁悬挂瀑布构成水帘,最有名的是约塞米蒂瀑布；高逾千米的花岗岩壁冰川刨蚀呈现精美花岗岩浮雕。

相传一千多年以前，北美的印第安人就已经在这片广袤的谷地里生息繁衍。

约塞米蒂山谷 1890 年建成国家公园。1984 年联合国教科文组织根据自然遗产评选标准 N（Ⅰ）（Ⅲ）将其作为自然遗产，列入《世界遗产目录》。

2. 美国黄石国家公园（Yellowstone National Park）

黄石国家公园位于美国怀俄明州，部分跨蒙大拿州和爱达荷州。黄石国家公园占地约为 8983 平方千米，包括湖泊、峡谷、河流和山体，以其丰富的地热资源、野生动物种类和多种类型的生态系统为特色。因地下约 3 英里（约 4.8 千米）就是炽热的熔岩，两百万年来曾数次爆发火山活动，喷出的熔岩和火山灰覆盖在公园内的大部分地区。地表有众多而集中分布的热泉、间歇泉、泥坑、喷气孔等地热奇观，罕见的间歇泉、火山喷气孔和相伴的地面震动。由于水中含有丰富的矿物质含量、藻类对光干扰，热泉和热湖呈现蓝、橘黄、红等鲜艳、明亮的绚丽色彩。公园 150 处间歇泉中，有猛烈地喷发蒸汽的热泉，有从地表空隙喷出水蒸气和其他气体的喷气孔，有杂黏土和石块具有硫磺味的浓稠液体的热泉，有引起地面震动和很响的吼声的干间歇泉。极其广阔完好的以亚高山带森林为主体的自然生态系统，保留有原生动、植物物种，有数百种哺乳动物、鸟类、鱼类和爬行动物，其中有灰熊、狼、美洲野牛和加拿大马鹿。

1872 年 3 月 1 日美国总统尤利西斯·辛普森·格兰特签署、国会通过法案建立的美国黄石国家，是世界上第一个国家公园。

# 9. 旅游地质文化

## 9.1 地质环境与旅游地质文化

### 9.1.1 地质文化与旅游地质文化

1. 地质文化

地质文化主要是地质体地质现象地质属性释义性、描述性文化。

地质文化可包括源于/基于地质体/地质资源环境而形成/产生的文化。

·描述地质体、地质景观、地质资源环境（地质－生态）的知识性、趣味性、科普性、科幻性、可读性、通俗性文学作品、影像作品。

·以地质体、地质景观、地质资源环境（地质－生态）为源泉、为对象而创作的自然的、人文的、抒情的、纪实性、描述性、游记等文学作品、影像作品。

·记载山川变迁、地质灾害、地质－生态等地质作用及人类地质活动的自然的、人文的、记实性、描述性等史料、文学作品、影像作品。

·以人地关系为题材或与地质体、地质景观、地质资源环境、地质－生态关联的、天人合一、人与自然的史料、文学作品、影像作品。

·以地质体、地质景观、地质资源环境（地质－生态）为源泉、为对象，激发人们爱惜、保护人类生存的地质生态环境、人与自然和谐发展，保护自然（地质遗迹）遗产的文学作品、影像作品。

·在特色地质景观旅游地，以地质体地质景观为实景，演绎地域文化的实景演艺文化活动。

·以天然岩石/石体为载体，记载人类文明的摩崖石刻、石雕、石窟、石建筑、石文化等地域文化。

2. 旅游地质文化

旅游地质文化是地质文化与旅游文化的融合，以旅游文化的形式展现旅游地质资源/旅游地的地质文化，借旅游活动发掘和创新深层次的新颖的、为旅游服务的地质文化，形成旅游地质文化。

基于旅游地质资源/地质体的旅游地质文化，可分为两个部分，一是为旅游地的地质体及生态地质环境所形成的旅游地质文化，二是由旅游活动所产生的旅游地质文化。

前者是基于地质体旅游地的旅游地质资源环境，释义旅游地地质资源地质景观的旅游地质文化，是旅游景区旅游品质展示/宣传的重要内容；后者是旅游者在经历该旅游地的旅游体验后，由旅游地所引发的旅游文化。

前者是旅游产业创建的旅游地质文化，显示旅游地所拥有的旅游文化；后者是旅游者被旅游地质产品激活的旅游文化。

前者是该旅游地相关旅游地质产品的旅游文化的汇集与提炼，往往以旅游地质资源的品质用于旅游地品牌塑造，形成配套的旅游文化产品，诱发旅游者到旅游地旅游的欲望；后者往往是旅游者受到旅游地旅游文化的感染、激活，有感即发的旅游文化常以文字、照片的形式在网络、在报刊中传播，在现今网络信息盛行的时代，网络成为旅游文化传播的最快捷、经济、方便的方式。

地质体旅游地的旅游产业的旅游地文化和旅游者的旅游文化，相互促进、相互激活，催生地质体旅游地的旅游地质文化繁荣。旅游地质文化能丰富和充实旅游地的内涵，提高旅游地的知名度，塑造旅游地品牌。

### 9.1.2　旅游地质资源环境与旅游地质文化

1. 旅游地质资源环境孕育旅游地质文化

（1）生态地质环境是旅游地质文化（文明）之源

在地质环境人地系统中，人类为其生存有目的地利用地质资源或改造/干扰原生态地质环境，作用于人类生存的周边环境，同时因客观资源环境的限制，环境反作用于人类。人类在改造客观世界的同时，也在改变人类自身，形成周边生态地质环境环境所决定所影响的人类文化、人类文明。人类在人地系统的客观状态、客观关系中不断地发展变革人地关系，并形成与周围环境相协调的人类文化。人类生存繁衍的地质域或旅游地的人地系统就是旅游地质文化文明之源。

（2）地质资源环境的地域特色影响造就地域性特色文化

地质资源环境常是自然环境的决定性因素，是自然环境类型、自然生态类型的基础。这种环境因素直接影响到人类的感知、观念、生活方式、风俗习性、文化特色、观赏能力、文化水平。地质资源环境造就的地域特色环境也就直接影响地域性文化。

（3）特色旅游地质文化

生态地质资源环境以地而异，千姿百态，构成由地质环境及依附于地质环境的生态环境要素组成的地域特色鲜明的特色地域地质文化。

人类为了适应特殊地质环境，或受特殊地质环境影响和制约，形成与特殊地域环境关联的地域文化。

2. 人类文明发展催生旅游地质文化

（1）生态地质环境催生地域人类文明

地质生态环境对人类的生存、社会的发展和文明的进步起着关键作用。一部人类的文明发展史，实际上就是人与自然环境（地质–生态环境）和谐发展史。地质生态环境不仅为人类提供了生存发展空间、物质来源，还推动了人类文明的产生和发展。在不断认识和适应环境过程中，人类文明得以发展、提高。所以，人类对环境的适应能力，表征了人类文明发展的水平和阶段。自然的地质生态环境是人类文明之源。

人类对环境的适应包含了对环境的文化适应。文化是一个民族与其周围自然环境和社会环境的适应体系，它是一种对环境适应、互动的生态文化，包括了这个民族的宇宙观、生产方式、生活方式、社会组织、宗教信仰、风俗习惯等。中华民族是十分重视生态地质环境的民族，"天人合一"的宇宙观和环境伦理观体现了生态地质环境在中华民族文明发展中的重要作用。地质景观自然景观与人文景观的和谐统一、密切伴生是地域旅游资源的特色性和旅游地质文化特色所在。

（2）人类社交活动扩展催生旅游文化

在人类历史长河中，人类文明发展早期，由地质环境条件有限的、相对闭塞的地域环境条件对人类活动范围的限制，使人类科技发展水平受到限制，造成了人类文明的地域差异性、特色性、独特性乃至唯一性。这也就是现今认定的地质遗产、自然遗产相关联的特色地域文化——地域自然遗产与人文遗产融合的地域遗产文化。

人类文明的进展和社交活动空间的开放扩展，促进了旅游活动的兴起，人们对异地生态地质环境差异的敏感性，伴随旅游文化的形成，催生了地质文化、旅游地质文化的萌发。

（3）人类文明发展与旅游兴起催生旅游地质文化

地质体是自然界人类及生物赖以生存的基底，是生物生存依附的载体。地质现象是自然现象的基础本底。人类出现后的新构造运动及其形成的景象，诸如内生地质作用地震，造山作用、火山喷发；外生地质作用的沧桑演变，诸如河湖变迁、崩塌、滑坡、泥石流，导致人类生存生态地质环境条件的变更。同时，也使人类在认识自然中，认识地质、认识地质对人类生存生态地质环境的影响。在人类文明的形成发展中，地质文化随同社会历史文化而产生、形成、发展，随同旅游文化而催生旅游地质文化。

3. 科技渗入旅游活动催生旅游地质文化

伴随旅游活动休闲、游览的功能，在不知不觉的地域间社会经济文化的异地交往传播中，科技的渗入促进了旅游活动社交功能的迅速提升，促进了旅游活动在较单一的休闲游览之外增添知识性的启蒙、科学性的启迪。随着科技发展的迅速，科技与旅游的融合也越来越突出。科技对旅游的渗入，促进了旅游地旅游内涵的扩展、旅游产品品质的提高、旅游文化的深层次的发掘和创新。

科技渗入现今社会人类活动的各个领域，也渗入人们休闲活动的旅游之中。旅游活动的方式和内涵正在由过去单纯的游山玩水观赏大自然度假型逐渐向知识型文化型转变发展，以适应人们在休闲度假的同时能增加阅历、充实知识、获取信息。历史文化旅游、科普旅游渐成为吸取知识的旅游时尚之一，旅游地质功能的发掘将愈来愈显示对提高旅游地的品牌、提高旅游产品品质的功能。

旅游产品的开发创新、旅游文化的提升创新，成为旅游地品牌提升和旅游吸引力、旅游地活力的根本因素。旅游地旅游产品创新则兴，守旧则亡，只有"新"才有吸引力。

随着经济收入和文化素质的提高，人们对旅游的需求也越来越向高层次的高科技内涵型发展，"求新、求异、求知、求乐"的旅游心理越来越强烈和突出。

如果没有新创意的新景点、新项目、新特色来更新来丰富景区的观光/休闲内容，就不会有足够的源流不断的新客源。只有不断推陈出新，不断扩展旅游景点的外延、发掘旅游景点的科技文化内涵，才能增强景区的吸引力，强化景区的特色，使其具生命周期活力，从而长盛不衰。地域旅游特色、地域旅游地质功能的深层次发掘，显然就是提升旅游地旅游文化的重要基础因素之一。

### 9.1.3　地质资源旅游资源化与旅游地质文化

旅游地质文化诠释地质内涵，赏析地质景观外延，提高旅游者对旅游地质资源的吸引力。地质体、含地质要素旅游地、地质遗迹旅游地中，地质文化都是其重要的旅游资源组成，旅游地质文化的发掘、展示，都是旅游地/旅游景区的旅游品牌、旅游形象的体现；有特色的、独特的、唯一的地质遗迹的旅游地质文化的显示是提高旅游地品位、知名度、品牌塑造的重要内容；地质资源旅游资源化、旅游地质资源社会化的必不可少的内容也在于将旅游地特色的、独特的、唯一的地质遗迹品质用旅游地质文化加以展示。

提高旅游活动创新旅游地质文化，旅游地质文化能在地质资源旅游资源化过程不断发展、不断创新、不断完善。旅游地质文化作为旅游文化，在地质资源旅游资源化过程中也能得到不断的创新、持续呈新。

旅游地质文化是地质资源旅游资源化，实现地质资源的旅游功能，提高地质资源的旅游价值，满足地质资源作为旅游资源的需求，塑造地质体旅游地的品牌形象、旅游品位的旅游文化。

# 9.2　旅游地质文化基本类型

旅游地质文化及旅游地质文化类型系统的研究或专门的出版物较少，地质文化、旅游地质文化大多包含于地质景观描述或旅游景观介绍、旅游文化中，旅游地质文化仍处于萌芽和探索阶段。

## 9.2.1　地质文化类型

李伟在 2008 年的论著《旅游地质文化论纲》《滇西北旅游地质文化》中，较系统地论述了地质文化、旅游地质文化、旅游地质文化类型概念，并以滇西北为例，探讨了旅游地质资源的地质要素及其文化内涵等旅游地质文化的问题。

李伟认为人类对地质要素的认识和利用就是地质文化。旅游地质文化是旅游产业发展中所形成的对地质要素需求与供给的文化组合，是以地质要素为主要影响因素的一种文化形态，是生活在某个区域的人群所创造出的，具有鲜明地方特色的文化形态。在旅游发展中，这种特色文化成为该区域旅游的一种吸引物、一种标志、一种象征。旅游地质文化是在人类地质文化基础上，在旅游产业发展中所形成的对特殊地质要素需求与供给的文化组合。它属于一种特殊的文化现象，其性质是旅游文化的一个有机组成部分，也是区域文化的一个分支。

1. 地质文化分类

（1）矿物与岩石文化

以某些矿物和岩石为载体，表达人类共同的、具有某种象征意义的文化现象。可分为：

·矿物与岩石的辨识性文化；

·探矿文化；

·采矿文化；

·矿物冶炼文化；

·特殊专项文化（金银文化、玉石文化、钻石文化、赏石文化）。

（2）地质构造及其衍生物文化

具有民族与区域文化特性的山水文化形态。可分为：

·传统的"山水文化"；

·特有的"衍生物文化"（峡谷文化、洞穴文化、摩崖文化、温泉文化、火山文化、地震文化）。

（3）化石文化

人类历史中对化石的认识，并由此产生的相应文化现象。

（4）地质工程文化

以著名水利工程设施等为载体所折射出的人类历史及现时改造自然、征服自然的精神和能力。

（5）区域地质性文化

与区域地质要素相关联的文化组成、形态表现及文化特色。可分为平原文化、高原文化与山地文化。

2. 旅游地质文化的基本构成

按地质要素对旅游活动的影响，可将旅游地质文化分解为三个有机组成部分。

（1）资源类文化

按照地质要素对旅游市场的特殊吸引作用所确定的"需求－供给"型的文化。可分为：

·一般性旅游地质资源与产品文化。如名山旅游文化、洞穴旅游文化、温泉旅游文化；

·特定旅游地质产品文化，如地质公园文化、世界遗产文化。

（2）管理类文化

根据地质类旅游景区对旅游经营行为的限制性作用所形成的特殊性旅游文化。

（3）环境类文化

地质要素对旅游发展环境的安全性所引发的文化现象。

### 9.2.2　旅游地质文化类型

迄今为止的地质资源研究或旅游资源、旅游文化研究资料中，虽然未见旅游地质文化的系统研究，但犹如旅游地质资源涵盖于旅游资源研究中一样，在旅游文化中都可看到很多旅游地质文化类别的资料。例如，以山水文化形式出现的旅游地质景观文化，以石文化、宝玉石文化出现的岩石矿物矿石文化。旅游地质文化虽然与地质文化尚无较趋成熟的分类一样，旅游地质文化更少归纳有分类方案。从地质资源旅游资源化、地质资源社会化对旅游地质文化的需求看，合适的、可行的旅游地质文化分类是十分必要的。

1. 旅游地质文化的分类依据

·地质文化与旅游文化结合的旅游地质文化；

·基于旅游地质资源的类别形成的旅游地质文化；

·基于地质资源旅游价值与旅游功能。

综合上述分类思路，从基于地质资源的基本属性和旅游价值，基于旅游地质资源的旅游功能，基于地质资源旅游资源化、社会化的旅游地质文化可用性，基于从古至今已形成的以地质景观为基础、为主题的旅游文化，可采用地质 – 自然 – 人文融合的旅游地质文化分类方案。根据旅游地质文化的内容可将旅游地质文化划分为释义性旅游地质文化和观赏性旅游地质文化。

2. 地质 – 自然 – 人文融合的旅游地质文化类型

（1）岩石矿物矿石·石体文化

以组成地质体/地壳的岩石、矿物、矿石的天然石体/石头作为旅游资源，产生的旅游地质文化，如矿物晶体晶簇、彩石、宝玉石、大理石等石体文化。石体文化主要是侧重组成地壳岩石的释义性、科普性的旅游地质文化。

（2）地质体·地体文化

以具旅游价值的地质体、地质单元，产生旅游地质文化，如内生地质作用形成的花岗岩体、蛇绿岩套，变质作用形成的变质带，外生地质作用形成的同生角砾岩、生物岩，火山喷发形成的火山岩。地体文化主要是侧重组成地壳的岩石单元、地质构造单元、地质体的释义性、科普性的旅游地质文化。

（3）地质地貌景观·地景文化

以观赏性旅游地质景观为主题的旅游地质文化。它融合内生成景地质作用和外生成景地质作用，融合地质体的物质组成、地质构造在地表条件下，地质景观造型构成的诸如火山口、火山机构、温泉、峡谷、瀑布、冰川、岩溶、峰林峰丛、悬崖峭壁、洞穴等地质奇观，释义性观赏性融合的地景旅游地质文化。

（4）生态地质环境景观·天地文化

以地质体、地质构造、地质单元组成的岩石圈为本底；由地质体裸露于地表条件下，在天体作用下的地域自然环境中，由天水、地表水、地下水地质作用构成水圈；由风化作用覆盖了地表残坡积层、风化土土壤化衍生了多样性的生物圈；覆盖地球、提供地球生息条件的大气圈，构成人类生存繁衍的生态地质环境，由岩石圈—水圈—生物圈—大气圈构成景观多样性的生态地质环境景观。人类在千姿百态、五彩缤纷的生态地质景观中，催生出诸如讴歌山水的山水文化等堆璨的天地旅游地质文化。

（5）地质人文耦合景观·人地文化

以生态地质环境景观为人类生存、繁衍的地域环境，在特定的、地域环境中，人类的社会经济活动、地质工程活动和历史文化，构建了特定生态地质环境中的人类文明，形成地质－自然－人文耦合的地域人地关系系统，造就了以地质地貌景观为依托、展现人类文明的诸如名山名水、风景名胜的人地旅游地质文化。

### 9.2.3　释义性旅游地质文化

释义性旅游地质文化的主题主要是对地质体旅游地和含地质要素旅游

地的地质体、成景地质作用、地质景观等地质属性、品质进行解释、解说的自然文化旅游文化。释义性旅游地质文常常是旅游地景区品质的标志。既是旅游景区进行深层次开发的源流，又是旅游景区展示旅游地品质的产品，同时也是提供旅游者选择到该旅游地旅游、增长知识、启迪智慧的重要信息。

释义学旅游地质文化是基于旅游地地质环境条件实体，将旅游地地质内涵、科学价值展示给旅游者的石体文化、地体文化的主体，是科考性、科普性旅游地质资源实现社会化的重要方式。释义性旅游地质文化也是观赏性旅游地质资源、商品性旅游地质资源创建相关联的旅游文化中必不可少的地景文化、天地文化、人地文化旅游文化组成。

### 9.2.4　观赏性旅游地质文化

观赏性旅游地质文化的主题是旅游地质景观的赏析，是旅游地质景观的审美、赞美文化，是基于人类对旅游地质景观的感知而激发意念的"有感"的旅游文化，是旅游者对旅游地质景观描述、引发的抒情、联想的旅游文化。观赏性旅游地质文化包括对旅游地的地质地貌景观、生态地质环境景观、地质人文耦合景观赏析的地景文化、天地文化、人地文化的旅游文化。与释义性旅游地质文化不同的是，观赏性旅游地质文化的主体是与地质体地质景观相关的人类文明文化，是旅游者对旅游地质景观的感知文化。

# 9.3　旅游地质景观文化

旅游地质景观是内生地质作用、造山作用与外生作用的综合景观造型作用。

地质景观的自然性、普遍性、优美性，既是人类生存的生态环境组成，也是人类文化、人文景观构建的源泉。景观孕育文化，借景抒情，成就景观文化。从古人类的石器文化开始，地质文化就是人类文明的重要组成内容。

地质景观文化、地质文化中除去大量的以地质景观形体——山水而滋生的山水文化、地质景观文化外，以"石"景观——地球表面、人类生存环境中存在的物质/景观，也衍生了大量的就石而生的石文化。石文化中有历经人工雕琢加工的璀璨的、珠光闪烁的宝玉石，有彩石，有更多更普遍的自然营力杰作的奇石、观赏石，还有记载人类文明的摩崖石刻。它们是地质作用的精灵，更是人们赋予了心灵美感、寄托了灵魂情操意念的圣物文化的结晶。

石文化、山水文化、地质景观文化、地质公园文化、矿业盛世文化是云南的特色旅游地质景观文化。地质景观文化是地质作用的精灵，更是人们赋予心灵美感、寄托心灵情操意念的人类文明结晶。

### 9.3.1 地质景观与旅游地质景观文化

地质景观作为旅游景观综合体的重要组成，依景观相应地形成了旅游地质景观文化。

旅游地质景观是在人类生存的地质环境中客观存在的综合体，旅游地质景观文化是对景观内涵或外延及其审美认知的表述。

1. 旅游地质景观衍生旅游地质景观文化

源于旅游地质景观而产生的旅游地质景观文化，通过旅游地质景观文化传播旅游地质景观之美，构成地质体地质景观旅游地的吸引力、感染力，吸引游客观察；也以旅游景观美对观赏者的心灵震撼，营造与旅游地质景观协调人文旅游景观文化，形成地质 – 自然 – 人文复合旅游景观。在生态地质环境景观中增添了与景观环境协调的地域文化、民族文化，增强了旅游景观的特色旅游文化。许多名山大川旅游景观就具有这样的复合旅游景观文化，如桂林山水、江南水乡、北国风光。

名山大川、旅游地质景观，既是旅游观光的游览地，也是旅游地质景观文化之源。优美奇异的旅游地质景观不仅形成旅游地质景观文化，如游记、旅游景观摄影作品、影视作品。而且以旅游地质景观为样本、为原型，在生活环境中塑造诸多的人文景观，如园林中的石景。

　　我国古代的文学作品至现代文学艺术都有丰富的杰出的旅游景观文化。代表性的如《诗经》《山海经》《史记》《大唐西域记》《水经注》《入蜀记》《梦溪笔谈》《西游记》《瀛涯胜揽》《徐霞客游记》《桃花源记》《永州八集》《游峨眉山记》《游黄山记》《登泰山记》《游禄山记》等。

　　流传甚广的唐诗宋词中，多有旅游地质景观激发催生的情景交融、扣人心弦的诗词。如李白《望庐山瀑布》诗云："日照香炉生紫烟，遥看瀑布挂前川。飞流直下三千尺，疑是银河落九天。"

　　中国的四大名著中，多有以地质景观自然景观为题材的情景，多有以石为选题的内容。如就"顽石"引出的石头记，就水泊梁山演绎的水浒传，就崇山峻岭历经艰险的西游记，就大好山河演绎的三国演义。四大名著中的许多自然景观的原型或相仿的景观成为游客关注的旅游景观文化。

　　2. 地质景观文化衍生旅游地质景观

　　近现代的主题公园建设中，有许多将大自然中优美的旅游地质景观浓缩移植仿造于公园中的山水景观主题公园。如 1989 年深圳华侨城兴建的"锦绣中华"园，展示了中国知名的旅游景观，其中有敦煌莫高窟、乐山大佛、石林、黄山、泰山、长江三峡、漓江、西湖、黄果树瀑布。

　　近现代的影视作品中，常常借各类地质景观作实景渲染烘托剧情艺术效果。相应的地质景观也因影视借景而提高其知名度。如电影《阿诗玛》中借景昆明石林岩溶峰林景观的"阿诗玛"石柱，成为石林旅游景区倍受游客垂青的旅游景观。

### 9.3.2　地域地质环境文化

1. 地域地质类别文化

　　不同地域千差万别的地质环境条件，造就了不同地域基于地域特色生态地质环境条件特有的、独特的特色旅游地质景观文化。地质地貌环境条件与自然条件的组合，造成人类生存环境的差别，形成不同特色的地域文化、民族文化。特定生态地质环境中地质景观与人文景观的融合，造就了由生态地质环境所衍生的地域旅游地质文化；

　　·雪山冰川旅游地质景观地域的雪域文化；

·江河深切、岭谷陡峭的峡谷旅游地质景观的峡谷文化；

·江河突跌的瀑布文化，蜿蜒漫流的曲流文化；

·火山喷溢、火山机构旅游地质景观的火山景观文化；

·温泉、热泉涌溢喷气的温泉旅游地质景观温泉文化；

·陆地与海洋接壤地带的海岸景观文化、海岛文化、沙滩文化；

·茫茫沙漠的风蚀景观文化、雅丹文化、沙文化；

·广阔高原、平原、草原的原野文化；

·侵蚀山地侵蚀旅游地质景观的山水文化、丹霞文化、峰丛景观文化、湖盆文化、湿地文化；

·碳酸盐地层岩溶作用岩溶旅游地质景观的峰林峰丛景观文化、岩溶洞穴文化、石林文化。

2. 生态地质景观环境变异文化

地质构造的多旋回性，造就了不同地质构造时期、不同地质构造类型的地质形迹的地质遗迹景观。一个个不同地质构造旋回的地质景观系列、一簇簇同一地质作用形成的地质景观系列，这些地质构造形迹组合成显示地球演化地质发展史的沧桑演绎地史画卷、地球翻天覆地海陆变迁的沧桑演绎文化。

在数亿年数千万年的地史画卷上，继承性第四纪新构造运动、活动性构造叠覆的地质作用景象展现了现代地球生命活力的生态地质环境变异景观文化。

·活火山及间歇性火山喷溢景观；

·地热及温泉景观；

·山体分裂、河流改道、地面沉降、河湖干涸地体变异景观；

·崩塌滑坡泥石流景观；

·地震地质景观；

·江河入海口陆地增生景观；

·海洋潮汐拍岸景观。

### 9.3.3 山水文化

人类生存繁衍的陆地上，山地起伏，江河流淌，构成大自然山水相伴相依水山水景观。它不仅是人类生态地质环境所依，也是人类文明的所依。人类从山水中获取生活所需，也从山水中认识自然，领悟知识，创造文化。"山水"，山泛指大地，水泛指水域。"山水文化"泛指有关山水的文化，有描绘大自然/山水的文化，也有藉山水以抒情的文化。

山水文化始于旅游者游历大好河山，从大自然的美好景色触景生情所积淀的文化。大自然的山水之美是客观存在的自然景观，但旅游者、观赏者不同的审美视觉、不同的文化、不同的经历、不同的体验、不同的素养不同的情怀，可衍生出万种风韵、万千意蕴的山水诗歌、山水书画、山水游记等等山水文化。

中国的历代文学作品中，淀积了丰富的山水文化。魏晋南北朝、唐宋时期是山水文化极为繁盛的时期，如陶渊明、张九龄、孟浩然、王维、李白、杜甫、柳宗元等人的山水文化。其后山水文化得到了不断的丰富、发展、繁荣，而且山水文化从书画扩展到园林文化、庭院文化中，扩展到建筑、雕塑、陶瓷工艺品等广阔的领域中，成为现今珍贵的文化遗产。许多优美的山水景观之地，自然景观得到珍惜保护，其间创建了与之相融的人文景观，自然景观与人文景观的交融，许多山水景观成为名山名水，成为旅游胜地，成为现今的自然遗产、自然遗产与文化遗产的双遗产，成为国内外众所瞩目的风景名胜区、旅游景区。

从山水之基底依托地质体而言，山水文化又可视为地质文化。从山水文化源于游览观赏，又由旅游而得传播，山水文化又是旅游文化。如桂林山水、《徐霞客游记》。以此而言，山水文化也是旅游地质文化。

1. 山水文化·《徐霞客游记》

明代地理学家、旅行家徐霞客（1586—1641），遍游名山大川，足迹遍及今日的江苏、浙江、山东、河北、山西、陕西、河南、安徽、江西、福建、广东、广西、湖南、湖北、贵州、云南等地，30年考察涉及地理、地质、水文、植物、人文，对岩溶独有研究。后人将其游记整理成的科学与文学融合的《徐霞客游记》，为珍贵的科考旅游文化。

2. 山水景观·桂林山水

谈论山水文化，桂林山水就是山水文化的典型山水景观。桂林山水以山青水秀的峰林峰丛和溶洞岩溶景观为特色，山，拔地而起，水，蜿蜒流淌，石奇洞幽景美，加之浓郁的人文景观山水文化，享有"桂林山水甲天下"的美誉。

3. 山水文化·昆明大观楼长联

"触景生情"，由景观观赏而激发人的灵感，产生极其优秀的艺术创作，古今中外皆有之。地质景观为基础的山水赏析而涌发的佳作——山水文化，亦是如此。昆明大观楼长联就是代表性的山水文化。

乾隆年间名士孙髯翁登滇池湖畔大观楼楼阁上，有感而作的180字大观楼长联，上联写滇池风物，下联记云南历史，被世代流传称颂。长联为：

五百里滇池奔来眼底，披襟岸帻，喜茫茫空阔无边。看：东骧神骏，西翥灵仪，北走蜿蜒，南翔缟素。高人韵士何妨选胜登临。趁蟹屿螺洲，梳裹就风鬟雾鬓；更萍天苇地，点缀些翠羽丹霞，莫辜负：四围香稻，万顷晴沙，九夏芙蓉，三春杨柳。

数千年往事注到心头，把酒凌虚，叹滚滚英雄谁在？想：汉习楼船，唐标铁柱，宋挥玉斧，元跨革囊。伟烈丰功费尽移山心力。尽珠帘画栋，卷不及暮雨朝云；便断碣残碑，都付与苍烟落照。只赢得：几杵疏钟，半江渔火，两行秋雁，一枕清霜。

### 9.3.4　石体与石景文化

在旅游地质景观中有一类地质体上衍生物植被稀少，几乎是全裸露的岩石景观。从旅游地质景观文化的角度，这类景观能较好地展示地质景观的自然内涵。

1. 石体石景类型

·岩溶作用形成的林柱状石林景观；

·淋蚀作用形成的红色砂岩砂泥岩形成的林柱状土林、沙林景观；

·风蚀作用形成的风蚀景观；

·浪蚀作用形成的海岸礁石景观；

·岩溶作用形成的碳酸盐石山穿洞景观；

·岩溶作用形成的洞穴/溶洞及其中的钟乳石景观。

2. 石体石景示例

·风动石

福建东山岛铜山海滨悬崖峭壁上石块，石高 4.73 米、宽 4.57 米、长 4.69 米、重约 200 吨；与下基石仅结数十厘米，有随时滚落之感。但经历强烈地震，仍如原态。

福建泉州灵山大石坪上，方圆形黛色巨石，风吹都会轻微摇动，但历经强台风和地震仍保持原态。

浙江绍兴柯岩景区柯岩石，高 30 余米，上粗下细，犹如倒立的宝塔。

# 9.4 观赏石文化

## 9.4.1 观赏石旅游地质文化

1. 观赏石的旅游地质文化价值

观赏石，又称奇石，指地质作用形成的岩石矿物经外生地质作用雕琢造型，在大自然中天然形成的，具有观赏价值、审美价值、商品价值和收藏价值的石质艺术品。观赏石因具有形、色、纹、质、画面等自然属性，具观赏价值。观赏石因源于自然又表现万物满足人们返璞归真、重返自然的心理需求，给人以较高的艺术享受而备受青睐。

集地矿资源、石文化艺术佳品和旅游商品于一身的观赏石，成为一种重要的商品性旅游地质资源。与人类活动有关的事件石、纪念石，隐藏有重要的历史意义或科学价值而具收藏价值。观赏石常常是受旅游者青睐的旅游文化产品。

观赏石因其石体大小差异甚大，其对旅游商品价格也不一样。大块体的观赏石主要用于旅游设施、厅、堂、院场装点，或作旅游资源博物馆等中陈设。小至微型观赏石，适于旅游者于旅游过程中采作旅游纪念品携带。

2. 观赏石旅游文化的二重性

观赏石文化也是石文化。观赏石的自然天成属性和观赏石的寓意内涵随观赏者而异的随意性构成观赏石文化的二重性；观赏石的地域性特色性往往使观赏石具有浓郁的旅游文化。

观赏石的自然天成是观赏石所在地域内生地质作用或外生地质作用成岩作用的产物，再加上该地域表生风化作用下，形成观赏石的造型。

3. 观赏石的地域特色性是观赏石旅游文化价值的根本所在

异地特色文化吸引性是旅游文化的旅游功能，从旅游地质文化的角度而言，观赏石的地域特色——特定的地质构造域、显示特定地质事件的观赏石，其旅游地质文化的内涵是最为重要的，又是最为丰富的。一些具有地壳发展关键性标志性事件，标志性地域的观赏石，其旅游地质文化的价值更为突出。例如：

· 数亿年前板块缝合线地带的蛇绿岩套观赏石与第四系沉积岩的观赏石相比，对生活于广阔的第四系冲积平原的旅游者更具吸引力；

· 火山岛弧的火山岩观赏石较之碳酸盐类岩溶观赏石，对生活于岩溶区的旅游者更具吸引力。

4. 观赏石的岩类稀有性独特性是观赏石旅游地质文化的品质所在

稀有、独特的旅游资源对旅游者的吸引力一样，稀有、独特的岩类的观赏石较之一般常见岩类观赏石更具较高的旅游地质文化品质。例如：

· 具观赏性的陨石观赏石；

· 含稀有及贵金属特征矿物的观赏石；

· 显示特殊地质作用成矿作用的观赏石；

· 表征成岩成矿作用晶体清晰的矿物晶体晶簇；

· 表征地质时代、沉积环境及生物演化的古生物化石。

### 9.4.2　观赏石赏石文化

观赏石赏石文化主要指个体较小的岩石矿物石体观赏石的赏析文化。无论是观赏石所记载的地球发展烙印形成的漫长复杂过程，或者是观赏石被人们所识别、被收藏的赏石经历，都蕴含地球信息和人类认识自然信息的赏石文化。观赏石赏石文化是涉及领域宽广的综合性文化。

1. 赏石文化的基本类别

观赏石的赏石文化基本思路可分为广义的、大众的观赏石赏石思路和狭义的地质文化的观赏石赏石思路。

（1）广义的赏石文化

观赏石的造型、色彩、图案/自然属性的外表特征；观赏石的历史文化/人文价值；是观赏石自然景观与寓意的融合；重视感情色彩和艺术内涵。广义的观赏石赏石文化带有更多的人文/主观色彩。

（2）旅游地质文化的赏石文化

观赏石的自然属性（内在特征和外表特征）、地质科学价值（地质内涵）；地域文化的融入性；是观赏石自然景观与地质属性内涵的融合；重视属性色彩和科学内涵。

（3）观赏石赏石文化环境类别

赏石文化的观赏石可以观赏石大小和观赏石所处的环境空间分为三大类。

·自然环境下的个体较大的观赏石，它是大自然山水文化的精灵，山水文化的缩写精品；

·园林或庭院、建筑物中个体较大的观赏石，它是庭院、园林的点缀；

·住所、室内、案头、博古架上小巧玲珑的观赏石，又称供石，它往往是藏石者经历的见证、喜好、兴趣、素养的显现。

2. 赏石文化源流概略

从有人类文明石器文化的记载就开始有石文化。人类运用石器作为生活生产工具，作为防身器具，燧石取火，开拓了人类生存条件质的飞跃。石文化成为人类文明的记载。

收集观赏石，置观赏石于书房案头、庭院、厅堂，点缀于园林，逐渐形成以石为载体的玩石、藏石、赏石为核心的赏石文化，成为人类文明的组成。观赏石作为文化载体，也逐渐成为旅游文化的内容。赏石文化以注入观赏石地质内涵的赏石文化，丰富赏石文化的科学内涵，提高赏石文化的品级。赏石文化与旅游文化的融合，成为旅游地质文化的重要内容，发挥地质文化的旅游功能的载体。中国赏石文化历史悠久，源远流长，石头作为一种文化的载体，从远古至今，构成了一部以石为载体的观赏石收藏、赏析的石文化史。

宋代杜绍《云林石谱》、赵希鹄《洞天清禄集·怪石辨》，明林有麟《素园石谱》是赏石文化的名著。白居易的《太湖石记》是唐代赏石文化代表。米芾、赵孟頫等文人也是有名的藏石、赏石名家。

现代的赏石文化与旅游、旅游文化相交融。观赏石文化渗透于旅游活动的各种环境和旅游产品中。在观赏石广泛分布的旅游地，有许多观赏石市场；中国观赏石协会、省市观赏石协会有许多观赏石文化及观赏石展销活动；观赏石成为旅游观光和旅游购物的重要内容。

3. 观赏石的地域文化

观赏石产出的岩石地层构造单元不同，地质环境差异形成观赏石类别分布的地域性特征，形成有地域性品牌的观赏石地域文化。如：

·南京雨花石文化：产于新生代雨花台组砾石层中的玉髓、玛瑙类砾石，质地细腻，以如雨花五彩石纹的玛瑙石而著名。

·苏杭园林的太湖石文化：环绕太湖周边岩溶石灰岩残余、形体千奇百怪的奇石、怪石造型石，多点缀于园林，彰显园林品质。

·云南大理石文化：产于苍山变质岩系中的色彩、花纹千变万化的大理石变质岩，以似山水画画卷的花纹、彩色大理岩著称。

# 9.5　宝玉石与赌石文化

1. 玉石文化

由地质作用形成，具极佳观赏价值、工艺价值，美观、高贵的矿物集合体或矿物晶体——宝玉石，在东方有浓郁深厚的宝玉石文化。玉及玉器在中国出现至今已有七八千年，视玉为天地精气的结晶，以玉为载体的玉文化，是中国传统文化重要组成。中国自古以来，从宫廷、上层社会，到平民百姓，都喜爱宝石、玉石、玉器。甚至人们常常将宝玉石、珠宝玉器作为身份、贫富、地位、气质的象征，品德高尚、美好与尊贵的象征。

新疆和田玉、河南独山玉、辽宁岫岩玉和湖北绿松石是中国著名的四大玉石。

2. 赌石文化

翡翠的荒料/毛料/原石，皮壳多有一层与内部差别的似风化半风化矿物包裹，俗称"原始石皮"，难于直接判定其内部是否为翡翠及其质地优劣。这种翡翠的荒料称为赌石，又称赌货。赌石内部是否为翡翠，若为翡翠其质地如何，决定了赌石/玉石交易极大的风险性。赌石交易，犹如赌博。外皮掩盖下难于预料的赌石/玉石神秘性，增添了赌石购买者诱惑性、刺激性。

玉石，赌石，从古至今有许多传说，有许多传奇式的记载和专著，构成了璀璨的玉石文化。

人们喜爱玉石，产有玉石的地点或玉石集散地，往往是喜好玉石的旅游者优选的旅游地。能获取优质玉石的赌石，也成为旅游者猎奇的项目，衍生玉石、赌石旅游文化。

赌玉、赌石，作为旅游地质文化，除了常人的"赌"，更重要的在于宝玉石及宝玉石矿产知识溶于玉石文化中，增添玉石文化的地质文化内涵。

# 9.6　矿产矿业链地质文化

矿产地，从找矿、探矿到采矿；从矿床开采矿产品/矿石的采矿业，到矿石提纯的选矿业，矿产品有用目标元素提纯的冶炼业，乃至从矿产品转化到加工为工业制品的机械业。一个具一定规模的矿产地，往往形成一个围绕矿产品的、矿床延伸的矿业链。

伴随矿业链，配套发展服务型商业、交通业、饮食业、教育文化业、医疗机构产业，并相应地依托矿产－矿业而发展、构建的政府机构。从而，在原本荒无人烟的矿产地创建成矿山－矿业城市。

随着矿产资源开发的进程，有限资源的耗竭，矿业城市从鼎盛时期逐渐衰落；资源枯竭的矿山诱发了经济衰减的"衰落"矿业城市；矿山的闭坑，引发矿业城市的社会经济"解体""转型"，或城市的"迁移"。

矿产地从发现到采空"闭坑"，其发展历程，恰似旅游地的生命周期。可称为"矿产地开发的生命周期"——矿床发现—开发—矿业链兴盛—矿业城市衰亡过程。

矿产地开发的生命周期延续的方式之一，或者说最佳选择就是矿产地—矿业城市的旅游转型，将矿产地转化为旅游地，将矿业城市转化为旅游城市，将矿产遗迹、矿业设施转化、衍生为矿业旅游文化，使原先的辉煌的矿业链矿业文化转化为历史记载性的矿业遗迹旅游文化。

能够构建成矿业城市的矿产地，往往是成矿地质条件特殊、具较大矿床规模的矿产地；往往是经历了"传奇式"的找矿历程；往往是具有久远的起起落落的矿产开发历史的矿产地。这种矿产－矿业链的矿产地常常蕴含极其丰富、极具地域特色的地质矿产文化、矿业文化；往往具有内涵极其独特、地域特色极为鲜明的、包含矿产－矿业链旅游文化的旅游地质文化。特色性矿产－矿业链旅游地质文化包括：

·矿产地的矿产－矿业知名度，矿床－矿业品牌；

·矿产地的地域文化特色性，矿产－矿业文化与地域人文文化的耦合性；

·矿产地及其周边旅游资源环境；

·矿产地矿产－矿业链、矿山－矿业城市的可观赏性；

·矿产地矿产－矿业城市的旅游吸引力。

典型矿产－矿业链旅游地质文化如四川自贡盐都盐文化、江西景德镇瓷都陶瓷文化、云南个旧锡都锡文化、江西德兴铜都文化、山东招远金都文化、云南东川会泽铜文化。

# 9.7　人类文明地质景观文化

### 9.7.1　地质景观与人文交融衍生旅游景观文化

人类生存繁衍的生态地质景观影响从人的观感到人的心灵，从而衍生出由地质景观所启迪的旅游地质景观文化。这些旅游地质景观文化渗透于各类文学艺术作品中。现今的旅游景观文化中，也多有依托地质景观衍生的旅游景观文化。其中，21 世纪初兴起，以实体地质景观为演艺现场的地质景观与实景大型演艺文化是风景名胜区旅游地的特色旅游文化。

1.《丽江印象·雪山篇》·丽江玉龙雪山旅游地质景观实景演艺文化

《印象丽江·雪山篇》实景演出剧场，以云南丽江玉龙雪山旅游地质景观东麓海拔 3100 米甘海子蓝月谷剧场为舞台，以玉龙雪山雪山景观为背景，演艺地域特色民族文化，将自然景观与人文景观、民族文化交融的旅游文化，是典型的以地质遗迹遗产（自然遗产）为源泉衍生的旅游文化。《印象丽江·雪山篇》由丽江地域特色民族文化《古道马帮》《对酒雪山》《天上人间》《打跳组歌》《鼓舞祭天》和《祈福仪式》六部分组成，是典型的唯一性独特性地域遗产文化，是源于地域旅游景观而孕育衍生的旅游景观文化。能让游客溶入具有视觉撞击和心灵震撼的地域雪山文化、民族文化特色旅游文化氛围，感受到地域遗产文化的博大广深和源远流长。

2.《印象·刘三姐》·桂林山水旅游地质景观实景演艺文化

《印象·刘三姐》以世界驰名的广西桂林岩溶峰林峰丛旅游地质景观为自然实景，在桂林山水甲天下的阳朔漓江山水剧场，以地域少数民族文化"刘三姐"为主题，用红色、白色、银色、黄色四个"主题色彩的系列"，演艺融桂林山水、民族风情、经典文化"刘三姐"山歌于一体的大型山水实景，使观众——游客体验置身于如诗如画的桂林山水，领略、沉浸于桂林山水衍生的地域特色浓郁的民族文化。

3. 恐龙文化

出现于地质历史上，约 2.25 亿年至 6500 万年前的三叠纪白垩纪陆地上，身躯能直立行走、巨大体形、种类繁多的恐龙家族，因其发育的全球性、灭绝的突然性、神秘性而引起科学界和人们的极大关注。

发掘的许多恐龙化石被制作成恐龙骨架标本，陈列于博物馆。以恐龙为题材制作有许多影视作品，有许多以恐龙为题材的少儿科普读物和玩具。恐龙文化成为有关地球历史，地质古生物、地质事件的最为普及的旅游地质文化。

4. 地质公园文化

具有地质遗迹展示和休闲、旅游功能的地质公园，蕴含有地域特色的品牌地质遗迹，以公园形式展现赏析地质景观、拓展地质文化。地质公园是特色旅游地质景观、地质文化为主题的主题公园。是地质景观特色突出、地质文化深蕴的高品级地质遗产文化，特色旅游地质景观文化。经地质公园建设对旅游地质景观开发，可在地质公园内开辟地质博物馆、开辟游览线路、设置各种各样标识及景观标识、编制地质公园宣传和导游出版物。由地质景观衍生地质公园文化、旅游地质景观文化。

5. 地质体雕刻文化

·拉什莫尔山

美国南达科他州黑山地区，海拔 1800 米的花岗岩类岩石山体，刻有华盛顿、杰斐逊、罗斯福、林肯四位美国总统风采的巨大石雕像。面孔高 18 米，鼻子长 6 米。巨像与湖光山色融为一体，是美国 20 世纪著名艺术家夏兹昂·勃格龙的人类雕刻艺术杰作。也是著名的旅游胜地，每年有 200 多万游客观光巨像风采。

·佐治亚石山

美国佐治亚州海拔 520 米、高出周山 250 米的花岗岩山体。雕刻有"南部同盟纪念雕像"，右边为南部同盟总统杰斐逊·戴维斯，中间和左边为南方指挥官罗伯特·李和斯·杰克逊。居中的李将军高度超过 9 层楼房，战马长 145 米。于 20 世纪 50 年代建佐治亚石山公园。

### 9.7.2　地域环境衍生地域特色旅游地质文化

**1. 山水崇拜文化**

人类赋予山水以神的灵性，以神山、圣湖崇拜信仰表达以崇高的信念和虔诚的心灵追求向往人与大自然、人与世间万物和睦相处的美好纯真意愿。名山名水的崇拜，演绎了丰富而优美的山水崇拜文化。中国的名山名水崇拜文化蕴含了极其丰富的、极具旅游吸引力的旅游文化。

名山文化是山水崇拜文化的典型代表。中国的名山文化源远流长。名山文化具有浓郁的特色文化：

·自然景观与人文景观精品复合，品牌享誉古今中外，文化底蕴浓郁；

·风景名胜、旅游胜地久远。

·众多的、文雅的、内涵丰富的命名；

·众多的文人名士游览，诗书文画赞颂；

·帝王将相登顶朝拜、赐书；

·宗教、佛道各派修炼传教；

·庙宇、名胜遍山；

（1）中国古今山水崇拜的名山

三山：安徽黄山、江西庐山和浙江雁荡山。

五岳：东岳泰山、南岳衡山、西岳华山、北岳恒山、中岳嵩山。

五大宗教名山：山西五台山、四川峨眉山、浙江普陀山、贵州梵净山、安徽九华山。

四大道教名山：湖北武当山、安徽齐云山、四川青城山、江西龙虎山。

（2）藏族聚居的雪域高原山水崇拜的八大神山

苯日神山，墨尔多神山，梅里雪山卡瓦格博峰，阿尼玛卿山，冈仁波齐，尕朵觉沃，雅拉香波神山，喜玛拉雅等藏区八大神山。滇西北的梅里雪山为神山之首。

## 2. 风水文化

"风水"一词，在史料、文献、论著、书刊及民间都广为流传。"风水"的观念、理解众说纷纭，五花八门。《辞源》释义为"风水指宅地或坟地的地势、方向等，旧时迷信，据以附会人事吉凶祸福"。《现代汉语词典》(2001) 释义风水"指住宅基地、坟地等的地理地势，如山脉、山水的方向等。迷信的人认为风水好坏可以影响其家族、子孙的盛衰吉凶"。

综合"风水"的有关解说表明，"风水"有双重含义：

·风水指宅基地、坟地的地势、山脉、山水，水文、风向等，含有生态环境内涵；

·风水含有风水好坏影响人或家族吉凶衰盛的迷信内涵。

如此，抛弃迷信的、神秘莫测的、虚幻的风水观念，实质上，宅基地的"风水"，包含了人居环境的生态地质环境条件。数千年来，人居环境、天地人合一理念的风水观，应用于人居环境优化的研究、具有生态地质环境条件研究的积极意义。旅游地、旅游文化中，往往涉及生态地质环境条件的旅游地质文化。显然，旅游地生态地质环境条件"风水"文化也是旅游地质景观文化的组成。

住宅、宅基地，村落、城镇的选址，房舍、庭院、村落城镇的布局、结构，对人或群落的宜居性，涉及人居环境的诸多因素，如地质体类别（特别是地质体所含岩石矿物的物理化学性状）、地形地貌、地势走向；水环境、风向，乃至向阳背阴，太阳角，地磁场；空气对流；水土保持、湿度、植被。生态地质环境诸多要素的凝聚，制约人居环境的质量，直接或间接影响居住地居民的健康、五畜的繁衍、村落的昌盛兴衰。

表征人居生态地质环境条件的风水经验和知识的积累和升华是有益的。生态地质环境条件风水文化作为旅游地布局、丰富和活跃旅游地质文化也具有积极意义。

## 3. 峡谷文化

新生代造山带发育众多的峡谷，如喜马拉雅山麓的雅鲁藏布大峡谷，滇西北金沙江、澜沧江、怒江、独龙江大峡谷群。大峡谷中远离近代文明、山高谷深、交通阻隔、信息闭塞，社会经济相对封闭的大峡谷生存环境下，形成了相对原始的自成体系的峡谷文化。

·人口相对稀少而语言民风民俗特异的民族聚居区形成特色各异的民族文化。如雅鲁藏布大峡谷的门巴族、珞巴族民族文化，怒江大峡谷的傈僳族、怒族、独龙族民族文化。

·原始的生产与耕作方式。

·原始的宗教信仰。

4. 玛尼堆

在藏族聚居地的寺庙或朝拜之地神圣地方或重要路口，多有由朝拜的人带来的石块（玛尼石）堆砌成的石堆（玛尼堆）或石墙。玛尼堆大小不等，玛尼石有的刻有经文或神灵图案，是信徒对原始神灵、山神、战神崇拜的表达。玛尼堆内含浓郁虔诚神圣的宗教色彩，是藏传佛教地区极具象征性的石文化。

四川甘孜石渠巴格玛尼墙约 1600 米长、2—3 米厚、最高处约 3 米。松格玛尼城由一道道刻有经文的玛尼石片堆砌的玛尼墙组成结构复杂庞大的长 73 米、宽 47 米、高 14.5 米城堡状玛尼石城。

5. 沙文化/沙雕文化

在海陆交互的海岸滨海地带众多的沙滩、陆地上广阔的沙漠、湖盆海滨沙滩，除构成滨海阳光沙滩 "3S" 旅游文化外，还构成了丰富的以沙为主题的沙文化。沙雕文化已成为旅游文化中的沙文化组成内容。

·沙雕

沙堆积后雕琢成各种造型的沙雕，与旅游活动结合，遍布 100 多个国家和地区。沙雕活动有地区性、国际性的沙雕协会，组织各种主题、各种类型的沙雕活动、或举办定期的沙雕节、沙雕竞赛。如国际性的美国佛罗里达州沙雕节、波士顿沙雕节，中国舟山国际沙雕节、中国云南陆良彩色沙雕节，新加坡的圣淘沙沙雕节。作为参与性、娱乐性、大众性很强的现代艺术沙雕文化成为很受关注的旅游文化。

·陆良彩色沙林沙雕文化

陆良彩色沙林除有变幻莫测、造型奇异的林柱状体外，还有陆良彩色沙林特有的、罕见的沙质均匀纯净的单色彩沙，可作为彩色沙雕的优良原料。半固化的沙体含黏土类矿物，使沙体具一定的可塑性，有利于沙雕工艺的发挥和沙雕艺术的保存。陆良彩色沙林保存了许多举办沙雕艺术节制作的彩色沙雕艺术品。

### 9.7.3　依石就石的石质文化

摩崖岩画、岩棺、石窟、石雕碑刻等石质文化、石质文明，往往形成于一定的自然环境和社会环境，具有很强的地域性、适应性和代表性。

（1）石窟

依山岩凿成的石室，就山势开凿的寺庙建筑，以佛教文化为主题。大同云冈石窟、敦煌莫高窟、洛阳龙门石窟和天水麦积山石窟并称中国四大石窟艺术宝库。

·云冈石窟现存主要洞窟 45 个，大小窟龛 252 个，石雕造像 51000余躯。

·莫高窟现存洞窟 735 个，壁画 4.5 万平方米、泥质彩塑 2415 尊。

·麦积山石窟现存洞窟 194 个，其中有从 4 世纪到 19 世纪以来的历代泥塑、石雕 7200 余件，壁画 1300 多平方米。

·龙门石窟现存窟龛 2345 个，题记和碑刻 2680 余品，佛塔 70 余座，造像 10 万余尊。

·云南剑川石宝山石窟

剑川石宝山石窟的文化艺术，是大理南诏古国文明遗存，是白族地域特色浓郁的石窟艺术。石宝山建有历史悠久的唐宋石钟寺、元代悬空宝相寺、明代金顶寺和清代海云居。石窟摩崖造像隐藏于山上的龟背状裂纹，钟状红色砂岩峰丛间。16 个石窟，139 尊造像、五通碑碣、44 则遗造像题记和其他题记存于石宝山的石钟寺、狮子关、沙登箐。

石雕积淀了特色鲜明浓郁的唐宋时期南诏大理国地方色彩和白族艺术瑰宝。精美石雕佛教神灵和世俗凡人白族先民原始崇拜并存，有众多菩萨、帝王、外国高僧等造像，有代表的南诏国君王造像的"阁罗凤议政图""南诏王异牟寻坐宫图"；有反映大石崇拜和生殖器崇拜的女性生殖器石雕造像"阿盎白"，尤为独特罕见。

石钟寺石窟群是国家重点文物保护单位。被誉"南天瑰宝"（金庸）、"北有敦煌壁画，南有剑川石窟"、"神佛首选地，人间天堂山"（冯骥才）。

（2）乐山大佛

位于峨眉山东麓栖鸾峰，佛像依山临江开凿的一尊摩崖石像，通高71米，坐身高59.96米，佛座两壁上，有唐代石刻造像90余龛。

（3）泰山石刻

利用天然壁刻文纪事的石刻现存碑刻500余座、摩崖题刻800余处。大致可分为石碣、石阙、碑刻、摩崖碑刻、墓志、经幢、造像记及石造像、画像石和题名题诗题记等，展现了中国辉煌的书法艺术。

### 9.7.4　石建筑石构建石质文化

1. 石质建筑文化

长城、金字塔、婆罗浮屠、吴哥寺都被列入世界文化遗产名录。除了长城是以烧制的砖为主要建筑材料外，其余均用经不同程度雕琢的石料石块所建造。就此而言金字塔、婆罗浮屠、吴哥寺都可列入璀璨的石文化之列，而且是奇迹般的石建筑群，都有神奇的建筑艺术、迷人的文化内涵、传奇般的历史文化。

象征中国统一强大的中国长城，象征神权和王权结合的产物埃及金字塔，佛教胜迹印度尼西亚婆罗浮屠，国王陵寝、王室宫廷、宗教圣地、文化中心于一体的柬埔寨吴哥殿宇，作物历史建筑瑰宝，被誉为东方四大奇迹。

遗迹辉煌，但更辉煌的是创造/建造遗迹的民族，坚忍不拔的精神、智慧与技艺的精湛、虔诚的宗教文化与信仰，开创了人类文明的灿烂之花。

2. 石建筑石构建石质文化

（1）石建筑遗存

1）柬埔寨吴哥寺

吴哥寺坐落于距柬埔寨暹粒省暹粒市6千米的洞里萨湖畔。吴哥窟——柬埔寨吴哥王朝的国都和王宫、殿堂、神庙、宝塔古迹。

①吴哥文化构建

印度教的信奉者，为了请神庇护，为心中的神营造巨大的殿堂，崇拜敬仰并供奉她。吴哥的历代国王上台，都要在自己认定的都城中心的山上修建一座属于自己名下的新的神庙，供奉心中的神灵。从9世纪到13世纪的400年间历代王朝，在吴哥修建了一座座巨殿、古堡。有的甚至神庙未建好，王朝即覆灭，寺庙也就半途而废；新的王朝又另择新址，兴建自己的神庙。

吴哥古迹600余座石建筑包括散布于45平方千米热带丛林中。数百座石构、石雕建造的殿堂神庙是规模宏伟、高大的古典石雕造型特色的宗教石建筑群。整个建筑用一块块大石块垒砌，有的石块重逾8吨。吴哥大部分神庙都用有榫头榫口平整光滑的巨石垒砌，雕刻有精美精湛的浮雕。

②吴哥文化

吴哥城包括大吴哥（吴哥通）和小吴哥（吴哥窟）。吴哥城是一座方城，其5座城门都是巨大的四面佛塔，塔身高达20多米，进城道路从塔身下通过。

·吴哥寺（小吴哥、吴哥窟）是非常独特的宏伟建筑。吴哥寺核心建筑是五座笋状高塔，有精美细致的石刻浮雕、四面佛像，有长达800米充满吴哥文化的石质浮雕回廊。巨石建造的小吴哥神庙高65米，耗石约30亿吨。

·巴戎寺由三层组成，第三层殿内为一座大佛，四周环绕20座石窟。

·女王宫是最具特色的精美庙宇，用坚硬的红砂岩，雕刻以植物为主题，除浮雕外，有透雕和半透雕，层次和立体感极强，图案丰富精美、雕刻细腻。

·观象台是吴哥城古代皇族政要外交使节用的，是全用巨石构建的规模宏大的建筑物，台基上无数雕塑精美的石刻大象、怪兽。

③吴哥文化发掘

这座公元九世纪到十五世纪的吴哥王朝国都，曾一度荒废封闭。中国的周达观在1295—1297年，随同中国元朝使节在柬埔寨生活了近一年，在

《真腊风土记》中记载了当时在"真腊"（中国隋朝时柬埔寨称为"真腊"）的所见所闻、风土人情和经历。直到1860年，法国考古学家亨利·穆奥根据中国元朝永嘉年间周达观的《真腊风土记》按图索骥，以探险精神，在热带园林中找到了被人们遗忘了四个世纪的吴哥。历史上，吴哥既是寺庙，又是城市/国都，因此既称吴哥寺，也称吴哥城。如今，吴哥遗址成为了世界知名的旅游地。

2）婆罗浮屠

印度尼西亚爪哇岛婆罗浮屠佛塔，由约200万块火山岩块石榫卯连接垒砌而成，大约有2670块浮雕，塔四面各有92尊坐佛石雕。佛塔10层，高42米，四方形基层边长约118米，向上逐层收缩，下六层正方形，上三层圆形，顶部主塔直径约10米，有72座小塔环绕大塔。

3）梵蒂冈

圣彼得广场，长340米、宽240米椭圆形，地面用黑色小方石铺砌。广场中央矗立一座方尖石碑，两侧由半圆形大理石柱廊环绕，284根圆柱和88根方柱，每根石柱顶端平台上有一尊大理石雕像。

（2）石建筑残存

·埃及吉萨金字塔群

狮身人面像由一块长约80米，高约20米的巨石雕成。

·希腊雅典卫城

"雅典的王冠"帕特农神庙断壁残垣有一根根屹立千年的石柱。

·意大利比萨大教堂斜塔

塔身用大理石。塔分8层，底层15根圆柱，中间六层各31根圆柱，顶层12根圆柱，构成213个拱形券门。

（3）石构建建筑遗存

·布达拉宫

海拔最高、规模最大的宫殿式建筑群。石木结构的宫殿依山而建，占地36万平方米，主楼13层，高115米。

（4）石砌民居

用天然石块垒砌的民居遍及各地。由于天然石块石质不同、石块间的天然填充料多少不一，建造的型式各异，显现出不同地域的风格和民族文化。

四川嘉绒藏区碉式砌石藏族民居，多层碉楼寨房有的高达九层 25 米。云南丽江玉龙雪山下用灰色天然石块垒砌的三坊一照壁式纳西族庭院民居。

（5）石桥石坊

·北京卢沟桥

桥长 266.5 米，宽 9.3 米，11 孔；桥孔跨度从中间向两岸渐收，主桥孔跨度 21.6 米，近岸孔跨度 16 米。两侧有石雕栏板 279 块，望柱 281 根；柱头雕大石狮 281 个，大狮身上有小狮 198 个。

·赵州桥

河北赵县敞肩式单孔并列卷石拱桥，全长 64.4 米，宽 9 米，主拱净跨 37.02 米，拱矢高 7.23 米。桥上有 44 根望柱、42 块栏板，上画饰龙、兽、花草图案。隋大业年间造。

·石牌坊

十三陵汉白玉石牌坊，共 5 间、6 柱、11 楼，上覆庑殿顶、夹柱石上雕神兽、狮、龙，高 14 米、块 28.86 米，建于 1540 年。是中国现存的最早最大古汉白玉石坊。

·颐和园石舫

万寿山西昆明湖石舫长 36 米，上下两层。始建于 1775 年。

3. 神秘未解的石遗迹文化

在石质文化中，有一部分是原建筑面貌无法考证，原建造工艺不清，残缺不全的石质岩块遗迹，是神秘未解的世界奇迹石遗迹文化。

（1）巨石阵

巨石阵中的石块为未经雕琢的天然石块。

·伦敦索尔兹伯里巨石阵

由一组高大的巨石，组成一个直径约 30 米的环圈。柱状巨石高 5 米—10 米，平均重约 25—30 吨，其上架有巨石横梁。还竖有五座位形如门框的三石塔，其中最高一块重约 50 吨。据同位素年龄测定，推测建筑物大约始于公元前 3100 年前。重达 25—30 吨的青石和砂石，分别由 30 千米和 200 千米外的采石场运来。

·法国布列塔尼摩尔比昂的卡尔纳克巨石阵

由每块立石高 1—6 米，分为数列，长达 4 千米，总数近 3000 可的巨石群。分为三个群落：

麦克石群 纵列长 100 米、宽 110 米，呈 11 列长阵，共 1099 块；

克尔马利沃石群 长 1120 米，宽约 100 米，呈 10 列长阵，共 1029 块；

克尔勒斯康石群 长 860 米，宽 139 米，分为 13 列，共 598 块。

（2）巨石遗迹

·埃塞俄比亚古都阿克苏姆遗址

屹立十几根四棱形花岗岩巨大石柱，每根高达 35 米，重达二三百吨。

·黎巴嫩巴尔别克殿遗址

原始部落神殿遗址外围城墙有逾千吨的三块巨石；另一块称为"南方巨石"的巨石长 20.8 米，宽、高过 4 米，重超 1200 吨。

（3）复活节岛巨石雕像群

千余尊大小不等的巨石雕像群，最高的达 22 米，直径 3 米，重逾 400 吨；平均重 60 吨左右。据碳同位素测定，推测复活节岛上最早的人类遗迹约公元 690 年。

### 9.7.5 人类工程活动旅游地质文化

1. 人类工程活动展示旅游地质文化

人类工程活动在达到工程社会经济目的和效应的同时，也常常注重景观文化效应。近年来铁路公路线状工程的选线就考虑旅游开发效应，如青藏铁路的修建就成为展示旅游景观旅游文化的旅游线路。

青藏铁路从西宁至拉萨，经过青海湖盆地、祁连山、柴达木盆地、昆仑山山脉、拉萨河谷；祁连山东部干草原、柴达木荒漠、可可西里源高寒草原、那曲草原、拉萨河谷灌丛；昆仑山大陆性冰川、冻土区。青藏铁路沿线有各种类型的景区景点 495 个；有 45 个车站，其中有玉珠峰、楚玛尔河、沱沱河、布强格、唐古拉、错那湖六大景观站台，站台建有供游客观光青藏风光的观光台。如可观看昆仑山玉珠峰、可可西里自然景观的玉珠峰景观站点，可观看长江源头沱沱河的沱沱河景观站点，可观看高原草甸、高原草原和冰雪带垂直生态景观的布强格景观站点，可观看雄伟的唐古拉山最高山峰格拉丹冬雪峰的唐古拉景观站点。可观看错那湖和湖边宽广的草场的错那湖景观站点。

318 国道东起上海，西至西藏樟木，从海岸至青藏高原长 5476 千米，高差逾 7000 米，沿途穿越各类地质地貌景观。可观看长江口、钱塘江、太湖、西湖、鄱阳湖、洞庭湖、三峡；黄山、庐山、九华山、天柱山、神农架、张家界、武陵源、黄龙洞、峨眉山等名山名水；贡嘎山、海螺沟、折多山、雅拉雪山、仙乃日、央迈勇、夏诺多吉、雀儿山、南迦巴瓦、加拉白垒、马卡鲁峰、卓奥友峰、珠穆朗玛峰、希夏邦马峰等雪山冰川，雅鲁藏布江、怒江、澜沧江、金沙江等江河、峡谷、热泉，纳木错、羊卓雍错等湖泊。

2. 人类工程活动优化地质工程负面景观效应

人类工程活动对地质体原始状态原生态的干扰，除了达到人类工程期待的社会经济效应外，往往也产生地质景观的负面效应。废弃的露天矿山采矿场、采石场往往就形成与周边自然环境极不协调的负面景观效应。

人们已经十分重视废弃采矿场、采石场、弃碴场、排土场等工程负面景观的美化，矿山的覆被、生态环境修复治理使负面景观效应得到一定程度的修复。但最为积极有效的是利用工程兴建过程，即有计划地对负面工程景观效应的景观改造美化。如对露天采场、工程边坡进行相宜的景观改造美化，构建具美学观赏价值的"人造"旅游地质景观。

例如高速公路穿越具有悠久开采历史的法国南部桑特喀桑石灰岩废弃采石场群时，巧妙地利用改造形态复杂的岩石悬壁、堑沟、廊道废墟景观，建造高速公路的"喀桑石"休息站、"塔岩"岩石景观。可使游客在消除长途颠簸疲劳的同时，体验、领略曾为科隆大教堂、圣彼得大教堂、德国凯旋门等驰名的古建筑提供石材的喀桑采石场文化和路堤景观文化。

## 9.8　影视与网络旅游地质文化

长期以来，旅游地质文化的传播、获取除了人们对地质体、地质景观、地质体旅游地的实景感受体验外，更多的是借助类似游记的出版物进行。随着社会进步，旅游地质文化更多、更快捷的是通过影视、网络而得到传播。通过影视和网络激发不同人群对旅游地质景观的旅游观赏欲望。过去的出版物多局限于"文化人"，而影视旅游地质文化则"老少皆宜"地展示旅游地质景观/奇观予不同的文化层次、不同知识结构的所有人群。人们通过影视不仅知道旅游地质景观，而且可以了解什么地方有什么景观，还能领悟奇观奇在何处，甚至还萌发"到此一游"的旅游地吸引力。

网络文化向社会各阶层的渗透，旅游地、旅游景观景象也成为网络文化的重要文化内容。旅游地质景观通过网络载体景、声、色并茂地得到迅速传播。旅游景观、旅游景区景点的介绍、地质景观/奇观的推介，在网络中"有求必得"。而且，许许多多游客、专业的非专业的景观摄影作品、实景记录，应有尽有地记载传播着旅游地奇观、景物真貌。网友群落更是以成倍的速率把自己旅游景观的图照作为见闻"晒"之予众，让更多的人分享。这些网络文化有意无意地包含了大量的地质景观/奇观的旅游地质文化。

影视旅游地质文化，大批量地存在于有关科学、有关旅游、有关文化的影视铺垫和栏目中。如中国中央电视台的科教频道、环球旅游、时代出行、世界地理等频道，地理·中国、走近科学、自然传奇、自然探索、探索·发现等栏目。

过去，由于耳目闭塞，地质景观仅为少数文人墨客雅谈的时代已成为历史。现今，地质奇观、地质景观、地质知识已成为普及的知识。特别是喜好旅游、喜好广博知识的人群，影视、网络旅游地质文化正成为旅游地质文化社会化的旅游文化重要、快速、广益的途径。

# 10. 旅游地质研究方法

## 10.1 旅游地质研究方法基本要点

### 10.1.1 从旅游视角研究旅游地质问题

旅游地质研究是适应旅游业的迅速发展、地质资源转化为旅游资源的需要，将旅游学与地质学交叉融合，从旅游学、旅游经济的视角研究地质资源转化为旅游资源，获取旅游经济效益，促进旅游事业的发展，拓宽地质资源的"绿色经济"功能。

·以地质资源旅游资源化、社会化的理论，以旅游学的视角研究旅游地质资源、发掘地质资源功能，将地质资源转化为旅游资源、获取旅游经济效益、服务旅游事业。

·以地质资源的旅游价值为基准，探索地质景观的观赏性、科学性及其旅游价值开发。

·以地质资源所蕴涵的观赏性、科学性和商品性特性的发掘旅游地质产品与旅游地质文化。

### 10.1.2 地质资源旅游资源化是旅游地质核心问题

1. 地质资源旅游资源化是旅游地质研究的主题与主线

地质资源的旅游资源化，是通过地质资源转化为旅游资源，体现并实现地质资源作为"绿色产业"的经济价值和社会价值。

地质资源旅游资源化主题是地质资源旅游资源化、产业化、社会化。

　　地质资源旅游资源化主线是以地质科学为基础，从旅游的视角鉴别旅游地质资源及地质资源旅游价值，从旅游地质资源开发与保护可持续利用的探索地质资源旅游资源化的途径，通过旅游开发将旅游地质资源/景观转换为旅游资源、旅游产品，建设地质体/地质资源旅游地，实现地质资源的旅游效益，从而促进获取旅游地质资源的最佳旅游效应。

　　2. 地质资源旅游价值评价的基本标准是自然遗产标准

　　地质遗迹作为地球演化形成并遗留下来的地质体、地质形迹，是地球演化地质事件的见证和标记，是人类极为珍贵和不可复制的自然遗产。地质遗迹具有巨大的科学研究和文化学术价值。

　　根据地质遗迹的代表性、典型性，地质遗迹的遗产价值，符合《世界遗产》标准的为有世界级的遗产价值。相应的有国家级及以下层次的地质遗迹价值的地质遗迹。一个地质域/地质遗迹构成的旅游地，地质遗迹的遗产价值就是创建其旅游地品牌的潜在品牌价值所在。

　　地质遗迹科学性、观赏性的识别是判定地质遗迹旅游价值的基础，地质遗迹科研科考－景观价值的识别是其旅游价值识别的根本依据。

　　3. 旅游地质资源可持续利用的保障是开发与保护并举

　　（1）把旅游地质资源环境保护作为旅游资源可持续性发展的保证

　　旅游地质资源开发即为地质资源的旅游资源化过程，是以地质资源环境保护为前提的旅游资源开发和保护举措。地质资源旅游资源化的根本问题是如何在保护地质资源的前提下发掘地质景观的科学性、观赏性，提高地质资源旅游功能以及旅游资源可持续利用

　　（2）动态协调地质体旅游地人地关系实施开发与保护并举的可持续发展策略

　　基于旅游地质资源与环境的关联性，积极地协调旅游地质资源开发中旅游地动态的、发展的人地关系的和谐。在开发中保护，在保护中求开发，有机地把保护旅游地质资源环境与发展旅游业结合起来，在动态发展中实现开发与保护的双赢，真正把旅游资源优势转化为经济优势，实现可持续发展。

**4. 发掘旅游地质文化是地质资源社会化的重要途径**

旅游地质文化是地质文化与旅游文化的融合，以旅游文化的形式展现旅游地质资源/旅游地的地质文化，借旅游活动发掘和创新深层次的、新颖的、为旅游服务的地质文化，形成旅游地质文化。旅游地质文化是地质资源旅游资源化、社会化的重要途径。

无论是基于地质体旅游地的旅游地质资源环境，释义旅游地地质资源地质景观的旅游地质文化，或是基于旅游者在经历该旅游地的旅游体验后，由旅游地所引发的旅游文化，都是旅游景区旅游品质展示/宣传的重要内容。地域旅游特色、地域旅游地质功能的深层次发掘，是提升旅游地旅游文化的重要基础因素之一。

旅游地质文化诠释地质内涵，赏析地质景观外延。旅游地旅游文化的发掘与展示、汇集与提炼，是旅游品牌、旅游形象的体现，是旅游地品牌塑造的旅游文化产品。旅游地质文化能丰富和充实旅游地的内涵，提高旅游地的知名度，塑造旅游地品牌。有特色的、独特的、唯一的地质遗迹的旅游地质文化的显示是提高旅游地品位、知名度、品牌塑造的重要内容，是吸引旅游者对旅游地质资源的吸引力，也是诱发旅游者到旅游地旅游欲望的吸引力。

旅游地质文化能在地质资源旅游资源化过程不断发展、创新、完善，在地质资源旅游资源化过程中也能得到不断的创新、持续呈新。

**5. 地质遗迹品牌是地质体旅游地形象塑造的重要标志**

以地质体为主体，或地质景观占有重要地位的旅游地，地质遗迹品质、地质遗迹旅游价值往往是旅游地品牌塑造的重要因素。厘定地质遗迹的科学价值和旅游价值、厘定地质遗迹地域特色性，展示地质遗迹是旅游地开发中品牌塑造的关键问题。

地质遗迹品质极高、列入世界自然遗产或世界地质公园等具有世界性、全球性意义的含地质遗产的旅游地，地质遗迹特色的展示就是旅游地质资源开发旅游地品牌塑造的基础。而自然遗产、地质公园的申报过程就是品牌塑造的过程。

风景名胜区、旅游景区的旅游地质资源开发的关键就在于发掘具有地质资源地质景观风景名胜旅游地中所潜在的、由地质基础地质景观构成的旅游地特色旅游资源，提高旅游地的潜在旅游地质资源效能，构建旅游地的特色旅游地质产品，也是风景名胜旅游地地域特色品牌化构建和塑造的优势。

### 10.1.3　旅游与地质概念融合引申旅游地质概念

地质科学与旅游科学的融合、自然科学/地质科学与人文社会科学研究方法的融合、理论探讨与实践探索的融合引申旅游地质概念。

·基于辩证唯物论的地质理论（地质科学）与旅游理论（旅游科学）的融合，唯物辩证法的地质研究方法与旅游研究方法的融合，引申旅游地质理论与方法；

·基于旅游地质基础理论的资源—景观—旅游价值的旅游地质理论观/理论链，引申旅游地质基础理论的资源化—产业化—旅游地质文化的旅游地质方法观/效应链；

·基于旅游视觉的地质资源旅游化，引申社会经济发展的地质资源社会化，生态社会经济效应的旅游地质资源产业化。

·基于地质资源人地关系耦合理论，引申地质体旅游地旅游地质资源环境人地关系协调发展，旅游地质资源可持续利用。

## 10.2　旅游地质景观赏析要点

旅游地质景观作为旅游景观的组成类型，有的地质景观即为旅游景观，有的地质景观作为自然旅游景观的基底，从自然景观间接显示地质景观的特点。因此，旅游地质景观的赏析是旅游景观赏析的重要组成部分。旅游地质景观的赏析效果受人们阅历、素养、职业、文化知识甚至观念等诸多因素的影响。

1. 旅游地质景观美学观赏要素

旅游地质景观的美学特征是旅游景观的形象，也是旅游景观品质的表象。旅游地质景观的赏析就是通过旅游景观美学要素及其组合相互关系的景观美学赏识，达到旅游景观观赏的美学效果。

从旅游景观的理念出发，旅游地质景观的美学要素可归纳为形态美、色彩美、结构美、和谐美、意境美、特色美。

（1）形态美

旅游地质景观的形态美是旅游地质景观的总体形式和状态的美感，包括空间形态、存在形式、时空状态。如雄伟壮丽的山体，广阔无垠的草场，险峻陡峭的峡谷，汹涌澎湃的江河，秀丽的山川的景象。又如林柱状地质景观石林、土林，发育完好的矿物晶簇等景象。

（2）色彩美

色彩是旅游景观的重要美学特征，除了形态，色彩是景观最显美感的要素。人的视觉对色彩的敏感程度远远超过单色的色调辨别，黑白色调辨别，一般只能识别出黑、黑灰、深灰、灰、浅灰、灰白、白等色调级别，而对彩色一般可识别出百余种色彩。色彩丰富旅游地质景观最易使人感受到景观的美感。如砖红的丹霞地质地貌景观，皑皑白雪的雪山冰川，五彩缤纷的泉华湿地。又如九寨沟、黄龙旅游地质景观。

（3）结构美

景观形态、色彩、物态的构景结构给人以美的感受。画龙点睛的结构或离奇的构景会给人以不同的美的刺激和兴奋感受；层次丰富而清晰、严密而齐全的景观构景结构美，能给人以深层丰富细腻的美感。如海岸的海蚀景观、沙滩、海礁、海浪的完美结构。

（4）和谐美

景观组成要素的和谐、景观色彩的和谐、景观结构的协调自然、景观与周边区域环境的映衬协调，旅游地质景观要素和谐美是高品级旅游地质景观必备条件。如岩溶峰林峰丛与江河湖泊和谐结构的桂林山水。

（5）意境美

地质景观的外延和内涵，蕴涵着旅游景观的意境美感，衍生的自然景观、叠加的人文景观增添了旅游地质景观的意境美，使复合旅游地质景观更加隐含浓郁的意境美，使旅游景观淀积了内涵外延优美的旅游景观品质。如中国名山三山五岳之意境美。

（6）特色美

景观特色美是旅游景观品级的重要影响因素。唯一性、独特性的旅游地质景观类型特色美，奠定了以旅游景观特色美打造旅游景区特色形象、特色品质、特色品牌的优势。如特色性鲜明的三江并流带、武陵源张家界旅游地质景观。

2. 旅游地质景观地质属性观赏要素

（1）观赏性

景观造型、景观色泽、景观要素的组合，依附于地质环境（如岩石、土壤）的植被、生态。

（2）奇异性

不同于区域/周边常态的旅游地质资源环境的奇异地质景观、景象，能激发观赏者对地质现象科学内涵的揭秘的认识，神秘感、奇特感，能吸引人们观赏的欲望。

（3）多样性

旅游地质景观成景地质作用的复杂性，形成多样性地质景观，能让人们类比观赏，增长知识。

（4）古老性

现今的地质现象、地质景观是一部以千万年计的地球历史画卷。是任何人所未经历的漫长过程的产物。标志地球沧桑巨变的地质景观画卷，给旅游者以观赏求知欲。

（5）丰厚性

错综复杂的地质作用过程所造就的千差万别地质现象，使地质景观具有容量极大、内涵丰厚、层次不一、取之不尽的观赏内容。

（6）地域性

旅游地质资源具有特定地域的、特定旅游地质资源类型，即特定的地域条件同时造就了以地质因素为基础的综合地文景观、特定的综合自然景观和人文景观；特定的地域性景观构成高品位、高层次的地域特色性旅游景区，特色性旅游地品牌。地域特色性旅游地质资源的不可复制性、不可移置性，构成地域性特定旅游地质资源的旅游吸引力。

（7）科学性

旅游地质资源涵盖地质科学的所有内涵，旅游地质资源科学性与观赏性的融合，构成了旅游地质资源品牌塑造、旅游地深层次开发、旅游地质产品推陈出新的源泉。

3. 地质体旅游地/旅游地质景观赏析要点

旅游地质景观观赏除常用的风景欣赏方法，应强调从旅游地质景观的特征和属性出发，地质属性和美学属性的融合，才能感知旅游地质景观的外延美，并深刻地感知旅游地质景观的潜在美、内涵美，获得旅游地质景观赏析的完满效果。

旅游地质景观观赏要点主要是把握形态、感受色彩、梳理布局、审视和谐、挖掘意境、品味特色等方面。

（1）把握形态

形态即景观的形状、规模大小、景观的状态（静态、动态）、景观在区域背景中时空关系是旅游景观首先给人的景观轮廓。通过形态观赏可以得到至关重要、最基本的旅游景观结构形态美的感受。

· 景观形态的方向性

地质景观常以地质构造、成景作用，使地质景观具有三维空间特色性，呈现旅游地质景观的异向性。地质景观形态观赏要注意观赏的角度、时间、距离。观赏视角的不同会得到不同的形状感，而且常常不同的视角观赏会得到不同的形态美的感受。

· 景观形态的时间性

同一形态景观在不同时间环境的观赏，会得到不同的形态观赏效果。只有在特定的时间方能观赏到与其他时段和环境观赏不同的美的感受。如海岸景观中的涨潮、落潮；晨晖雨雾中的山峦、湖池景观的朦胧感。

动态变化的地质景观观赏，观赏时间更至关重要。如草原、湖沼、江河景色的时节变化；雨季、干季的瀑布景观差异；季节性积雪的雪山冰川景观。

· 景观形态的空间尺度

观赏旅游地质景观的距离，直接影响到景观形状、规模、景物景象特征、空间格局及景观尺度识别程度。恰当的观赏距离，才能观赏得到相应空间尺度的景观尺度、景观精度、景观信息最佳观赏效果。如与观赏的景观有一定的距离才能把握景观的总体形态，群山连绵、湖盆棋布、江河蜿蜒、只有登高远眺才能尽收眼底，一览无余。而要清楚地观赏景观的微细特征，则要置身景观之中，才能逐一细览。

（2）感受色彩

把握形态圈划了景观的体态、总体，景观色彩的观赏成为感知景观类别、质地美感的直观标志。

色彩的感受包括色彩的丰富度和鲜艳程度、色彩的对比和衬映程度。

五彩缤纷、色彩绚丽，景色的丰富和鲜艳色彩，通常都视为色彩美的象征，都给人以美感。而景观中色彩的对比和相互映衬情况成为景观美的欣赏的重要的视觉效应，往往对景观的氛围、观赏者意境感受起举足轻重的作用。

色彩较为单调的冷色调为主体的景观和色彩丰富暖色调为主体的景观，给观赏者的色彩感受截然不一，给观赏者/游客置身于不同环境、不同意境的氛围。如白色的雪和绿色的树林为主体的林海雪原景观给人以宁静、深沉、肃穆的感受；五彩的鲜花、繁花似锦、色彩斑斓的园林景观给人以喜庆、热烈、欢快、温馨的感受。但有时虽色彩单调，却会给人持久的、深刻的铭记；色彩斑斓，却常只会给人留下一时的兴奋和渲染。旅游地质景观的观赏中，感受色彩是极为重要的过程，是极易收到审美效果的观赏环节。

（3）梳理结构/图案

旅游地质景观观赏形态、色彩的基本感受是把握旅游景观表象景观外延为主的基本特征。理顺旅游景观中景观单元细部形态、色彩组合所表示的景观结构和布局，是从景观的内在联系观赏景观特征，获取景观内涵审美的重要环节。

梳理布局，包括由形状、色块显示的景观单元格局的识别、景观单元结构的鉴别、景观单元层次等级体制的理顺，景观格局美的鉴赏。

景观布局的鉴赏，首先要识别景观主体，区分景观构成中景观单元要素的主次，从景观单元的关联性入手，以给人醒目感受的主体为标志，梳理景观层次、结构给人审美感受的程度，识别地质景观深层次内涵，得到最好的审美和旅游地质景观品质发掘的效果。使游客从景观结构图案中得到知识的启迪，使地质景观内涵的深层次旅游功能彰显。

(4) 审视和谐

景观和谐是旅游景观审美享受、赏心悦目的基本要素，只有景观和谐才能达到赏心悦目。因此，在旅游景观观赏中，景观单元布局、层次、结构和谐度的审视，是景观形态、色彩观赏的基础上使观赏效果上更高的层次，才能深层次地领会旅游地质景观的成景地质作用形成的景观系列，景观等级体制及其景观关联性、和谐性。

景观和谐的审视包括旅游景观与其周边/区域背景的和谐性审视和旅游景观内部和谐性的审视。和谐性的审视还必须从旅游景观的各要素去观察，例如色彩和谐、造型和谐、布局和谐。这是由地质作用的规律性、地质景观的表象和地质作用内在过程机理所决定的。

色彩和谐的审视是最容易得到景观鉴赏的直观效果，即不同色块的空间组合形式。色彩和谐性的鉴赏有助于深层次地质景观深层次内涵知识的汲取和理解。

地质体旅游地的自然旅游景观，是景观要素、生态地质环境的产物，是成景地质作用生态地质环境景观要素的和谐体。观赏者从生态地质环境系统中去识别景观和谐性，有助于景观内涵发掘的感受。

以地质/自然景观为基础的人文 – 自然复合景观的综合景观和谐性，从色彩的搭配、空间的布局、人文景观的建筑风格、民族文化地域文化景观等诸方面的协调性而体现。景观的协调和谐是名山名水类景色给人以美的享受的旅游景观必备条件。

和谐性的审视效果，受诸多因素的影响，如审美观念、审美角度等制约。认知客观、尊重观念，有助于观赏和谐性。

(5) 挖掘意境

旅游地质景观的意境鉴赏是旅游景观的深层次鉴赏。除受旅游者的经历、文化素质影响之外，旅游景观意境鉴赏还与旅游者对景观类别的认知程度、景观地质内涵的领悟有关。

旅游景观意境挖掘可采用形象切入、相似类比、情景交融方法。

形象切入，容易从对景观的直观审视中挖掘意境信息，从形态的"认知"挖掘景观意境容易获取感受效果。旅游景观景点的命名常体现意境的发掘成果，诸如象鼻山、棋盘山形象意境。

景观意境的相似类比常与旅游者的阅历有关，把所观赏景观与异地的相似景观类比容易得到景观意境的发掘。景观意境的对比发掘有助于对景观的深层次鉴赏。

情景交融能使旅游地质景观情境挖掘获取理想的效果。在旅游地质景观观赏过程中，以景导情，以情审美，情景交融，对旅游景观想象、联想，使旅游者可从旅游景观中得到与观赏者心态融溶的景观意境观赏效果。

（6）品味特色

特色是旅游景观品级的关键因素，也是旅游景观鉴赏所应发掘的闪光点。旅游地质景观地域特色的鉴赏有助于领悟旅游地品牌价值。

有的旅游地质景观特色直观显露，然而深层次的地质景观特色常常需要耐心细致的品味、寻觅。旅游地质景观从景观观赏性品味入手，到深层次的地质景观科学性品味，有助于不断地获取地质体旅游地特色的深层次品味。

内涵的、隐晦的景观地质特色内涵的品味，往往需要有相关专业知识的观赏者对特色地质景观要素属性的发掘，再延拓到从非专业化/大众的角度品味特色，将专业化的地质景观内涵转化为大众化的（能被大众所理解的）景观特色，从而实现旅游地质景观包含的旅游价值。

旅游地质景观特色的品味过程既是旅游地旅游景观品位提高的过程，也是提高旅游景观效益的过程。旅游地质景观特色品味需要从旅游的角度去识别景观的地质内涵，需要旅游景观外延鉴赏和地质景观内涵鉴赏的融合，从而展示、启迪大众旅游景观特色品味方法。

旅游地质景观特色的深层次品味鉴赏是旅游地质景观直观形象与科学内涵相融合，将科学性寓意于旅游鉴赏，将旅游景观的观赏性和科学性相融合，将大众旅游与科普科考旅游相融合的高层次、高品级、高意境旅游效益的关键和根本所在。

# 10.3　旅游地质研究中的遥感信息应用

遥感技术能获取视域广阔、信息连续的地球资源环境信息；遥感探测迅速、重复观测或定期观测、跟踪观测，能获取动态变化信息；图像和数据转换应用方面准确，信息处理及成图快捷；遥感影像/图像/数据容易获取，经济便捷。对于旅游地质信息而言，利于从宏观上纵观全景，一览旅游地质信息全局；遥感影像地质信息丰富逼真、图像清晰、直观性好、易分辨地物；利用遥感信息对地面地质景观的显示优势，可提取丰富的遥感旅游地质资源环境、旅游地质景观景观遥感信息。

## 10.3.1　旅游地质资源环境遥感信息

旅游资源优势转变为旅游经济优势，其中甚为重要的是进行旅游资源及其开发条件的深入调查，全面评价和合理开发。遥感技术信息丰富，能纵观全局，有助于在短时期内进行旅游资源全面调查，增强旅游资源信息量，提高旅游资源调查的效率和程度，从而促使旅游资源调查获取低投入和高效益的良好效果，增强游资源开发的超前预见性。

对自然条件、地形地貌复杂的地区，由于交通不便、人迹难以到达，一时难以进行旅游资源全面调研的地区，遥感技术的应用是经济快速的调查方法。

当前旅游资源开发遥感应用最多的重要手段之一，是应用图像解译获取旅游资源信息。航天遥感图像不断向高分辨率发展，提高了遥感技术在旅游资源开发中的应用范围和应用效果。

旅游资源遥感应用可广泛用于旅游资源调研、开发条件（环境）评价、资源环境保护监测、资源制图、信息管理。

1. 旅游资源环境背景条件遥感信息

利用遥感图像识别标志可总体上对旅游区资源环境背景条件加以判别、区划、分类。例如划分影像—水系单元、地貌单元、植被单元、地质构造单元，各种单元的组合结构。这些影像单元可显示旅游区资源环境背景条件，从中可得到旅游资源类型，旅游区旅游设施、交通、旅游场地稳定性评价，特殊旅游资源或旅游景区旅游线路等重要信息。

2. 旅游地质资源类型遥感信息

遥感信息包含地面地质信息的综合信息，是地面地物信息的缩影。旅游地质资源地质景观、地质遗迹常可依岩石类型、地层岩性、地质构造形迹类型的遥感地质信息解译标志，利用遥感数据或图像识别不同类型的旅游地质景观类型及其组合结构。

江河、湖泊、涌泉，水体是构成自然旅游资源的重要内容。当水体因流径的差异，存贮环境不同，形成各种不同的奇异的流态时，形成诸如瀑布群、峡谷、湖群的旅游资源。遥感图像能很好地判别水体，能识别涌泉，航空热红外遥感图像更具有其他方法取代不了的识别水资源的优势。

3. 旅游地质资源环境动态变化遥感信息

基于地质体、生态地质环境的许多自然旅游资源常有随季节性而周期性变化，或因某些条件的变更而变化的情况，例如水体水量随季节性变化、冰雪随季节或消融或增厚，植被随季节而呈现春夏秋冬的不同景色。这种变化使同一旅游地在不同时间（季节）有不同的观赏内容或不同的旅游活动，使在同一旅游目的地的旅游资源量发生周期性变化。旅游地质景观的动态变化可得到适时的遥感地质信息。季节性的动态变化（例如湖河水位涨落、水流量变化）影响景区景点设置、交通（旅游线）布置。

滑坡、崩塌、泥石流是山地旅游地常见的地质灾害，是危害旅游设施、危及游客安全的旅游地地质环境潜在隐患；一些山地旅游地开发建设人类工程活动易于诱发地质灾害；一些旅游地的开发活动会产生环境地质问题。遥感信息的时间特性和定时或同步观测，可提供旅游资源环境动态变化的信息，可进行旅游地生态地质环境信息的监测。

4. 旅游地质景观遥感信息

（1）直观显示旅游景观特征

旅游地质景观总是由一定的地质形迹地物构成，遥感图像常常直观显示地质景观，遥感图像可提供旅游地质景观要素、形态、规模大小、类别等旅游地质景观信息。

（2）圈划旅游地质景观单元

旅游地质景观单元常常以一定形、色、物质、图案所构成，可以地质景观的遥感影像地质标志识别并圈划地质景观单元。可在区域背景场中圈划出旅游地质景观，圈划出不同尺度层次的旅游地质景观单元。

（3）识别旅游景观结构

在识别旅游地质景观特征、圈划旅游地质景观单元的基础上，通过遥感图像可识别旅游地质景观单元之间的空间关系、组合特征，从而识别旅游地质景观结构，这有利于从景观的更大尺度、更高层次识别景观单元间的组合形式、结构类别。

（4）遥感影像旅游地质景观

对一些立体感较强、地面识别不易概览景观全貌的旅游地质景观/景观域，遥感图像可得到较好的观赏效果。如火山机构、火山群、火山口、火山锥，又如雅鲁藏布江大拐弯、长江第一湾、黄河河套机构。

对一些规模较大，例如崩塌滑坡泥石流、地震遗迹，地表一时难于观览的。如西藏易贡大滑坡地质遗迹。

对一些地质地貌景观独具特色，而地表一时难于得到较系统全面信息时，遥感图像信息判释可得到相关的景观信息，如规模宏大的陨石坑。

地质景观作为旅游资源的一个重要特征，是地质景观的奇异性、多解形。它对人们具有极大的观赏、考察的吸引力、诱惑力。遥感影像信息景观就具有这一特殊的作用。精美的、多色彩或图案特异的遥感影像地质景观，可促成人们旅游考察的欲望，可提供旅游目的地的全貌、亮点，外延与内涵。

5. "3S 系统"的旅游地质信息系统

遥感技术系统 – 空间定位系统 – 地理信息系统（RS – GPS – GIS）组合

的 3S 空间信息系统集成可用于收集、存储、管理旅游地质资源观重要信息源（基本数据信息、图像信息、动态信息），可作为旅游地质信息空间定位，数据库建立，信息存储、管理、分析处理、提取显示的重要手段。3S 系统集成可为旅游地质信息提供准确及时的信息获取、信息分析、信息更新，为旅游地质景观评价、规划、适时决策、旅游景观管理提供依据和条件。

### 10.3.2 旅游地质景观/地质遗迹遥感地质信息标志

作为地球演化的地质历史事件形迹在地球表面的遗存，以其地质特征及其生态地质环境条件在地表显示特定的地质景观，通过地质景观的遥感影像地质信息标志有助于识别地质遗迹与旅游地质景观。

由于世界上的许多地域都进行过不同程度的地质工作、地质填图，不同的地质遗迹或地质景观都有不同类型或不同时相的遥感信息覆盖。因此，将二者结合，在遥感图像中识别地质遗迹或地质景观，对已知地质遗迹和地质景观信息的系统识别，或对地质工作程度低、地质工作条件难度大、难于进行地面地质工作的地区，遥感影像地质信息有助于地质遗迹和地质景观的识别和研究。对有旅游价值的地质遗迹和地质景观，遥感影像地质信息具有同样重要的作用。例如中国西南边陲三江并流带的地质地貌景观即是遥感影像地质信息丰富而典型的地质遗迹地质景观。

在已经历过地质调查地质研究、也已经历过典型地质遗迹地质景观研究的地区，丰富的地质资料、使用可解译程度好的遥感图像，对地质遗迹与旅游地质景观的概查、或特定地域（如地质公园）的地质遗迹旅游地质景观信息的深入发掘，遥感影像地质信息的识别就显得更有其独特作用。

1. 地质遗迹地质调查中的地质遗迹/景观遥感解译功能

（1）遥感解译重要作用

地质遗迹调查中的地质遗迹/景观遥感解译功能在于，通过遥感解译，以影像地质图式显示遥感解译区重要地质遗迹（景观）信息，为重要地质遗迹/景观的野外调查和地质遗迹区划提供影像地质依据/信息。

（2）遥感解译基础资料

地质遗迹调查中的地质遗迹/景观遥感解译的要点在于把握地质遗迹

调查的比例尺，与供发掘遥感影像地质信息的遥感图像比例尺的配套性及其相应的地质遗迹地质景观遥感影像地质信息的可识别性。选好作为地质遗迹地质景观遥感解译使用的质量上乘的地质图件、地质遗迹资料和遥感影像资料。

（3）遥感解译主要内容

根据工作区已知的地质资料，对照已知地质遗迹资料，发挥遥感地质信息优势，依据地质遗迹影像特征/解译标志，识别地质遗迹类型及其基本特征；圈划地质遗迹分布范围；识别地质遗迹形成地质环境条件；编制重要地质遗迹（景观）遥感影像地质信息图件及说明书。

（4）遥感解译主要方法

1）突出地质遗迹遥感影像地质信息显示优势

·对照已知地质遗迹资料，建立地域地质遗迹影像地质标志，作为重要地质遗迹（景观）遥感解译的重要识别参考；

·从已知到未知，对照已知地质遗迹类型的标志性重要地质遗迹（景观）影像地质标志，解译地质遗迹类型；

·到已知剖面型的地质遗迹，根据其可识别程度，沿走向追索地质遗迹范围；

·从醒目清晰的地质遗迹影像地质信息入手，扩展到模糊隐晦的地质遗迹影像地质信息；

·从标志性地质遗迹要素出发，建立特征性地质遗迹影像地质信息组合标志，提高地质遗迹影像地质信息解译程度；

·依据解译标志梳理孤立分散的地质遗迹点，识别圈划地质遗迹集中域及地质遗迹系列。

2）区分地质遗迹遥感解译程度，突出遥感解译的实际效果

·根据地质遗迹初选名单，对照遥感影像进行概略解译，按地质遗迹可解译程度，划分解译目标的可解译程度。对遥感解译程度差的地质遗迹，不作详细遥感解译；对解译程度中等的地质遗迹，解译其可提供的遥感影像地质信息；对解译程度好的地质遗迹，系统解译地质遗迹信息。

·在概略解译基础上，重点解译代表性、典型性、高级别的重要地质

遗迹。重点解译已有地质资料未能提供，而遥感影像地质信息能显示的重要地质遗迹；着重解译地质遗迹集中域及其形成条件、形成机理；着重解译地质遗迹组合结构及地质遗迹层次；着重显示地质遗迹的科学性与观赏性及其融合的地质遗迹价值。

3）把握重要地质遗迹的相关概念，以发挥地质遗迹遥感解译在地质遗迹调查中的作用

·重要地质遗迹等级

按其代表性、重要性地质遗迹价值，分为世界级、国家级、省级、省级以下（县级）。

·地质遗迹自然区划

按地质遗迹的自然属性，分为地质遗迹分区、地质遗迹集中区。

·地质遗迹保护区

按地质遗迹的等级、保护现状和利用前景，可保护性等因素，保护区级别分为：

特级保护区　世界级地质遗迹分布区；

重点保护区　国家级地质遗迹保护区；

一般保护区　省级地质遗迹保护区。

·地质遗迹评价内容与标准

地质遗迹评价的内容包括科学性、观赏性、规模、完整性、稀有性、保存现状、通达性、安全性、可保护性。地质遗迹评价标准中，基础地质类地质遗迹侧重科学价值，地质灾害类地质遗迹侧重科学价值，地貌景观类侧重观赏价值。

·地质遗迹调查内容

环境特征、遗迹特征、保护利用现状。

地质遗迹特征包括：地质遗迹的类型、分布、规模、形态、物质组成、性状、现象组合；地质遗迹的地质背景（岩性、地层、构造）、成因（内外营力）及演化。

（5）遥感解译成果

1）重要地质遗迹（景观）遥感影像地质信息简表

2）重要地质遗迹（景观）遥感影像地质信息图（采用能反映重要地质遗迹的合适比例尺）

区域性中小比例尺重要地质遗迹（景观）遥感影像地质信息图着重显示区域内的重要地质遗迹（景观）概貌；重要片区性的中、大比例尺重要地质遗迹（景观）遥感影像地质信息图着重显示较详细的重要地质遗迹（景观）及其标志性的地质遗迹（景观）要素。

3）重要地质遗迹（景观）遥感解译说明书

着重表述重要地质遗迹（景观）的主要遥感影像地质信息要素，包括：

·重要地质遗迹（景观）空间展布

·重要地质遗迹（景观）规模（范围）

·重要地质遗迹（景观）标志性地质遗迹要素

·重要地质遗迹（景观）影像地质单元及其组合

2. 重要地质遗迹/景观遥感解译的若干问题

（1）遥感解译程度

按遥感影像地质信息可获取程度，地质遗迹遥感解译程度可划分为好、中、差三个级别：

好　可从遥感解译中获取较好的地质遗迹影像地质信息；

中　可从遥感解译中获取一定的地质遗迹影像地质信息；

差　从遥感解译中难于或无法获取地质遗迹影像地质信息。

（2）地质遗迹（景观）解译标志

鉴于重要地质遗迹（景观）调查研究的对象是地质形迹出露在地表的状况，因此：

·重要地质遗迹（景观）解译标志，以能显示标志性地质遗迹要素的特征性影像形、色、花纹图案等直接解译标志为主要依据；

·重要地质遗迹（景观）的解译在着重地质遗迹的科学性、观赏性的影像地质要素的同时，兼顾依附于地质条件的生态地质环境/自然环境。

（3）重要地质遗迹（景观）类型遥感解译要点

鉴于重要地质遗迹（景观）是基于客观存在于地表而人为识别和判定

的地质遗迹，不同类型的地质遗迹解译标志差异导致解译程度差异，应注意相宜的解译思路和方法。

1）地质实体类地质遗迹解译

地质实体类是客观存在于地表的地质体及其地质地貌景观，在遥感影像上存在与其对应的可圈划的影像地质信息。地质实体类地质遗迹影像地质信息的获取，可根据影像形、色、花纹图案特征性地质遗迹识别标志予以识别和圈划。圈划地质遗迹景观的范围，识别地质遗迹景观的表征、属性，识别并圈划地质遗迹景观的地质景观单元。

2）剖面类地质遗迹解译

剖面类地质遗迹是人们根据地质遗迹出露状况而人为虚拟划定的线状地质信息，遥感影像上不存在对应的线状影像。剖面类影像地质信息的解译获取可根据实际剖面的地层界面、构造界面、地层岩性单元、地质构造单元的影像特征，识别并圈划其延伸分布状况。

3）基础地质类地质遗迹解译

着重地质遗迹科学性科学价值，兼顾观赏性。

4）地貌景观类地质遗迹解译

着重地质遗迹观赏性观赏价值，兼顾蕴含的科学性、观赏性。

5）地质灾害类地质遗迹解译

着重科学性及环境地质、社会效应。

（4）重要地质遗迹（景观）遥感解译主题

鉴于许多地质遗迹域经历多地质构造旋回，地表遗留了复杂地质过程复合叠加的复式地质遗迹，各地质域多有不同地质时代、不同地质事件的地质遗迹，遥感影像地质信息为复合地质遗迹的总和。然而，重要地质遗迹（景观）是一地域中标记地球生命历程具有代表性的地质构造和地质作用地质事件的产物/景观。因此，重要地质遗迹（景观）遥感解译的主题是重要地质遗迹，必须注重和把握目标地质遗迹——有代表性的、有价值的地质遗迹/景观的识别和圈划，而不是地域遥感影像信息的详细系统解译。

依据这次遥感解译已有初选的重要地质遗迹（景观），地质遗迹的位置、类别皆已确定。因此，遥感解译的主题应紧密围绕和针对解译的目标地质遗迹类别的标志性地质遗迹遥感地质信息，重点解译/补充现有地质遗迹资料未能反映，而遥感解译能显示的重要地质遗迹影像地质信息。

（5）重要地质遗迹（景观）的地质遗迹层次遥感解译

地质构造运动的作用方式、波及范围、强烈程度，决定了地质遗迹时空展布的层次属性。同地域中多构造旋回地质遗迹复合的地质遗迹时空展布层次性特点更为突出。

针对地质遗迹的级别层次特性，一些大型或巨型的地质遗迹，常常包括不同层次、不同构造旋回的地质遗迹构造单元，并常常具有穿越、跨越、叠加、包容、迁就利用、相互控制等特性。因此，重要地质遗迹（景观）遥感解译应该特别注重重要地质遗迹（景观）层次标志：

·按断裂分段性特点，识别和圈划线性地质遗迹在走向上不同段落的不同影像地质信息。

·按地质构造级序时序特点，识别和圈划环块状地质遗迹影像地质单元及其时空结构系列。

·按地质地貌景观造型特点，识别和圈划地质遗迹景观类别及其组合结构。

·按地质作用系列体系概念，以主导性标志性地质遗迹为主线，理顺目标地质遗迹景观系列。

·按地质遗迹时空展布特点，对有地下工程揭示的地质遗迹（地质体、地质遗迹集中域），应充分利用人类工程揭示的显示地质遗迹空间形/格局的地质遗迹信息，如有系统工程揭示的大型超大型矿床/含矿地质体重要地质遗迹（景观）。

3. 重要地质遗迹（景观）类型遥感影像地质信息标志

从不同的需要出发，根据不同的研究程度，地质遗迹/地质景观类型的划分有所差异。为方便地质遗迹调查中参考使用，根据《地质遗迹调查技术要求（暂行）》的重要地质遗迹类型划分方案（《地质遗迹调查技术要求（暂行）》，中国地质调查局，2012 年 7 月 22 日），编制重要地质遗迹/景观类型遥感影像地质信息标志简表（表 10 - 1）。

表 10 - 1　　重要地质遗迹（景观）类型遥感影像地质信息标志简表

| 重要地质遗迹/景观类型 | 标志性地质遗迹景观要素 | 特征性地质遗迹景观影像地质信息标志 | 地质遗迹景观影像地质信息解译标志 |
|---|---|---|---|
| 基础地质类地质遗迹 | | | |
| 地层剖面 | 地层岩性；古生物。 | 标志性地层岩性及其界面色、形影像；标志性地层岩性组合的条纹条带状影纹。 | 垂直于地层走向的地层剖面是无形的线状信息，影像难于确定信息剖面；对照已知的剖面位置可识别岩性界线并追索走向延伸。 |
| 岩石剖面 | 岩石类型；岩石结构构造。 | 标志性岩性特征的色调色彩影像；标志性岩石结构构造的花纹图案。 | 穿越岩层的岩石剖面是无形的线状信息，影像难于确定信息剖面；对照已知的剖面位置可据岩性类别的影像特征差异识别岩性类别及其组合结构。 |
| 构造剖面 | 构造面；构造变形。 | 标志性构造面的线状色、形影像；标志性构造变形的条带状、圈闭状、隔断状色、形、花纹图案。 | 穿越构造线的构造剖面是无形的线状信息，影像难于确定信息剖面；对照已知的构造剖面位置，可据构造影像信息识别和圈划构造面的线状影像；突变的影像地质单元线状界面；同步扭曲、圈闭或交切状条纹条带影像地质单元；线状延伸的地形地貌突变带；地下水涌溢带；水系河流异常带；直线状、折线状湖盆边界类别的影像特征差异识别岩性类别及其组合结构。注重区域场中的线环块异常 |
| 重要化石产地 | 古生物化石群。 | 标志性古生物化石群产出的特殊形、色、环块状影像单元。 | 识别圈划古生物化石群赋存的地层岩性地质地貌影像单元。 |
| 重要岩矿石产地 | 含矿地质体；矿体/矿石及矿化蚀变露头；采矿遗址遗迹；矿产勘查开采形迹；陨石体及陨石坑。 | 标志性矿床矿石矿物的影像形、色；显示赋存矿床的含矿地质体色、形影像异常单元/环块构造；显示矿产勘查采矿人类活动的影像异常； | 根据赋矿/含矿地质体的影像色调异常、线环块结构识别圈划赋矿影像地质信息单元；识别圈划显示成矿地质条件的影像地质要素线环块结构。 |

| 重要地质遗迹/景观类型 | 标志性地质遗迹景观要素 | 特征性地质遗迹景观影像地质信息标志 | 地质遗迹景观影像地质信息解译标志 |
|---|---|---|---|
| 地貌景观类地质遗迹 | | | |
| 岩土体地貌 | 岩类岩石岩土体受地表地质作用的地质地貌景观；岩土体色彩形态景观造型。 | 标志性岩土体类型的色调色彩、花纹图案；标志岩土体产出形态的影像单元；标志岩土体的环块构造、花纹图案、形、色影像单元组合结构。 | 识别圈划坚硬岩体、松散岩体/堆积体不同岩石岩土体类型在地表地质作用下的风化特征、景观造型景观单元的影像及其影像地质构造单元；注重不同岩石岩土体地貌单元的边界、花纹图案、水系网络类型的标志性影像地质信息标志。 |
| 水体地貌 | 动态水体的水系网络及流态变异；静态水体的赋存/产出状态；河流特殊变异河段；水体衍生物。 | 标志动态流水的水系影像网络图案；标志静态水体的影像形、色、块体；标志含衍生物湿地、泉体的影像形、色、花纹图案。 | 识别水系、水体的线状及块状影像网络单元及其展布的地质地貌条件；汇水域/水体流域生态地质环境；注重流水河道的异常河段、峡谷、瀑布、暗河；注重河湖变迁、河湖岸坡、河湖盆地关联的影像地质信息。 |
| 火山地貌 | 火山地质地貌单元；火山及火山岩类景观。 | 标志火山活动的火山机构地质地要素的影像形、色、花纹图案、环块构造标志性环块状火山口、火山锥体的环状形、色、花纹图案影像。 | 识别圈划显示火山机构的影像地质类别、影像地质单元及其组合结构；注重火山口的产状、排列特征、展布的地质环境条件；注重火山活动与地热关联及与其密切相关的生态地质环境。 |
| 冰川地貌 | 雪山冰川地质地貌单元；古冰川遗迹。 | 标志现代冰川作用的雪山冰川景观的影像形、色、花纹图案及景观结构；标志古冰川的遗留冰川沉积物、冰川地质地貌影像景观。 | 识别圈划雪山冰川类型影像地质信息单元；注重显示雪山冰川形成—发展—消亡的雪山冰川地质地貌景观系列。 |
| 海岸地貌 | 海岸线、海岸潮汐带及其景观；海蚀海积及其景观。 | 标志海岸线的影像异常；标志海岸带海蚀作用的海蚀、海积类型的影像形、色、花纹图案异常。 | 识别圈划海岸、海岸带及其类型影像地质单元；注重海岸潮汐、浪击的海蚀海积地质地貌影像地质单元；注重识别海岸地质地貌异常的制约因素、形成机理的影像地质标志；海岸地质地貌影像解译标志可用于内陆湖泊地质地貌遥感解译借鉴。 |

续表

| 重要地质遗迹/景观类型 | 标志性地质遗迹景观要素 | 特征性地质遗迹景观影像地质信息标志 | 地质遗迹景观影像地质信息解译标志 |
|---|---|---|---|
| 地貌景观类地质遗迹 | | | |
| 构造地貌 | 构造作用直接形成的特殊构造地质地貌。 | 区域影像中标志构造地质作用异常的影像形、色、花纹图案、环块构造。 | 综合应用构造地质的标志性影像地质信息标志；注重识别区域地质域中由构造地质作用形成的局限性、特异性地质地貌景观异常。 |
| 地质灾害类地质遗迹 | | | |
| 地震遗迹 | 地震地质作用形成的地裂缝地面形变。 | 标志地震地质作用地裂缝的线状/条带状形、色影像地质单元；标志地震地质作用诱发的地表变形、地震地质灾害影像地质单元。 | 识别地震地质作用形成的地裂缝、滑坡崩塌陷落地表形变，堰塞湖，地震破坏的人工建筑物遗迹等影像地质信息。 |
| 地质灾害遗迹 | 滑坡崩塌泥石流及其地质灾害遗迹；地面沉降、陷落、地裂缝及其地质灾害；火山喷发及其地质灾害。 | 标志滑坡、崩塌、泥石流、地面沉降、陷落、地裂缝等地表形态变异及其地质灾害的影像形、色、花纹图案、环块构造影像地质异常单元。 | 识别与活动性构造有关的地面地质形迹、火山喷溢及其地质灾害；圈划突发性的滑坡崩塌泥石流、地表陷落，缓变性地面沉降影像地质单元信息。 |

## 10.4　旅游地质资源环境调查

1. 旅游地质资源环境调查目的任务

通过旅游地质资源环境的调查，了解/查明调查区旅游地质资源环境状况，为旅游地质资源的评价、开发及环境保护提供基础资料。

2. 旅游地质资源环境调查要点

（1）遵循地质资源旅游资源化的概念。

旅游地质资源调查中，无论是调查的指导思想、调查内容的确定，或资源的识别、类型的划分；或调查图件的编制、报告的编写，都应遵循地质资源旅游化的概念，把发掘地质资源的旅游价值和旅游功能贯穿于调查的全过程。

（2）突出地质旅游资源的特色，以地质旅游资源为主线，兼顾旅游 - 地质双重性，综合调查区的旅游资源。

旅游地质资源是以地质资源为基础，加之依附于其的生态、生物、气候等旅游资源的自然旅游资源综合体。因此，旅游地质资源的调查必须以地质学科为基础，综合运用所涉及的多学科的知识，以地质科技的调查方法与涉及的多学科的调查研究方法相融合，围绕调查区的旅游地质特色，合理地整合调查区的旅游资源。

（3）旅游地质资源的不可再造性出发，将旅游地质资源环境状况及其保护所涉及的问题作为调查研究的重点。

旅游地质资源不可再造，地质资源与地质环境状况，及其二者之间的联系，牵涉旅游地质资源开发与环境保护。因此，旅游地质资源调查中应把资源环境的问题作为调查的重点。

（4）以发展的观点，系统地调查旅游地质资源环境。

旅游学科是正发展中的学科，旅游地质学科则正处于发展的初期，随着旅游活动的发展及旅游开发层次向纵深发展，旅游资源的理论，也在不断的发展中。因此，旅游地质资源环境的调查，应以发展的观点，以旅游资源开发和环境保护的超前意识，系统地调查旅游地质资源环境，提供调查地旅游地质资源环境持续利用的决策依据。

（5）注重调查资料的科学性、准确性、客观性、系统性、规范化。

旅游地质资源环境的调查应参考中华人民共和国国家标准《旅游资源分类、调查与评价》中规定的内容和方法，结合旅游地质资源的特点进行调查。应特别注意调查的规范化和系统化，做到调查资料的科学、准确、客观。

调查资料应尽可能地采用图表形式显示调查内容，使其直观并避免调查内容的遗漏，利于资料的分析研究。

图 10 - 1 以三江并流带旅游地质资源开发与环境保护研究流程展示了旅游地质资源环境调查的目的任务及方法要点。

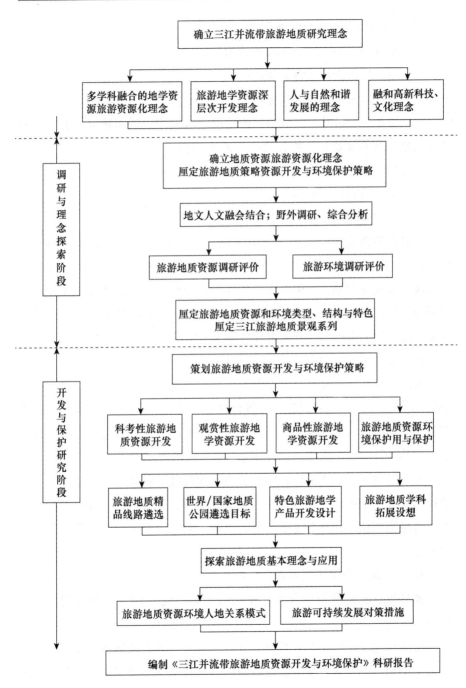

图 10 - 1　三江并流带旅游地质资源开发与环境保护研究流程图（杨世瑜等，2002）

3. 旅游地质资源环境调查内容

（1）旅游地质资源调查的基本内容

·旅游地质资源地质背景条件；

·自然环境及社会环境状况；

·旅游地质资源状况，包括旅游地质资源类型、展布地域、数量、质量（级别）等资源特征、资源结构、成景作用；

·地质资源环境状况，包括地质环境、地质－生态环境；

·资源开发利用及市场状况。

（2）旅游地质资源的专题性调查

针对旅游地质资源开发的某些问题，进行专题性旅游地质资源调查。在一些已经开发的旅游景区，常因旅游地质环境未作过系统调查，在开发中出现环境退化问题，常需补作专题性的地质环境对比调查或同类旅游地质资源修复技术探索。一些以地质景观为主要旅游资源的风景区，旅游景区需要深层次开发时，也常需要作旅游地质资源的专题性调查。

4. 旅游地质资源环境调查基本方法

旅游地质资源环境调查可按调查工作程度分为概查、普查、详查三个阶段/类型。可按调查目的分为常规性区域/景区调查和专题性调查。调查方法在兼顾旅游－地质双重性的前提下，围绕地质资源旅游资源化的问题，以地质调查方法为主线，开展旅游地质资源环境调查。

旅游地质资源环境的调查应充分应用现代地质科技方法，诸如应用遥感技术系统、地理信息系统、数字化信息系统、计算机－网络信息系统、现代音像影视技术。充分考虑信息的准确、规范，便于综合分析，利于资料共享。

5. 旅游地质资源环境调查野外观察方法

地质景观旅游价值的评价，是对观赏性旅游地质景观与旅游区综合分析。

文物性地质景观主要有石刻、石雕、崖画、名人题词等，要注意人文与地文的结合，注意观察其岩性和构造特征及水文环境，提出科学的保护措施；从人地关系和历史渊源分析石质文物的地质环境，尤其注意地域特色旅游地质文化；石质文物的环境地质病害分析，如水文地质条件和边坡稳定性，水流腐蚀。

观赏性旅游地质资源的野外观察要注意地质景观类型的划分（成景作用、成景规模）；地质景观的观赏性与科普内容（观赏性/科学性）的划分。

商品性旅游地质资源的观测，需注意收集并分析观赏石的成分及成因；商品性旅游地质资源的评价（品质、规模，可利用性）；商品性旅游地质资源的区划；商品性旅游地质资源开发条件的评价；开发策略。

旅游地质资源的野外观察，应在室内分析相关地质资料、遥感资料的基础上，确定实地观察路线、观察点。着重针对旅游地质资源所处的构造部位及其稳定性、生态地质环境、旅游地质资源所处的旅游环境、旅游地域中的人地关系。

（1）旅游地质资源的综合评价

旅游地质资源的观赏性和科学性；旅游地质资源的导游路线及导游词的编写；旅游地质资源的环境地质类型的确定；旅游地质资源的开发条件分析；旅游地质资源、自然资源 – 人文资源的综合评价；旅游地质资源 – 自然资源 – 人文资源的可持续发展策略。

（2）野外观察的注意事项

地形图地质图、遥感资料与野外工作结合，完整的野外记录、风景名胜与地质景观的结合，经济效益、社会效益和环境效益的结合；旅游景点的命名；标本的采集、素描和摄影，原始记录的综合分析；室内研究建议。

（3）野外工作资料

·旅游地质调查实际材料图：以景区图/区域地质图（地形/地质图）作工作底图；图上标出观测点、取样点、景点的照相点、素描点、地质要素。

·记录格式：日期、地区、点号、工作人员、点性质（类型）、观察内容、小结。

·照相/取样登记表：地区、日期、点号、目的、内容；观察角度、季节（时间）。

## 10.5　旅游地质图件编制要点

1. 基于旅游地质的交叉学科特色

旅游地质是地质与旅游学科交叉融合的产物。旅游地质图件是基于地质知识、地质图件制作技巧表达旅游地质资源、为地质资源的旅游开发服务的图件。

旅游地质资源环境的研究工作中，野外工作或室内工作，实际资料、基础数据的收集，资料数据的分析归纳，成果的显示，报告的编制，都需要编制图件。旅游地质资源环境图件的编制可采用地质图件的编制方法。图件编制的原则、技巧的核心问题就在于围绕旅游地质资源环境的特色，突出旅游地质资源环境研究中所要显示、表达的主题和内容。就此而言，旅游地质资源环境的图件属于显示旅游地质资源环境的专题性地质图件，旅游地质图件属于旅游地质交叉学科特色的地质社会化图件。

· 围绕和突出旅游地质特色，兼容旅游地质资源的观赏性、科学性，地质资源的旅游价值；

· 围绕和突出表达旅游地质资源环境专题工作（调查、研究）的目的、主题、要求；

· 力求层次分明，主题突出，对多层次、多内容的资料和认识可采用系列图件表达显示；

· 力求科学性和通俗性的结合，使图件大众化、通俗化、简明、易懂；

· 尽量采用现代制图技术（如地理信息系统），力求采用图件资料及成果的多种表达显示方式（如数字地图、电子文件）。

2. 基于地质资源旅游资源化理念的旅游地质主题图件

与旅游地质研究的核心是地质资源旅游资源化、产业化、社会化相一致，旅游地质图件的主题、主线就是展示旅游地/旅游景区地质资源旅游资源化的相关理念和具体状况。

与普通地图相比，旅游地质资源图等专题图的用途、内容、比例尺、地图资料更为多样，因此在编制旅游地质资源图时，除了应遵循编制普通地质图件的一般原则外，应着重地质资源旅游资源化所涉及的旅游地质问题。

（1）科学性与易读性的统一

旅游地质资源图是地质学与旅游学交叉，以科学研究成果和实地调查成果为资料编制而成图件，是旅游地质研究成果的具体体现，因而必须具有严密的科学性。同时，它又面对非地质专业的大众游客，不能只是科研成果的展现，它必须通俗易懂，突出易读性。

（2）高度的综合性

旅游地质资源图是科学研究成果和实地调查成果的重要表现方式，但它不可能体现所有的工作成果，因而必须具有高度的综合性，在突出主题的前提下，显示与主题关联的旅游地质所涉及的内容。

（3）精美的艺术性

旅游地质学是旅游学与地质学交叉的边缘学科，旅游地质资源图作为其成果，观赏艺术性和科学性缺一不可，它的科学内容是通过图件特殊艺术形式表达出来的，具体体现于旅游地质资源图的符号设计、色彩设计、图表设计、整饰和图面配置之中。

（4）专业性与实用性统一

旅游地质资源图不仅要客观反映旅游地质研究对象（资源景观）的分布、成景地质作用的内涵性及其动态变化，更重要的是要使这些图件为旅游地质资源的开发和保护服务，成为地质资源旅游资源化、产业化、社会化的具体展示。

3. 创建旅游地质资源社会化的图件表达形式

旅游地质与基础地质、构造地质、矿床地质等地质专题图件的应用对象不同的是，旅游地质图件应面对的大多是不具备地质专业知识的人员。同时，优良的旅游地质图件应成为展示、宣传旅游地质精髓的旅游地质文化形式，成为内含旅游地旅游地质特色、旅游地质品牌的旅游地质文化产品。因此，大众化应该是旅游地质图件编制的优选主题。旅游地质图件除了供旅游地质专业人员、专业部门使用的专题性为主的地质图件外，应尽可能采用能展示旅游地质内涵的旅游地质文化形式。

（1）以遥感图像/遥感影像地质为底图的旅游地质图件

·遥感图像与地面地形地物景观对应的影像特点，易于大众熟悉、使用。

·直观性强：遥感影像显示的地面信息具有一定的立体感，具有地表旅游景观的完整性、连续性，具有旅游环境及旅游资源的综合表现力。

·遥感影像内容丰富：影像图件全面地显示旅游地的地形地物面貌及空间展布关系，旅游地质信息丰富，可供不同层次、不同需求的游客发掘、使用旅游地质信息。

·成图周期短：遥感图像易于获取、易于更新，应用旅游影像地质图件易于缩短成图时间。

（2）以可视化技术展示旅游地质信息

将旅游地质资源、旅游地质景观用现代可视化形式予以展示，能得到直观、易于传播的效果优势。

# 参考文献

［1］杨世瑜等．丽江 – 中甸旅游地质资源开发策略［R］．昆明理工大学，2000.

［2］昆明理工大学，中国科学院地球化学研究所，迪庆州人民政府（杨世瑜、黄智龙、王树芬等）．三江并流带旅游地质资源开发与环境保护［R］．2002.

［3］云南省环境地质监测总站　耿弘等．云南省旅游地学资源的开发研究［R］．1989.12.

［4］蔡运龙．自然资源学原理［M］．北京：科学出版社，2001.

［5］张述林．风景地貌学原理［M］．成都：成都科技大学出版社，1992.

［6］刘南威．自然地理学［M］．北京：科学出版社，2006.

［7］张根寿主编．现代地貌学［M］．北京：科学出版社，2005.

［8］吕惠进主编．地质地貌学［M］．北京：科学出版社，2003.

［9］宋春青，邱维理，张振青．地质学基础［M］．北京：高等教育出版社，2005.

［10］杨湘桃．风景地貌学［M］．长沙：中南大学出版社，2005.

［11］田昆．景观地理学［M］．昆明：云南民族出版社，2004.

［12］杜恒俭等主编．地貌学及第四纪地质学［M］．北京：地质出版社，1987.7.

［13］谢宇平主编．第四纪地质学及地貌学［M］．北京：地质出版社，1994.11.

［14］保继刚，楚义芳．旅游地理学［M］．北京：高等教育出版社，2000.

［15］谢彦君．基础旅游学［M］．北京：中国旅游出版社，1999.

［16］李天元，王连义．旅游学概论［M］．天津：南开大学出版社，1991.

［17］陈安泽，卢元亭．旅游地学概论［M］．北京：北京大学出版社，1991.

［18］冯天驷．中国地质旅游资源［M］．北京：地质出版社，1998.

［19］徐泉清，孙志宏主编．中国旅游地质［M］．北京：地质出版社，1997.

［20］杨世瑜，吴志亮．旅游地质学［M］．天津：南开大学出版社，2006.

［21］陆景冈等．旅游地质学［M］．北京：中国环境科学出版社，2003.

［22］杨世瑜，庞淑英，李云霞．旅游景观学［M］．天津：南开大学出版社，2008.6.

［23］辛建荣．旅游地学原理［M］．武汉：中国地质大学出版社，2006.

［24］李同林，孙中义．旅游地质学基础［M］．北京：中国水利水电出版社，2008.

［25］陈安泽．中国地质景观论．旅游地学的理论和实践——旅游地学论文集第七集［C］．北京：地质出版社，1998.9.

［26］陈安泽，卢元亭等主编．旅游地学的理论与实践［M］．北京：地质出版社，1998.9.

［27］地质矿产部环境地质研究所．中国旅游地质资源图说明书［M］．北京：中国地图出版社，1991.

［28］国家旅游局，中国科学院地理研究所．中国旅游资源普查规范［M］．北京：中国旅游出版社，1992.

［29］云南省风景园林学会地质地貌专业委员会，路南石林风景名胜区管理局 石林研究组．中国路南石林喀斯特研究［M］．昆明：云南科技出版社，1997.4.

［30］杨世瑜主编．沙林旅游地质与沙文化研究［M］．北京：国际文化出版公司，2005.3.

［31］耿全如．雅鲁藏布江大峡谷国土旅游资源［M］．北京：地质出版社，1999.7.

［32］李玉辉．地质公园研究［M］．北京：商务印书馆，2006.

［33］周维权．中国名山风景区［M］．北京：清华大学出版社，1996.

［34］任海军，任葆德．中国震迹旅游［M］．北京：兵器工业出版社，1998.

［35］汪建川．国家地理［M］．北京：中国民族摄影艺术出版社，2001.

［36］骆华松，杨世瑜．旅游地质资源与人地关系耦合［M］．北京：冶金工业出版社，2007.8.

［37］王嘉学，杨世瑜．世界自然遗产保护中的旅游地质问题［M］．北京：冶金工业出版社，2007.8.

［38］黄楚兴，杨世瑜．岩溶旅游地质［M］．北京：冶金工业出版社，2008.

［39］谢洪忠，杨世瑜．林柱状地质景观旅游价值［M］．北京：冶金工业出版社，2008.

［40］李伟，杨世瑜．旅游地质文化论纲［M］．北京：冶金工业出版社，2008.

［41］李伟，杨世瑜．滇西北旅游地质文化［M］．北京：冶金工业出版社，2008.

［42］范弢，杨世瑜．旅游地生态地质环境［M］．北京：冶金工业出版社，2009.

［43］李波，杨世瑜．旅游地质景观类型与区划［M］．北京：冶金工业出版社，2011.

［44］庞淑英，杨世瑜．旅游地质景观空间信息与可视化［M］．北京：冶金工业出版社，2011.

［45］杨世瑜，王树芬等．三江并流带旅游地质资源开发与环境保护［M］．昆明：云南民族出版社，2003.8.

［46］杨世瑜等．魂系古城：丽江古城金山社会经济发展理念与规划［M］．昆明：云南科技出版社，2010.

［47］杨世瑜．云南特色旅游地质景观［M］．昆明：云南科技出版社，2014.

［48］杨世瑜，李波，袁希平，庞淑英．云南旅游地质［M］．北京：冶金工业出版社，2014.

［49］甘枝茂，马耀峰．旅游资源与开发［M］．天津：南开大学出版社，2000.9.

［50］肖星，杨江平．旅游资源与开发［M］．北京：中国旅游出版社，2000.8.

［51］仇学琴．现代旅游美学［M］．昆明：云南大学出版社，1997.

［52］李辉主编．旅游景观鉴赏［M］．北京：民族出版社，2005.

［53］丁文魁主编．风景名胜研究［M］．上海：同济大学出版社，1988.3.

［54］沈祖祥．旅游文化概论［M］．福州：福建人民出版社，2003.

［55］黄祥康．旅游文化赏析（上）［M］．上海：上海科学普及出版社，2006.

［56］黄祥康．旅游文化赏析（下）［M］．上海：上海科学普及出版社，2006.

［57］俞孔坚．景观：文化·生态与感知［M］．北京：科学出版社，2005.

［58］［法］米歇尔·柯南，赵红梅，李悦盈译．穿越岩石景观［M］．长沙：湖南科学技术出版社，2006.

［59］［加］艾伦·卡尔松，陈李波译．自然与景观［M］．长沙：湖南科学技术出版社，2006.

［60］陶世龙．变幻多彩的地球［M］．长沙：湖南教育出版社，1999.

［61］《中国国家地理》杂志社．中国国家地理·选美中国·特辑，2005 年增刊，2005.